ミネルヴァ・アーカイブズ

コミュニティ

社会学的研究:社会生活の性質と
基本法則に関する一試論

R・M・マッキーヴァー著
中久郎/松本通晴監訳

*

ミネルヴァ書房

COMMUNITY

A Sociological Study; Being an Attempt to Set Out the Nature and Fundamental Laws of Social Life

by

R.M. MacIver

Macmillan and Co., Limited, 1917; 3rd ed., 1924

R. M. MacIver 1927.

社会学の純理論的基盤を設定せよ――これがまさしく多数の人人に明白で共感の得られる目標なのであり、また人々の明るい希望が託され、それに向かって時代の思慮ある人々の努力を集中させる当のものである。

――ド・ロベルティ『社会学の新綱領』――

われわれは現在、社会学の到来に参与している。それは哲学そのものの新時代の始まりである。

——フイエ『実証主義運動』——

わが父に捧ぐ

序　文

私は本書に〈コミュニティ〉という表題をつけたが、これはおよそ社会科学が研究に努めるべき対象を、この語が最もよく表わしているためである。特殊社会諸科学により明らかにされる諸関心は、コミュニティにおいて、つまり共同生活においてはじめて結集し統合されるのであり、そこにより包括的な科学の成立をみることになる。本書はそれを究め、広汎なその科学にいたるための序論であろうとするものである。政治的、経済的、教育的、宗教的その他文明の全形態に及ぶ多数のアソシエーションについての最近の研究と同時に、原始未開のコミュニティの生活に関する研究にもとづく社会知識の非常な拡張によって、社会学という綜合科学のむずかしさと必要性は俄かに高められた。コミュニティは、最近発見され――あるいは再発見されて――急に探検家が蒐集した土地に似ている。山や湖は測量され、平原の調査やまた動植物の研究も行なわれたけれども、多数の精励な探検家の提供する情報を積み重ねたうえでの全域の明瞭かつ包括的な図面となると、未だほとんど得られていない。その土地の満足な地図を期待するのは恐らく時期尚早であるとしても、それの成果は、ひたすら努力を継続することによりはじめて獲得されるわけである。

それゆえ、包括的であろうとするために細部の点は容赦なく不問に付した。筆者には、コミュニティの最も本質的な諸特徴が非常に多く誤解されているように思われる。コミュニティがその内部のアソシエーションに対し、また大きなアソシエーションが相互に、さらに国家が自余のすべてのアソシエーションに対してもつ関係のような——いなむしろコミュニティの意味そのものやそれの必須の性質と法則、その生命、成長、衰弱、不滅性といった——尨大な社会的疑問ほど人々の心を当惑させるものはない。本質的な社会諸関係の理解とは、研究の対象が真の輪郭を表わす焦点を、それの遠近の程度により、またわれわれの眼鏡の度に従って、見つけることなのである。われわれの眼鏡は強くなく視力も大して鋭くないかもしれない——だが、そうとしてもこの焦点の確定ということは、常にわれわれの力の及ぶ範囲内にあるはずである。

初期の論文のなかで、私は経済学や政治学のような特殊諸研究に包摂し切れない社会についての明確な科学は存立しないと述べた。私は今では、この考えが全くの間違いであると思っている。私はこの書物が、同主題についての最近の進歩により表面化した間違いへの多くの反駁の一つに加えらることを望むものである。これの反対意見にはいくらかの無理があった。というのは、多くの無益で見かけたおしの定式が社会学の名において仕立てられ、中味のない多くの一般化が不変の社会法則であると宣言されたし、また余りにもしばしば、用語の創作が原則の発見にとって代えられてきたからである。しかしながら、軌道にのった星は天文学者の想像力により動きをとめるわけはなく、コミュニティも、それの研究を職業とするわれわれが誤認しても、なお社会法則を貫徹するものである。コミュニティは研究の現実の主題であるのみでなく、まさに肝要な主題なのである。

社会科学の初期のころには、コミュニティについての論議は、かつてギリシアの哲学者が宇宙について抱いた確信のいくらかの単純さでもってはじめられた。あるものはコミュニティのなかではすべてが闘争であるといい、別のものは一切が適応であるとした。あるものは利己心が支配するといえば、別のものは共同関心が優勢といい、あるものは環境が至上といえば、別のものは人種が環境の主人であるとみた。またあるものが経済的利害をもって第一義の決定因とすれば、別のものは人口の法則が経済法則を決定するとした。最後に、あるものはコミュニティを超機械とか超有機体と呼ぶことによって「国家の魂における神秘」を解消する考えを抱いたとすれば、別のものは、それが実在のなかにあることを明らかにして別段超精神の比喩を用いない。われわれは、このような明白な単純化によることなしに、コミュニティについての真の綜合を達成し得るであろう。

筆者は、物理学と生物学の方法や定式に対する従属から自らを解放することなしには、社会科学の進歩は決してないであろうと堅く信じるものである。社会科学は固有の主題をもつと同時に、また固有の方法をもつ。社会関係は量的観点によって決して的確に捉えられるものではなく、また量的法則の表現として理解されるわけでもない。社会論者によっては、社会の法則を物理の法則を定式化するのと同じ正確さでもって定式化出来ないならば、われわれの学問はもう科学でないと断言するものがある。呼称についての論争は無益である。もし科学という名称を数量的言明を認めるような主題のためにとっておきたいと望むならば、その保留は許されるかもしれない。だがその場合は、多くの種類の〈知識〉やまたそれのなかで最も知るに価するものは、科学の圏外にとどまったままであろう。

本書の大部分は、筆者にとって社会発達の基本法則であると思えるものを取り扱っている。この方法をとる当然の結果として、当面の多くの問題が論じられないままに残された。私の当初の意図は、少なくとも筆者にとって明確な法則がまだ識別出来ていないような問題を扱う一書を追加することであった。そうした問題範囲のなかには、多くの例から一つを取り出していえば、今日の性生活に関連したいくつかの問いがはいることになろう。しかしこの問題の考察は、妥当な限度以上に本研究を拡張するものと考えて、私はそれを可能な別の研究に持ち越すことにした。

本書が著わされて以後、われわれの時代のコミュニティには暗影を投じる一大破局が到来した。誰もまだそれの回復がどんなものか知らないのであるが、非常に深刻な社会の変異が一時期の終りを告げていることは確かである。

この事態から考えれば、私は文明社会に占める戦争の位置についてこれまで私の書いたものはどれも撤回したくない。軍国主義は、近代の社会発達の敵であったが、他方において、社会発達のすべてが軍国主義をひときわ悪業のものにした。それは、戦争によって破壊される社会の構造を一段と大きく広げたために、戦争が混乱させるコミュニティ感情をより一層深くまた普遍的にしたことによる。われわれがもし軍国主義を克服出来なければ、偉大な文明を築くためにわれわれが行なうすべてをもって、われわれは破壊力をより大にする供物を用意していることになろう。ヨーロッパの大国が相互に依存し合わなければ——戦争の際に、すべての結集を行なうことは遂になかろうと思われる。歴史の恐ろしい皮肉は、今や教訓をつきつけているのである。

本書の小部分は、すでに『社会学評論』、『哲学評論』、『季刊政治学』および『国際倫理学雑誌』の掲載論文の形で発表されたものである。私は、スコットランド諸大学へのカーネギー財団が研究補助として私に授与した援助のお陰で、文献、特に外国の定期刊行文献の研究が出来、第三部で扱われた問題に専念することが出来た。多数の著者に私が恩恵を受けていること、——批判のためにだけ論及した著者に対しても——私は多くを負っていることもまた本書からよくうかがえるであろう。私はアバディーン大学の道徳哲学教授の助手であるジェームズ・ターナ氏から格別の恩義を受けた。氏には全体にわたってタイプ原稿と校正刷りを読んでいただき、ゆきとどいたその批判的校閲は私にとって大へんな力となった。さらに妻が激励という貴重な助力のほかに、本書を印刷に廻せる準備に多大の力を尽くしてくれたことにも特にお陰を蒙っている。

R・M・M

キングス・カレジ

アバディーン　一九一四年九月

第二版への序文

本版には全般的な改訂が加えられた。いくらか追加を行ない若干の削除がなされた。「獲得形質」に関する問題の論議は省いたが、これは、生物学が今では私の批判した大づかみな区別よりも進んだ論争点にまで発展を遂げたことによる。実際、ある世代が常時さまざまに環境から受ける圧力が、後続諸世代に何かの種類の影響を与えるという原則には、事実上別に異論があろうとは思われない。私はまた、戦争体制の反社会性格を扱う付論も、今日ではそれがもう十分に分かり切っているはずという私の希望から削除した。私は多方面の批評家から提言とか批判を戴いた。批判のなかには、ある特殊社会科学に固有に関係する話題、たとえばアソシエーションの法的「人格」のそれを不問に付したことに文句をつけたものがあったが、この点ひとつだけはどうしても異議を唱えたかった。本書の趣旨は、法学とか政治学のような特殊諸科学がその内容として取り扱わない社会についての現実の科学、つまり統一体としての社会、すなわちコミュニティの科学の存在を知らせることにある。社会学についての著書の多くは、特別の意図によって積まれた心理学とか倫理学とか経済学とか政治学に属する一連の論題を、一つの覆いのもとにただ寄せ集めて、それらの特殊諸主題が社会福祉や社会的統一の問題にどのような関係をもつかを説いている。——だが、これだけでは新しい科学を樹立するのに十分ではない。社会学は現実科学であるか、それとも善意の糸にすがった断片的知識の束でしかないのであろうか。私は、社会学はまだ幼児期にあるが現実科学たり得るものと考えている。そこでこの書物は、同科学の主題を述べるなかでそれの成否の程度により評価が下されるわけである。もしその内容が、この部分は心理学に、これは経済学に、これは政治学に等々と割り当てられるように分割されるのであれば、探求しても無駄なことである。

トロント　一九一九年七月

第三版への序文

本書が書かれた当初以後、社会学研究の特にアメリカにおける主要傾向は、人々が意識的または無意識的に社会関係や制度をつくりあげる仕方を明らかにするために心理学的分析を用いる方向をめざすものであった。それは、われわれの社会の諸構造を形成する調和、抗争、適応と無関係に、欲望、「本能」、衝動、「反応」――その主語の一定しない語彙にどの語が当てられていようと――に関心を寄せてきた。構成体そのもの、客観的実在、アソシエーションの諸形態については、それが少なくとも社会発達の研究に最も確かな基礎を与えるはずにもかかわらず、余り注意が払われなかった。社会のこの〈解剖〉ということが、著者の目論むところであり、いま重版が求められるということは、著者のアプローチの方法の正当さを立証するゆえんのものであると多分考えてよいであろう。二つの付論が新たにつけ加わったほか、本文には少しばかり追加や変更がなされた。

トロント　一九二四年六月

第四版のための新しい序文

私は本書を社会学的研究と称した。本書が書かれた当時の社会学は、まだ多方面の研究の集積にはいたらず、そのほとんどが統計的段階にとどまり、理論面にしても主に方法論的論議に堕していた。当時、新しい主題を発達させる上での主格はフランス人とドイツ人であって、米国において今日到達しているような優れた学術的精励に比類する形勢にはなかった。当時の社会学は、歴史的観点から広い範囲で考えられていたのである。それは社会の主要な趨勢や動向、資本主義の発達、ローマの経済に奴隷労働が及ぼす影響、宗教経験の諸形態、産業の発達による労働者の窮境、自殺率の増減その他の解釈を求めるものであった。それは主として社会理論ではあったが、社会的現実からひき出されたのではなかった。われわれがなお保持する社会理論は、マックス・ウェーバーとデュルケームの寄与による主要遺産や、さらにまた種々の点でマルクスとフロイトの著作に負うものである。

いく分長く学究生活を過ごしながら、「社会学」という語をそれまで耳にしなかった筆者が、『コミュニティ』を執筆したのは、まさに右のような影響を受けてのことであった。それは社会理論――あるいはもしその方がよいといえば社会の哲学――に寄与しようとしたものであった。およそ半世紀経た後で本書を再読しながら、筆者は、これを書かせたときの見解の一般傾向が、二〇世紀の半ば近くに支配的なそれといかに異なるかを一種の衝撃をもって実感するのである。それにもかかわらず、本書で論じられた主要原則は、あまりに単純かつ決定的に述べられてはいても、なお痛手は蒙っていないと信じる。筆者が、もしいま同じ著書を著わすとすれば、国内のコミュニティの凝集と、それの国際領域での拡張を等しく妨げるところの錯綜、制限された利害関心の抵抗、権力の高圧的動向などに多言を費やすことになろう。

本書の事実上の中心は、二つの重要原則である。その一つは、国家が何で〈あり〉、またそれが社会全体の構造もしくは枠組のなかに含まれる他の諸組織に対しどのような関係にあるかについての考えに関わっている。われわれは、国家がアソシエーションの特殊な種類であり、法と秩序の守護者であるために、それを独自の広範囲にわたる機能と強制的権力の唯一の正当な保有者であると考えなければならない。しかしながら、それは依然、アソシエーションなのであって、コミュニティとも、あるいはそれの秩序が維持され、それの法を擁護し変化させかつ増大させるところの全体としての社会とも、同一視されてはならない。この原則は純正のデモクラシーのもとで最も明確に実現されるものであって、私はこれを後に別の著書、特に『政府論』(〔原題〕*The Web of Government*)において発展させた。それはヘーゲル流の哲学では認められず、また全体主義の政府によって拒否されるものである。政府のなかにこの原則の承認を拒むものがあるからといって、その価値は失われるわけではない。国家は決して社会の組織の唯一の焦点でも、またコミュニティと同等のものでもない。国家が他の組織とは区別される特別な種類の組織である〈べき〉であるとわれわれがいうのではなくて、国家が現実にそうなのである。現代の世界で知られた最高の全体主義的体制であるスターリン治下のソ連でも、国家外のすべてのアソシエーションの廃絶や、またそれらを国家意志に全く隷属させることは出来なかった。家族は諸組織の最古のものであるが、重要な点でスターリンのもとで自治をもちつづけた。教会ですら黙したままに生き延びた。経済組織は国家の統制下にあったが、それが能率的であるためにはやはりある程度の自律性をもたねばならなかったのである。コミュニティの自発的生活のなかにはスターリンの力の及ばない傾向や運動が発達し、それは彼の死去とともに俄かに堰を切って強められている。独裁制では原則の歪曲が出来ても、それの破壊は不可能である。

第二の主要原則とは、個性化と社会化が相互に密接に依存し合い、発達した社会が、その成員のパーソナリティの発達を促進し、またその逆のことも言えるということである。この原則はいまなお深い意義をもち、社会変動の多くの局面の解釈に適用が可能であると著者には思われる。これを承認し難くするもとは、「社会化」という語の意味の認識がよく得られていないことにある。社会がそれ程社会化されないのは、それが高度の技術水準を達成したからである。オートメーションが十全に進んだ社会では、半自動機械による操縦が行なわれ、巧妙なテクノクラートの集団に指導されることが考えられる。社会は、かつて略奪や征服を通じて大量の富を獲得したものであるが、依然半ば野蛮なままである。高度の社会化とは、社会の成員間の社会的諸関係が、多側面的であり、各員の生活のパターンのなかに深く織り成され、それのすべての点において文化的、教育的、娯楽的、市民的、経済的な様々の関心が表出されて促進のために計画されていること、またそれが多様な人間存在の多面性に訴えるものであることを意味している。このような社会は〔慣習などに唯〕順応的であることを拒む人とか支配に反抗して思想の自由を求める強い意志を抱き、また自らの要求するより自由な生活利益を他者とともに共有する知性をもった人によってのみ築かれ保持されることが出来る。これらのすべてはまた、社会化と個性化が同じ楯の両面であることを意味している。

今日の社会学は科学的であることを大きな要求としている。だが科学とは知識の体系化された明確な全体なのでありそれの体系の柱石をなすのが原則あるいは法則である。それらは社会学にどのような対応をするのであろうか。

R・M・マッキーヴァー

目次

凡例

一　本書は、マッキーヴァー（R. M. MacIver）の *Community: A Sociological Study; Being an Attempt to Set Out the Nature and Fundamental Laws of Social Life*, Macmillan and Co., Limited 1917; 3rd ed., 1924. の全訳である。
但し、第四版（1970年）も内容は同一であるが、同版の新しい序文のみ本書に訳出して掲げた。

二　本訳書中、『　』は、単行の著書または雑誌を示す。

三　原著においてイタリック体で記された語は、〈　〉で示した。

四　引用文の符合〃　〃は、本訳書では、「　」で表わした。

五　本訳書中、訳語に対応する原語を示す必要がある場合は、訳語のあとに（　）で囲んで、その原語を掲げた。

六　本訳書中、〔　〕の部分は、訳者が必要と考えて加えた挿入部分である。

第一部　序論

第一章　社会的事実と社会法則の意味

一　社会的事実

社会的事実とは何か。社会学について書かれた多くの著書は、この予備的疑問に答えていないか答えてもまちがっている。なるほど、われわれは一定の特殊な社会的諸問題の研究に際し、社会的事実のそれ自体としての意味や概要の論議にたちどまる必要はない。しかし社会の一般科学にして、もしこの疑問に答えがないか誤った回答をすれば、それは意味のないものとなる。社会の科学が可能となるまさに最初の確証は、社会的事実についての満足出来る基礎的な定義が下されることであらねばならない。

社会学はしばしば、個人現象とは区別される社会現象に関わりをもつといわれる。「人が行なうことで他人を例として習得したのでないもの、つまり歩行、泣声、飲食、両性関係は純生物的である。ところが、ある足取りで歩き、歌を唱い、食卓で自分の民族の料理を選び、良い作法に適う仕方でそれを食べ、あるいは時代の風習に従って女性に言い寄る段になれば、これは社会的である」。タルド氏によるこの一節は、ロス教授も大いに賛同して引用し、さらに次の言葉を加えている。

「もし社会的ということが生物的なことでないならば、それはまた個人心的でもない。そこで、われわれはタルドを補足してこうつけ加えてよいであろうか。『人が暗闇を恐れ、光彩を喜び、恋の相手に引かれ、あるいは自己の観察から推論を行なう場合は、単に心的なことである。しかし異端を恐れ、〈良い行儀〉を讃え、時代の典型的な女性にあこがれ、あるいは自分の民族の信条を受け容れることは、〈社会的〉である。人間相互の行為に関係させないでは説明出来ないすべての現象が、つまり〈社会的〉なのである』*。

これでは全く不満足であって非常に当惑させる。人が存在でき、また行ない得ることで、「他者」の影響を全然蒙らないものは皆無であり、われわれが正当に区別出来るのは、ある影響が直接的か遠く距ったものかということだけである。万人にとって、社会は起源であり雰囲気であり環境であり生命である。社会との関係がなければ、人はいったいどのように考えどう存在出来るのであろうか。人間の有機的諸要求の表現やその内奥の個性の表現も、同じように社会的形態をとる。とすれば、なぜ異端を恐れるのが社会現象とされ、異端を奉じることが社会現象でないようなことになるのか。異端は「反社会的」であるとしても、それがただちに非社会的というわけではない。異端も正統派と同じく社会環境に反応する一様式である。また人間が暗闇を恐れるとき、なぜそれが「単に心的」（それが何であれ）であるということになるのか。夜の恐ろしさを恐れる充分な理由をもっていた祖先から、彼はその本能性を受け継いだのではなかろうか。性的魅力が社会現象でないというにいたっては全く奇妙なことである。恋の相手に引かれるとすれば、それこそが社会すべての基礎であり端緒である。さらに、その強度がそれぞれ社会的淘汰の無限の過程に帰せられる欲求は、それが「生物的」であるからといって、どうして社会的でないといえようか。

こうした問題が起るのは、それこそが社会的事実として指摘でき、それでもって「純粋に」個人的ないしは「生物的」、あるいは「心的」な他の諸事実から区別の出来るような事実がこの世界にないためである。生活存在の思

* Ross, *Foundations of Sociology*, pp. 6-7

考や行動にはすべて個人的・社会的両面がある。個人的側面といえども、ただ社会的所産というだけでは十分に説明し切れないものがある。すべての人間の思考や意見、その愛と憎しみや恐怖、一切の活動は、その人の個性の特徴を帯び、それによって具体化され現実化された社会関係であるからである。社会的な一面があるというのは、行為や思考がすべて〈合成結果〉であり、社会的起源と社会化された性格をもつ複合的存在が、それ自体いくらかまたある程度社会的に規定される環境諸条件に応じる反応だからである。各人の性格というのは、個性と社会性でもって織りなされたパーソナリティのことである。各人の環境は、それぞれの仲間やその仲間の世界から成り立っている。彼らの行為と思考は、それゆえに、どれもがある種のまたある程度において社会現象であらねばならない。しかしわれわれは、そのため社会学者として行なう研究に人間の一切の思考と行動を無理に包括することがあってはならない。人間活動のすべてにモラルの要素が含まれるからといって、人間の全活動をモラリストが同等に研究すべきであるとは誰しも主張しないものである。モラリストが抽象するのと同じように、われわれもそれを行なわねばならない。前者が道徳性の形式と法則を求めるように、われわれはそれよりもっと広範な要素を、つまり社会性の諸形式と法則を求めなければならないのである。

〈生活存在が、相互に意志された（willed）関係に入るかそれを維持するところには、常に社会がある〉。このように意志された関係はすべて第一義の社会的事実であり、それの諸結果は第二義の社会的事実である。これらの関係や結果が世界の果てにまで及び、いつの時にも人間や他の一切の生活存在のあらゆる可能な活動を決定することから、社会が生活そのものの要素もしくは機能であり、生活があるところ〈その程度に高低はあれ〉、常に社会があることが明らかとなる。後程みるように、関係し合う存在相互の類似性が大であるほど、社会的生命はそれに応じて強烈である。人は犬とか未開人の仲間に社会をみるであろうけれども、彼らの社会関係は、それが彼ら自身に最も類縁的な社会的存在者の世界にあるとき最も十全となる。われわれは、個々の存在の生命が高等であるほど、それがより高度に社会化されることもまた了解するであろう。

ここでは恐らく〈目的的〉ないし〈心理的〉な関係よりも、〈意志された〉関係について述べたほうがよいであろう。人間や獣の意志のすべては相応に目的的であり、生活のすべてがそれぞれの程度にまた意識的な生活であると私は思う。「目的的」という語は、明白かつ確定的な目的によって動機づけられる行為をいうのに限られる傾向があるけれども、われわれの活動の多くは不明確で一見無分別である。通常用いられるような「目的的」という語を当てるには、その多くは余りに表面的であり、また多くは多分過度である。この理由のために「意志された」という語のほうが好ましいように思われる。われわれとしては、「本能的」と「合理的」両活動の関係についての果てのない論議は避けるのが賢明である。だが仮にもそれを区別するとして、区別はしても両者はともに先に規定したような意志の活動である。有機体の研究において本能の問題を十分深く追究するとすれば、われわれは機械的反応が生の反応に接すると思われる不明瞭な境界にいたる。しかし社会の研究においては、このような問題は生じない。あらゆる社会的事実は、諸意志の相互の関係から成りたつか、もしくはそこから現われる。

再度いえば、単に「意識的」（または「心理的」）な関係というより、「意志された」関係といったほうがよい。もし生活存在が相互にただ意識し合うだけであれば――そのような〈単なる〉意識が仮に可能として――、彼らが入り込むのは心理的関係であって社会的関係ではない。関係は、関係するものの側で〈相互依存の活動〉をともなうかぎり社会的となる。だから生活存在の活動のすべては、その生活存在が白蟻であれ人であれ神であれ、意志の活動とよばれてよいであろう。なぜなら、意志するとは、生あるものの自己決定的な活動、つまり生あるものがそれ自体活動していることにほかならないからである。社会的に意志するとは、それゆえに、他者の現存と活動によって各々に決定される無限で持続的な状況のなかで相互に関係し合っている複数の存在のおのおのが、〈それ自体活動している〉ことである。生は社会によって充満されている。

われわれはここで、社会的事実の主要な〈類型〉を要約的に区別できる。それは大きく(a)固有の社会関係――諸意志の実際の相互関係――と、(b)社会制度との二つの部類に分たれる。後者は諸意志の実際の相互関係ではなく、人々がそれに従って社会関係に入るところの確定した（それゆえにまた意志された）形態のことである。この区別は非常に大切なのであり、この両部類の混同からこれまで妙な誤謬が生じた。法ないし諸法典、統治形態、階級やカーストの制度――これらは人々の実際の関係ではなくて、関係成立の条件や結果である。社会関係は活動であり生活を縫う糸であるが、社会制度はその糸が布に織られるところの織機である。社会諸関係の間にみられる主要な区別は次のようである。さらに諸種の社会制度がそれらに対応するであろうことも明らかである。

(1)個人間の類似には無限の種類と程度がある。厳密にいえば、社会学が関わるのは諸個人の類似性であって、それも諸個人の関係をともなうかそれから生じる場合、つまり類似が結合をもたらすとか、類似の結果として生じるところの集団だけを取り扱うのである。このような集団は、後に知るように、共同的（communal）と結合的（associational）と呼んでよい二つの部類に大きく分たれるけれども、これは、その類似の性質が全共同生活を規定するか、それとも単にその生活内の結合の形態にすぎないものかによって、つまり一方では都市〔市民〕とか民族、他方では教会とか労働組合といった区別によるものである。

(2)個人間の相違には無限の種類と程度がある。それらもまた社会関係を生じる限りにおいて社会学的研究の対象となる。その関係には二つの型がある。敵対の関係、つまり相違の葛藤と、互酬の関係、つまり相違の調和がこれである。補充的な相違は極めて重要な社会的統一の源泉であって、それは丁度敵対的相違が基本的な社会的対立の源泉であるのと対をなす。相互依存の社会関係のうち、例として夫婦、親子、師弟、治者と被治者、雇主と雇人、買手と売手の場合を挙げてよいであろう。これらはさらに明白な諸形態中の若干にすぎない。相互依存の一層微妙な形態は、社会各領域での「分業」諸原理の発達や文明の全過程にともなう一般的な分化とともに不断に現われる。

(3)人々の類似と相違が社会関係を生じるうえに結びつく一定の様式がある。われわれは、社会関係のなかに全体として人々の本質的類似によるものと本質的相違によるものがあるといってよいけれども、この考えでは社会の適切な知識を前進させられないであろう。すべての社会関係は、ある程度において人々の類似と相違の合成結果である。社会生活は不断の適応過程を現わし、また人間の目的と関心は非常に複雑な仕方で結合し交差する。このことは、われわれが現実の諸関係からそれらの結果として生じた制度に目を移すときに一段と明らかとなる。より複雑な社会構造のなかで類似心意か共感の相互依存のどれかの単純な作用に帰されてよいものは何一つない。ある特定時期の国家形態を例にとろう。それは、コミュニティ成員の多数の利害関心や目的の収斂と抗争の結果として生じた多年の構成体である。それの合成結果、組織、形態を記述することは容易である。だがそれの起源や、継起的諸世代の成員の複雑な社会諸関係による発展を、異なる段階や特性、機会、勢力の程度の点から明らかにすることは全くの至難事である。

社会統計の意味と価値について最後に一言つけ加えてよいであろう。最も厳密な意味で、統計――総数、平均、比率、図式、函数――は社会的事実ではなく、社会的事実の単なる表徴である。社会的事実となるためにはそれが解釈されなければならない。「統計は何でも証明する」という常識が生れるのは、解釈に常態的なむずかしさと不確かさがあるためである。われわれは、解釈の必要性をかんたんな平均の場合を例にして説明できるであろう。まずはじめにいえば、身長、体重、頭蓋比率のように平均値が可能なものだけが測定できるので、社会関係や社会制度のような基本の社会的諸事実は直接測定し得ない。頭の指数や他の「生物測定学的」諸事実のすべてが厳密に社会的事実といえないのは、気象学上の数字が社会的事実でないのと同じである。生物測定学的諸事実は、社会的事実を規定しまたそれによって規定される点で社会的事実と密接な関わりがあるが、気象学的事実もまた社会的事実に密接に関係する。それらは同じく社会学者により解釈される素材であるが、にもかかわらず一方は依然生物学的な、また他方は気象学的な事実であるということに変りはない。この区別の必要性は次の節で明らかとなろう。重ねていえば、平均は常に正確さというまぎらわしい外観をあたえる。仮りに三人の平均身長が五フィート一〇インチとしよう。これは三人の誰かの身長について、まして彼らの相対的身長を何ら示すものではない。彼らはそれぞれ五フィート一一インチ、五フィート一〇インチ、五フィート九インチであるかも知れない。それとも彼らはそれぞれ六フィート四インチ、六フィート、五フィート二インチであるか、あるいは五フィート一〇インチを三つ足して三で割った何か別の級数であるかも知れない。もとよりその級数が長い程、平均値が、その個人の属する人種や種族、もしくはそれらに規定されたものの有機体に加わるある社会的起源の諸条件についての社会的事実を〈現わす〉であろうという蓋然性は大となる。だがこの事実は平均によっては表わされない。それは推論ないし解釈であって、同様のことはすべての他の統計についていえることである。

そのために、統計は社会学的価値をおよそもたないと結論されてはならない。それどころか、統計ははなはだ重要である。それは実際の行政上の諸問題を解決する上で測り知れぬ重要さをもつのみか、〈正しく解釈されるならば〉、社会の最も秘められ精神的に神秘なものについて他では得難い認識をあたえるものである。われわれは、ごく最近になってやっと正確な社会統計が利用できるにいたったことを大いに嘆くべきである。出生率、婚姻率、死亡率、自殺率、非嫡出子の比率の一定期間内の増減を、いわゆる「人口統計」をあげて知るだけで、大部の歴史記録にもましてその時期に大きな照明をあてられるものである。無味乾燥な数字の骨は、真の社会学者にとって彼の直接の注視からはずれた社会諸過程を明らかにする点で生きた証拠の常備軍となるのである。

二　社会法則

われわれはここで社会法則の意味を確かめることが出来る。生物界と無生物界のすべてに法則があるように、社会にも無論法則がある。法則がないところに実在も世界もなく、また法則を知ることがなければ、経験もなく世界の理解もない。諸種の法則が遍く浸透しているために世界に混沌《カオス》はない。われわれの経験内になお残る混沌は、知識の成長とともに秩序を得ることになる。知識が進めば、すべての事物に関連があり、世界は恒常と相互作用の糸でもって織り成され、どの特殊もそれぞれの側面で別の特殊を支配する原則に順応していることが知られる。このような原則が法則である。しかし実在に異なる種類があるために、法則にも異なる〈種類〉がある。われわれは社会科学において、数学や物理学や化学に発見できるような法則を――ある人が求めるように――求めてはならない。たとえ求めてもその努力は徒労であろう―われわれは数学、物理学、化学の諸法則をただ〔そこに〕再発見するだけであって、社会の知識に到るには程とおいのである。

社会の研究者は、法則の性質と種類を十分明確に理解しなければならない。というのは社会法則は極めて独特かつ複雑であり、独自無類でありながら宇宙内のあらゆる法則に規定されているからである。われわれの社会生活には一切の実在の全法則が共に作用しているが、しかも社会のみに固有の法則が他の諸法則すべてに全く対向的にはたらいている。それゆえに、〈法則〉という語の多様な意味を十分に理解することが何よりも望ましいことであり、この目的のために私は別掲の分類表を作成した。

この分類は簡単な注釈により明確となるであろう。

(1)どの種類の実在にも固有の法則があり、また諸法則の多様な分岐は実在の多様な分岐に対応している。無生物界の統一に一つの法則があり、生命界の統一にも一つの法則がある。私は、それぞれに適称が必要なため、各々「物〔質〕的」および「生命〔的〕」法則とよんできた。生物界と無生物界の区分が種類の区分で程度のそれでないとすれば両法則間の区別は種類の差である。無生物界の法則は、われわれが知るかぎり不変の共存もしくは継起の法則であり、物質界の恒常の秩序である。それはそれ自体において在り、純粋につまり無生物の世界においては不可侵で不滅かつ例外なく存在するところにそれは顕現される。他方、生活体の法則は生活体の意志のなかに顕現され、可変的で相対的、不安定かつ不完全のゆえに捉え難い。相違はかくも深く、それは、物的法則と、われわれが「裁可〔制裁〕的」法則とよぶ形態の生命法則の間の相違に特にいえること

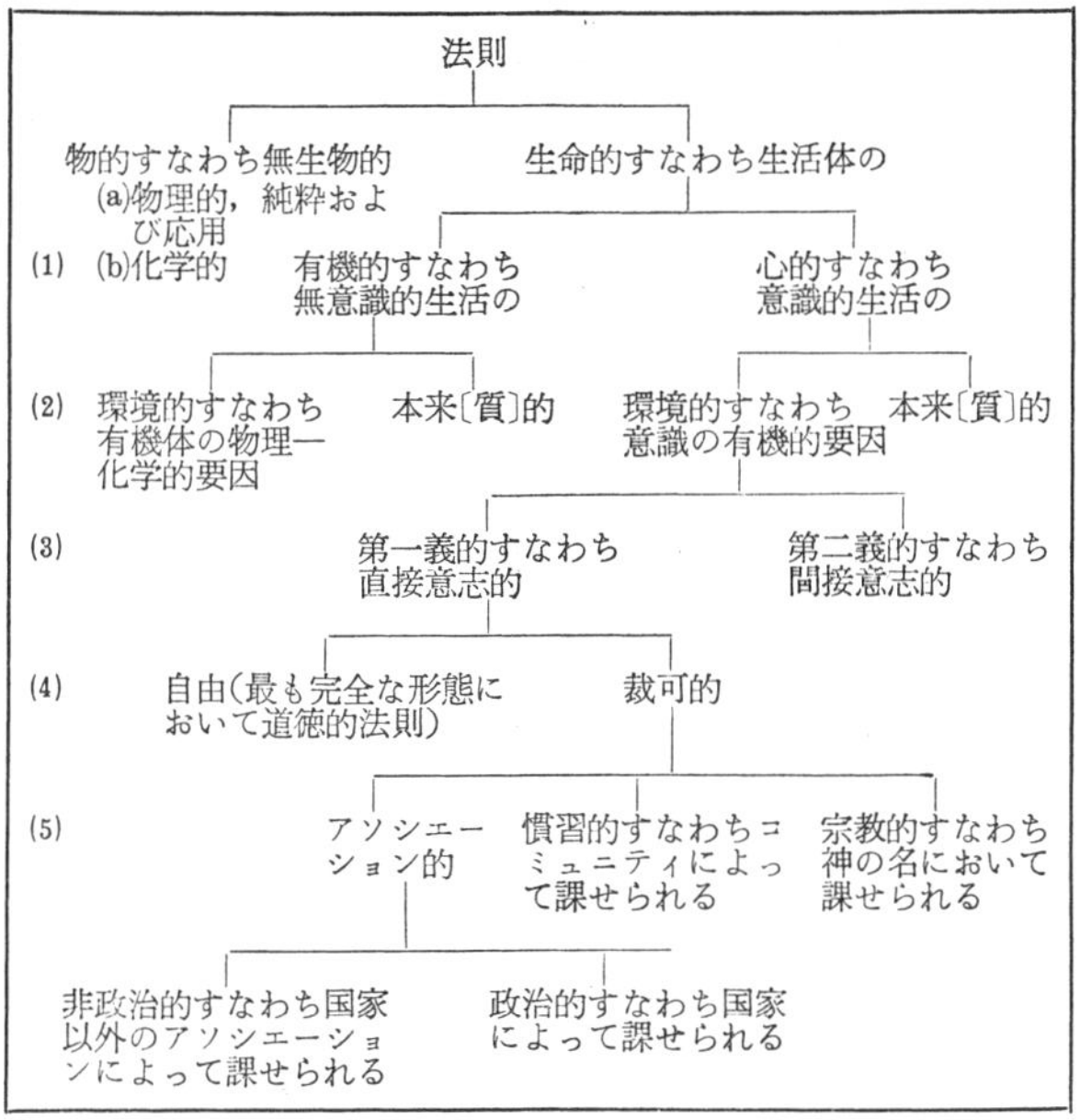

である。〈そうある〉ことが不滅の事実と一方がいえば、他方は〈汝はあれ〉と命じ、あるいは〈汝あるべし〉と勧める。両者を一つの類いとして包括するには相違が一見あまりに大であるように思われる。しかし、両類型が単一の名称で呼ばれるのも理由がないわけではない。「裁可的」法則は、生命法則という大きな形式に含まれるであろうし、物的、生命的両形態は、種類や程度をそれぞれ異にしながら斉一性の原理であり、多数の特殊の普遍性を現わしている。それぱかりか生物の法則は、その固有の範囲内で無生物の法則を再確認させる。一方が物質界を現わすとすれば、他方は生命界を現わすのである。

物的、生命的両法則の区別は、生命法則の大きな二形態の区別に対照させてよいであろう。もし一切の生命がその現われるところにおいて一つであり、自意識がつまり意識にほかならず、意識がとりもなおさず生命にほかならないとすれば、また本能が知能のある限られたものにすぎず、人の目的が動植物中にはたらく衝動のより完成されたものでしかないとすれば——有機的、心的両法則の間には何ら厳密な区分は立てられない。われわれは、生活体が自覚した意志に導かれていないかそのように思えないときにのみ、生活体の法則を有機的と称してよいであろう。それは生活が低度であるか余り発達した形でない場合の生命原則である。これが真であるとすれば、最低の生命でさえ、それの探究は困難にしろ固有の心的特徴をもつであろうし、最高の生命でも有機的特徴をそなえている。このように、われわれは物的、生命的両法則間に種類の区別は設けるが、有機的、心的両法則についてはただ程度の区別しか設けない。われわれは、最高の生命活動の自覚的主体である意志と目的が、つまりは植物の向日時にわずかにでもはたらく意志や目的にほかならないと考えるならば、生命は何かが最もよく理解出来るのである。

(2)この原則から出発することにより、われわれは、すべての種類の法則を漸次的系列のなかに配置することが出来る。というのは、われわれが有機的生命として理解するもののなかには、常にその単純さではなく生命の部分的かつ一時的支配のもとに活動ずる物理的、化学的法則があるからである。物理‐化学的観点ですべてが説明できるのは死んだ有機体――過去の物でもはや有機体でなくなったもの――だけである。この説明が可能なのは、それが死んだためである。死体は有機体であることをやめて物理‐化学的事実となる。生きた有機体はそれぞれの物理‐化学的状態以上の――その状態にはあるがそのものではない――何物かである。生命法則は、物的法則に取って代わるものでもまたそれから離れてあるものでもなく、ある意味では後者の基盤のうえに成りたつ。その上、生命が一層複雑かつ充実するにつれてそれのより高度の表現は、それより低い存在の生活構造と類似しているが全く同じでない仕方で同構造を基盤にしていると思われる。有機的ないし心的な生命界のどの部分にも二重の問いが考えられる。その一つは有機的ないし心的な生活が環境の法則によって規定される仕方にかかわり、他方は有機的ないし心的な生活の本来の性質にかかわる。そこでわれわれは、有機的領域のなかに、植物学、動物学、生理学、生物学といった本来〔質〕的科学を、有機化学からさらに気候、生息地その他自然的諸条件が有機体に及ぼす影響を研究するところのさほど体系だっていない諸科学から区別することが出来る。(もとより前者の諸科学は、後者から切り離して研究できると考えられてはならない――その性質上これはありえない――問題は、われわれが有機体をそれの諸条件に拠って説明出来ないということ、つまりいいかえれば、「それをもっともらしく説明」出来ないということである)。同様に、心的領域においても有機体に本来的な諸科学は、今では非本来的すなわち環境的科学となり、われわれは心理‐物理学を固有の心理学から特に区別するのである。あらゆる種類の生命法則が、このように別種の法則に依拠するか条件づけられる事実についての解釈には大きな困難があるけれども、一般的な関係は明白なように思われる。

このことの正しさを別の仕方で表現しよう。諸法則は依存と量的正確さとの逆比例の順序に配列されるといってよい。運動する石の実際の動きを表わす法則(応用物理)が、三角形の各辺相互の関係を表わす法則(理論物理)よりは複雑なのと全く同じように、植物の成長の様式を表わす法則（有機法則）は、石の運動を表わすそれよりも複雑であり、また心の成長を表わす法則（心的法則）は、植物の成長法則よりもっと複雑である。石は物体にすぎないが、植物は物体でありながら（単に附加したただけではない）それ以上の何かであり、人間は有機体であるとともに（同様にただの附加ではない）それ以上のものである。社会的存在は、物理的性質をもつ点で石と同じ物理法則に従い、同時に有機的性質についてはは植物と同じ有機的法則に従う。さらに心的性質のうえでは心的法則に、それゆえにまた心的相互作用の法則つまり社会的法則に従う。このように社会的存在は、ある意味において宇宙万法の焦点であり、したがって、われわれの知識の観点からみれば、その諸法は理論物理学から社会学に移行するほどより一層〈発達傾向〉の局面にあることになる。因果関係は後者の領域にもはたらいているが、それは、はるかに複雑である。幾何学のような学問は、世界の無内容な空間的枠組についてのその研究において、一切の非幾何学的諸事実を排除することが可能であり、全くの絶対的帰結を得ることが出来る。しかし社会科学はいかなる事実をも排除出来ない。社会法則の本来的性質でないものはすべてそれの非本来的〔外的〕条件であり、本来的性質にたいして目的でないものは手段である。生活体の法則は無生物の法則と同じ厳密性をもつとしても、それははるかに複雑なために獲得することはどうしても至難事となる。

生活体の法則が同じ厳密性をもつとしても――なお社会法則の理解にとって最も重要なことは、生活体の法則が物的法則と決して同一種のものではないということである。生命のうち物性作用のように無作為にみえる領域にさえ、単純な物的法則を求めることは無益であろう。「鉄が鉄を尖らせるように、人はその友の表情を尖らせる」――これには物理的と社会的との二法則が並列されている。両者は一見平行的にみえる。鉄は鉄を尖らせる意志はないが、友人の表情は彼の意志如何に鋭敏である。しかも鉄の鉄に及ぼす測定可能な効果は、諸意志の出合いの際の不可測の効果とは全然別物である。社会には「鉄則」は存在しない。

このことはあらゆる種類の至上命令の諸法に関して一層明らかである。われわれは法に従うことが出来るとしても、それに従わないことも可能である。「汝は面《かほ》に汗して食物を食は《(わ)》ん」――この法が文字通り当てはまるものは多く、彼らにとっては物的法則やあるいは有機的法則でさえ不必要である。そこには何ら不滅不可侵の因果関係は存在しない。パンの盗みでとがめを受けた囚人は、「人は生きなければならない」という。「私はその必然を認めない」と裁判官は答える。両者は異種の必然、異種の法を語っている。命令法は意志内容ではなくて、どうあらねばならぬかの言明である。物的法則が「外的必然」を述べるとすれば、命令法はそれにもとづいた義務を、つまり「内的必然」を述べるのである。

(3)われわれはここに、意識生活の法則に直接に意志的なものと間接に意志的なものの区別を明らかにすることが出来る。この区別は普通看過されているが非常に重要な一つである。科学のなかには、それの法則の多くが内的、外的両必然性の中間にあると思われるものがある――言語学と経済学のように隔たる学がその例となろう。そうした諸学の法則のあるものは、それがともかく意志性の直接の近接形態でないために、固有に一見鉄則の性質を帯びている。それらは、適切にいえば人間の意志の部分的収斂もしくは対立に帰せられる合成結果なのである。需要が増せば価格が上昇するという経済法則を例にあげてみよう――そのもとでのみ必然に該当する特殊条件にはいまは関わらない。人はこの法則を、たとえば政治的な法則に意志をはたらかせるほどには直接意志するのでないにしても、それは人々の意志性の直接の結果であり、それ自体意志の動きや不確かさの影響下にある。それは政治規定と異なってはいるが、同じほど確実に意志の相互関係に従っている。ある物件にたいする需要の増大とは、物件をもたぬ者が所有の意欲をもつか、あるいは何程かの所有者がさらにそれを得る意欲をもつことである。そこには出来る限り安く購入しようとする意志がまたあるであろうし、さらにこの意志には可能な限り高く売ろうとする他者の意志が対向している。そこで他の事情が等しければ、常に人が出来る限り安く買い高く売ろうとする事実は、第一義的ないし直接意志的な法則とみなされてよいのであるが、ここで考えられている事実と、需要が増すのに応じて価格が上昇する事実とは同一の範疇には属し得ない。それはむしろ、人間の意欲による意志されない結果である。だが、それ自体は、一つまたは多くの心意の直接の認可を表わす法則以上にまたそれと同じに意志に従属的であると考えられなければならない。

(4)法則は、それが自律活動の表現であるか至上命令の規定を定式化するものであるかに従って、自由的かそれとも裁可的なものといえよう。前者の類型では道徳法が、後者の場合に国家の法律がそうであるのと同じく、最適の例である。前者は固有に理解されると、正義とか内的義務、つまり「内的必然」の観念によってのみ決定されるものとなる。ところが後者は、それの履行により達成されることが各人に価値ありとする観念に含まれる履行義務以外の制裁によって課せられる。けだし各人のどの「内的必然」も可変的であり、自己自身や他者による内的外的な別の諸必然によって妨げられるからである。各人は他者と関連し合うために、他者の助力なしには自己の目的をかなえられない。そうしたことの充足にとって社会の制度である法的その他の諸規律が何よりも必要となる。それらをこそ人は、自己の意志のより手近な対象を得る前に先ず確立し、はじめに意欲しなければならないのである。充分組織された社会ではすべて、命令法がそれのためにある価値を自己自身や他人のために尊重しない逸脱の成員を抑圧することが望まれねばならない。このような価値に束縛されないでいるものには別の必然が、つまり最後の手段として冷酷な外的必然が加えられなければならない。

人々が暗々裡か明確にか認めているように、人々相互の関係には中枢的秩序をもたらすことが必要である。それにより人々が個々に求める目的は可能なかぎり調整され、もって目的達成がより容易になるのであって、またその結果、人々の共同性から生じる共同の目的が、組織的活動によって一層効果的に達成される。それゆえに、組織された社会には認識に明暗の差はあれ、新たに一定で裁可的な法が課せられるのである。それは意志の法則にも外部の世界の法則と同じ拘束力をもたせようとする一般的願望のあらわれである。

〈もし〉諸君が健康でありたいと望むならば、しかじかの諸条件をかなえなければならない――そこに健康の法則がはたらく。〈もし〉豊かで幸福であろうと望むなら諸君は然るべき諸条件をかなえなければならない――そこに富と幸福の法則がある。〈もし〉私的で共同の目的を万人とともに平和かつ秩序裡に追求しようと望むならば、〈さらにもし〉不服従に加えられる処罰を避けようと望むならば、諸君は然るべき諸条件をかなえなければならない――そこに国家の法がはたらく。もし望むならば――これは意志に対する訴えである。社会的に課せられた一切の命令についてのすべての〈もし望むならば〉の背後には、それを推進するところの、また選択的かつ調整的な道徳的命令である〈すべきである〉がある。

すべての生命法則は、何らかの仕方で生活存在の意志の法則であるが、生命が高等であるほど同法則も自律的となる。人間の認識の及ばぬ生活も、確かに意識的な生活をともなうものであるが、彼の意志が目的の光のなかでますますはっきりするほど、彼はより一層物的法則の主人公となる。その高等化した活動においても物理的で有機的な法則は、以前と同様に拘束力を残しているが、これは今や意識目的に仕える召使いとなる。この目的――力と選択を同時に意味する――は、自然の必然を人間の機会に転化させる解放の要因であり、人間の進化全体は、自然の従属のまさしく覚醒が自己の支配の条件となる解放の道程である。物理的で有機的な法則の基礎のうえに、それに制約されながらそれを統制する目的論的法則こそが、本来の社会法則である。相互に関係に志向するときにこそ、人はコミュニティの高度な構造をつくりあげる。合目的活動は諸原因の起因でありながら、しかも他の諸因との混合もまたそれらの撤廃ということもしない。* それは生の多様な段階のなかに様々な程度で存在する。そしてそれが存在するところ、ほかの一切の諸法則は程度の差はあれそれに従属的となる。これは目的論的法則のもつ不思議であって、それは常に純粋を保持するにしても、また何らの効果も目的論的原因とその他の原因との〈合成結果〉とはみなされないにしても、この付随する生命法則が物的法則の領域内に勢力をもつのである。

目的の法則は、遍く生命を貫いてはたらき、それは生命の啓示である。ある存在が何を求めているかを知れば、その存在が何かを知ることになる。それが究極的な説明である。われわれの有機的欲望が有機界の現われであるのと同じく、われわれの精神的欲望は精神界の現われである。われわれの目的を要約する単純な語句は、それ自体それらのことを何も説明しない。人は職務や知識のうえの何かの目的を求めて日々を送る。それは愛とか愛国とか野心といったものであろうが、われわれはそれらを、生活体がその目的のために生活しまたそれを求めて生きるということ以上の何かであるといい、またより以上の何かであるということが可能であろうか。完成は、達成のなかにあるのではなく追求のうちにあり、達成の場合でも普通は重視されない短時の成功というより長い時間をかけた努力のうちにある。われわれの最も合理的な目的でもなお、動機を深く探れば、明白な意図の要約であるというより

＊ 簡単な例をあげると、私がある地点に向けてボールを投げようとし、そのボールが横風によって逸れるとき、ボールの進路は私の目的と風の合成結果と考えられてはならない。物理的な面では、それはボールにたいしてはたらく多様な諸力の結果であって、この物理力に目的をつけ加えることは必要でなく、確かに無意味である。もし諸君が、どうしてそのボールがそこに行くかというより、なぜと重ねて問うならば、その答えは——私がそれをどこかほかに向うよう意図したため——である。もし私が風を考慮に入れて望む点にうまく到達させたとしても、一連の物理的諸因はなお終始完全であろうとする。〈いかに〉は同様に前のように答えられるが、〈なぜ〉は、このように——私がそれをそこにやろうと意図したため——と答えられる。

漠然と理解されたほうが多分ましなような有機界の無分別な諸力に非常によく似たものがある。われわれには、なぜ求めるかというより何を求めるかということの方がよりよく分かる。本能と知能の相違は、ただ直接の目的の背後にある広汎なものをどの程度知るか、つまり自己自らとわれわれの存在の諸法則をどの程度知るかの差でしかない。生の本質とは、まさしく生の増大とともに生自らの知識の増大をみることにある。目的論的法則は、生が発達するほど一段とはっきりし、またそれがはっきりするほどより自由になり、ついには最高の生を完全な自覚と完全な自律性の一つとみなすことが出来る。

上述のことが目的論的法則の支配ということであって、そこでは社会の過程において人生のあらゆる物理的・有機的要因が単なる構造や機能を超えて価値のうちに変容されるのである。血縁は人種や家族の誇りを意味するようになり、社会的地位と伝統を生み出す。性的本能は、単に異性だけでなく、われわれ自身の、いなさらに全自然界や果ては神にまでいたる考えを色どるロマンスを編む放射となる。結婚はそれのもつ有機的機能を超えて高揚され、家庭生活の一切の親密な価値と満足を意味することになる。肉体的接触は肉体的事実以上のことを意味するようになり、それは、町や地方や国においてわれわれの生に付着された価値のなかで解釈される。あらゆる物理的・有機的要因は価値のなかに高揚されるのである。この範囲では、われわれはすべて理想主義者である。すべての社会は事実の価値としての認識に依存している。どのアソシエーションの活動も、役立つよう実現される目的の追求なのである。

われわれが自由〔的〕と称してきた諸法則の発見と定式化——人々の目的の直接の相互関係を現わす第二義的法則の場合と同様——が社会科学の困難にして重要な課題であることは、ここで明らかであろう。アソシエーションの諸法則は、われわれの前に既成のものとしてあるが、それらはわれわれの研究にとって単なる素材でしかなく、それ自体が個別的に規定された諸目的に基礎をおく組織形式である法則は、われわれが求めるものではない。それは全く恣意的であり、何ら真の社会的目的を現わすことなく、ただ少数の関心か多数の愚行を現わすだけであって、それが恣意的でなくなれば、人々の深層にはたらく自己決定的な目的のみを真に反映するものとなる。人間の意志はそれに妥当性があたえられなければ、内実のない形式となり、人間の意志を変え創り、さらに壊すところの力動的な意志の静的な表現となってしまう。究極的な社会法則はどの法令全書にも記録がないのであり、われわれは歴史や実生活の体験のなかにそれを真摯にたずねなければならない。究極的な社会法則とは、生活存在の諸目的と、それらの諸条件および諸結果の相互関係を現わす法則である。「個人的」と「社会的」の真の関係を理解するものにとっては、基本的な社会法則がかように個性的に決定されることも逆説とはみられないであろう。

(5) 裁可的法則の下位区分の意義については、続く章で明らかにされるであろう。

第二章　コミュニティとアソシエーション

一　コミュニティとアソシエーションの一般的な関係

社会分析家が今日悩まされる最も大きい障害の一つは、その用いる語彙に混乱があることである。大抵の他の諸学の研究者とは違って、社会分析家は日常生活の言葉を用いなければならない。そうした言葉はまるで正確さに欠ける点があり、大きい誤りを避けようとすれば、社会学者は、独自の目的に応じてためらいなくそれの改善を行なう必要がある。このことは、われわれの主題の基本となる社会、コミュニティ、アソシエーション、国家といった諸用語についていえることである。これらの語が、専門の権威者によってさえしばしば杜撰に使われていることは特筆さるべきであって、その結果は大抵よくないのである。われわれが、これらの用語のそれぞれの意味を通常の用法とは関わりなく単一かつ明確に限定するよう最初に強く求めるとすれば、それは全く誤謬を改めるためのものであらねばならない。

私は、右の用語中最も一般的な、社会という語を、人と人の間の意志されたすべての関係を含む一般的で包括的な意味に用いたいと思う。その際、コミュニティ、アソシエーション、国家を〔それぞれ〕社会から区別するとすれば、それらを社会的事実の特殊な種類または側面として限定することによってであらねばならない。この場合の基本的な区別で重要性の最も高いものは、コミュニティとアソシエーションの区別である。

私は、コミュニティという語を、村とか町、あるいは地方や国とかもっと広い範囲の共同生活のいずれかの領域を指すのに用いようと思う。ある領域がコミュニティの名に価するには、それより広い領域からそれが何程か区別されなければならず、共同生活はその領域の境界が何らかの意味をもついくつかの独自の特徴をもっている。物理的、生物学的、心理学的な宇宙諸法則のすべては、共に生活する諸存在を互いに類似させるうえに力を貸している。人間が共に生活するところには常に、ある種のまたある程度の独自な共通の諸特徴——風習、伝統、言葉使いそのほか——が発達する。これらは、有効な共同生活の標識であり、また結果である。あるコミュニティがより広いコミュニティの一部となったり、すべてのコミュニティが程度の問題であるということもあるであろう。たとえば、英国人で外国の首都に住むものは、その首都の広いコミュニティと同時に彼らだけの親密なコミュニティ内で生活を送ることが多い。それは共同生活の程度や強さの如何に関する問題である。その一方の極には人間の全世界がある。それは一つの大きいけれども漠然とした非統合的な共同生活である。他方の極は、普通の個人の生活がその内に営まれる狭小で集約的なコミュニティであって、あるときは広くあるときは狭く、その外辺が常に変化するところの共同生活の極小の核である。社会関係は最も不十分なものでさえ、世界の果てにまで拡がる社会的接触の連鎖のなかの一部である。このように生起する社会諸関係の無限の系列のなかに、われわれは都市〔市民〕や民族や部族といったより集約的な共同生活の諸核を識別し、それらを〈すぐれて〉コミュニティとみなすわけである。

アソシエーションとは、社会的存在がある共同の関心〔利害〕または諸関心を追求するための組織体（あるいは〈組織される〉社会的存在の一団）である。それは、共同目的にもとづいてつくられる確定した社会的統一体である。人々が求めるどの目的も、それに関心をもつものがすべてそれを求めて結合し、それを得ようとして皆が協働するときに、誰にも最も達成されやすいものとなる。それゆえに、社会的存在がもつどの可能な関心にも、すべて対応するアソシエーションがあるといってよいであろう。コミュニティは、永続的なり一時的なりのアソシエーションのなかに泡立っており、今日の現実の社会生活を研究するものは誰も、政治的、経済的、宗教的、教育的、科学的、芸術的、文芸的、娯楽的、博愛的、専門的な各種の無数にあるアソシエーションが、今日の共同生活を以前にもまして豊かにしていることに感銘を受けざるを得ない。

コミュニティは、社会生活の、つまり社会的存在の共同生活の焦点であるが、アソシエーションは、ある共同の関心または諸関心の追求のために明確に設立された社会生活の組織体である。アソシエーションは部分的であり、コミュニティは統合的である。一つのアソシエーションの成員は、多くの他の違ったアソシエーションの成員になることが出来る。コミュニティ内には幾多のアソシエーションが存在し得るばかりでなく、敵対的なアソシエーションでさえ存在出来る。人はその重要性が最低の目的にも、また最高の目的のためにも結合出来るものである。アソシエーションは、当事者にとって多大の意義あるものであることも、大して意義がないものであることもある。またそれは、単に月例の晩餐会の言訳の口実のつもりのものか、あるいは貴重で最大の利益を保護するものであるかもしれない。――しかし、コミュニティはどの最大のアソシエーションよりも広く自由なものである。それは、アソシエーションがそこから出現し、アソシエーションがそこに整序されるとしても、アソシエーションでは完全に充足されないもっと重大な共同生活なのである。人々が村や都市や国をつくる共同の生活と、教会や労働組合――後にみるように国家さえも――における結社態との間に非常な大差があることは、熟慮すれば直ぐにわかることである。国家領域といえども、たとえば他国に併合された従属民が彼らの固有の生活様式を継続する場合のように、効力あるコミュニティの領域としばしば一致しない。名称の区別は根本的である。*

アソシエーション全体のうち最も永続的で包括的なもの——国家——のコミュニティに対する関係を考察する前に、アソシエーションが永続性と重要性の程度によってどれ程際限なく多変的かということと、それの多変性の主要理由を挙げることが適当であろう。

人々は、組織されないままに同時に〈群がる〉ことがある。単なる集成（aggregation）はアソシエーションではない。火事を見るためにたまたま集まった群集の場合を考えよう。この集成は何の目的に役立つものでもない。群集の各人は他人が離れ去っても火事を全く同じように——実際はその方が余計に——見ることが出来る。共同の関心は彼らを集合させるけれども、相互に結合させることも、各個人と他の誰かとの間に社会的交渉を生じさせる必要もない。群集は物理的接触であって社会的接触ではない。アソシエーションであれば、火事が消え——あるいは警官が群集を立ち去らせても解消しない。しかし、群集が消火の志を起し、その目的のために組織をもつとしよう。この集成は直ちにアソシエーションに変わり、個々の各員相互間に社会関係が生じ、社会的目的遂行に附随する秩序が全員に及ぶものである。共有の関心が組織によって促進されることが分かるや、人々はすぐにアソシエーションをつくる。アソシエーションは、この場合は短時間に成立し——また短時間のうちに消滅し去るわけである。

次に、記念祭のような祝典に人の集まる場合を考えよう。そこには、アソシエーションにもとづき、またアソシエーションによって実現される目的がある。集まりはその祝典の基本要素である。それは時と場所と次第が前もっ

＊　名称の区別の必要性は、フェルディナンド・テンニェス教授によって強調されてきた。しかし、テンニェス博士は、同義のドイツ語を幾分違った意味に用いている。彼のいうコミュニティ（ゲマインシャフト）は、〈実在的で有機的な生命体〉を意味しており、アソシエーション（ゲゼルシャフト）は、〈観念的で機械的な形成体〉であると理解される。そのため、彼は、〈言語の、慣習の、信仰のゲマインシャフト〉を語り、〈営利の、旅行の、学問のゲゼルシャフト〉を述べることになる（Tönnies, *Gemeinschaft und Gesellschaft*.）。この区別は、さきに述べたような種類の区別というよりも程度のそれのように思われる。この主題については、さらに**付論A**を参照のこと。

て定められ組織されたアソシエーションであって、偶然の集成ではない。しかしその目的は、集会各員の生活にあってはほんの些事にすぎないかもしれない。それは各員を他の人と社会的に接触させるが、これは一時的かつ部分的でしかない。アソシエーションにおいて実現される共同関心の意識はあろうが、それはただわずかの間の表出である。パレードが終り行列が通過し、あるいは祝火が消えたり晩餐やスピーチが終ると、そのアソシエーションは解消する。目的が一時的であるために、そのために出来たアソシエーションも長続きし得ない。

続いて、法案の通過や教義の制定といった政治や宗教上の特定の改革実現のためにつくられたアソシエーションを考えてみよう。この場合は、もっと継続的な目的がアソシエーションを生気づけ、より強固な組織がはたらく。そのアソシエーションの成員は、各員相互の接触に明確な接点をもつ。これは各員が皆メンバーとしての確かな個性をもつためである。もし重要な点で相違するものがあれば、成員となることはなかろう。また各員は、アソシエーションにおいて少なくとも一部は彼の個性によって決定された一定の位置を占めている（それは、目的が大きくはたらけばそれだけ組織も一層複雑となるのがアソシエーションの一般法則であるからである）。しかし、目的が特殊かつ一時的であれば、それを追求するアソシエーションは自らの解消に向かう。法案が通過するとか教義が制定されて支えとなる目的が実現されれば、そのアソシエーションは自然に消滅する。奴隷が廃止された時、奴隷廃止のためのアソシエーションもまた廃止された。このようなアソシエーションは、どれも成功することによって死滅する。そのもともとの目的が過去の部類に入るアソシエーションも時にはあるが、それは「名誉ある魚商組合」のような古めかしい遺物めいたものとか、「陸海軍軍人会」のような社会的な障害となる。

次いで結婚のアソシエーション〔結合〕といった全く違った類いのアソシエーションに目を向けてみよう。このアソシエーションが拠るところの目的は、全生活の深い基盤であって、同目的は子孫の単なる増殖や成人として彼らが自立できるまでの保護というだけでは完成されない。結婚ーアソシエーションの深い目的は、現前の世代と共に将来の世代も含み、それに入る人々の生活の完成とそこから生まれるものの生活を創始し発達させることにある。したがって、それは人生の連続的で――偏倚しない限り――永続の目的となる。それがつくるアソシエーションも同じく連続的かつ永続的で生の核心に強く根差すことになる。

このように永続の目的にはおのずからにして常にそれに応える永続的なアソシエーションがある。このことは、教会や国家のようなアソシエーションを考える場合にもっと明瞭になる。いずれもその依拠する目的は、どの個人よりも持続的であり、したがって個々人の生命期間よりも無限の長きにわたって維持される。それは生の完成に必要な目的であるだけに、生とともに不滅のアソシエーションをつくる。さらに、大抵の持続する目的が、それをまた成長させ変化させる目的でもあるために、より大きなアソシエーションには連続的な進化がある。

最後に、アソシエーションは永続の程度に応じてまたそれの理由によって変異する。社会的存在に共通な特徴があるところには共同関心が常に暗に含まれていて、それは組織やアソシエーションにより一段と強められる。共同関心の程度は、それに対応するアソシエーションの程度を測る尺度となる〈はず〉である。最も親密な関心は、結婚のアソシエーションの場合のように、二人の人間を最も直接に結合させるものである。しかし、それの対極にあるのは、人類に普遍的な関心――例えば正義とよばれる関心――である。人々が他者とどれ程共通するところがあるかを一層深く認識し、すべての共通の価値がアソシエーションによって保護され促進されることを一層深く理解するほど、社会の歴史はある点でアソシエーション（ならびにその結果としてコミュニティ）の拡大の歴史ということになる。確かに、未開社会の狭小な範囲から近代の不断に広がる多量のアソシエーションが増大してきた。

われわれは、国家がほかのアソシエーションのなかの一つにすぎないことを述べてきたが、国家の存在は明らかに非常に独特かつ特殊である。ほかのアソシエーションが追求する関心は一つか高々二、三に限られているが、国家はほとんどすべての関心に関わりをもつように思われる。ほかのアソシエーションは、不服従の成員に対し自己の発意によりその決定を強制することは出来ないが、国家はそれが可能であり現に強制している。ほかのアソシエーションでは成員が都市、地方、国を超えて分散しているが、国家はその定まった共同領域内の住民全部を成員とし、あるいは少なくとも自己の統制下に置く。したがって、国家が、まずコミュニティそのものに対して、次ぎにコミュニティ内の他のアソシエーションに対してもつ関係をそれぞれ明確にすることが非常に重要である。

二　コミュニティと国家

国家は、コミュニティのように土地の領域をもつために、またすべてのあるいは殆どすべての他のアソシエーションに統制を加えるために、コミュニティと国家があたかも同一であるように述べる著者が多い。ヘーゲルの見解がこれであったと思われる。またそれは、確かに新ヘーゲル学派*や、その形容辞がほとんど当たらぬほかの多くの著者の国家に関する教義についても同様である。同教義を代表する言明をここに故フイエ氏からとっていえば、氏はこう書いている。「その内部に無数の仕方で結合している小さな円が、それらを包む限界を越えないで実に多様な形を画いている大きな円を想像してみよう。これが国家という大きなアソシエーションと、それが包含する特殊なアソシエーションの姿である」(*La Science Sociale Contemporaine*, p. 13.)。

われわれは、国家をコミュニティの限界とし、ほかのすべてのアソシエーションを国家の要素でしかないとみる

＊ 付論B参照。

右の教義が、近代国家の進化全体に相そぐわないことを後に知るであろう。今はただ歴史にさからいかくも奇妙に支持されてきた同教義が現在の事実に相反することを示すだけで十分であろう。ここでのわれわれの関心は、国家がどうあるべきで何を包含すべきかということではなく、国家が現に何でありまた何を包含しているかということである。この点に留意すれば、国家がコミュニティの同一延長でも同義のものでもないことは全く明白である。どの国家にも、それぞれ厳正な地域境界があるが、近代の世界は個々の国家に区分されてはいても、孤立した数多くのコミュニティに分割されているわけではない。われわれは、コミュニティが程度の問題であり、それが濃淡差のある社会的相互関係の網であって、常に新しく織りなされるその繊維が、国境や大陸を越えて人と人とを結びつけるものであることをすでに知った。国家はコミュニティとは異なり、排他的で確定的である。一国家の終わりが他国家の始まりであり、一国家の始まりが他国家の終わりである。[*]誰しも二君に仕えられないように、矛盾なく二国に忠誠を誓うことは出来ないが、共感と機会が得られれば幾つものコミュニティの生活にはいることは可能である。

フイエの比喩はまぎれもなく明らかに間違っている。われわれは、独自に円を画きそれらをイギリス、フランス、ドイツ等々と呼ぶことにしよう。氏の仮定からすれば、一切のアソシエーションはこれらの円の内部にはいり交差しない。では、大国にして今日一つとしてそれを欠いては存在し得ない国際的な経済的アソシエーションは、どの円とすべきなのか。国際的な産業、科学、宗教さらに芸術の多数の連合は、どこに配すべきであろうか。「それを包む限界を超えない」――これが国家についての新ヘーゲル学派の論拠であるが、これは事実に当らない。

しかし、国際的にせよ国内的にせよ、すべてのアソシエーションは国家により統制されるものと答えられるではあろう。国内のアソシエーションはそれぞれの国家の統制を受け、国際的アソシエーションは国家間の同意によっ

* 連邦国家の場合が唯一の明白な例外であることを示すのに、われわれは躊躇の必要はない。

て統制される。どの国家の成員もその国家が許さなければ、いかなるアソシエーションにも参加出来ない。このようにしてどのほかのアソシエーションもみな国家に従属する。

われわれは論争を受けいれてもよい。国家の意志が上述の優越性を得た時期や理由については、後程もっとはっきりと知るであろう。その段階でコミュニティと国家の区別をより十分に理解することになろう。ところでわれわれは、国家が他のどのアソシエーションにも統制を加え、したがって、すべての他のアソシエーションは国家に吸収されるゆえに、その国家の単なる一部分にすぎないとか、完全に国家領域により制限されるというならば、それには間違った推論があることを強調しなければならない。もしこのような考えを抱くならば、近代諸国家がそれによって今日の民主主義形態を達成してきた抗争の過程や、また特に教会と国家の対立的な諸要求に拠る長い闘いの苦悩は、われわれには無意味なこととなる。

国家の限界を見つけることが出来る容易で直接的な方法がある。国家の本質的特徴は政治的秩序にあり、国家の〈第一次的〉用具は政治的な法なのである。国家が未だないところにもコミュニティはあったし、今日といえども、たとえばエスキモー族のなかに、国家統合になお到らない共同生活の原始形態を営むものが見られるであろう。政治的な法のないところに国家は存在しない。政治的な法は、それゆえに国家の規準であり、同法の性質と限界を知れば国家の性質と限界を知ることになる。

政治的な法は、その固有の性質からして無条件的であって定式化され、また主として消極的である。これらの諸特徴は、国家の限界を現わしている。

それは無条件的である。ほかのアソシエーションの諸法も成員を拘束するが、その法を好まなければ――〈国家〉が禁止しない限り、当のアソシエーションを離脱することが出来る。クラブや実業のアソシエーションや労働組合や教会の諸法を容認出来なければ、諸君は脱会できる。もしこれらのアソシエーションのなかに勝手に自己の法を強制するものがあれば、直ちに国家の権力と衝突する。アソシエーションが固有になし得るのは、諸君にたいする特別の恩典と特権の拒否だけである。いわゆる固有の共同法や慣習法についても同じである。もしコミュニティに支配的な慣習、伝統、流行にそむけば、非難を当然受けるであろう。それはボイコットであり、社会関係への参加の拒絶であろうが、しかし国家の法律を破るのでなければ、それ以上に不詳事を蒙むるようなことはない。ところが政治的な法を破れば、単に特権を失うだけではない。国家は恩典の停止以上に出て処罰を行なうであろう。それの背後にはコミュニティの結集した力があり、ほかのどの種の社会法にも属さない最終的な制裁力がある。法から逃れるために国家の成員資格を簡単に放棄することは誰にも出来ない。たとえ国境を越えても、法の要請は諸君を追跡するはずであるし、国境内において門戸を閉ざしていようとも国法に従属し、当局の直接か委任かによって国家が加えるあらゆる諸規定の支配を受けることになろう。

国家がこのように独特の地位をもつのは何故であるか。なぜ国家にはコミュニティの結集した力が背後にあるのであろうか。法の力は究極のものではなく、それは常にまた本質的に意志にもとづくものである。国家にこの強制力があるのは、成員がその力を〈意志し〉、自己を法に従属させて、法の維持に各員の力を結集するためである。では何の目的のためなのか。

何人も人間の世界にいる間は、社会諸関係から全く離脱することは出来ない。われわれは、あらゆる本能と要求によって全面的に社会や仲間との関係に入るよう強いられている。そのような関係は〈秩序づけ〉られなければならない。そうでないと生活は不可能になる。相互の利益のために相互の助け合いや相互の寛容と抑制が必要である。それゆえ社会が存在するところには義務と権利の体系があることになる。社会は、絶えず各人の他のすべての人々との間のかような相互関係を生み出すのである。時にはそれは〈不文法〉に支配された原始のコミュニティにおけるように無定式で伝統的なままであるが、権利義務のこの関係の最も基本的なものは、大抵は政治的な法として明確な定式に表わされ、コミュニティの力をそなえた中枢権威に保護されるのが常である。人々の間に承認された権利義務の根本体系の維持と発展に、中枢機関ないし政府が当るように組織された特定の人々の一団は、固有に国家と呼ばれる。国家は、このように社会秩序の維持発展のための基礎的なアソシエーションであって、その目的のためにその中枢機関にはコミュニティの結集した力があたえられるのである。これは、国家の成員がこの究極の権威を国家に賦与するとか是認する理由を意識的に真に理解しているという意味ではなく――そうであれば、彼らは決して政府の無限の堕落を許そうとしなかったであろう――、ただ彼らが政治意識に目覚め、国家に対してその力を捧げるべき理由を自問する際の回答が上述の形で明瞭になるという意味なのである。国家が発達し成員の社会的分別が高まると、自己の要求を意識してそれを政治秩序を通じて満足させる可能性が高まり、それにより国家の権力はますますこの目的のために行なう独自の寄与に基礎をおくようになる。――そうでなければ、混乱、弱化、分裂をまねき、恐らくは最後には革命が起るであろう。

法に対する服従は政治的義務であって、それは政治的権利の裏面にほかならない。法や政府や強制をそれぞれ超えたところにこそ共同目的があり、コミュニティの共同意志がある。そこでは目的は常に意味の啓示であり、存在を正当づけるものとなる。もし政府に服従を捧げる義務が市民にあるとすれば、それはある社会的善のためにそうあるべきなのであって、その善はまた政府が市民に示す尊敬を決定する。政治的な権利と義務は、すべての権利義務と同じく同一源泉に由来するのであり、切り離せば無意味となる。国家とそれの政府は究極的な社会現象ではなくて、もっと深いもの、つまり共同の生活と意志にそれらが依拠するものであることは、すでにわれわれも知るところである。

国家の特殊な限界は、政治的な法のより深い性質を考察すれば明らかとなる。

第二に、政治的な法は一定の定式に表明される。政治的な法は法の範囲内に入る特定範疇の人間を規定し、またその人間に対し特定の行動形式を能う限り明確に定める。したがって、それは明らかに一般的状況についてのみ適用され、ただ〈外部的〉履行を強制するだけのものである。それゆえに国家は同時に人間の広汎な活動領域外にある。国家は間接にしか動機を統制し得ない。国家は行為、いなむしろ作為には命令出来るが、それの遂行の精神については不可能である。ところが行為の大部分は全くそれが遂行される精神に依存しており、アソシエーションの多くは単に理想的あるいは精神的な諸価値を実現するために存在している。国家はこれらのアソシエーションを決定〈出来ない〉。またアソシエーションの唯一の価値をそれの成就の精神から引き出す行為は何も規定〈すべきではない〉。国家は教会に出席するよう強制は出来るが、崇拝は強制出来ない。このため国家による強制は愚行となる。国家は〈命令〉によって、教会とか芸術や文芸のアソシエーションを創設することは不可能である。国家はこれらのアソシエーションを保護し存続させ組織化も出来よう――これを行なうことは国家の機能の一端かもしれない――が、その固有の性質にたとい忠実としても、それらの決定や統制は不可能である。そのうえ国家は、その一般性と外部性のために（抑圧の方法による以外は）、全社会過程の発端であってすべての社会的な価値の根源をなすところの個人の生の自発性と主導性にも触れるわけにはいかない。特に目立って戦時がそうであるが、軍備増強が暫し自発性よりも重視され、国家が不可避的に抑圧的となる時期がある。しかしこれはほとんどすべての戦争の特殊現象と同じく野蛮段階への後退である。この抑圧状態が戦争体勢の続きで平和時に継続するときは、必ずや深刻な社会的動揺と軋轢を生じることは確かである。それゆえに、国家はそれを生むところのコミュニティから明確に区別されなければならない。コミュニティは、本来的に自らの内部から発し（自己のつくる法則の規定する諸条件のもとに）、活溌かつ自発的で自由に相互に関係し合い、社会的統一体の複雑な網を自己のために織りなすところの人間存在の共同生活のことである。ところが、国家は社会生活の一般的外的諸条件を規定し、外部的に履行される社会的諸義務の主要な体系を支持する必然的に形式的な用具として機能するにすぎない。この用具は、アリストテレスの表現によれば、社会構造の現実の鋳造に適合し得る「鉛の定規」ではなくて、その一般的輪郭だけが測れる堅固な測量桿に似ている。*

国家の法は、行動の外部形式しか決定し得ないために（全然ではないが）、主として消極的である。その大部分は、〈新ヘーゲル学派はそれを認める意味を解しないが承認せざるを得ないように〉社会的福祉の〈妨害を妨害する〉ことをもって満足しなければならない。それが行なえるのは正しい行為の保証というよりも不正行為の防止や処罰である。国法は、人々のために生活が良く行なわれるうえに必要な外的社会諸条件をつくることが出来る。それは、それが行なわれなければ内的義務の履行が不可能となるような外的義務の履行を強制出来る。このために政治的な法の裁定は処罰であって褒賞ではない。われわれが報いをあたえ敬うのは、神学者がいうところの「功徳の業」のみであって、外的な法の最小限の履行ではない。

いうまでもないことであるが、政治活動の限界を右のように述べるからといって、われわれはその力の測り難い価値を軽んじるものではない。要は、国家がコミュニティと等価ではなく、政治的アソシエーションは人間の全生活を包含しないし統制も出来ないということである。国家はコミュニティではなく、コミュニティ内の特に権威あるアソシエーションであると考えられる。国家は社会生活の確定された封鎖的な組織である。コミュニティは、いかなる国家の確定した枠組をも超えて拡がり、その枠組のなかでただ部分的に統制を受ける不確定的な絶えず進化

* *Nic. Ethics*〔『ニコマコス倫理学』〕, Bk. VI., c. 10, § 7. 参照。

する体系である。その枠組は、コミュニティのなかで一定の統一と規定が行なわれる部分にあたえられるが、その枠組は本来それがそこでの部分となるより広いコミュニティから切り離されることはなく、またその部分内で社会的およびその他の生活全体の特徴をなす自発性を、その枠組独自の外部的行為様式とそれの必要性に代置させるものでもない。社会生活は政治生活にもはや実際上要約されるものではなく、理論のうえでもそうあってはならない。個人は彼の市民的地位によって要約されるわけではない。もしそうであれば市民的地位の要求がそれ自体僭主となり、それの本質的な道徳価値は失なわれるであろう。「諸関心の近代的荒野」は、市民性的地位の単一な道路に整頓されることはない。なぜなら、可能な限りわれわれが切り開かなければならない市民的地位の幹道は、数多くの社会的諸関心の道と交差はしているが、それらを吸収出来ずまた吸収すべきものでもないからである。

社会的関心のこのような諸道は、国境のところでとぎれてはいない。政治的関心は確定的で限りがあるが、社会的関心はそうではない。したがって、国際関係の正しい理解にとって最も必要なことは、コミュニティと国家を区別することである。これを同一視してかかるならば、諸国民が何れかの世界国家に吸収されるまでわれわれは国民間に何らの社会的統一ももてないことになる。なぜなら、どの国家もその定義からして確定的で自己完備した単位だからである。その主権の範囲に関して国家はいずれも、それぞれ他の国家と絶対的に区分される。そのため政治関係は社会関係に一致するにしても、一国家の成員と他国家の成員とはまったく異なるものがある。コミュニティは、スピノザやホッブスがそれについて想像したように、彼らが想定した前市民的個人が何かの契約が結ばれるまでは全然無責任でその時でも同意を結ぶ可能な強い意志がないためまったく無責任なように、孤立したまま相互に対峙し合うことであろう。しかし国家とコミュニティの区別が最も明確に現われ、政治的分離があるにもかかわらず普遍的社会の共同諸関心により新しい諸統一が明らかに織りなされるのは、無論国際関係においてである。人は恐らく、彼の国を離脱することによって自己の〈国籍を放棄〉（これは余り至当な語ではないが）出来るであろうが、人間の世界や少なくとも文明化した人間界から離脱せずに自発的な〈非社会化〉は不可能である。

コミュニティは、それゆえに「精神が自己を顕現している世界」であるが、国家はそうではない。ヘーゲルの論議にもあるように、「精神」そのものは国家において孤立しない。*それどころか、文明の成長とは、不断に拡大するコミュニティの成長のことであり、政治的に独立した諸集団の限界を超えた社会的関心の〈実現〉をそれは意味している。社会が広大となればコミュニティの意識も成長する。とりわけ、諸民族の特権階級は大概戦争の張本人であったが、社会的交流と共同の商業的・知的諸関心によって彼らはますます疎んぜられることになる。タルド氏が指摘しているが、たとい競争によるにせよ、その職業上不変のアソシエーションを相互につくる人々は、このような社会化の影響を蒙らないものよりはるかに深い友情の精神を相互間に発達させるものである。同様のことは諸民族の場合にも考えられる。国家間の相互共感を発達させるのは、文明ではなくて文明交流（intercivilisation）である。高度に社会化されたギリシアの諸都市は、おのおの自律性と自足性の理想を、つまり〈完全に独立した全体性〉の理想を保持したために互いに社会化されず、したがって相互に最強の敵対性を発揮した。しかしギリシア諸国家のような疎遠さは、文芸と商業の相互社会化的影響が強い近代の世界には成りたたない。共同の理念と共同の交易は、諸方面に社会的絆をつくらせ、それが国家の区劃を横断し全体としてみられる西ヨーロッパを、つまり有力なコミュニティをつくってきた。そのため、教養あるイギリス人は英国の農業労働者とかつてあった以上に、教養あるフ

＊　ヘーゲルには、この点についていくらか混乱がある。たとえば、彼は国家が「私人ではなく完全に独立した全体」であるといいながら（*Gr. der Phil. Rechts*, § 330）、すぐあとで、それを他の諸国家と関係づけ（331）、さらにヨーロッパの諸国を「それの正当化と倫理慣習およびそれの文明の普遍的原理のために家族を形成する」例にあげている（339）。「完全に独立した諸全体」がどうして一つの家族をつくることが出来るのであるか。さらに**付論B**を参照のこと。

ランス人との共通点を多くもつことになった。母国から締め出された異邦人は、異邦の同国の市民よりも深い社会的親近感を母国に対しなお抱くかもしれない。それにもかかわらず、有力な政治哲学は「国家」が「精神が自己を顕現している世界」であり、「国家と国家の間に共同善の意識は何もあり得ない」と無分別に宣言するわけである。彼らは、旧式の近代政府のなかに危険にもなおこの哲学を保持するものがあったために、共同悪という意識のなかでわれわれの共同文明を圧殺してきた。

もし事実から理想に――新ヘーゲル学派はこの両事項を常に混同した――しばらく目を転ずるならば、われわれは現在あるよりも広いコミュニティの政治的整合の要請を承認することが出来る。これは、われわれが退行してコミュニティをいかなる一つの国家よりも広大な領域にする諸関係の絆を遮断することではなく、連邦への道に向けてわれわれが前進し、諸国家連合を現存のコミュニティ相互を包括するに足るほど大きく仕上げることによって達成されるはずである。関心、目的および要求に関する類似性の認識は、各国民のうちに増大はすれ低減することはない。不適当なのは国家であって、コミュニティは正当な限度を越えない。前述したように、国家は〈すべて〉のコミュニティを包括し規制するのに、常に不適当であらねばならない。諸国家の政治諸関係は移ろいやすくまた整合されないのであるから、国家のそうしたことは必要というよりか不適である。現代の文明国家は、仕事場にあってはみごとな秩序と規律を維持し外出の際には遊興に自由を感じる親方に似ている。

三　国家と他のアソシエーション

われわれは、国家がコミュニティではなくてコミュニティ内の特別に権威あるアソシエーションであることを知った。ここでは国家と他のアソシエーションがいかに関係しているかを簡単に論述することにしよう。ここで留意すべきことは、われわれの行なう考察が、それが何かではなく、どうあるべきかということであり、またその関係の諸事実ではなくて、どの特定国家にも全くまたは部分的にしか実現されないような理想であるということである。われわれはしばしば、現実のすべての国家が「国家」として確認できる単一な型に一致するものと仮定するきらいがある。事実、国家は今も昔も、ほかのアソシエーションに対し可能なあらゆる態度をとってきた。時にはそれらに無頓着で、しばしばあるアソシエーションを偏愛し他のアソシエーションには抑圧的であった。ある時はアソシエーションの全体に抑圧的であり、また時にはあるアソシエーション（特に教会）にその固有の権威を分有させるか、あるいは強奪を行なってきた。同じアソシエーションに対して独自な立場を認めないこともあった。それゆえに、われわれがここで行なえることは、国家――いかなるまたあらゆる国家の意味に考えられる――が、それの奉仕し得る社会的目的に照らして、これまた各種類にしたがい社会的目的を追求するほかのアソシエーションといかなる関係にある〈べきか〉を序論風に示すことである。

国家が、その独自の組織生活のなかに社会生活の他の諸形態をもし吸収しないものとすれば、家族生活はいうに及ばず芸術、科学、宗教の世界やさらに社会的交流に対し国家はどのような関係にあるのであろうか。第一に国家は、前述のように、その組織を通じて社会のまさに存在そのものの保持や保証を固有の第一次的目的とするために、部分的組織やコミュニティの自由な生活に対して等しく影響力のみでなく統制――自由な生活が生み出す自発性への基本的要求に決して撞着しないような統制――の一定の優越性をもつことになる。仮りにある宗教教義の教えが社会の安全を脅やかすと予想されるならば、国家当局はその教義の布教を禁止出来ようし、また社会的危険についての当局の考えが正しくて、干渉しても平衡に何の弊害も起らぬとすれば、その干渉の点でもまた正当ということになる。これは疑いなく危険な責務である。というのは国家当局は、たまたま表現される種類の特殊利害の保障を社会の保障とほとんど同一視しがちだからである。しかし、国家の機構にたいして、正当に構成された当局の誤謬や堕落からわれわれを救うために適用出来る安全な手だては何も存在しない。この安全性は、一般に高い教育を受けた人々が持続的に警告を行なう批判によってのみあたえられる。またもし経済的アソシエーションのなかに、労働者から適正で健康な生活を営む機会を奪うものがあることを国家当局が知れば、当局はこれにもまた干渉出来る。当局はアソシエーションに入らぬ諸個人についてもアソシエーションの諸個人に対すると同様の権利を行使する。それは故意の侵害行為に対してだけでなく、山林伐採とか空気や水の補給源の汚染とか日照権侵害といった一般的で意図されない社会的諸悪に対しても等しく敵対行為から全体を擁護しなければならない。この点で国家は、はじめてコミュニティの守護者としての固有の第一次的機能を果たすことが出来る。

しかし、国家活動にはもちろん今述べたよりももっと広い領域がある。ミルやスペンサーのような個人主義的論者は、国家を上述の類いの活動に限り、ここにいうような場合を不問に付した。国家は、すべての組織のなかで最も完全で有力かつ集権化されたものをそなえている。この最大の組織が築いてきた一切の優越を、コミュニティがなぜ利用すべきでないかの理由には、別段明確なものがないように思われる。この中枢組織がより重要なまたより深い目的を損うことなく、可能な一切の社会的諸目的の促進のためになぜ利用さるべきでないのかはっきりした理由はないようである。たとえば、無数の経済的アソシエーションによって充足される経済生活を取りあげてみよう。経験が示すように、国家組織はある程度までその自発性を損わずに経済生活を発達させることが出来る。——いかにも、国家が契約の諸形式を規制し、貨幣制度を管理し、また銀行の設立とか他のすべての産業をいってみれば結束させて、それらの自由な発達を可能にするような産業、つまり相互コミュニケーションの産業全体の統制責任すら引き受けていることは、われわれの知るところである。さらにまた家族生活を取りあげよう。家族はプラトンがそう望んだように国家内の単なる一要素ではなく、本質的にそれ以上のものである。しかも国家は、家族をただ承認し保護するだけではない。国家は、家族と国家が共に利するために一定の統制を要求する。国家は、結婚そのものが一定の規制と条件のもとにあるよう強く要請する〈限り〉、これを政治的制度とみなして、ある程度親族の権利義務を規定し、これを単なる道徳的な権利義務でなしに法的なそれに変える。家族と国家双方の利益のために、ある種の疾患や精神病をもつものの結婚を禁ずることももっともとされた。ただこの場合は常にそうであるように、国家介入の制限はむずかしい〈実際的〉な問題となろう。これらの問題のいくつかは後程触れることがあるであろう。

国家はアソシエーションを統制出来るにしても、アソシエーションは常に自発的であって、要するにそれが政治組織の単なる部分でなく、成員によって自由につくられ加入も管理もさらにある場合は解消も自由に行なわれるものであることを、われわれは知った。自由なアソシエーションの権利は、コミュニティが、さらにまた国家が発達する際の最も重要な要因である。それは政治的統治の必要性と全く無規制な社会諸関係の偶然性との間に介在する。それは文化や教義の、またわれわれの生活に頗る大切な芸術や科学といった特殊な諸関心の表現と発展を保証する。それは停滞や恣意的統制の方向を国家に選ばせないような働きをする。それは社会組織のうちに無限の実験のための場をあたえる。自発的アソシエーションが先導して国家がそれに従うのであり、普遍的ないし必要な公共奉仕を提供するうえでの努力は目立つけれども適切でないような自発的アソシエーションの組織を、国家はしばしば引き継ぐことになる。病院その他医療や慈善の諸事業の供給は、これの適例である。コミュニティにとって大いに必要なこれらの諸事業は、最初はほとんど常に自発的アソシエーションによって開設されたものであったが、次第により広汎な組織基盤の必要が自覚されるに到って、今では大部分が国家の引き受けるところとなっている。このような場合に、国家は自発的アソシエーションの活動を破損するのでなく遂行につくすのであって、この精神で動く限り国家は限度を踏みはずすはずはない。

国家が上述した固有の機能を引き受けるほど、その程度に応じて政治的でない他のアソシエーションの独自の性格がはっきり現われることに留意すべきである。古典的、中世的世界において、コミュニティと国家の区別は決して完全に理解されることはなく、そのために国家以外のアソシエーションの意味と価値はしばしば誤解されていた。例をあげよう。ギリシア人は自己の全完成を都市であると共に国家でもあったポリスの生活のなかにみる傾向があった。その結果、家族－アソシエーションは、ずっと尊重されず自由がなく完成もされず、ギリシアの償い難い損失となった。中世国家もまた政治的権威に精確さと限界をあたえることが出来ず、教会やギルドのような他のアソシエーションに対してもまた精確さと限界をあたえることに失敗した。ギルドを例にとっていえば、中世ギルドは資本か労働いずれの側にせよ、近代アソシエーションとは目立った対照をなしている。ギルドは排他的なヒエラルヒーであり、コミュニティ内の特殊な独占をしばしば行ない、単一のはっきりした利益ではなく寄せ集めの不確定な利益を求めた。労働組合や雇主の組合は、その成員が内部で平等な権利をもつとされ、一つのアソシエーションとして彼らを結束させる共同の利害関心があって、その共同利害の追求に通常一意専念するところの任意のアソシエーション、つまり類似のもののアソシエーションであった。このようにして中世の――国家に対するその混同した関係のゆえに、不適切、恣意的かつ往々強制的な――旧来の複雑なアソシエーションに代って、今日の単一な自発的アソシエーションの出現をみたのである。それぞれはコミュニティの内部に独自の位置を占め、各々が国家に対し一定の関係と一定の自律性を有し、またそれぞれが一種類の関心に限られ、その関心の点で同じ成員から構成されている。*

近代の世界において国家と自発的アソシエーションのそれぞれの位置は、今では適切かつ調和裡に措定されていると考えられてはならない。西洋の諸国家における政治的進化は、確かにこの問題についての正統な政治理論に先んじているが、それでも完全というには程遠い。後で述べるように、ある方面、特に産業領域ではアソシエーションの自由に対する国家のより完全な統制の必要性があるが、別の面では政治統制からアソシエーションをもっと完全に解放することが要求されている。たとえば、医学、科学、教育その他固有に非政治的な諸業務は、今なお政治的（というより政党の）考慮によって決定されることが余りにも多く、誰もが知るように、大して資格のない候補者に対して彼らが正当な政党色をもつゆえに権利の賦与がなされることがよくある。医学校や大学や教会の長の選出がこうした考慮によって決定されるとすれば、それは馬鹿げていようし、アソシエーションにも国家にも共にそれは有害である。

アソシエーション自体が、その固有の領域の限界を必ずしも認めないこともまた承認されなければならない。大きくなったアソシエーションが、かつてはその境域を越えることがよくあった。特に教会は、往々にしてその本来のものではなく、ただ国家だけがもつ強制権力を要求した。またある国の住民は――スコットランドの教会がスコットランドに特有で共存的であり、イングランドの教会がイングランドに特有で共存的であるなどというふうに――国と範囲を同じくし、それによって制限される唯一の宗教をもたなければならないといった奇妙な考えを今なお歓迎するものがある。また、労働組合の固有の権利は、加入を拒むものに対し特権を拒絶することだけに限られるのに、このアソシエーションへの加入を非組合員に強制しようとはかることがよくある。さらに別のもっと害のない逸脱の場合を例にとろう。大学が、文学、芸術、知識に対する優れた貢献を表示するはずの名誉学位を、ほか

＊ Fournière, *L'Individu, l'Association, et l'État*, chap. I. 参照。

の分野で卓越した名声を博してはいるが大学が立脚する目的の点では単に無教養にとどまる軍人、外交官、商人といった人物に授ける場合などは、本来の趣旨を忘れて余りがある。このようなけじめのなさは、アソシエーションにとって悪い事である。というのは、真の科学者や英知の探究者にそれが授けられる際に本来の趣旨を曖昧にし、また名誉の値打ちを低めることになろうからである。*

国家と他のアソシエーションとの関係の問題は、今日において新たな緊急性をおびてきた。かつての時代には、教会が国家以外の一つの有力なアソシエーションであり、聖と俗の区別によって、教会の根本の要求は承認されながら国家の最高権力と俗的全能性には何の異議も唱えられないという定式が得られていた。しかし単なる定式では、国家の領域と、労働とか資本の組織のそれとの限界を定めることは出来ない。すべてのことは必然的に等しく同一の問題に関わっている。国家が理想的にはコミュニティの一般的経済利益を代表するのに対して、資本家と労働者のアソシエーションは部分的利益を代表すると言うことは容易である。しかし、問題はこの三つの統一体が無整合的な機能というよりもむしろ整合されない勢力をもつという難かしさにある。すべての勢力が国家と並存する時代は過去のことである。狭い意味での強制力は、権力の一形態にすぎず、多分最も説得的でないことは明らかとなっている。資本家と労働者は国家の政策をゆがめるのみでなく、時には少数派の政策を受諾するよう国家に強いる経済的な権力を行使する。たとえば、南部ウェールズの抗夫たちが一定の最低賃金率を要求することが正当とされるか否かとか、全米鉄道従業員組合が一日八時間制を要求する是非の点については、そうした政策が多数意見の表明

* 大学が外交官、軍人、一般高官などに授勲を行なう習慣は格別の愚行である。なぜなら、彼らには別の名誉位、称号、勲位が大体揃っており、それらに加えて学識分野の貢献を顕わす——あるいは何も顕わさない——一つの栄誉を授けることは、おかしく余計なことでもあるからである。

であることを示す何ものもそこにはなかったが、国家はそれの採用を余儀なくされたのである。

このような諸事実のために、新しい学派の論者たちは、コミュニティのなかに現にあるものは多数のかなり独立したアソシエーションであると主張するようになった。国家はそうしたなかの一つであって、それの適応はアソシエーションがそれぞれその時々に要求する相対的な忠誠の程度と強度に依存している。多様なアソシエーションは、単に行為の特定領域に自律性を働かせるのでなく、同一領域内でそれを働かすのである。それらがつくる体系は、仮にもそれが体系とよび得るならば、〈多元的〉と言わなければならない。* この考え方は、私の意見では、国家の一般性格を余りにも現在の特に不調和の観点から理解し過ぎているようである。国家が特定の経済階級とか業者の利益を圧倒的に代表する限り、それが特に少数利益であれば、他の階級や業者がそれと直接対立的に自己の経済権力を用いる気になることは明白である。現に彼らは、国家を自己の道具として所期の目的を達成した他の業者やアソシエーションに対し攻撃を行なっている。そこで戦時の粗雑な状況下では、平和時には全然代表的でないような階級に政治の大権が移譲されるために施政に直ちに衝突が起こる。たとえば、ロシア革命に対する西欧民主主義本来の態度に関して、政府と労働者の間に起きた対立から政治的に無力な層の側に「直接行動」をはなはだ容易にとらせることになった。しかし、これは国家自体の「関節がはずれて」いることによる。民主主義が諸利害の保持と

* 私の理解するところでは、これはラスキ（Laski）氏の『主権問題の研究』（*Studies in the Problem of Sovereignty*）における見解である。氏のその後の示唆に富む研究『近代国家における権威』（*Authority in the Modern State*）のほとんどに私は終始同意するのであるが、そのなかで氏はコミュニティがそれの多様なアソシエーションに関して「基本的に連邦的な性質」のものであると述べている（p. 74）。しかし、連邦のなかには常に中枢器官がある。それが国家ではなしにコミュニティにあるとすれば、それはどこなのか。その場合に、連邦的アソシエーションの自律性を強調することは極めて大切であるとしても、国家はある意味で連邦的アソシエーション以上のものであらねばならない。同書第三部、特に同部の§3を合わせ参照のこと。

表出のためのよりよい機構を真に調和裡に発展させるとき、上述の筋道は確立された秩序の例外的でしかない攪乱のよい証拠となるであろう。国家はそれ自体アソシエーションのなかの一つにすぎないが、それでいてアソシエーションの全体を整合する機関であるものと思われる。国家が経済領域のなかで最終的に引き受けそうな位置に関するより真実な見解は、ギルド社会主義者によって得られているようである。それの主張は、経済的アソシエーションが生産者諸集団の特殊利益を代表するとすれば、国家はそれらの競合する諸要求に対しておおむね消費者の利益として表出される一般的な経済利害を代表することにより最終的に適応しなければならないというのである。人はすべて財貨一般の消費者であるが、生産者は限定されたものである。そのため、もっと広くいえば、すべての人間は必然的に国家の市民であるとしても、国家外のアソシエーションの成員であることは限定的ということになる。それゆえ国家は、コミュニティの最終的な整合者であらねばならない。

われわれは、国家を含むすべてのアソシエーションがコミュニティ内部の組織された社会生活形態であり、その各々が独自の位置と意味をもつのに対して、コミュニティはそれらのどれよりもまたその全体を合わせた以上に大であることをごく概略的に述べてきた。われわれはここで、コミュニティがどうしてわれわれの当面の研究対象であり得また現にそうであって、アソシエーションのいずれかもしくはそれのすべてではない点を説くことによって、この序論の結びとしてよいであろう。

第三章　諸科学内の社会学の位置

一　社会学と特殊社会諸科学

資格証明書をもった新参者が古い排他的な勢力圏に入ると、次は、その圏内で、自己の場所を見つけようとする。新参者である社会学は、まさにこうした調整の過程を諸科学の勢力範囲内で経験してきた。われわれの主題はコミュニティであり、コミュニティの科学が社会学である。コミュニティはひとつの現実態であって、特定のアソシエーションに関するいかなる研究といえども、このコミュニティについては、今後とも説明しようとはしないであろう。というのは、コミュニティは他のいかなるものにもまして大きくて、包括的であり、それ自体、すべてのアソシエーションに共通した母体だからである。われわれは、社会学がそれに関して資格があることを明らかにしてきたが、社会学の諸科学の間における位置と地位、特に、諸科学が新参者の主張を邪魔したり、それに挑戦したりするように思われるかもしれないから、こうした諸科学との関係を続けて明らかにしよう。

われわれは、こうした後者の諸科学を二つの部類に分けることが出来る。一つは、社会学と同じように、包括的、もしくは普遍的な性格の科学であって、しかもそれは多くの共通した基盤を占めているように思われる。これらの科学は、倫理学と心理学であり、社会学とこれらの科学との関係は、最も重要な問題である。いま一つは、特殊社会科学であり、それは特定の種類の社会的事実を取り扱い、したがって、全体としてのコミュニティを取り扱う科学に比べて、一般的でないことは明らかである。ここで、われわれは、包括的な科学と特殊科学との間の主張を裁定しなければならない。この問題は前の問題に比べればやさしいし、より深い問題の解答にかかる前に、解決されよう。

特定のアソシエーションは、時として自己の領域内に、コミュニティの全生活を集めることがあるが、ちょうどそれと同じように、特定の社会諸科学もコミュニティに関するすべての研究を包括しようとしてきた。とりわけ全ての社会現象は、基本的には政治的、もしくは経済的なものであるという主張が誤って熱狂的になされるので、政治学や経済学に代わって、とくに包括性をもつ必要があると主張されてきた。後者についての見解は、旧態の歴史家によって、半ば無意識に抱かれていたし、前者は、カール・マルクスによって、意識的に公式化された。しかし、人間はパンなしで生きて行けないのと同じように、またパンだけでは生きて行けない。すべてこのように単純化すると、人間性の多面性について誤つことになる。アソシエーションはコミュニティの内部にその領域をもつのと同じように、社会諸科学もまた社会学の内部にその領域を有している。特定の社会諸科学は〈生活の結合《アソシエーショナル》的諸形態に関する科学〉である。このため、社会学がまだ自己の勢力を得るにいたっていないので、王座の席はあいてはいるが、それは社会学の予約席であるから、特定の社会諸科学はその席につくことは決して出来ない。

人間の追求する目的は、アソシエーションをつくる過程で、きわめて多様性に富み、しかも複雑ではあるが、しかし、それはある一定数のカテゴリーに要約される。目的の特定種にはアソシエーションの特定の形態が対応し、またそうした目的は、それに相応した社会的活動に秩序と正確さを与えている。このため、社会生活の内部には、大別できる一連の事実が生じ、それは、各々の科学によって研究されている。特殊社会諸科学——政治学・経済学

・法律学・宗教のアソシエーションの側面に関する研究・教育学・芸術学・文学・人間に関する他のあらゆる活動——は、幾種類かの社会的事実が相対的に孤立し、また、同じ系統に属する社会現象が相対的に相互依存しさらに、他の系統に属する社会現象が相対的に独立しているゆえに、まさしく存在する。

すべての特殊諸科学のなかで、最もよく公式化されている科学は経済学であるが、以上の観点に立って、この経済学を考えてみれば、それは充分であろう。このような考え方は、〈必要な変更を加えて考えれば〉、他の社会科学についても各々妥当するであろう。

経済系に属する諸事実は、ある相対的な独立性をもち、相互に依存している。たとえば、物財の生産価格と生産量および需要との関係、資本の増大と利潤の増大との関係、あるいは貴金属の産出量とその購買力との関係について研究することが出来るし、まだ他にも、このようなきわめて多くの複雑な関係についても研究することが出来る。このような経済学的な諸関係は、現実的には孤立したものではなくて、一つの経済学的要因が変化すると、他の経済学的要因も変化するが、この間、他の社会的諸要因は一定なものとして仮定することが可能である。〈この限りでは〉、経済学という科学は、独立した研究として存在するが、しかしこうした独立性は、まさに相対的で、かつ部分的なものであることを常に忘れてはならない。この事実については、誤って認識されているが、この責任は、多くの間違った経済学にある。経済系は、他の一連の明確な社会的事実、政治系、法律系、一連の人口増加に関係するもの、等々と関連があり、したがって、このような相互関係についての研究は、経済学にいくつかの新開拓の領域、つまり恐らく経済学が政治学とか倫理学とか法律学とかと共通に分ちあう領域を構成するものとみなされたが、このことは実際には常に明白なことであった。だが、この事例についてこのように言うことは決して適切な言い方ではない。というのは、一連の明確な社会現象の相互関係、すなわち経済学的現象と政治学的現象、経済学的現象と宗教学的現象、宗教学的現象と政治学的現象、等々の相互関係は、たえまなく相互活動が行なわれている社会的勢力のなかで、ほんのわずかな部分でしかないからである。したがって、経済学的現象はたえずあらゆる種類の社会的要求と活動によって決定されており、また逆に、それはあらゆる種類の社会的要求と活動をたえず再決定し——創造し、形成し、変形し——つづけている。それゆえ、相互作用する諸要素の絶えまない錯綜が生じ、われわれは、しばしば相互作用を行なっている諸勢力の所産である社会的結果だけしか弁別することが出来ない。

それでは、経済学の領域とはどんなものなのか。経済学は、こうした相対的に独立した諸関係が見出され得るかぎり、(1)一連の経済系に属する現象の相互関係に関する研究に、正しく限定されるのであろうか。しかし、このように限定してしまうと、経済学はまさに断片的な科学になってしまう。経済学にとって、共同的な源泉となり、意味をもつものがあるが、こうしたものに関する知識から切り離され、その結果、抽象的な中間領域にとどまらざるを得なくなってくるであろう。次に、経済学の教科書に実際に付加されているように（多くの場合、むしろ不熱心ではあるが）、明確な測定法を確立することが出来るかぎり、(2)経済学的現象の重要な社会的決定因に関する研究——経済学的決定因としてのさまざまな風土、文化、宗教、政治あるいは他の条件に関する研究——を付加しなければならないだろうか。もしそうならば、(3)これ以外の社会現象の重要な経済学的決定因に関する研究——たとえば、道徳、階級精神、婦人の地位、宗教、あるいは国際関係に影響を及ぼす産業主義に関する研究——を付加する必要はないだろうか。共同的生活の統一性はあまりにも強固であるから、全体的に(2)と(3)を切り離すことは不可能である。したがって、私は、もし経済学が(1)を超越するならば、もちろん、経済学の関心は一面的ではあろうが、それは必然的にこれら二つに関する研究となるはずであると考えている。経済学は、ある特定科学のように、直接に経済系ときわめて密接に結びついている他の社会系に関してではなくて、経済学的現象そのものの性格に関して、徹底的により多く学ぼうとしている。そうでなかったら、経済学は、コミュニティという尨大なものに関する研究に自ら陥ってしまうことになるであろう。

それではここで、経済学の領域が明らかになったと仮定しよう。経済学は一連の社会関係に関する完全な研究と、いまひとつは、これ以外の二つの系統に属する社会関係の部分的な研究から構成されていることが明らかになった。これら三つの系統の社会関係は、社会現象の世界のなかで、比較的、各々異なる程度において区別することが出来る。それゆえ、ある程度、独立した研究が可能である。しかし、このような各々一連の社会関係は、まさにその性質上、それより大きなシステムのなかの一部であり、このシステムのなかで、生起し、それなくしては無意味であることを知る必要がある。このことは、最も単純で、そして外見上、最も独立している一組の経済関係を取り上げて、それが社会関係の全体的な世界のなかで、どのような意味をもっているかを考えてみればよい。すなわち、「販売量が多くなればなるほど、購買者に対する価格はますます安くなる」*という、単純な需要法則を取り上げてみればよい。しかし、幾人もの経済学者も指摘しているように、その比率は物財の種類によってもきわめて異なるし、それが高級品であるとか、日用品であるとか、あるいは絶対的な必需品であるかどうかによっても大いに異なる。あるいはまた、コミュニティにおける慣習と流行の力や、文明および知性の水準によっても大いに異なる。われわれは、このような経済学的問題を調べているうちに、社会関係、道徳的関係、さらには宗教的関係といったようなきわめて広大な領域に足を踏入れている。われわれは、特に、多数の特定のタイプの社会現象に共通した決定因であるいくつかの基本的な社会法則、つまり慣習の性格、社会的模倣と社会的暗示、集団感情と集団思考、気質的・文化的統合とその差異、社会的闘争と社会的協働といったものに関する考察に導かれている。しかし、もしこ

＊　これはマーシャルによって定式化されている。*Principles of Economics* (6th ed.) p. 99.

うしたすべての現象を完全に究明しようとしたならば、経済学の研究を無用に拡大してしまうことになるであろうし、またそれは各々の研究のむだな重複を意味することになるであろう。というのは、他の社会諸科学もそれと同じ現象を研究することについては、同等な基盤をもっているからである。したがって、このような研究は特定の社会科学の明確な領域ではなく、社会学の一般的領域に属するものである。

社会学は、広義には、特殊社会諸科学を包括するものである。狭義には、それは一特殊科学としてあらゆる社会関係を研究するものである。こうした社会関係は、あまりにも広くて深く、あるいは複雑すぎて、特定の社会科学のどの一領域にも含むことが出来ない。というのは、いくつかの社会科学のもとになる多様な結合的諸活動は、大きなコミュニティ統一体の諸側面にしかすぎないし、互いに、きわめて複雑に入りこんだ状態で依存しあっており、また共同的という名でしかいいようがない結果を結びつけて生み出しているからである。社会学の研究主題は、あらゆる特定の諸活動に共通した決定因と、それより大きな相互関係とそれの共同的な諸結果から構成されており、それは社会学にとって、英雄的・永遠の課題を成している。それはコミュニティの本質と発達に関与している。ここでまだ探求すべき広大な分野が残っている。というのは、われわれは特殊社会諸科学のいわば地域誌と地域相について探求してきたが、その土壌そのものを無視してきたからである。地域誌と地域相は、主としてその土壌から等しく生じており、またその上に等しく支えられているのである。あるいは比喩を変えて言えば、われわれはコミュニティの網のなかに織り込まれている多様な色彩をもった糸について調べてきたが、それが編んだ型についてはほとんど注意を払ってこなかった。しかし、この糸、すなわち社会諸科学によって研究される一連の特定の社会的事実に関するいかなる研究といえども、その型、すなわちコミュニティそのものの真理を生み出すことはないであろう。

コミュニティは、われわれの研究主題である。特殊諸科学は、特殊なアソシエーション諸活動それ自体を考察するのに対して、社会学はそれを共同生活の内部の諸側面として考察する。われわれは、経済的、政治的、宗教的な生活が、まさに必要で現実的な側面となるコミュニティのなかでこそ生活しているのであって、単なる経済的、政治的、あるいは教会的なアソシエーションのなかだけでは生活することが出来ない。こうした綜合的な研究の必要性は疑う余地のないものであり、またそれは、現実的なものになりつつある。『村落コミュニティ』*The Village Community* の著者であるゴム（Gomme）氏は、「……未開人の文化と状態に関する研究は……、その研究の主題となる各々の文化項目を他の同じような社会集団におけるすべての文化項目に結びつけて考察するしか他にない」（*Sociological Review*, Vol. II., p.321.）と述べ、それをひとつの「基本的命題」として主張し、「人類学的研究の真の基礎」とみなした。もしもこの原理が未開コミュニティに妥当するならば、それはきわめて分化した文明社会にもきっと同様な効果をもつであろう。このような課題は、分化によって、ますます困難になってきているが、その必要性がなくなってきているのではない。

約二三世紀程以前、プラトンは都市コミュニティとその適正な秩序に関する偉大な対話篇を書いた。われわれは等しくそれを〈国家〉と呼んでいるが、厳密にいうならば、それは実際、都市というコミュニティ（*πολιτεία*）*に関する著作である。この〈国家〉こそは経済学、政治学、家族生活、宗教、教育、哲学、芸術、文学の本質となるものである。それをわれわれが政治学の論文として理解するにしては単純すぎるし、また通例、それを論理学の論文として理解しているが、それにしてはあまりにも具体的であり、包括的であり過ぎる。プラトンは都市生活の統一

＊ 通例、プラトンの翻訳者たちは、ほとんどといっていいほど *πόλις* を「都市」の代わりに「国家」と訳しており、このため原文の意図が失われている。

体のなかで、一緒に結びつけられている経済学、政治学、家族生活、宗教、教育、哲学、芸術、文学といったようなものをすべて、一つの共同生活の要素としてみた。社会学の論文のなかで、〈国家〉こそは最初で、かつ最も偉大なものであった。

しかし、プラトンの広い心でみた統一体は、まもなく消滅した。その理由の一部は、彼がそれを書いた頃の社会的世界そのものでさえ都市という形態のもとで包括するにしてはあまりにも複雑なものに分化しつつあったし、また一部は、彼の後継者達が主人のように、コミュニティの統合を新しくみつけ出す力をもたなかったからである。プラトンのなかで最も偉大な弟子は、社会生活の各々異なった側面に関して、一連の独立した論文を書いた。とくに、彼は一方では倫理学の論文を、他方では政治学の論文を書いているが、〈これら両者の間の関係については明確ではない〉。* 経済学、政治学、宗教、教育等々の対等関係が失われて、今日までそれらは、個々独立した学問として取り扱われ続けてきたし、他方では、つい最近まで、共同生活におけるそれらの相互関係や基盤を明かにしようとする試みは、ほとんどないか、皆無であった。

だが、〈国家〉は、ヘレニズム思想のなかでは最も偉大な業績であった。現代思想のなかで、最も偉大な業績とは、いよいよ巨大になり、いよいよ複雑になっているわれわれの世界に関して、同様な綜合的解釈を行なうことであるかも知れない。以上のプラトンについての見解は、コントによって復活されたものである。われわれ人間は再び社会生活の統一体の存在を実現しようとしており、また、コミュニティの失われた統合を回復しようとしているが、このことは、コントの時代以来の社会学の成長を物語るものである。

* Aristotle, *Nic Ethics*〔『ニコマコス倫理学』〕, V. 2. 11 *Politics*〔『政治学』〕, III. 4.4, IV. 7.2 および *Nic. Ethics*, X., chaps. 7 and 8.

二　社会学と倫理学

倫理学という〈科学〉は存在するのであろうか。もし倫理学の権威ある著作を調べてみると、それは最高善、すなわち人間の最高善とは何か、という問題に、第一義的に向けられていることが分る。そこであげられている他のすべての問題、たとえば、倫理学的義務の基盤、美徳の意味とそれらの間の関係、自己善と他者善との関係は副次的なものであり、これらの問題は、先の中心的問題以前の問題であって、すでに解決されているように思われる。しかし、これらの問題に関しては、一群の承認されている学説というようなものは何ら存在しないし、その事例の性質からいって、そのようなことが存在するはずはないことがすぐに分る。というのは、もし私が幸福とは人生の最高の目的であるといい、このことに他の人が反対したとするならば、この二つの主張の間を裁定するのには、どんな方法があり得るのだろうか。もし私が、概して人間は何よりもまして、幸福を追求するものであるとあてつけにいったとしたならば、私のこの陳述は、確認ないしは反駁の余地があるかもしれない。しかし、もし私が、人間の追求〈すべき〉ことは、幸福であるといったならば、この陳述に対して反論しようとすれば、同様に独断的に人間は幸福を追求〈する必要はない〉という以外には他にない。さて、倫理学の顕著な特徴は、それが〈当為〉の問題、正邪、すなわち善悪の問題に関係しているということである。すなわち、それは科学的手続の範囲、検証、帰納、現実性をそれぞれ超えた問題に関係している。それゆえ、倫理学の歴史は存在し得ても、倫理学という科学は存在しない。科学の代わりに、われわれは哲学――あるいはむしろ、各々の哲学者の洞察と性格によって変わってくる一連の哲学、つまりいかなる科学的手続きによっても、決して解決することは出来ない倫理学的否定と対立をもった一連の哲学——に満足していなければならない。すべての倫理学的主張は価値のある主張であり、その価値に関するわれわれ自身の評価による以外には、それを確認したり、また論駁したりすることは出来ない。それが目的に対する手段の真の関係を間違えていたり、行為の体系もしくは様式が、ある目的に実際には貢献していないにもかかわらず、それに貢献しているのだと主張する限りでは、その主張を科学的な間違いだとして罰することは出来るかもしれない。が、しかし、目的は〈本来〉善であると主張する限りでは、もしそれをわれわれが信じなくて、それに対して論駁しようとしたら——否定による以外に如何なる方法があるであろうか。

体系的倫理学は、それゆえ哲学であり、他方、社会学は科学である。こうした一般的な区別は、この両者の間の関係をめぐる特定の諸問題に対して手掛りを与えるものであるが、これらの諸問題は、多くの人達を不必要に混乱させてきた。哲学と科学は、たとえその代表者達が口論しようとも、きわめて仲良く同居し得るものである。物理学者はいやおうなしにまた形而上学者でもあり、彼は形而上学者を決して馬鹿にするようなことはしない。同様に、社会学者はまた同時に、倫理学者であり、自分の哲学を投げ出すようなことは決して出来ない。彼の倫理学は、自己の社会的経験に左右されており、またそれにある程度まで依存しているが、それにもかかわらず、自己の社会学と同一視するようなことはしない。

私はこれまで、倫理学は哲学であって、科学ではないということを述べてきた。しかし、こうした形而上学的倫理学の学派以外に、道徳学者——すなわち社会改良主義者による応用・実践倫理学が存在する。この倫理学は、第一義的に、現実的手段に関心があり、この現実的手段によって、倫理学的理想が実現されてきたし、また実現され得るのである。そしてまたそれは、特にこうした理想にとって好都合な社会環境をつくり出すような社会関係の再組織化に関心がある。彼は、アルコールの問題、犯罪の処遇、慈悲の善悪、貧困の問題、住宅といったような問題に関心があるのである。こうした研究はいかなる場合でも、彼はある点まで、社会的事実の性質と諸条件に関係するようになるし、こうした研究を系統立てるような科学――というのは、ここで科学について話すことが出来るが――は、確かに社会学の一分野である。人は、教育学、刑罰学、衛生学、あるいは未発達な科学ではあるが優生学を例に引くかもしれない。

これらの科学は、〈社会的手段と倫理学的目標との関係を研究する限り〉、特定の社会科学である。

いままでのところでは、このように言える――がしかし、これらの科学は、特定の社会科学以上のものである。いかなる人間といえども、彼の社会的属性からだけでは完全に説明され得ないし、またしたがって倫理学的なものは、社会的なものと決して同一視することは出来ない、ということを後で主張しなければならないであろう。こうした事実は、これら両者の間の関係をますます複雑なものにしている。というのは、正しい行為はすべて社会福祉を増進させ、あらゆる間違った行為はそれを減退させる、ということがたとえ正しいと思っても、倫理学はこうした正邪の行為をただ単に社会的効果との関係だけで考える必要はないからである。自分自身にとって正しいということは、すべての他人に対して公正にふるまうことを〈意味する〉かもしれないが、この二つの概念は全く同じではない。偉大な倫理学体系は（偉大な宗教と同じように）、人間の性格を単なる手段としてではなく、本来の目的として強調している。このことは、キリストと同じように、カントの場合についてもいえる。彼らは、行為の裁定が人間の本質に根ざしたものであり、したがって行為そのものが裁定であるということと、他人への影響は第二義的なものであり、それは自己の内なる正義の結果であるということを見出した。したがって、厳密にいえば、実践的倫理学は社会学へ通じる領域を超えた善・悪の問題を追求するものであり、この限りでは、それは社会学の領域以上のものであるかもしれない。

社会学は、どのくらい既存の社会的諸条件、すなわち人間と人間との間の現実的関係が倫理学的理想の実現を促進せしめるか、もしくは阻止するかといった問題や、またどのくらい社会的諸条件がそれを完全に実現し得るかといった問題に関心がある。もしわれわれが各々異なった価値規準を設定したとすると、敵対は倫理学的なものであって、社会学的なものではない。というのは、その基準が何であれ、公正と利他主義とは追求すべき善なる目的だとする人間における通常の原則か、あるいは、支配と自己主張とはきわめて望ましいものだとするニーチェの教義かのいずれを受け入れようとも、われわれは同じように公平な目で、これら二つの目的にとって、社会の既存の諸条件がどのくらいそれに好都合かどうかということや、どのようにして好都合にせしめ得るかということを研究することが出来るからである。もしも私がニーチェであるとしたならば、私は社会学者として、個人的な最強者の精神がどうしたら社会のなかで、あるいはそれに逆っても、最もよく維持され得るかを問うであろう。もしも私がショーペンハウアーであるとしたならば、社会はどうしたら最もよく入寂することが出来るかを問うであろう。もしも私がトルストイであるとしたならば、社会的諸条件を素朴な〈自然〉生活という理想に最もよく適合させるようにするには、どうしたらよいかを問うであろう。もしも私がビスマルクであるとしたならば、人々をして世界的強国になるための諸条件を探し出すであろう。ある点で、社会学は各々の倫理学的理想に従うために、各々方向が異なってくるようになるであろう。各々の理想が対立しているような所では、社会学もまた対立することになろうということではなくて、むしろわれわれは各々異なった社会学的問題に答えているということである。対立するのは、われわれの社会的利害関心によるものである。それゆえ、倫理学的理想の対立は、社会学にとって究極の問題とはならない。こうした対立がみられる限り、社会学者は各々異なった問題を問うことになるであろうし、〈したがって〉、各々異なった答を見出すであろう。

社会学はどうしてこのような確定することの出来ない倫理学的対立に巻き込まれるのであろうか、ということが問われるかもしれない。社会学は、その善悪を示さないで、ただ社会的事実とその原因ならびに結果だけに限定することがどうして出来ないのか。こうした疑問に対しては、後で十分に答えるつもりである。とにかく、こうした疑問に答えるためには、〈物質的〉諸科学との類推を行なわなければならないであろう。物質的諸科学は、純粋に事実と法則だけに関係しているのであって、価値については全く関係していない、と考えられるであろう。だが、現在の〈物質的〉諸科学は、われわれが通常考えている以上に、価値に関り合いをもっており、星・岩石・原子といったような研究の場合でさえも、それを体系化するときの様式の面や、その主題のある部分を際立たせようとするときや、われわれが尋ねたり、答えようとしたりする問題の形式の面で、それは必ず直接的かつ人間的な利害関心に多分に左右されるものと私は思う。事実そのものは価値ではないが、しかし価値をもつものである。他方、あらゆる人間現象に関する研究においては、事実、もしくはその一部は、ただ単に価値をもっているだけではなく、価値そのものである。化学には、〈当為〉は存在しないし、化学的に善・悪をもった結果とか化合物は存在しない。また、地質学的に善・悪をもった岩石の型も存在しない。このような科学にはすべて、目的論も病理学も存在しない。しかし、生命の原理がみられるような所、すなわち植物体や有機体や人間の心において、成就への努力が観察され、あるいはまだ知られていないような所ではどこでも、必然的に事実は、ますます強制力をもち、ますます人目をひくような事実になる。生命が存在するところではどこでも、成功と失敗、成長と衰亡、善と悪とが存在する。社会学が価値に無関係な〈自然〉科学にしたいと考えている人達は、それが対象とする特殊な諸特質をもった世界を考えていない。このために、もしこうした諸特質が分っていない諸科学をまねようとしても、それは徒労に帰すであろう。われわれは、物理学のなかにあらゆる科学のタイプとモデルを見ようとしたり、測定化だけが知識である、と考える傾向が過度にある。各々の目的は、同一の規準で計ることが出来ないし、人々の思想の動向も、その頭数を数えるだけでは判断することは出来ない。また、人間の能力もエンジンのように測定化することは出来ないし、諸制度も観念によってつくられた構築物であるから、量的な長さとか巾というようなものはない。われわれが知ることの出来るほとんどの事実は、目的・情動・欲望あるいはこれらの対立と一致によって築かれる複雑な社会的世界であって、これらはほとんど測定化することが出来ないような事実である。実のところ、われわれが理解できないものだけが測定化することが出来るのである。外面的なもの、すなわちわれわれの想像力が及ばないものしか測定化が出来ない。社会は人間的な価値を充足させるものであるが、もしこのことに関心がなかったならば、社会に適切な関心をもつことは出来ない。社会の本質的な形態は、人間のもつ諸目的によって形成されてきたし、社会の発展も、こうした諸目的の発達にきわめて依存している。こうした人間の諸目的は、あらゆる倫理学的な特質をもっている。社会の存在そのものは、社会の成員の倫理学的目的を意味している。倫理学的関心、すなわち価値に関連する社会的条件に関心をもたない社会学者はディレッタントである。このような人は、言葉の字句と音節については研究するが、言葉そのものを意味として決して考えようとはしない文法家に似ている。それは可能な方法であり、こうした方法によって引き出される知識もある——がコミュニティに関しては、知識とはならない。

社会学者は、彼が存在してほしいと思っていることと、存在しているものとを混同したり、あるいは彼の不可避的な主観的評価が客観的事実をゆがめたり決してしない限り、その人の社会学と倫理学は、共に平和裡に共存するであろう。最も要約した形でいえば、社会学は価値としての事実に関係があり、倫理学は事実としての価値に関係がある、といえよう。

最後に、後の論議を考えて、ここで次のように強調しておくのがよいかもしれない。すなわち、倫理学的関心を

〈道徳〉として特別に選り出されるいくつかの社会関係に限定する、という倫理学観は間違っている、と。価値に関するあらゆる問題は、倫理学的なものであり、人間のあらゆる目的は、価値に関係している。したがって、倫理的活動はきわめて範囲の広いものである。それは経済的、政治的、あるいは宗教的活動と同じような種類の活動ではない。宗教的活動は教会を作るし、経済的活動は産業組織を作るが、倫理的活動はいかなる特定のアソシエーションをも作るようなことはない。それは特定のタイプの活動というようなことは全くない。というのは、それはあらゆる特定のタイプの活動のなかに見出されるからである。倫理的活動は、他の活動よりはその範囲が広いし、それは文字通り、普遍的なものであり、あらゆる生命活動のなかにみられるものである。その純粋な形態は、あらゆる活動のなかで、最も親密的、個性的で、かつ自由な活動であり、社会組織は皆それをたえず必要としている。しかし、たとえあらゆるアソシエーションや、またその最も外部の境界にあるコミュニティがこれらの諸要求を完全に満したとしても、その社会組織のなかには、その倫理的精神はまだ部分的にしか表現されていないであろう。倫理的精神は、批評家以上のものであり、それはあらゆる価値の創造家で擁護者であり、また破壊者で復活者でもある。それが存在するのは、ただ人間の意識のなかだけであるが、そのなかから倫理的精神は森羅万象そのものの法則であることを自ら宣言している。

三　社会学と心理学

現在の社会学説が、社会学と心理学との関係の問題に、全く混乱があることについては疑問の余地がない。それが問題になると、たいてい次のようにいって済ましてしまうのである。すなわち、心理学は個人の心に「関わる」

ものであり、社会学は個々の心の相互作用に「関わる」ものであるとか、あるいはより漠然と、心理学は個人を「扱い」、社会学は集団を「扱う」のであるとか、あるいは最低の表現ではあるが、心理学は「観念の連合の科学」であり、社会学は「心の連合の科学」であるなどというのである。このようないい方をすれば、論点を混乱させてしまうだけである。

これは、社会学者だけが責任を負うべきものではない。心理学者のなかには、混乱をさらにまねくようないい方で、研究対象を定義しているものもいる。最近では、心理学は「生物体の行為に関する実証科学」であると定義している。* この定義は、心理学を「心の科学」、あるいは「意識の科学」などという普通の定義では非常に都合が悪いので、それを改めるべく提示されたが、これは、きわめて重大な欠陥を含むことになってしまっているのである。「実証的」という修飾語は、論理学や倫理学のような「規範的」な学問から心理学を区別するために使われている。しかしながら、人間というものは、かくかく行動しなければ〈ならない〉と信じるが故に、そう行動することがしばしばあり、また〈妥当である〉と思うがゆえに、ある結論を出すということが時々あるということを考えれば、筆者としては、先の定義にみられるように、行為の本質的な決定因として働く原理を探究しない行為の実証的科学が、いかにして可能かということが分らないのである。だが、この問題は論理学や倫理学の研究者と心理学者との間の解決に委ねよう。われわれにより直接的に関わる、もっと一般的な欠陥がこの定義には含まれている。もし行為が心理学に〈特有の〉対象であり得るならば、心理学は一つの百科全書的科学となり、社会学（すべての特殊社会諸科学を含む）はその一部分にすぎなくなる。この定義を下した著者は、行為あるいは行動の概念を自分の穴にもどってくるモルモットの事例や、遠くからでも家に帰る犬や、何年もたってから故郷に帰って行く亡命者の事例をも

---

* W. McDougall, *Physiological Psychology*, p. 1; *Psychology* (Home University Library), p. 19.

って説明している。しかし、心理学以外の科学もこれらの現象については注意を払っているのである。動物学・人類学・社会学は、単に心理学の一分野なのであろうか。

このような混乱を生む原因は、次のように考えられるであろう。生あるものがなし、苦しむすべてのこと、歴史や経験におけるすべての事象、これらは心的現象であり、心的存在者の目的・欲求・情動を無視しては理解し得ないものである。ただこの点だけが、「生命」法則と「物質」法則との明確な違いなのである。「もしわれわれが、全く明らかに、こうした外面的なものの担い手（Träger）として認識するにとどまらないで、さらにそれらの本質をなすものとして、したがって、それだけで本来われわれの関心をひくものとして認識するのでないとすれば、どんな外面的な環境をわれわれが社会的と名づけようとも、それはひとつの操り人形芝居であり、相互に入り混じりあった雲の流れや、あるいは重なりあった樹の技の繁茂と同じように、理解しがたく、また意味もないものとなろう」*。したがって、正確にいえば、あらゆる行為は心的なものではあるが、〈心理学はそれゆえに、あらゆる行為に関する科学とはいえない〉。

というのは、行為には二重の性質があるからである。行為には、行為そのものとは別の世界に関連する心の活動がある。心は、それがなすものすべて、つまり、それが行なう思考・希望・信念のすべての面で、たえず行為の世界と関連している。これらの間の関係は、区別することが出来ないものであり、対象を離れた心は、心を離れた対象と同じように、われわれには全く理解しがたいものである。心理学と他のすべての科学との間の違いは、まさに

＊　この個所は、ジンメル教授の著名な『社会学』*Soziologie*, p. 21. から引用したものであり、それは現在われわれが問題にしている趣旨を正しく評価している数少ない著作の一つである。しかし、私はジンメル教授の結論、すなわち社会学を抽象的な社会関係の研究に限定している結論を適切ないしは必要であるとは思っていない。

この点にあり――心理学の根本的な難しさも――分る。他の諸科学は、この対象の世界を研究するが――その対象は、ただ単に物質的な対象だけではない。というのは、われわれの観念や想像、あらゆる種類の心的構成、諸制度や社会形態もまた心の対象だからである。心が対象としているもの、すなわち、物質的なものであれ、非物質的なものであれ、それに関する研究は、心の固有な、もしくは自然の方向である。それは、対象としての客体の論述である。だが心理学は、もっと冒険的な仕事を企てている。それは心を知ろうとする知者である。だから心理学は本質的な主観そのものを客体化することにより、また心理学自身にとっての対象とすることによって、科学の外界を完全なものにしようとしている。こうした課題は、きわめて冒険的なものではあるが、心理学はただそれを達成しようとわれわれに述べているにすぎない。われわれはいやしくも心を知ることが可能ならば、心理学は主体―客体関係の現実化をめざすある種の分析を通じてであるにちがいない。換言すれば、心理学は対象との関係だけで、人間の心を研究することが出来る。しかし、心理学は心理学の対象そのものだけに関心があるのでは決してなく、対象を知覚し、考え、知り、感じ、あるいは望む主体の性質を示す心理学自身の対象にも常に関心があるのである。心の対象が物質的（あるいは物理的）なものであれば、われわれが心の対象を研究する科学と心そのものを研究する科学とを混同する危険性はほとんどない。しかし、心の対象がある特別な意味において、心の働きである場合には、ゆゆしい危険が生じてくる。心的対象に関する科学と主観の科学、すなわち倫理学・論理学・社会学・哲学を心理学から区別することが特に大切になってくる。幾人かの心理学者達は信じているように思われるが、もし人間の心が心理学それ自体の、あるいは何か他の研究主体のいずれかにとって、研究対象となり得るならば、心理学者が、〈心理学として〉研究し得る対象は、客体化された人間の心のほかにはあり得ない。その対象は、その性格上、われわれが心の「内容」と呼んでいるものとは全く異なるものであり、まさにその性格上、主体ではなく、客体となる概念とも全く異なるものである。こうした概念に関する研究——概念がそれ自身のために、それが形成する体系のなかでの研究——は、心理学ではない。

それゆえに、法則や慣習や社会制度に関する知識を得るために、それらを研究する人は、心理学者ではなくて、社会学者なのである。アソシエーションやあるいはコミュニティの形態は、言語の形態や芸術の型が客観的であるのと全く同じように、また色彩・光景・音が客観的であるのと同じように、その性質からして、客観的なものである。それは心そのものではなくて、心の思考である。それは心を表わしてはいるが、心そのものではないし、そこでみられる法則は、心の法則ではない。いわゆる思考法則でさえも、心の行動法則ではない。それは客体の行動法則である。「ある一つの物が存在したり、しなかったりすることが同時にありうるはずはない」——この言明は、事物についてはいい得るが、心については妥当しない。もしこのいい方が心の行動法則についてであったとしたならば、次のように考えることも出来る。もし心が人によって各々異なるならば、ある一つの物が存在したり、しなかったりすることが同時にあり得るかもしれない、と。だが、事物についてのすべての言明に関しては同じ仮定が同等に真であるか偽である。

こうした混乱が生じるゆえんは、次のような事実に、つまりいくつかの科学は他の科学以上に、直接に心の本質を明かにしているように思われる事実にもとづいている。

心理学が社会学に特別の援助をしているのと同じように、特に社会学は心理学に力を貸している。人間の要求や目的は社会構造をつくり出している。われわれの注意が向けられるのは何であるのか。もし社会構造——それは人間の要求や目的からつくられ、こうした人間の要求や目的を充足するものである——の性質に注意を向けるならば、われわれは社会学者である。もしこうした社会構造のなかにみられる心の性質に注意を向ければ、われわれは心理学者である。それは共通の題材ではあるが、態度の違いによるものである。社会関係に関する研究は、社会学的研究ではあるが、それは心理学者に材料を提供しており、心理学者はこの材料から心理学的事実を引き出すのである。あらゆる領域における人間活動と同様に、社会的存在としての人間活動は、心の性質を明らかにしている。人間は自分の心の本質を見せずに、探求したり、築いたり、分析したり、あるいは哲学したりすることは出来ないし——いわんや、そうしないで、自分の友達と仲良くなることも出来ない。人間は必ずしも探求したり、構築したり、あるいは哲学したりしていることはないが、すべての人間は、いつも自分は社会のなかで形成され、またそのなかで活動している構成員であることを示している。

心理学は社会関係のなかであらわれる心を研究する場合、それはしばしば「社会心理学」と呼ばれる。しかし、社会心理学という表現は、多くの誤解を生んできた。というのは、社会関係は、当然、諸個人からなる社会関係だからである。社会的個人ではない個人は存在しないし、また個人心ではない社会心も存在しない。したがって、「社会」心理学は個人心理学と一線を画すことは出来ないために、むしろ心理学の一分野を超える側面がある。また、「社会」心理学と社会学は、全く、*あるいはほとんど同一である、**としばしばいわれる。しかし、この点については、すでにふれたように、態度をどこにおくかということの違いによるものであることを覚えておく必要がある。心理学的関心は社会学的関心と区別することが可能である。このことは実際、容易にみられるのである。たとえば、もしマクドゥーガル氏の〈社会心理学〉とロス教授の〈社会心理学〉とを比較すれば、前者は主として、心理学的見地から社会現象に関心があり、後者は主として、社会学的見地からのものである、ということがわかる。

* Karl Pearson, *The Grammar of Science* p. 527. を参照せよ。

** Ward, *Pure Sociology* p. 59. を参照せよ。

一方は、人間の社会関係に直接の関心があり、他方は、こうした社会関係が心の本質に投じる光に全体としてより関心があるのである。両者は、生物体の行為に関心がある——心理学はそれを独占してはいない——が、両者の態度は各々異なっており、したがって、それらの結果は各々異なった世界をえがき出している。

第二部　コミュニティの分析

第一章　コミュニティについての誤解

一　序　説

社会学上の誤りの主要な根源は、「個人的」と「社会的」との区別を正しく理解せずに、間違った区別を作り出すことにある。

〈社会的個人でないような個人は存在しないし、社会は個々人の結合や組織以上のものではない。〉社会にはその構成員の生活以外の生活があるわけではなく、その構成員の目的でない目的や、構成員の要求充足以上の充足があるのでもない。社会と個人の間には、何ら葛藤は存しないし、社会の福祉と個人の福祉の間にも葛藤はみられない。社会の特質はその構成員の特質である。個人的道徳でないような社会的道徳はあり得ないし、個人心でない社会心も存在しない。

このような単純な真理をまず承認することが、社会を理解することの第一歩である。しかしそれにしても、これらの真理はしばしば否定され、また、それ以上に、無視されることが多い。その理由は、奇妙なようであるが、誤った形而上学がわれわれを——あるいは特に——形而上学を全面的に放棄しているものをも捉えていることによる。社会はその成員とは別のもの、またはそれ以上のものとみなす多くの人々にとって、自己のこの見解は思想史ではすでに周知のことになった形而上学上の妄想であり、つまり諸関係は関係し合っているものとはある点で別個であり、またはその外側にあるという妄想、さらに〔社会〕類型はその構成員に対して「超越」してそれ自体ともかくも存在するという妄想の二つの旧説のいずれかひとつ、またはそれらの両者に依拠していることを知れば、驚くであろう。

社会は種々の点で相互に〈類似な〉、つまり本質的に類似な心とともに本質的に類似な肉体をもつ存在によって構成されている。だからして各人が一事例であるとか、ひとつの具体的な表現となる〔社会〕類型を、われわれは理解することが出来る。人はすべて共通な性質を「分有している」。そこで形而上学のひとつの妄想は、この共通な性質の抽象類型を何故か、本来実体的で実在的なものであるとみるのである。われわれは初めに、この抽象類型を実体化し、次いで、その抽象類型を「具体化し」、または「例証している」個々人自体の全価値・評価をそのなかに注ぎ込むのである。われわれは彫刻家が石材に〈象徴し〉画家が画布に描くところのものを血肉と魂たらしめるのである。彫刻家は石材にブリタニアに関する自分の〈構想〉を具体化する。画家は典型的英国人についての自らの〈構想〉を画布に描く。だがわれわれの多くは、全く無反省に、概念作用を抽象的、あるいは象徴的、または表象的なものとみないで、実在的なものとみているのである。この誤った形而上学の性格をここで説明することは出来ない。誤っていることと、その誤りが作り出す誤解を指摘するだけで十分だからである。社会に関する通俗的見解と共に、体系的見解のなかにも誤謬は浸透している。そしてこの誤りは指摘されることが稀である程に共通のものとなっている。ある鋭い社会評論家が最近、この誤りについて論評している。彼は、この誤りを犯していると考えるある人物に言及して、次のように述べる。「彼らは学問的意味において――奇妙にも現代の用法とは矛盾している――『実在論者』であった。諸階級は〈実在〉しており、その構成員とは別個のものであることを確信していた。

形而上学の素養や学習のない、いわゆるすべての教養人にこの傾向は共通したのである。彼らが現実に対する誤解を次第に深めるのである」*（H. G. Wells, *The New Machiavelli.*）。この誤謬は非常に広汎なものであり、多くの形態をとって現われているので、それについてはよく言及しなければならないであろう。

また社会は、種々の点において相互に〈関係し合う〉存在によって構成されている。あるときには表面的な、またあるときには深く生気のある関係である。こうした社会関係のなかに人々は生れて来るのであり、そのなかで生活し成長していく。誰しも自分だけで生活するのではないし、死ぬのでもない。人はすべて互いに取り結ぶ社会関係のために、ひとつの統一体に結合されるのである。この本質的な事実を考えるときには、よく形而上学上の第二の妄想に陥る。たとえば連結器がその連結する車輛とは別ものであるように、社会関係も結び合う存在とは何か別のもの、文字通り人々の間の〈きずな〉と考えるにいたる。言葉が乏しいから、これら諸関係についてこのような誤解のないように述べることは、非常にむずかしい。やがてわかるであろうが、社会を「諸部分の総和以上のもの」として、またある点では「諸部分」とは独立したものと考える結果となるのである。社会についてのこの誤解も諸関係の意味を正しく判断すれば消滅する。たとえば父親と息子というような、親族関係の「きずな」について考えてみよう。そこでは、ひとつの関係である父親の資格は、「父親」と呼ばれる人間のパーソナリティの一要素をなしている。そのことは、息子の資格が「息子」と呼ばれる人間のパーソナリティの一要素であるのと同じことである。また友人関係を取りあげよう。友情の〈きずな〉についてわれわれは語る。しかしそのきずなは、親密に関係し合う存在が相互に向けて感受しあう情緒交換である。そのきずなは各人のパーソナリティの〈なかに〉しかもそこで、は単独で存在している。また統治者と被治者の政治関係を取りあげよう。被治者が誰もいないのに統治者だけがい

＊　今日の形而上学者の多くが同じ誤謬に陥っているために、著者は形而上学の学習効果について楽観しすぎているのではないかと私は思う。

るわけがない。逆も同様である。しかし統治資格は前者〈の〉能動性であり、統治に対する従属は後者〈の〉それに照応した受動性と能動性である。要するに社会関係とは、パーソナリティの諸要素と機能がそれぞれ他者のパーソナリティの諸要素と機能に依存していることにすぎない。それ故に社会とは諸関係ではなくて、関係を持続している存在のことである。それに伴い、パーソナリティの機能のほかにはいかなる社会的機能も存しない。社会はわれわれのなかに、われわれの各々のなかに、ある程度はすべての人のうちに、またそれは最も高い程度においてわれわれの最大多数のなかに存在している。

さてわれわれは、人々が依拠する基礎をみてきたので、社会の一般的説明において人々を誤解させてきた特殊の誤りについて吟味しよう。

二　有機体としてのコミュニティ

われわれは最初に最も古い見解を取りあげよう。コミュニティの生活に関して、初めて人が熟考しはじめたとき、コミュニティのある特徴に深く印象づけられたのは、きわめて自然であった。それは、コミュニティが一個の動物ないし有機体の生命に類似し、成員の死滅にもかかわらず全体が存続し、全体の福祉に役立つ成員間の機能分化とか、全成員による全体の「団体的」統一への依存がみられることである。これらの、またその他の類似性——たとえばそれがアリストテレスや聖パウロによって看取されたように——の観察から社会を有機体に拠って「説明」し、複雑に完成した類比法を確立するには、ほんの一歩にすぎなかった。ニコラウス・クサヌスが、政治生活では、国家の各省庁が手足であって、法律は神経であり、勅命は頭脳をなし、祖国は骨格であるほか、はかない人間は肉体であるとしたように、中世の論者にあって、右の「説明」はきまぐれな形でなされていた。* ホッブスの「巨大なリヴァイアサン」の時代から、機が熟してスペンサー、シェフレが現われて、彼らの力量と創意をコミュニティ概念のうえに撒き散らすまでには、無数の表現をとりながらも、コミュニティを一種の有機体とみる考え方は現代に及んだのである。

だが、類比の誤謬を見出すのには、わずかの分析を必要とするだけである。類比法は当初、機械観に対する異議表明として有用であったが、いまでは、一般社会学の研究においてのみならず、倫理学、政治学、心理学、経済学の領域においても有害となった。確かに、われわれがすでに承認したように、コミュニティと有機体との間にはきわめて重要ないくつかの点において類似がある。だがコミュニティをいかなる〈種類〉の有機体とも同一視することは、誤った有害な推論である。この主張を裏づけるのに、ここでは類比法の詳細にまで立ち入る必要はない。一、二の一般的見解を述べれば十分であろう。

(1)コミュニティと有機体との間には、現実のすべての類比を無効にする本質的なひとつの差異がある。有機体は単一の中心であり、生命の統一体であり、諸部分にはみられないもっぱら全体の目的ないしは意識であるか、もしくは――われわれの解釈しだいでは――それらを有している。ところがコミュニティは多数の生命と意識の中心から成るのであり、団体的統一のなかに埋没することなく、団体目的のなかに自己の目的が見失われることもない、真に自律的個々人から成っている。この差異はすでにスペンサー自身によって承認されていた――社会には「いかなる団体意識も存在しなかった」と――。しかしもしスペンサーはこの承認の意味をもっと深く自覚していたならば、彼の全哲学体系を変えることになったに違いない。何故ならこの中心的差異は、多数の他の差異を規定してお

* Gierke, *Political Theories of the Middle Age*, n. 79. 参照。

り、類比が最も適切と思える場合でさえも、その類比を単に表面的なものとして暴露するからである。コミュニティは有機体のように統一して行為することはない。または有機体のように自活することもない。またはは有機体のように成長し、有機体のように再生産し、有機体のように死滅するのではない。その中心的差異は類比全体を空虚にするのである。

(2)われわれは社会の意味を有機体の意味以上に十分に理解しているつもりである。われわれは「有機体」というときに、少なくとも動物有機体の場合には、その有機体に対して形態と意味を与えることになるその意識を含めているだろうか。または有機体の生命をその意識生活からうまく「分離する」ことが出来るであろうか。有機体がその環境に対する関係について、われわれはどのようにいうべきなのか。その関係は単に機械的反応であろうか。それとも実際、知的〈反応〉であろうか――、「擬似知的」の表現はすべての「擬似」のように、論点を回避したものである。それでは、関係は物理―化学的に決定されるものなのか。それとも「自由」といってよいのだろうか。もし関係の決定が純粋に機械的ならば、類比は明らかに失敗する。また、もしその決定が機械的以外であったら、意図的でなければならないのではないか。それでもし決定が意図的ならば、われわれはすでに、心の段階に到達しているのであって、当然、肉体の活力についてではなく、心的諸力と精神力について述べていることになる。それでは有機体を広義に、有機体のすべての構成部分、すなわち細胞、器官が貢献している有機体に目的ないしは意図――単に機能ではない――が有るとしよう。それでも中心的な差異は類比を無効にするのである。何故ならもし類比が有効だとすれば、構成部分も有機体の全体と同様に、その目的または意図をもたなければならない――細胞も意図をもたねばならなくなる。(もし諸君が細胞を、コミュニティ内の個々人に照応した有機体内の要素とみるならば）または器官も意図をもたなければならない（もしこれらの器官がそれに照応するのであれば)。そしてコミュニティの場合には、個々人の意図のみが全体の意図を付与するのであるから、有機体諸要素の意図も全体に対しては意味を付与するのでなければならない。しかし細胞とか器官が意図をもっているということは非常にむずかしい。事実カントは有機体を、「その諸部分が互いに目的であり手段であるそうしたひとつの全体」と定義した。確かに手段であるが、どうして目的といえるのだろうか。われわれは心臓とか肝臓とか脳とかがそれ自体目的であるというであろうか。かかる考え方そのものは、人間社会から得られたのであって、それ以外のものから得られたのではなく、人間社会についてのみ言い得ることであり、他の場合には妥当しないという意味で、社会形態的ではないであろうか。人間社会では、人々が相互行為を通して個人のまたは共同の目標を達成する、その相互行為のなかで、われわれは「目的と手段の相互性」の意味を理解することになるのである。そこでわれわれはこの場合、まず有機体を社会の見地から説明し、ついでまた、有機体をもとにして社会を説明しようとするのである。ということは、ある一人の人間について、その人が彼の肖像画に大変よく似ているというくらい、誤ったことである。そしてどんな場合でも、類似ということは決して十分ではないのである。

有機体はエンジンか、化学合成物か、精神か、「エンテレキー」か、あるいはそうした全体かについて、生物学者がわれわれに語るときには、有機体がコミュニティ集団に対してもつ類比を十分に理解し得るであろう。——しかしそれまでには、コミュニティの直接理解において、われわれはかなり進むことが出来るのである。

(3)国家と有機体との間にも、またしばしばコミュニティと有機体との間にも類比があることはよく知られている。しかし一般には、二つのものは混同されている。コミュニティは程度の問題であって、固定した境界をもたないのに対して、有機体は閉じた体系である。エディンバラ市はひとつの社会有機体であろうか。それはスコットランド・コミュニティの一部分にしかすぎない。スコットランドはひとつの有機体であろうか。それも連合王国コミュニティの一部分である。連合王国はひとつの有機体であろうか。さらにそれ以上に広いコミュニティは連合王国を包み込み、また包み込んでいる。有機体のなかに有機体が、それも寄生ではなしに！

われわれはただ形容詞を前につけて「社会的」有機体、「精神的」有機体、「契約的」有機体というだけで、これらの困難から逃げ出すことは出来ない。接頭辞はただ混乱を増すばかりである。特にこの点は最後にあげた接頭辞の場合に非常にはっきりしている。それは〈限定矛盾〉であり、有機体を現に在らしめている特質そのものの否定の示唆である。フイエは社会を「契約的有機体」と呼ぶことで、社会の有機体理論と契約理論との間に流布している対立を調停しようとした。* しかし対立は人為的であり、解決すべきであるが、調停すべきことではない。契約理論と有機体理論との間にはいかなる対立もあってはならない。われわれはすでにみたように、契約はアソシエーションに関係しており、コミュニティとは無関係である。契約は諸々のアソシエーションの統一を理解するうえで、最も重要な概念である。有機体理論以上に何程も、契約理論はコミュニティの統一を説明するものではない。コミュニティは構成された組織ではなく、生なのである。

社会の統一は有機体の統一と違い、主要には構成員の差異によるのではなくて、類似性にもとづいていることを、やがてわれわれは知るであろう。社会の統一は共同生活のなかで同じ種類の充足を求める自主的で自律的な成員の統一である。社会の発展のためには差異は必須であろうが、それは第二義的である――その基礎には類似性が存している。

* *La Science Sociale Contemporaine.*

三　心ないし魂としてのコミュニティ

コミュニティは有機的統一体でなく、精神的統一体である。コミュニティは社会的存在の共同目的と相互依存の目的とに依拠している。しかしだからといって、コミュニティを巨大な心、または巨大な魂と考えてはならない。精神的統合には本来二つの形式があり、そのひとつは単一の心の分解し得ない本然の状態であり、他のひとつは社会的諸関係を結ぶ複数の心のコミュニティである。この二つの統一形式は全く相違していて、しかも両者はよく混同されるのであり、コミュニティの正しい見解のためには、致命的となっている。コミュニティは複数の心の連合であるために、それ自体一個の心であることはない。だがこうした主張は自明のように思えても、デュルケーム氏のような著名な社会学者、ウイリアム・マクドゥーガル氏のような著名な心理学者によってはっきりと反対されている。たとえばマクドゥーガル氏は次のように述べるのである。「行動科学者は心理学の諸領域から……個人心の構造、起源、作用様式のすべてを教わって、なお残る広い領域も彼の探究を待ち受けている。たとえ前章の終りに触れたのと同じように、証明されない推測は除くとしても（人間の心は神の心と実際に結合し交渉することが出来るとするジェームズの見解）、また感覚や知覚の作用、身体の運動が、正常な通路によっていない場合、複数の心の間のいかなるコミュニケーション様式も、あるいは影響の様式も、容認されないとしても、ある意味における超個人的な心、すなわち集合心の存在をわれわれは承認しなければならないのである。われわれは心を、心のまたは目的の諸力の組織体系としてはっきりと定義しよう。そしてこのように定義された意味において、すべての高度に組織された人間社会は当然、集合心をもつといわれてよい。というのは、心の観点からのみ記述できるにしても、どの個人の心のなかにも含まれてはいない組織によって、人間社会の歴史をつくる集合行為は、条件づけられているからである。つまり社会は、その構成単位である個々の心の間に結ばれる諸関係の体系によって、むしろ組成されているのである。所与のいかなる状況下でも、社会の諸行為は次のような行為の単なる総和とは著しく違っており、または違いもしているようである。すなわち社会の諸成員が社会たらしめる諸関係の体系を欠いた状況に対して反応する場合の行為のことである。いいかえれば、各人の思考と行為は、社会の一成員として思考し行為する限りは、孤立した個人の思考と行為と著しく異なっているのである」。*

この一節は超個人的「集合」心の仮説を有利にする二つの議論を含んでいる。しかしそのいずれもが検証に耐えるものではない。

(1)心を「心のまたは目的の諸力の組織体系」と「定義」することだけでは、全く不十分である。われわれは一個人の心をいうとき、これ以上のあるものを意味している。各々の心はこうした体系の統一とは別の統一を有している。たとえば二人がどんな取りきめをしようとも、「心のまたは目的の諸力」の体系はある程度まで生じる。もっと厳密にいえば、〈おのおの心〉の目的諸力が他の心の目的諸力に対してある関係を発生させる。だが何故われわれは、「心の諸力」の相互関係を心と呼ぶべきなのであろうか。かようにして作り出された体系は、思考し意志し感得し行為するのか。またその体系の本質的に能動的な存在、つまり心の活動としてわれわれが承認している諸活動のうちのひとつさえ、この体系が果たすことになるのであろうか。もし多数の心が、その活動の交換によって、「心の観点からのみ記述できる」組織を作り出すのであれば、その心を構成する諸力の性質自体も、われわれはその構成物である組織に帰属させるべきなのか。そのことは全く不可能なことである。それでは反対に、全構成物に

* *Psychology* (Home University Library), pp. 228-9.

思いをめぐらしている心を仮定すべきものか。その場合にはおそらく、集合体の主体である「集合心」が、その集合体の全構造を考えることになるのであろう。たとえばイングランドの「集合心」は、イギリス・コミュニティの複雑な全構造を考えるように。不幸にもその巨大な心は個々の心にその考えを伝達しない。でなければ、個々の心は、巨大な心の仮定上の客体である構造についての研究からは、労多くして不完全にしか理解し得ない事柄も、その主体である巨大な心からは直接に習得できるはずだからである。また、社会組織は、その種類と程度を問わず、普遍的に生起してくる。もしもイングランドに集合心があれば、なぜバーミンガムやその区のそれぞれが集合心をもたないのであろうか。もし国家が集合心をもつならば、教会や労働組合も同様に集合心をもつことになる。そしてわれわれは、巨大な集合心の部分である集合心を、また他の集合心と交差する集合心をもつことになるであろう。そしかしすべてこれらの「心」は、心の概念そのものにとって本質的である、行為の完全性、孤立性、統一性を欠いている。

(2)第二の議論の誤謬は明白である。もしも各人が群衆とかアソシエーションとかの一員として、また仲間とのどんな直接の関係からも外れている一個人として、それぞれ違って思考し行為するとしても、なお各人は思考し行為しているのである。すなわち個々の心は集成から影響を受ける程に、新しい諸決定は個々の心の決定である。羊が戯れているときに、その群れの動きをわれわれは群れ心理のせいにはしない。人々が集合しているときに、それぞれの心はこの心の環境に対してそれぞれの仕方で反応を示す。海とか、山とか、都市とか、砂漠とかの別種の環境に対してもそれぞれの仕方で反応を示すように。しかし前者の場合には、その環境は密接であり、類似しており、相互反応的である。たとえば単純なモッブの事例を取りあげてみよう。環境は環境の構成要素をなしている人々の反応とともに変化する。そして逆に、その変化は各人に新しい反応を呼び起す。このようにして特に、心の急速な変動過程は群衆を成す人々のうちに起るのである。各人はある程度まで敏感になり、模倣的となる。また各人の気分は相互の気分に同化する。傍観者には、情緒興奮の波があたかも群衆を襲うかのように、見える。各人は確かに、巨大な心の部分となるがゆえでなく、集成の影響が各人のなかに、合理性を犠牲にしてある情緒反応を呼び起すことになるがゆえに、自分以下になるのである。大衆暗示と大衆模倣の圧倒的累積の影響に対して、個人がいかなる組織構造のもとでも、個性を守る避難所を見出すことが出来ない。しかしこのことは、すべての心があらゆる種類の環境から影響を受けるという明白な事実の単に極端な一事例にすぎない。（事実、個々の心は自然条件に対する関係からも変えられるように）個々の心が相互に対する関係によって変えられるがゆえに、超個人的な心を仮定することは、確かに理由のないことである。

（「集合心」の概念を例示するよう求められたときに、人々は一般にかかる活動類型を指示するがゆえに、私はこの極端な事例を取りあげたまでである。厳密にいってそれはとんでもないことである。しかし非個性的な社会心を最も多く〈暗示〉していることの事例は、最低限度の社会表示のひとつをなすものであっても、最高のものではないことに注目すれば、興味深い。一群れの野牛とか、人間の群衆とかを移動させるものは、心理的感染の影響であり、旗の閃き、太鼓を叩く音、弁士の叫び声、興奮した過激派のアピールに答えるものは、気分である。心理的感染の影響は人間を自分とは別な人にしていく。稀には高いレベルに、大抵は低いレベルに。そのことは、社会の研究者がほとんど自制心の養成や個性の保持によって除去すべき有害なものとみている影響である。*群衆は熱情的であり、愚鈍であり、無慈悲であり、不道徳である。群衆の激情がもっとものなときには群衆は愚者のように振舞う。そうでないときには、荒れ狂う野獣のように振舞う。群衆は単純なもの、騒々しいもの、華やかなもののみがわかる。群衆は破壊することが出来ても、創造することが出来ない。群衆は救世主よりも優先させてバラバ（a Barabbas）を選ぶ。）

社会ないしコミュニティの組織と活動に照応した、超個人的な心というこの誤った教義を、面倒でも取り除くことは大切である。したがってわれわれの分析では、多少より深化させることで十分であろう。厳密にいえば、少なくとも正常な状態のもとでは、複数の心ないしは心の過程が〈互いに影響し合う〉とさえも、ほとんどいうことが出来ない。むしろそれらは相互依存的であり、他者の心の働きによって間接に決定されているからである。そうした決定には二種類ある。すなわちより直接的な決定は、ひとつの心の思想と目的が、象徴的コミュニケーション——言語、身振り、芸術——によって、他者に明示され、他者の思想と目的に対して著しい影響を与える場合である。直接性の乏しい決定は、各人が自然の操作から自分の目的を追求することによって、他者の目的充足行為の条件を変え、そして間接的に他者の目的や思想を変える場合である。このようにすべての者の関心は相互依存的である。関心が調和しておれば、全員の協力により各人にとってもその関心を最高度に獲得することが出来る。だが関心が対立していれば、一個人の関心獲得は他者の関心の否定を意味する。したがってすべてのコミュニティには、協働の力と競争の力との複合したものが大きく存在している。これら諸力から結果して、コミュニティの共通の特性、その慣習、制度を生み出すのである。しかしその結果の統一に対応するような心の統一は必要としない。社会の制度とか社会の運動とかが生じて来る、その過程の複雑さに気づかないときにはよく、またそれらが過去の記録の乏しい生活のなかでわれわれから隠されているときには特に、あたかも単一の目的の直接表現であるかのように、

＊ Sidis, *Psychology of Suggestion*, Part III., Le Bon, *The Crowd*, Ross, *Social Psychology*, chap. V. 参照。ジンメル（*Soziologie*）はシラーの警句「かなり賢い人物や悟性のある人物も一緒に、愚かな人間になってしまった」ということを引用して、次のように述べている。すなわち代表制がかなり崩れた結果、大衆集会が非常に間違った決定をすることを、イギリス労働組合の経験は示していると。未組織大衆の行動と組織社会の大衆行動とは著しく違っている。労働組合指導者が私に知らせたところでは、このことはロンドンの船渠労働者の場合によく説明できる。般渠労働者が組織されるまえは、モッブ煽動家のなすがままであった。しかし般渠人夫組合が正式に発足したときに、これらの素人集団心理学者はその支配権を失ったのである。

安易に説明を単純化してしまうのである。社会過程の複雑さに関する、現在のわれわれの知識からは、こうした結論に慎重ならしめるに違いない。

しかし、多数の心には共同の目的があり、しかもこれらの目的は共同の制度を作る場合に、協働活動として自己を表わすといわれる。確かに、また後に明らかなように、これらの共同目的はあらゆる社会の第一の基礎である。多数の心に共通する要素、つまり類型要素が超個人的存在の意味における共通の心、ないしは類型の心をなすものでないことだけは、ここで指摘しておく必要がある。一本一本の木すべてを超えていわゆる「集合的」巨木が自然の何処にもないように、社会のうちにも個々の心を超えた巨大な「集合」心はどこにも存在しない。木々の集まりは森である。その森をわれわれはひとつの統一体のように研究することが出来る。同様に人々の集合は社会であり、よりはっきりと限定された統一体を成している。しかし木々が集まってもひとつの集合体を成さない。人々の集合も、心の集合も、集合人、集合心を成すものではない。われわれは個々のどの木からも抽象して、木の特質について述べることが出来る。同じように心の特質とか、ある種類の心とか、またはあるタイプの状況にかかわった心についても、述べることが出来る。* しかしそうする場合には、個々の木や、木々の種類のなかに発見できる特徴的な要素、もしくは共通の要素を見極めるように、個々の心についてもわれわれは、特徴的な要素、もしくは共通の要素をみつめているのである。これらの同一性のゆえに、「集合」心を個々人の心とは〈別に〉存在していると考えること、また木々の集合体をいろいろの木とは別のものと考えることは、観念論の死の壁にぶつかるのである。すな

* われわれはこの意味において、民族の「心」、民族の「魂」などについて述べている。そのことでわれわれは、超個人的な、または超越的ないかなるものも意味していない。しかしついでにいえば、軍隊を指すときに、「集合的軍人」、森を指すときに「集合的樹木」というべきでないのと同じように、「〈集合〉心」ともいうべきではない。

わちこのことは、絶え間なく現われて解けない、古来の疑問に対して〈一応〉明白に答えているが、明らかに間違って回答しているのである。ただ個々のものそれ自体は「自然に」存在するのに対して、個々のもののなかに発見する同一性——型、種族、民族、その同一性がどうあろうとも——は概念とか観念とかのなかにのみ存在し得るのだろうか。その答えは、抽象的なものを具体的であると仮定し、属性を実体であると仮定することによって獲得されるものであるがゆえに、間違っている。またその回答は、ものの目に見えない型を、型のあるものの観点から描き出す試みであり、実体の諸特徴に形式を与えることで、その諸特徴が理解されやすいとの誤った信念に根ざした試みであるために、正しくないのである。幸いにも社会学者は、真に形而上学の当面の疑問が社会学者の領域だけに生ずるのではないから、ここでそれに答えることを求めていない。そして個々の木とか動物とか石とかが、それらを超えた統一、働きをなすことについて議論するにいたるまでは、超個人的な心の統一、活動についても、言及することを差し控えておいてよかろう。

さてわれわれは、コミュニティの意志とか、心とか、感情とかについて述べるときには、いかなる神秘の意志も、心も、感情も意味していないことは明白であろう。われわれは社会的存在の類似の意志活動、類似の思考活動、類似の感情活動について述べているのである。もし私は祖国を愛し祖国を誇りにしておれば、そのことは一個の心の、つまり一個の単一‐中心の精神的存在の愛情であり誇りである。しかし一国が国民の一人を愛し誇りにすることになれば、国民の多数に中心をおいた愛や誇りとは大変ちがったものになる。その人は国をひとつの統一体として愛する。しかし国はひとつの統一体として彼を愛し返すことは出来ないのである。多くの心臓はひとつの心臓のように鼓動するであろう。しかし心臓の鼓動そのものはそれでも多数である。ひとつの意味において、おそらくはひとつ以上の多くの意味において、スピノザが神について真実といったことは、コミュニティに関しても、真実である――もしわれわれは、神を愛しておれば、自分たち自身に返礼する愛を期待すべきではない。われわれが愛情を抱いているコミュニティは、それ自身思考し感じるのではない。コミュニティはどんな単一の心も意志も感情ももっていないのである。

適切にして十分に、コミュニティをコミュニティの心の視点から徹底的に理解しようとする試みは、プラトンの『国家編』のなかでなされている。* しかしプラトンは超個人的な心を個々の心とは別に、または個々の心を超えて存在するとは考えていなかった。むしろ彼は、コミュニティ成員の心を、狭小な心よりもあらゆる点において類似している巨大な心を共同して〈作りあげている〉とみたのである。コミュニティは「個人の魂の拡大」である。もしわれわれはコミュニティの大宇宙を理解すれば、個人の小宇宙も理解することが出来る。逆もまた真実である。もし個人の魂が三つの部分に分れておれば、コミュニティにも三つの階級があることになる。魂のこれら部分は相互に関係しているように、コミュニティの諸階級も相互に関係するであろう。魂の知的部分がその他の部分を統制するのが当然であるように、コミュニティの知性階級も当然その他の階級を統制するのである。また魂には欲望の要素とそのうえに「気概」の要素があるように、コミュニティにも欲望階級とそのうえに気概階級が存在している。

もし、全く文字通りに理解すれば、上述のことは間違った心理学であるとともに、間違った社会学である。ここで間違った心理学というのは、心を複数のそれぞれ自立する能力に「分つ」ことが出来ないためである。われわれは自分の心全体をもって考え、心全体をもって感じ、心全体をもって意志しているのである。知性、感情、意志、知覚、信仰、欲求の働き――これらはすべて複合した活動をなしている。ここでは単なる心の「部分」ではなく、心の全体が活動している。要するにそれぞれは、純然たる一部分の機能ではなく、心の一側面の優越を意味している。

* *Rep.*, pp. 368, 369, 435, 441. を参照せよ。

また間違った社会学というのは、コミュニティの諸階級を心の諸側面とか、諸部分とかのいずれにも対応させることが出来ないためである。それゆえ類比は崩れ去る。ひとつの階級は全く、もしくは主に思考するだけであるとか、別のひとつの階級は全く感情的であるとかいうことは出来ない（しかし実際には、プラトンの諸階級——哲学者、守護者〔戦士〕、労働者〔職人、農民など〕——は彼のいう知性、感情、欲望の諸部分である心の分化と一致していない）。こうした概念作用はどれもコミュニティの真の統一を曖昧にする大きな欠陥をもつ。何故ならこのように区別された諸階級は差異のゆえにのみ関係しているからである。それぞれの階級はその階級特質をとくに独特の機能を果たすなかに現わして、それはちょうど、機械の個々の部分品がそれ自身のためでなく——さらに機械全体のためでもなく、ひとつの目的に役立てるためにそれぞれ違って出来ているように。

かかる概念の適用に対して最も接近したものは、階級がカーストとなる「貴族」国家であろう。また事実、統一がプラトンにとって基礎であるように、それぞれの部分が特有の機能を果たし、「部分独自の役割を果たす」ことを承認する「公正さ」を国家の統一が基礎にしている場合でもあろう。何故なら公正は配分の原則であり、各人に対しては自己のものであっても決して他者のものではないものを割り当てるからである。機能の差異——狭義における——は実際、コミュニティの内にあって本質的である。しかし外面の機能にふくまれた差異を超えて、内奥には類似性が存在するに違いないことはわかるであろう。社会は単に、または主として差異の調和ではなくて、類似の結合である。類似性は究極的なものである。だからして公正も社会的統一の最深の基礎でないし、完全な社会道徳でもない。公正は主人と召使、雇用者と使用人、買手と売手の関係のような、単なる差異に基礎をおいた表面的社会関係——しかもそれら関係は表面的に結ばれるときだけである——であるにすぎない。そこでは相互関係には〈報酬〉の交換しか存在しないということもあろう。しかし真のコミュニティにおいては、統治者は法を被治者のためにも自分自身のためにも従うよう制定している。そして課税者は自分にも税金を課し、真の聖職者は他人の告白を聞き自らも告白する。真の医者は患者に処方を指示し、同じ容態ならば自分も処方する。それで差異の諸関係は残るが、しかしこれら関係も関係し合う成員のなかに性質の同一性、つまり差異の関係がその基礎としている類似の関係を示唆している。性質の類似性は目的の類似性と素質の類似性を含んでいる。したがってコミュニティを、心に関してであれ、その他のことに関してであれ、排他的で独特な諸要素に対応した諸階級に分つことは出来ない。

すべてのコミュニティはコミュニティ成員に共通する類似性と、その成員に多様な差異との織りなした網である。だからしてコミュニティは、その成員の誰もが完全に理解の及ばない複雑で不思議な体系をなしている。しかしわれわれは、コミュニティの心を考え出して、これをもってこの巨大な体系を理解しようとしてはならない。社会のきずなは社会成員の内にあってその外にはない。そのきずなは社会の記憶、伝統、信念を作りあげている各人の記憶であり、伝統であり、信念である。神の国のように社会はわれわれの内にある。われわれの内に、われわれ各人の内に、しかも何人の思想や理解も超えて。各人の社会思想や感情の働きや意志の働きに関して、社会と複雑な関係の組織をもつ、各人の社会化された心は、残余の人たちの社会思想や感情の働きや意志の働きの単なる再生産ではない。ここでもまた、統一と差異は永遠の網を織りなして、すなわち部分であるわれわれの誰もが、決してその全体を見ることが出来ないが、その無限の精妙さと調和をますます理解し、それに対して敬服するようになる巨大な社会組織を織りなしているのである。コミュニティは文明や文化のなかで生長するにつれて、そこの伝統はもはやはっきりとした明確な思考様式をとらず、その習俗はもはや一様でなく、その精神も数句に要約されることはない。コミュニティは原始の心そのものである。もしくは堕落した戦争の妄想のために原始性に帰り、「善」と「悪」、

「真」と「偽」、「勇敢」と「臆病」のなまの倫理対照を全民族に当てはめる文明の心である。しかし民族の精神と伝統はそれでも現実には、一層複雑になっている。それぞれの成員はもはや伝統のすべてを包含しない。何故なら各人の自由な個性が寄与している巨大な伝統の一部を各人が内に取り入れるにすぎないからである。この意味において、民族の精神は個々の成員の内にのみ存在するけれども、どの個人心の限度からもますます超えていく。

また、社会の伝統は短命なコミュニティ成員よりもより永続的な制度や記録を通して表明されている。これらの制度や記録はいわば、蓄積された社会的価値である（ちょうど、特に書物は蓄積された社会知識と呼ばれてよいように）。〈それ自体では無である〉し、社会心の部分でもない。成員から成員へ、また過去の故人から現存者へというように、伝統の伝達用具なのである。この仕方でまた、成員はこれらの蓄積された価値の部分を実現してもその全体を実現することのない、そうした価値の増大を伴いつつ、民族の精神はどの個人心の限度からもますます離れていく。社会の遺産が個性の本質的一部分をなし、個々人の心のうちに働く内外の社会諸力は、この民族の精神である。そしてこの精神は、過去から維持され現在において確立する制度、またはコミュニティの精神を累代つくりあげている制度のなかに蓄積されている。この意味においてまた、コミュニティは単にいつか一時に生存するにすぎない成員以上のものであるといわれるであろう。そのことはコミュニティ自体が過去から現在にいたり、そしてコミュニティ成員がどんなときにも大きな連続の部分であって、彼ら自身はコミュニティの将来の形成に積極的決定力を果たす、そのように形作られる前は、はじめにコミュニティの諸力から人間形成を受けているからである。

人間は、知識とともに、知識に付随するものやそれの所産——力、すなわちあらゆる装置のなかに蓄積された力を用いて自然を自己に役立たせてきた。これらの知識や力の手段はコミュニティの〈資本〉である。すなわちそれは累代の各人に引き継がれかつ、また各人の英知——真の遺産の程度に応じて増大するところの資本である。この資本はコミュニティの用具であり、財産であって、個人の財産が彼自身の外側にあるように、それはコミュニティの外側にあるものである。しかしそれでも、この資本は測り知れない程の重要性をもっている。この資本がなければ、われわれの歴史は初めから不毛の連続を無限に繰り返したであろう。この点はアメリカの社会学者によって次のように十分に強調されてきた。「先史の石器時代や、なお早期の時代のわれわれの祖先は、どの種類の資本もほとんど、もしくは全然もたなかったために、長い間悲惨な生活を続けてきた。ゆえにもしわれわれが、生まれてすぐ原始人の生存競争の真只中に抛り込まれたならば、西洋文明に生きるわれわれには何が出来るであろうか。われわれを先史の祖先から区別するものは何か。重要な違いは何もない。先史の人間には電信の発明は出来なかった。微分の発見や、高層ビルディングの建築や、蒸気エンジンの考案も出来なかった。としても、もし生まれながらに文明とのあらゆる接触、すなわちあらゆる種類の蓄積された資本との接触から遠ざけられたならば、われわれも原始の祖先が達成した業績以上には出ることが出来なかったであろう。そして生後、全面的に文明の影響外にあって生長してゆけば、原始人の生活を営むに違いなかったろう」*。われわれの生まれながらの「遺産」、すなわちわれわれが今日あり、あるいは将来に獲得するであろう自我も、全く文字通り、社会の遺産である知識や力に対する〈手段〉を欠いては、役立たず、また無効果な潜在能力であるにとどまるであろう。

これらすべての事実をわれわれは喜んで承認しよう。それらのことは最大に重要だからである。しかしもし、過去に生起して現在に維持されている、世俗の巨大な伝統の運載者として、相互依存活動の個々の心とは別に、もしくはそれを超えて、ある種の心を作り出すとすれば、その意義は全く誤解されることになる。

* Wallis, *Examination of Society*, p. 273.

四　「部分の総和以上」のコミュニティ

われわれがこれまで例示してきた事実は、コミュニティが有機体とか、「大書された」魂であるとする主張を拒否している人々によってさえも、コミュニティが何かその成員以上のもので、「部分の総和、ないし合成以上のもの」であることを少なくとも立証していると、しばしばみられている。この曖昧な説明は誤解を招きやすいし、コミュニティの実際問題についての見解を曲げることにもなるので、ここに多少の考慮を払っておくことが適当であろう。

コミュニティは部分の総和以上であるというときには、「総和」や「部分」の表現が社会にまさに特有の表現法とはなっていないので、われわれはなおも類比して思考していることになる。「部分の総和」以上であることを、われわれはコミュニティ以外のどんな事柄に関して、正しくいうことが出来るであろうか。その表現を社会に当てはめている人々を調べてゆけば、かかる比喩の用法を次のようにして行なっていることがわかる。ブロンズには錫とか銅とか鉛、またはその構成諸要素にはみられない硬度がある。同様にして、社会の性格もその構成分子である個々の男女の性格とは異なっている。あるいはまた、次のようにもいう。身体は諸部分、すなわち器官から成っているが、身体全体はその器官の総和以上のものであると。ここに社会は「部分の総和以上」であるとの見解を示唆する二つのタイプの事例がある。

その第一のタイプをみよう。諸要素が合成物になるとき、その化学変化の類比である。しかしここでは、「諸部分」は化合物の部分ではない。それはいまだ化合していない、だが結合して化合物を作っていく諸要素である。われわれはこうした化合物を、おそらくは「部分の総和以上」にならない単なる機械的統合体から区別するように求める。部分の総和以上の社会観を支持して、デュルケーム氏は次のように述べている。「個々の性質が社会的事実の構成分子であることを、私は全面的に否定しようとするのではない。問題は個々の性質が結合して社会的事実を産み出しながら、その結合の事実そのものによって変化しないかどうかである。統合は純粋に機械的であろうか。それとも化学的であろうか。そこに全問題が横たわっているのである」。

われわれは社会それ自体を直接に、また類比のゆがんだ鏡によらないで、いつも研究するようになるだろうか。デュルケーム氏によって問われているような「全問題」は、全くの混乱である。化学合成物の場合、はじめに諸要素は化合していない。諸要素は変容過程を経ながら化合し、新しい統一を産み出す。この場合、社会過程に類似したものが全くないばかりか、ここに要求されるような意味での「部分の総和以上」の全体を発見することも、正しいとはいえないのである。何故ならデュルケーム氏や、類似の表現をとっている人たちが意味していることのすべては、いくつかの構成諸要素が〈化合する前には存在していたので〉それら構成諸要素の化合から結果した全体の性格と特性は、元の諸要素のいずれの性格や特性とも異なっているからである。しかしこのように理解される構成諸要素は、いかなる意味においても、結果としての統一体の〈部分〉ではなく、銅や錫や鉛はブロンズの部分ではない。コミュニティは「諸部分の合成」以上であるといってしまえば、そこにはなお著しい混乱がある。化合、もしくは化合と呼ばれることが妥当である結果を生み出すその他の過程と、社会過程との間には、何らの類比も存在しないことは明白である。もしわれわれは社会に関して、時代おくれの「社会契約」説、つまり社会を離れて真空のなかにいる人々を社会に入れ込むとの社会観に依拠するならば、そこで精々類似性を見出せるのは、一個人が発見できるときだけである。もし個々人は社会を離れては決して生存できないとすれば、社会的なブロンズを作る非社会的な鉛や銅や錫を、何処に見出せばよいのだろうか。事実、人間は社会過程のなかでたえず変化を受けている。

社会過程は最初から存在したのであり、しかもそれは絶え間なく無限に続くのである。

第二のタイプは社会に多くの誤解を産み出している母体の有機体的類比に根ざしている。その類比に関してはすでに言及してきたので、ここではごく簡単でよかろう。器官は本質的には有機体の統一と機能にかかわっている。そして「器官の総和」ということは全く無意味である。有機体は全く虚構をなす「部分の総和」以上でも、それ以下でもなく、またはそれと何のかかわりあいももたない。こうした類比に根ざしたどんな議論も価値のないものである。

コミュニティは「個々人の総和」であるということはない。また「部分の総和」であるということもない。すべての人の社会関係は個人の外側には存在しない。社会関係は個人のパーソナリティの発現である。もし存在するものの部分が相互の関係にあるとすれば、どのようにしてものを総計することが出来るのか。「個々人の総和」をいうことは、はじめに個々人を、抽象的な、関係をもたぬ、社会化され得ない存在として考えているためである。個人を、その相互の関係が彼らのパーソナリティを形成する要因であるところの具体的な存在として理解せよ。そうすれば、社会とはこういった個々人〈であり〉それ以外のものではないということがわかるであろう。――そしてこれを超えて何かを、すなわちこれらの和することの出来ない社会的個々人を超えたところの何かを、求めさせるべく諸君を導いたところの形而上学の混乱は失せるであろう。

真の区別立てからも、次のような間違った区別が生じてくることもあろう。というのは、すべてのアソシエーション、すべての組織集団は、個別に捉えられた集団成員の誰か、もしくは全員の権利と義務ではなくて、もっぱら組織統一体として機能しているアソシエーションの権利と義務をもつであろうし、もっているからである。したがってわれわれは、〈個々のどのアソシエーションに関しても〉アソシエーションの（より漠然とは「社会的」）権利と個人の権利とを区別してよい。それでは前者の権利はどんなものであろうか。アソシエーションの権利はアソシエーションを構成する成員の権利である。またはアソシエーションの構成員がその目的のために、つまりある資格で、既定の方法に従い、全員に共通した目的を獲得すべく行為するように、選び出した人たちの権利である。これらアソシエーションの目的を果たすためには、成員の活動を限定し方向づける組織の原則がそのアソシエーションを作り出す意志によって課せられることになる。義務に関してもまた同様である。以上のことは、権利と義務のすべては、個々の具体的状況に関係しているという一般的ケースの単に一例にすぎない。アソシエーションは一個の統一体として「法人」「団体」となる場合がある。そしてかく言い表わされた統一体の性格は法の観点からきわめて重要である。しかし古来の法の格言が明らかにしたように、〈法人〉は〈その〉犯した罪のために精神と肉体の刑罰いずれも受けることがないときに、われわれはその「法人」を統合心または生きものとしていかに実体化するかに留意しなければならない。「法人」は実在の〈統一体〉である。したがって〈架空の人物〉以上である。しかし法人の実在性は、法人を作る人たちの実在性とは全く種類を異にしたものである。法学者がアソシエーションの統一体のために、法〈人〉の術語とは別の術語を発見さえ出来たら、どんなに限りない論争が避けられたことか。*

コミュニティを機構とも有機体とも魂とも考えないでおこう。何故ならわれわれが考え続けている統一体は機械

* 〈法〉人格は法的権利と義務の結実したものである。またそれらの作用範囲を限定する許容と制限の結実したものである。法がアソシエーションに与える資格とはこれらのことである点に留意せよ。法人格は認可されるもの、与えられるものである。したがって法人格はアソシエーションの本質ではない。どのアソシエーションも別物に〈なる〉ような、アソシエーションは〈所有〉していない力とか属性とかを法人格はもっている。イギリスの労働組合は去る一九世紀の七〇年代に、法人格を承認されたときに初めて生まれたのではなく、また一九〇六年に本来は分離できない法人格の属性を望んで捨て去ったときにも、その性格に決定的影響を受けたのではなかった。「法人格」とは全く別個のものであるパーソナリティは、その正しい意味において特質とか性格とかを本質としているのであって、資格の付与されたものではない。ここからわれわれは、首尾一貫して、アソシエーションの権利を個人の権利から区別することが出来るのである。

的でも有機的でもなく、心的でさえもないからであり、それは当然、特有の名称をもって呼ばれるべきであり、それは共同なものであるからである。

五　実際上の帰結

私はこれまで間違った類比法について詳説してきた。それは類比法が、きわめて稀にしか吟味されることのない表現形式をとり、多少とも捉え難い方法でもって、社会の疑問に答えるわれわれの研究を阻害しているがためである。社会は何程か〈その〉構成員とは別であるかのように、われわれは個人と社会との間に設ける対比を、類比法は最大に誤らせる原因をなしている。あるタイプの気風の論者たちは、社会の関心と「個人」の関心（数名の関心をいうのではない）とがあたかも対立しているように言いたがる。あるときに「個人」は社会に服すべきであり、またあるときには、「個人」は社会から解放されるべきであるという。「個人」が傑出した要因をなすと想定された時代から、社会が傑出した要因をなすと想定される時代への推移のなかに、ある著名な論者は社会進化に関する説明のすべてを見出している。* また、コミュニティの「現実」意志と「真実」意志との奇妙な区別が、ある論者に民主主義の名の下に独裁政治を説かしめていることも、これら類比法は責めを負うべきであろう。** いいかえれば、解きほごされることのない生活の網を作っている個性と社会性との錯綜した織物について、類比法はこれを正しく評価するのに妨げとなっている。これら間違った類比法を批判的に検討しよう。そうすれば、類比法の誤謬を暴露するなかで、

* Mr. Benjamin Kidd.
** 付論B参照せよ。

個人と社会の本質的対立を説く誤謬もまた明らかにされる。正しく理解すれば、「個人」の関心は社会の関心で〈ある〉。われわれはここで、全く別個の二つの事柄について述べたのではなくて、ひとつの事柄の二つの側面について述べたのである。対立は確かに社会のうちに無数にしかも限りなくあるが、しかしそれらはすべて部分的なものであって、全く別の意味において解釈されるべきである。対立は適当な箇所で検討されるだろう。――ここでは〈本質的〉対立説がいかにわれわれの道徳哲学を歪めているかを結論的に示すことだけが必要である。

そのことは二つの極端のいずれにも通じよう。そのひとつはコントやフィヒテによって強調された共同説であり、すなわち個人が完全に自己を没却して自己の所属するコミュニティのみを想起することに正当な行為を認めている場合である。フィヒテは次のようにいう。「個人としての自己を没却することは唯一の美徳であり、自己に注視することは唯一の悪徳である」と。この理想の響きがいかに高尚であろうとも、重大な批判を免れない。自己否定の美徳は服従の同類の美徳のように、強調しすぎると、伝統とか陰謀とかに無分別に従う、あまりにも忠実な召使になりやすい。誤解されるかもしれないが、他人に、国に、民族に尽くすことが、生の完全な目的でないこと、およびこのようなサーヴィスへの適性が、「市民としての適性」でもなければ、教育の完全な目的でもないことを力説しなければならない。このようなサーヴィス、あるいはこのような適性を倫理の理想とすることは、循環論であり、サーヴィスへの欠くべからざる適性の意味そのものを見失わせるのである。それは循環論に陥るのである。何故ならもし各人の充足が全体の奉仕に存するならば、彼らはなお手段にすぎない他者の目的に対する手段になるからである。すべての者は一個人の目的でなく、また全体の目的でもない目的に奉仕している。各人は社会奉仕を通して自分の福祉を見出すであろう。しかしだからといって、彼の目的は社会奉仕にあるのではない。社会奉仕の〈ために〉彼は訓練されたのではない。外来の何物も人を――ないしは人々を充足させることが出来ない。たとえわれわれは「民族」の福祉に奉仕しても、民族は世代連続から成り、世代連続はまた個々人なのである。もし社会の理想が現存のないしは未来の個々人の生活のなかで実現されることがなければ、それはどこで実現されるのであろうか。また一方、それは奉仕の意味をぼかすことになるのである。何故なら個人にしろ、アソシエーションにしろ、コミュニティにしろ、他人に奉仕することは、仲間の福祉のために努力することであるからである。その福祉は一定の生活条件と生活活動とにあり、他人のための目的は、もしそれが正当ならば、自分のための目的でもあるからである。一般的にいって、私がまた、目的を遂げるために他人に援助しようと努めることが出来るのは、その目的がもっぱら自分のための目的だからであり、私がすでに達成した、もしくは達成の途中にある望ましいものであるからである。われわれは他人にとって望ましいものを追求するなかで、自分自身にとって望ましいものも発見することが出来る。しかしすでにある程度、自分自身のために獲得したものをただ他人のために求め得るにすぎない。個人のレベルでは自分の社会的関心に価値をもたせる。価値のない人物の奉仕はその奉仕も価値のないものであり、価値のない人物の愛はその愛も価値のないものである。

個性が社会のなかでますます発達するにつれて、個性についての正しい理解をわれわれは一層必要とするようになる。社会的人間はわれわれの〈知る〉全く唯一の単位であって、他のものは単に相対的なものにすぎない。彼の社会関係を総計してみても、彼はそれら以上である。彼の環境を理解したと諸君はいうかもしれないが、彼は出入りしてそこに居ないこともある。遺伝から彼を説明しても、単独で彼を説明しているのである。すべての価値は究極的には人格に関するのであり、パーソナリティの価値である。そして正しい法や制度はパーソナリティだけに奉仕している。

ひとつの極端な見解は、人間をその社会関係のなかに沈めてしまうように、そのように他のより危険な極論も、全く人間を社会関係から浮き上がらせてしまう。この考えは、社会の法や制度を弱者が強者を縛るための狡猾とみる、トラシュマコスやニーチェの「非道徳主義」であり、弱者には有利であっても強者には不利である。ニーチェにおいてはこの観念は、自己志向する個性の真実のそして高尚な価値の観念でもって包まれている。しかし見解そのものは矛盾しており、自滅的であり、そしておそらくは、いま考察した別の極端な見解に対する反動であるとして説明することが妥当のようである。この見解に対する反駁はすでにずっと以前にプラトンによって完全なまでになされている。プラトンは社会の徳は「他人に望ましいもの」であるばかりでなく、自分自身にも望ましいものであることを説いている（*Republic*, Bks.I.–IV.）。いいかえれば、社会関係は外面的な事柄ではなく、またパーソナリティが絡まっている網でもなくて、それぞれのパーソナリティの機能であり、パーソナリティを充足するその機能である。社会関係はともかく人々の〈間〉にあるのではなくて、人々の〈内に〉あることを知れば、われわれもニーチェやギリシアの先人のようなきわめて致命的な混乱を少しも犯すことはない。

実際、すべての個人の関心は社会の関心と常に一致するであろうと考えるべきではない。個人には自分自身の非常に望ましい事柄と、社会のそれとのいずれかを選択しなければならない場合の真に関心の葛藤があろう。われわれはフイエほど次のようにいうことが出来ない。「私が諸君に負っているすべてのことは、自分自身にも負っている。私が諸君のために為すことは、自己自身のためにすることであり、諸君の意に反してすることは、自己自身の意に逆ってすることである……私の至高なる関心からの超脱こそは私の関心事なのであり、他者への完全な愛は私自身への完全な愛でもある」（*Les Eléments Sociologiques de la Morale*, p. 282.）。これらは格調高い言葉であり、社会関係の本質を証言している。しかし依然として、社会には不調和や犠牲や悲劇が残っている。

少なくともわれわれは、例外とか矛盾とかのおそれなしに、このことについて多くを語ることが出来る。すべての個性は社会のなかで結実していくように、どの個性もある点においてその個性を社会にすっかり捧げなければならない。個性は個性そのものを見出すためには個性そのものを失なわなければならない。社会奉仕から遠ざかるすべての個性に、終局的には深い失敗感がつきまとう。まことに時代の暗い小説のひとつは——単にペシミズムを説く多くの小説以上に本当にペシミスティックである——アーノルド・ベネット（Arnold Bennett）氏の『老妻物語』である。奔放な経験を過ぎ、老年と死の馬鹿げた結末にいたる個人生活の全く不可避の過程について、作り上げたものを破壊する現世の無意味さについての欲求不満の感情は、その全篇に漲っている。そこの登場人物の誰もが、自分よりも大きな、社会のもしくは社会を超えた原因に身をかかわらせることがないからである。このなかで彼は、孤立した個性の運命について、利己的動機を除いては生活のなかに何も発見しない多数の擬似楽観主義者以上に正しく——ほかに別の運命の可能性について彼が知っていようといまいとかかわりなく——読み取っている。この真実性はバーナード・ショー氏によって次の一篇のなかではっきりと述べられている。「シェークスピアの英雄（ないし臆病者）ヘンリ五世、ピストルないしパオレスと、バリアト氏およびヒヤリング氏を並置させてみなさい。そうすれば、世界のなかで個人の目標とその失望の悲劇あるいはその不一致の喜劇性しか見ることの出来ない流行作家と、彼が理解した範囲での世界の目的と自らを同一視することによって、徳と勇気をかちえた野外説教師との間に、ある懸隔がはっきりと示されるであろう。……バイアンの臆病者は、実際には貴方たちの情熱を冷し、むしろ敵意をもたせるところのシェークスピアの英雄よりも、諸君の血を躍らす。……この人物こそが、生の真の喜びであり、諸君自身によって偉大とされる目標のために用いられる」（*Man and Superman*）。

個性は社会のなかでのみくつろぐ。高度に発達した社会でのみ、新参者、つまり社会の子供たちは自分らの可能性を伸ばすことが出来る。成人は社会に奉仕してのみより以上の生活営為を実現することが出来る。細やかで深みのある社会関係を創り出し維持できるのは、立派に成長した個性、しかもかかる成長を特徴づける自己決定、主導性、責任感をともなった個性のみである。社会はその成員のなか以外には何処にも存在しない。社会は最大多数の成員のうちに最大に存するのである。

第二章　コミュニティの諸要素

一　コミュニティの客観と主観

われわれは前の章で、コミュニティの特質と意味についての誤解を取り除いたので、次には、その真の性格について明らかにしなければならない。すなわち、ほとんど常に誤解に導く類比証明からは方向転換して、コミュニティ生活の複雑な構造を作り出し、ないしは規定するコミュニティの諸要因を直接に分析しなければならない。

すべての社会関係は心的諸関係であり、心の関係であることがわかった。それら関係の身体的有機体的基礎はどうあろうとも、人々を直接に社会のなかで結びつけるのは心的法則のみである。このことはコミュニティに関するあらゆる知識の出発点をなしている。コミュニティは巨大な心ではない。コミュニティはたえず相互に関係し合う人々の心の活動によって創られる。

そこで心的諸関係を他のすべての関係から著しく区別するものは、前者が機械的もしくは外面的に規定されるのではなくて――動機づけられるという点である。われわれが互いに社会のなかで関係し合うのは、自分自身や他人の目的を、または充足を、はっきりと、あるいはおぼろげに、予知して獲得しようとし、または本能的にも獲得しようとするからである。この場合、現実には不可分であっても、分析上は区別できる両極要因があらゆる人間活動について認められる。すなわち、その客観的側面である〈関心〉について、その関心のゆえにわれわれはコミュニティの諸関係を意志するのであり、またその主観的側面である〈意志〉に関しても、その能動的な心のために関心が存在するのである。人々がコミュニティを創り出すのは、相互に意志して関係を取り結ぶときである。しかしそのことは関心の故であり、関心のためなのである。

（ここでわれわれは、意志の対象（ないしは目標）を関心と呼ぶときに、物的なものなどの対象の手段を用いて関心を獲得する、その物的なものなどの対象を関心と同一視しているのではないことに留意しなければならない。だから食物を求めようとするときにも、食物への関心はパンや肉と〈同じようにみる〉べきではないのであって、それは飢を充たすことなのである。事実、どんな物的な対象も関心たり得ない。物的な対象がどんな満足をもたらし、またはもたらすことが出来るにしても、それの所有とか利用とかの満足にしかとどまり得ないのである。）

たとえ社会的と呼ばれようと、そうでなかろうと、すべての活動にかかわるこれら二要因は、本質的には相互に関係し合っていることを繰り返し述べなければならない。関心があればそこには意志が存在している。逆もまた同じようである。人々の関心の関係はすべて人々の意志の関係である。関心を伴わぬ意志がないし、意志から離れた関心も存在しない。われわれはコミュニティを分析しようとする場合に、この真理を念頭におくことが非常に大切である。そうすれば、一方に社会心とか意志について、また他方には社会「諸力」とか関心についての別々の、しかも抽象的な論議に含まれた重複や混同可能性を避けることになろう。この章を通じて私は、主に関心について、しかも常に意志の対象、すなわち能動的な心の対象とみられる関心について、言及しようと思う。関心の側面に力点をおくことは妥当である。何故ならわれわれはより客観的でありうるならば、それだけわれわれの分析も十分であると思うからである。

しかし初めに、われわれは関心から理解する事柄をできるだけはっきりと説明して、この用語の含意がわれわれのあらゆる相互関係の規定因である意志の対象を記述するのに、語彙のうちの最も満足すべきものであることを提示することが必要である。

われわれは関心を、活動を規定するような対象の意味に常に用いる。したがってそれは、単なる欲望以上のものであり、現実の単なる不満感以上のものであって、より十分な満足感を得る方法の知恵をこえるものである。たとえ脱獄に望みがないとわかっている囚人でも、なお拘禁の不幸を感じている。しかしその感情はもはやどんな脱獄の関心も呼び起すものではない。満足感が起きそうな上に、満足感の達成に役立つ方法の知恵が加っているときでも、関心が積極的に起ってこないことがあろう。意図された満足が求められないかもしれない。その満足が他の諸の満足のために、または満足それ自体も価値なきものとして無視されるかもしれない。私は貧乏であると意識しているとしよう。しかし自分の選択した現実目的を犠牲にしてのみ貧乏から逃れることが出来るとしたら、富への願望も生き生きとしたものではないであろうし、関心を生み出すことも決してないであろう。

関心にはたえず欠乏感が先行して、その欠乏感を取り除きたい願望のために、関心が作り出されているとはいえない。このありふれた考えは間違った心理学であり、行動の性質についての誤った機械観に導く。生活とはたえず起る空腹感を満たす努力の連続であるという抽象的観念とは、われわれの具体的経験は矛盾している。一日、一時間の自分の行動をみよう。そうすればふりかえってこの説明では不十分であることを感ずるに違いない。しばしば行為の究極の動機は関心〈である〉。だがその背後において欠乏感の先行性を見出すことができないのである。そうであるために、目的達成の可能性が意識にのぼるときに、その特定の目的をわれわれは追求するのである。目的の不成就がふくむ欠陥を思考がたえず現わす以前に、またはその欠陥自体がたえず意識的な欠乏感を作り出す以前に、われわれは目的を追求するのである。すなわちわれわれは目的を望むが故に目的を追求するのであり、単に、または必ずしも目的の欠如感を嫌うが故ではない。関心を充足することは、その関心を失うことと同じではない。人が餓死して食物への関心は除かれても、その関心は充足されたのではなかった。関心は欲望を意識し続け、ある生活様式を持続していく場合にのみ充足される。事実、関心は生命の刺激である。しかしその生命を自らの破滅にまで駆り立てるものではない。われわれはコミュニティの巨大な原動力と解するものは、空腹と満腹にかかわるものではない。

私は一貫して、これらの原動力を〈関心〉に求めているラッツェンホファー（Ratzenhofer）に従うことにする。この語はわれわれの目的のためにはどのほかの言葉よりも役立つように思われる。〈社会力〉という語自体は、非常に不明瞭であり、また容易に、機械力とか非人間的な力を連想させる。〈欲望〉という語も、はなはだ主観的であり、われわれが活動を規定する欲望の対象について適当な言葉を必要としているために、それは余りにも包括的にすぎる。〈関心〉と異なって〈欲望〉の語では示唆することのないある永続性と安定性と相互関連性を、これらの欲望の対象はもっている。〈意図〉〈目的〉の語も、意志の合理的な対象、すなわち行動の意味が意識的の場合にはっきりする行動の規定要因に、あまりにも専一的に関係しすぎている。

われわれの関心はその明瞭さ、すなわち合理性の程度においてきわめて多様であることに注意しなければならない。ある場合には、その関心の意味を存在の全体系のなかで知るのであり、または、直接の欲望充足をこえては、何事にも不案内である場合がある。われわれの生活や社会的活動の多くは、概して蜜蜂の働きと同じように予知に欠けている。また同様に、われわれが自覚し、もしくは了解していないある必要の衝動も予知に欠けている。われわれの活動、とくに「本能的」と呼ぶ活動のなかに、予測しなかった、あるいは望んでいなかった多くの結果を見出す。ここまではわれわれも、自分の働きを終えて後にその働きが申し分のないものとわかる、〈創世記〉のなかの造物主とほぼ同じように振舞っている。しかし社会生活の大部分は、そしてたえず増大する社会生活の支配的部分は、慎重に熟慮した意図の範囲内に入っている。これらの意図は方向の定まらぬ活動を方向づけるのと同一の必要から出ている。しかしそれはより直接的な方法で、目的に対する手段の適用を意識的に行なうことによって追求されるのであり、獲得されるのである。これらのより明瞭な関心の増大に伴って、コミュニティは明らかにそれら関心を実現するために存在する。そしてコミュニティの諸制度も適合して、ますます直接に関心を充すようになる。社会関係はすべて心的なものであるために、コミュニティは程度の事柄である。社会は生命のある一切のものに共通する有機体の原則に基礎をおいているのではなくて、心が常に創り出す特有のタイプの関係や相互行為に基礎をおいている。また人間が本来の自分の位置や社会関係を通じての実現能力を自覚していくにつれて、より完全なものに成長していく関係や相互行為にその基礎がおかれている。

〈人間の諸関心はすべての社会活動の源泉であり、その関心の変化は社会進化全体の源泉であると思われる〉。関心は増大しかつ分化する。そのなかには永遠のものもあり、また変化し消滅するものもある。さらに関心の強弱の変化にともない、関心が創り出すアソシエーションも変容する。先行するものは常に関心である。関心は共同生活のなかでのみ実現できるために、コミュニティも存在するようになる。コミュニティは人間存在のあらゆる心的関係をいうのではない。戦争もまた関係だからである。しかしコミュニティのなかで実現できる関心は、分離的関心すなわち闘争によってのみ実現できる関心を圧倒している。このようにしてコミュニティの永続性は確認される。〈生命それ自体が高まる場合に〉社会化の関心も不断に増大し、これに対して分離の関心は減少し続けることを、われわれは後に述べるであろう。このようにしてコミュニティの発展は確認されるのである。

二　意志ないし関心の間の関係諸形態

われわれは次に、コミュニティの永続性と発展、その強さと程度が依存している関心について、その人々の関心の間の一般的関係を分析していこう。種々の人たちの意志の対象の間に関係がある場合には、意志それ自身の間にもまた関係が存するに違いないということを、ただ繰り返し述べながら、以前のようにわれわれは主として関心について論述してみよう。

まず最初に、われわれの考えのなかで、関心についての二大分類をぜひはっきりさせておかなければならない。この二種の混乱は著しく社会学の議論を妨げてきた。現在、両者をどのように区別しようとも、ただ辛うじてわれわれの用語法が間違った意味に陥らないでいるのは、部分的には無批判な議論をしたことの結果なのである。他のすべての人がいわば生計とか名声とか富とかを求める場合の関心と、または各人にとって個々別々であるその他どの関心とも〈型において〉類似ないしは同一の関心を多数の存在がそれぞれ追求するときに、彼らが個別的に追求するその関心をわれわれは〈類似〉関心と呼ぶことにする。関心がどのように類似していようとも、類似関心をもとうとする存在の間には、こうした関心は何らのコミュニティも、社会関係のいかなるものも必然的に生ずるのではない。野生の全動物の食物を捜し求める関心は、何の統一も創り出さない。そして食物が十分にあれば、何らの対立も生じないであろう。すべての動物の関心は同じタイプであるが、しかしそこには、共同関心が存在しない。これに対して、多数の人がみな、みんなのただひとつの包括的な関心である、いわば町とか国とか家族とかの福祉、名声、またはみんなが関係している企業の成功を得ようとするときには、その関心をわれわれは〈共同〉関心と呼んでよい。多数の人に共通する福祉の追求は依然、共同関心である。たとえ関心の背後に福祉追求をさらに鼓吹するものがあろうとも。人々は福祉から出る栄光の直射ないしは反射を受けるために、自分らのコミュニティの福祉を追求していくときのように、動機の考察はわれわれを〈類似〉関心のより広い領域へ引き入れていく。しかしなお関心そのものは依然として共同的である。しばしば類似関心は、通例の経済団体にみられるように、共同関心の確立を通して追求し達成される。ここでは共同関心、すなわち不可分の単一組織体としての団体自体の福祉への共同関心は、第二義的であり、類似関心は先行している。別の場合には共同関心は第一義的である。これら両者は、われわれの活動の大部分について、解けないように絡み合って決定要因をなしている。しかしわれわれが分析していく場合には、両者を明瞭に区別してかからなければならないことは、さきの理由そのもののためである。別の方法では、両者が共にもっていない単純性を、われわれは社会現象のうちに発見することであろう。

人々は他人の幸福を、それが自分らにもたらす利益とか栄光のために追求するときのように、それ自身より上級の排他的である関心に依存しているアソシエーションの福祉や、コミュニティの福祉への関心を、私は第二義的共同関心という。そして第一義的共同関心はこうしたより上級の関心に基礎をおかないものである。第一義的ならびに第二義的共同関心は、われわれのすべての社会活動の混合した源泉をなしている。アソシエーションとかコミュニティに対して抱く愛情は、多くの親たちが自分の個性の一種の延長部分として、一種の所有物として、または自分の生命と限界をこえた特有の諸力の運載者としての子供に対して抱く愛情と非常によく似ている。第一義的関心が支配的である場合でも、第二義的関心がそれを支持している。両者は共同関心の種類ではなくてむしろ共同関心の要因である。われわれは他人と結ぶ関係のすべてにおいて、利己主義の過剰を助長することを避けることはむずかしい。心理学者は他人の不幸への同情のなかに、反射して自分自身への同情となる一要素を発見している。また同様にして、他人を苦痛から救う努力のなかにも、自己満足を得たい欲望や自分の心痛の原因を一掃したい欲望として言い表わされる要素を発見している。すなわち心理学者は、他人の幸福と同じ幸福が自分を素通りする場合には、他人の幸福への共感が嫉妬のうずきと交差するのを知るのであり、そしてまた、他人を幸福にしようとする努力も、自分自身に反射してくる幸福感によって鼓舞されることを知っている。人間の心は測り知れないほど複雑であるために「一面志向性」を承認することが出来ない。つまり人間の心はおよそ想像の出来る時からの無限の経験によって形成されてきたのである。ただ精神障害者だけは、彼の過去と現在に鋭い分裂をみせるのであり、その動機も常に単純である。〈絶対的に〉単純な動機をもつことは、精神障害者であることで〈ある〉。何故なら天才でさえも、こうした単純性を得ることが出来ないからである。

さてわれわれはさらに、次のように区別することが出来る。各人が自分の個別的個人的な充足のために追求する関心は、〈分立的〉関心である。そしてそのより大きい部類のなかに類似関心が入る。この分立的関心は「個人的」というよりも「分立的」と呼ばれる方が妥当である。関心はすべて個々人の関心であるという意味において、個人的であるからである。ただ複数の個人が型としては類似しもしくは同一である関心を別々に追求しているときには〈類似〉関心である。これに対して、型も違っている関心を別々に求めている時は〈差異的〉関心となる。差異的関心を追求する人々に関してのみ、相互に無関係な活動領域にあって、直接の社会関係を何ら含まないし創り出すこともない関心は、差異的関心である。たとえば切手の蒐集や天文学への関心は、切手蒐集家や天文学者と社会関係を結ぶ必要をもたない。だが関心の孤立性は常に相対的である。また類似関心と差異的関心の中間には、部分的に類似し、部分的に異なる、非常に重要な〈補充的〉関心の一部類がある。全く類似してはいないが、二人以上の複数の人たちの関心がサーヴィスの交換を含めて相互依存的であるときに、われわれはその関心を補充的と呼ぶことにする。その最も明白な事例は性の関心である。また非常に重要な他の事例も、コミュニティ内の分業や権利、義務の相互性の全組織のなかに明示されている。補充的関心がたやすく、しかも直接に、共同関心を生み出すこともはっきりしている。

さらに類似関心のなかでの区別はすでに示唆されている。社会的孤立のなかで類似関心を互いに追求する人たちもいよう。当事者たちが互いに全く接触しなくて、関心が〈併行〉している場合である。あるいはまた、類似関心の追求は対立的か調和的の関係に人々を引き込む。誰か自分の目的を達成すれば、その達成の程度に応じて他人の失敗を招くという、そうした性格の目的を追求する場合には、それは〈対立的〉関心である。ただひとつの目的を同時的に追求する場合にも、すでにカントがいったように「予の同盟国が欲するもの」（すなわちミラン）を「予もまた望む」という、シャルル五世に対するフランソア一世の誓約のなかに特殊の「調和」が含まれている。しかしこれに対して、人々が各人、自分自身のために追求する多くの目的は協働を通してさらに広がるか、または少なくとも、全員の協働によれば各人も容易に獲得できるようなものであるか、のいずれかである。これらの条件のもとでの類似関心は〈協調的〉である。人々の類似関心が志向する目的を協働は増大し、対立は減少する。類似関心が調和的か対立的のいずれかに向うという事実、これらの態度がある程度選択的であるという事実は、コミュニティの進化に関してきわめて意義深いことである。

最後に、重要性からみて、特に政治学の観点、つまり社会的意志活動に関する議論の基礎である術語の明確化の観点からして、意志の諸関係は、客観的側面である関心からは最もよく理解できるし説明もできることを、われわれは繰り返し主張してよい。もしわれわれは、「関心」の代りに「意志」の用語をもってするならば、上述においてあたえた定義には主観的側面に関して当てはまるであろう。だから多数の存在者それぞれが、他のすべての人が追求する関心と類型において類似なまたは同一の関心を追求するときには、彼ら各自の意志を〈類似意志〉と呼んでよい。また、多数の人たちみんなが、彼ら全員を包む単一の包括的関心を追求するときには、彼らの意志活動をその限りにおいて〈共同意志〉と呼んでよい。さらに残余の区別に関しても同様に出来る。

本書全体を通じて使用している「関心」の語が、厳密には、意志の対象であるものを意味していることに留意することは、本質的に重要である。というのは、「関心」は広義の意味で、利益ないし福祉と同意語に使用される場合があるからである。その利益については人々の利益であっても、彼らに望まれているかいないかには関係がない。しかし利益が〈ある〉意志の対象でなければ、すでに定義した関心とは異なっている。これら二つの意味を区別できない場合は、政治理論に混乱を招くことになる。もし「関心」が単に「利益」とか「福祉」を意味して使用されるなら、個人やコミュニティが追求しないばかりか拒否さえもする何物かも個人の関心でありコミュニティの関心となろう。それは「関心」の完全に正当な用語法である。しかしひとつの意味から別の意味に変えることは妥当でなく、かかる「関心」を個人またはコミュニティの「真実意志」を代表しているということも、妥当ではない。われわれはひとつの意味だけで、すなわち実際に意志を動機づけるところのものとして、その用語を使用すれば、これの混同も避けられるであろう。さらにもしわれわれは、「関心」を「福祉」と同意語に使用すれば、両者があたかも同意語であるか、広がりを同じくするかのように、「一般的」ないしは「共同の関心」から「一般的」ないしは「共同の意志」に変ることも、もはや出来ない。単一個人が自分の所属するコミュニティからは無視されている方法で一般の福祉を追求することがある。しかしこの場合には、彼の関心(意志の対象)をわれわれは共同関心と呼ばないで、共同の福祉への関心と呼ぶのである。われわれの用語法のように、自他協力して、すなわち分離的でなくて共同活動を通じて関心が追求されるときに、その関心は共同関心となるのである。*

いま社会関係の観点から関心の全領域を次のように詳しく図示することができよう。

- 関心
  - 共同的
    - 第一義的
    - 第二義的協調的
  - 分立的
    - 類似的
      - 併行的
      - 対立的
    - 補充的
    - 差異的

三　共同関心の種類

われわれは次に、コミュニティとその内部のアソシエーションを創り出し支えている種々のタイプの関心を列挙し分類しなければならない。この作業は最近よく試みられて、そのために種々の有益な分類がなされてきた。** しか

* これらの区別が出来ないために、ボーザンケト博士も『国家の哲学理論』のなかで、「真実意志」と「現実意志」とを説明する場合に、混乱に陥っている。同様の混乱は「全体」意志と「一般意志」を説明するルソーの場合にも含まれていた。「全体意志」は「単に個別意志の総和」にすぎない。これに対して「一般意志」は「もっぱら共同関心とみる」。そして「意志を一般化するものは、人間の数ではなくて、むしろ彼らを統一する共同関心である」。ここでルソーは「一般意志」によって一般の福祉への関心に照応した意志を意味している。もちろん、その意志は、どんな具体的問題に関しても、コミュニティ全体の意志ではないであろう。コミュニティの多数の成員は個々の関心にのみ注意を払っているからである。そしてこれら関心は一般の福祉と対立するであろう。しかしさらに、「意志は一般的であるか無いかのいずれかである。すなわち全体の意志かそれとも部分的な意志である」という。ここでは明白に、意志はコミュニティ全体のものであるがゆえに一般的と呼ばれる。ひとつの意味から別の意味への変化は、決して『社会契約論』においてだけでなく、多くを詭弁的著作たらしめている。これらの誤謬に関する十分な分析については、**付論B**を参照して欲しい。

** これらの分類のうち、おそらく最もすぐれたものは、次の分類である。Lester Ward, *Pure Sociology* (2nd ed.), p. 261.

しわれわれは、それらのいずれの分類も採用しない。というのは、これらの分類は、本書の序論で示された観点からなされたものでないからである。従来の提示されたいかなるものよりもさらに完成した分類が、われわれの目的にとって必要である。関心はコミュニティの泉であり、その関心の包括的分類はこの研究にとって不可欠の前提である。コミュニティの源泉は共同関心であるから、分立でなく、共同の関心をわれわれは考察する。類似関心はすべて潜在的な共同関心である。その潜在性が実現されてはじめてコミュニティは存在するのである。

類似関心は、すべての人が分けもつ最も普遍的なものから、最も特殊で個別のものまで無限に分れている。人間はすべてある基本的な関心について似通っている。われわれはみな、類似の有機体の要求、すなわち食物、飲物、空気、光、衣服、住居への要求をもっている。これらは生活存在すべての要求であるから、すべてにとって類似関心を創り出す。しかし、すべての類似関心が人々にとって最も安定したものとなるのは、後段ではっきりとみるように、規制された社会的条件のもとで、人々がその類似関心の追求によって互いに接触を作り出し、しかもそれを共同に追求しようとするときである。有機体の類似した要求の普遍性は、かくして結局は強大な社会化の原動力なのである。

いくつかの心的関心は有機体の要求と同じくらい普遍的と思われる。たとえば正義と自由（正確に定義された）は社会的統一を求め創り出そうとするすべての人の関心である——もっともいまだ普遍性の程度にいっていないけれども。しかし全般的にいって、より特殊な心的関心は特殊な有機体の関心ほど普遍的ではない。もしアリストテレスのいわゆる「生活」を「望ましい生活」から区別するなら、普遍的な類似関心は「生活」がそれに依存するものであり、これに対して特殊な類似関心は、「望ましい生活」についての人々の抱くさまざまな観念を明らかにするといえよう。人々は権力、栄誉、見栄、知識、そのほかに実に多様な形態の精神の満足を求めるが、その有機体の諸必要を求める場合ほどではない。

類似者の類似関心は、一部分、類似者の共同関心となる。人々は、この性質とか関心の類似性が潜在的共同関心であることを理解し、また、コミュニティの価値を理解したならば、彼らはそれを促進するためにアソシエーションを創出するのである。次の分類では、関心は、それが創るアソシエーションとの関連で示されている。これらアソシエーションは(a)コミュニティの諸関心の複合的全体に、または(b)より広がりの小さい関心群に、あるいは(c)単一の特殊な諸関心にそれぞれ対応している。

(a)コミュニティとは、共同生活の相互行為を十分に保証するような共同関心が、その成員によって認められているところの社会的統一体である。われわれはすでに、コミュニティとは程度の事柄であり、地域の境界によってたやすく決定されることをみてきた。というのは、地域の近接は先在的な類似関心を共同関心に転化させるばかりでなく、そのこと自体が、たえず新しい共同関心を織りなす生物学的および心的法則の作用を安定させるからである。

コミュニティの最も完全な類型は国である。国は自由な発現を許されるとき、独立の国家を創り出す。国家の内部には、国のなかのより小規模のコミュニティに対応する、郡区や町区の地方機関が存在する。国家とその下位区画はアソシエーション、つまり社会の組織化された〈諸形態〉である。アソシエーションは固有の仕方でコミュニティの関心を追求するものであるから、コミュニティはコミュニティの関心を支えるために、アソシエーションを創出せねばならない。また国家は最大のアソシエーションである。何故なら、それは固有の政治的方法で、一定のコミュニティの共同関心の承認された最大の複合体を支えているからである。

(b)ある集団が関心の複合によって結合を保っているが、それ自体、いかなるコミュニティの全体でもなく、その一部分を構成しているにすぎないときに、その集団は一般に階級と呼ばれる。階級はあるひとつの特有の関心を有し、それによって他の諸関心が周囲に群り、そこからその名称を階級に対して与える場合である。このようにして、われわれは、主要なる政治的関心によって支配階級と呼び、またそれぞれ固有の経済的関心により、有閑階級、労働階級、専門職階級、農業階級等々と呼ぶのである。あるいはまた、階級をその社会的地位から上層、中間、下層に分ける。ひとつの階級を構成するためには、一集団は一連の共同関心をもたねばならない。そしてこれらの共同関心によって、そのコミュニティ内の、他の、ときには相対立する共同関心をもつ諸集団から自らを区別しなければならない。このような対立の極限は、階級がカーストをなすときにみられる。

さて階級はアソシエーションを通してその一連の関心を追求する。階級が単にコミュニティ内の一要素にとどまる限り、その成員は一国家を成すことが出来ない。しかし国家の政策を統制するためのアソシエーションを創る。政党はこの類型に入る。われわれはまた、集団的共感、あるいは「階級精神」、すなわちいかなる集団の成員間にも存在する、ある一般的な社交性というものを促進し、またそれによって支えられるようなアソシエーションも、ここに挙げておこう。

(c)人々は共同関心を、何ほどかそれの完成した複合体を形造るためにのみ追求することに満足していない。彼らはますますあらゆる共同関心に対しアソシエーションをその関心の特殊性において打ち立てるようになる。このようなアソシエーションの援助を受けてのみ、諸関心のうちの無限の程度と多様性をもつ類似性（ならびにコミュニティ）を人々はよく認識し推進することが出来るのである。人々が自分たちのうちに何らかの共同関心を見出したとき、それは、これに対応するアソシエーションの素地が用意されたときなのである。進化の方向に沿って、これらのアソシエーションは、たえずその範囲と数量を増し、その目的を単一化させてくる。今日、それらは、巨大な驚くべき展開をみせているのである。

これらの特殊的関心とそれが創るアソシエーションとを、完全に、交差なく分類することは至難である。その分類に対するひとつの障害は、社会現象の種々の集団活動に対して定まった名称が与えられていないことである。より深刻な障害は、おそろしく複雑な仕方で、関心の背後にまた別の関心が隠れていることである。たとえばわれわれは富に関心をもつが、それは通例、富が役立つ別の諸関心のためである。また知識への関心は、知識がもたらす富のためであるかもしれず、さらにつきつめれば、富がもたらす様々な満足のためであろう——場合によっては知識それ自体のためであるかもしれない。また、われわれの政治的関心は、経済的関心によって決定される、といったことなどである。

このような困難への考慮から、特殊関心はまず、最初の区分である究極的と派生的とに分類される。というのは、どのように派生的で〈あろう〉とも、特殊関心はすなわち、それがある究極的関心への手段であるが故に関心として存在するのであるが、それでもあるものは本質的には派生的であり、またあるものはその固有の性質からして究極的といえるのである。

派生的関心については、政治的および経済的関心が二つの大きな部類である。政治的関心は、自由を秩序あらしめ、あるいはあらゆる関心の充足の条件を支え、その政策と方針がこれらの諸他の関心にとって決定的意義をもつような、社会の中枢組織の在り方に向けられるものである。政治的関心があらゆる度合と形態において存在するのはこれらのためである。経済的関心も同様の意味で派生的である。この関心もまたあらゆる究極的関心への手段である故にのみ、かくも普遍的なのである。それは、生産活動、商取引の領域になんら限定されるものでなく、様々な仕方で〈あらゆる〉関心の追求と結びついている。人が絵を画き、説教し、哲学することは、それが直接もたらす満足を別にして、その働きから常に他の諸関心を充足させる手段を得ようと期待している。その点で、土を耕し、商品を生産し、売買するのといささかも変るところがない。人々はさまざまな究極的関心をもつが、それにこれらの派生的関心を加わらせてのみ、究極的関心を充足させることが出来る。

究極的関心は、有機体の要求にもとづくものと、心的要求にもとづくものとの二つに大別される。われわれはこれらを簡潔させてそれぞれ、有機体的および心的関心と呼んでよい。しかしそう呼ぶ場合に、忘れてはならないことは、すべての関心は心的なもの、すなわち心の関心であるということである。しかしある関心は有機体の要求から創られ、他のものは有機体以外の要求によっている。両者の間には境界線がなく、少しづつの違いによって互いに連続している。それらは相互に依存しあい、分離することは無意味である。さらに一方の関心はもう一方の手段となる場合がある。また、究極的な心的関心に拠る派生的な有機体的関心を、われわれはもっと同時にその逆の順序もある。しかし非派生的の度合は同等でないとしても、両方の場合が追求されるであろうし、また常に追求されているのである。

有機体的関心は、われわれの目的からして、性的と非性的に分けるのが最良である。前者は社会的意味すなわち相手を要するという性質を有し、この点で明確に他のすべての有機体的関心から区別できる。「性的」の語は、ここでは広義に用いられ、性愛、家族愛、親族感に帰するようなすべての関心を含んでいる。非性的関心は、飲食物、身体の運動や休養、衣服、住居等、前者以外のすべての有機体的要求を充足させるものへの関心である。

次に心的関心に移ろう。これらの関心は境界線上では有機体的関心と明確に区別することが困難であるし、また、それ自体が互いに入り組んで錯綜していて分類を難しくしている。次に示す分類は、最も簡単でかつわれわれの目的に十分であると思われる。われわれは心理学的区分を採用し、心的活動の〈諸側面〉を知、情、意に分け、個々の事例においてその支配的な側面によって関心を類別しよう。(1)知的側面が支配的である諸関心である。すなわち知識の発見、体系化、伝達における科学的、哲学的、教育的な諸関心である。発見し、体系化し、伝達すること、これらは、相補的な活動であり、一連の関心を形成している。それらは、科学をめぐる多くのアソシエーションを形成し、それらアソシエーションの働きは、われわれの知識の世界を拡げ、特にわれわれの社会全体をたえず変化させる技術的効用の源泉なのである。われわれはこれらアソシエーションにもっぱら教育のためのアソシエーションを加えねばならない。それらは目的がいかに多様で包括的であろうとも、すべて知識を与えることを通してその目的を追求している。(2)感情の側面が支配的な、芸術的および宗教的関心があげられる。前者は、美術(狭義の意味における)、音楽、演劇、文学をめぐる数多くのアソシエーションを創り、後者は教会という最も意義深いアソシエーションを創る。(3)われわれはさらに、意志の側面が支配した権力、威信、自己主張への関心をあげることが出来る。これらの関心は、その内容あるいは定義が無限定なために、固有のアソシエーションをいつも創るわけではない。しかし常に活潑にアソシエーションの形成を行ない、その内部構造と活動様式を規定しているのである。それらは、派生的関心の決定因として特に重要である。というのは、支配と富は同時に、ある固有な仕方で権力の形態と権力の源泉をなすからである。

人間のもつあらゆる固有の共同関心は、上に挙げた図式にすべておさまる。留意しなければならないが、これら関心のそれぞれが、一義的あるいは二義的に、またそれぞれが、それに含まれる共同福利のため、あるいはそこから得られる私的利益のために追求されるのである。そして通例、この二つの動機は分ち難く融合している。したがって「自己中心主義」を、いわば有機体的関心と比較できる一種の関心として付加することは、分析上の誤りである。利己主義と愛他主義は関心の類型では全くなく、むしろわれわれが自己と自己の関心を関係づける様式である。権力や威信への関心も「自己中心的」でない場合がある。追求される権力も、家族、階級あるいは国家のそれであるかもしれず、たとえわれわれ自身のために権力を求めるとしても、それはこれらのいずれかのためになされているのかもしれない。また「倫理的関心」をいわば科学的関心とか芸術的関心と同列におくのも誤りである。およそ

関　　心	対応するアソシエーション
A　一般的	
一般的(集団ないしコミュニティの)類似性に依存する社会性の関心	社交と友愛のアソシエーション，クラブ等
B　特殊的	
I　究極的	
(a)　有機体的要求に基礎をおいた関心	
1.　非性的なもの	農業，工業，商業のアソシエーション（これらはまたI(b)の関心に役立つ）衛生上，医学上，外科上のアソシエーション
2.　性的なもの	結婚と親族のアソシエーション，家族
(b)　心的要求に基礎をおいた関心	
文化関心	
1.　科学，哲学，教育	科学上，哲学上のアソシエーション，すなわち諸々の学校，大学,
2.　芸術，宗教	美術，音楽，文学のアソシエーション，すなわち劇場，教会,
3.　権力と威信への関心	排他的「社交」クラブ．すなわち軍国主義者．人種的民族的アソシエーション

（BＩのすべての関心は，何程かの数が，何程かの程度で組合わさり，関心の複合体，すなわち集団諸関心やコミュニティの諸関心を形成するであろう。単独にせよ，組合うにせよ，それら諸関心は派生的な特殊関心を創る。）

Ⅱ　派生的，その主要類型

(a)　経済的　財政上商業上のアソシエーション，銀行，合同会社，株式会社，労働組合，雇主組合等，またBの下のほぼすべてのアソシエーション

(b)　政治的　(1)　国家とその諸部分（コミュニティの諸関心に対応している）

(2)　政党（集団諸関心に対応している）

(3)　特殊関心を助長する政治的アソシエーション

(4)　(1)の諸部分に直接に依存しても，全面的に依存するのではない，法律上，司法上などの全アソシエーション。

われわれが倫理的関心についていうとき、それを特殊としてでなく、一般的として扱わねばならない。というのは、倫理的理念は、あらゆる関心に内在し浸透しており、それらの普遍的、最終的な決定因だからである。

われわれはすでに前述したように、特殊関心は、社会進化の後期の段階においてはじめて分化し、特殊アソシエーションを創出するようになる。原始のコミュニティでは、それらは、諸関心の複合体としてしか存在しない。このことはもちろん、文明段階において、これらの複合体が崩壊するということではない。逆にそれらは、より大きく完全になるのである。分化は統一の崩壊でなくその特殊的性格の顕在化を意味するにすぎない。

結論として、われわれの成果を先のような表の形であらわし、共同関心の諸類型とそれに対応するアソシエーションを示すであろう。

四　共同関心の対立と調和

すべての社会現象は、関心によって決定される意志の集合、つまり意志の衝突、そしてとりわけ意志の調和から生起する。これらの衝突と調和の理解いかんに、コミュニティの理解はかかっている。

われわれはそれ故に、前節で分類した諸関心間に、単なる事実としてあるいは必然的に、存在する対立と調和の性質と程度を調べなければならない。われわれの研究の結果として、諸関心の対立が必然的で遍在していても、それらの対立は諸関心のより一層普遍的な統一にとっては副次的であることがわかるであろう。諸関心間のどんなに深い敵対もコミュニティの基礎ほどには深くない。あらゆる対立は結局、部分的であって絶対的ではないことがわかる。宇宙全体についての真理である、差異は統一体内の差異にすぎないことは、われわれの社会的世界についても真理なのである。

われわれは二で行なった区分を三で分類した諸関心に対して適用しなければならない。関心の類似性は対立か調和のいずれかに導くことを示しておいた。ここに社会的対立の大きな根源があり、そしてまた、もし十分に深く立ち入るならば、おそらくここに社会的調和の終局の源泉がある。関心の全くの非類似性だけでは、葛藤や調和のいずれも引き起すのでなく、単に無関心を創り出すにすぎない。さまざまな人や集団の相異なる関心は、それら個々人、集団を接触させる以前により究極的な類似性に依存していなければならない。葛藤と調和は、そのような関係に入る人々の共通の性質から生じる。関心の差異は、単にそれが類似関心の同時発生に通じるという理由そのものから対立の原因となる。所属部族外の者すべてを嫌う最も原始的な野蛮人でさえ、全く理性を働かす範囲において、それらの差違だけの理由からではなくて——野蛮人にとって全く無関係のことには無関心であろう——その差異が部族外の者も同じように所有している諸関心を敵対しあって追求することを暗示しているという理由から、彼らを嫌うのである。

それ故に、さまざまな関心の対立と調和を理解するためには、われわれはその差異を超えてそれぞれの方法で関心が奉仕している統一体ないしは本質における類似性にまで論及しなければならない。すべての個人には、自分自身の関心の葛藤の間に選択の必要が常にある。またあらゆるコミュニティにも、その成員間に、そのアソシエーションと集団間に、関心の葛藤が常にある。関心の個人内葛藤と調和は、個人の統一体と関連し、社会的葛藤と調和は、コミュニティ成員相互の類似性と関連している。後者がわれわれの直接関心のものであるが、まず前者の考察を先行させなければならない。どのような状況のもとで、特殊関心は個人生活内で衝突したり調和したりするのかを、われわれは問わなければならない。この問いへの簡単な考察は、社会的調和と葛藤の問題解明に対して役立つであろう。

1　〈関心の個人内葛藤と調和〉

この点に関しては、上記に分類した特殊関心を考察しよう。有機体の〈本質的〉関心は、その性質上、調和的であって衝突するものでないということがただちにわかる。有機体の統一はこれらの関心を結び合わせている。全有機体の福祉は、部分すべての福祉のなかに見出される。「一人の成員が苦しむとすべての成員もともに苦しむ。あるいは一人の成員が栄誉を賜わるとすべての成員もともにそれを喜ぶ」。それ故に個人に関して、有機体の福祉を追求する関心には葛藤がない。そして有機体的関心の両部類間にも完全な調和がはっきりと存在する。性的関心の持続は一般に有機体の活力時期の一指標である。

そういうことばかりではなくて、両者の十分な達成は、より高次の心的生活の必要な基礎である。そのより高次の心的生活は有機体の要求に根ざしている。人間が性的関心を消失すると仮定すれば、いかに多くの美術、詩、宗教――然りそして事物の原因を綿密に探る真の知性さえも――が同様に消失することであろう。もし有機体のすべての関心が消え失せるとすれば、心の活動がどうにか続いている間も、その心の活動は虚空のなかの最も空しい幻想になるであろう。もし肉体と心がそれぞれ一個の存在なら、心身もまた一個の存在である。それ故に、有機体の〈本質的〉関心はその性質上、心的関心と調和していると付け加えることが出来る。第二義的な例外を除いて、健全な有機体の生命は活力ある心的生活の条件である。他方、肉体と心は相関しているので、もし強烈な心的活動が自発的であって外界の必然によって強制されないとすれば、それは有機体の機能を維持し持続するのである。

われわれはすでに、心的な〈本質的〉関心が相互に調和的であることを示唆した。情緒の抑制が知力の助けになるとの信念を鼓吹するのは、混乱した考えである。もし情緒が知的追求の面で支持するならば、その情緒はそれらの力の程度に応じて知的追求への刺激となる。情緒の動因なしにわれわれは少しも知的〈関心〉をもてないのである。アリストテレスの言葉を用いると、われわれの知的関心を妨げるものは決して特有の情緒ではなくて、外来の情緒だけである。* それ故に、科学や哲学にとって敵なのは、決してそのような情緒ではない。かえって、最高の知的傑出は、熱烈な情緒と結びついている。最も偉大な芸術家、詩人、宗教の開祖は、彼らの知性が情緒の強い要求に最大に適合したものであったが故に偉大だったのである。最後に、権力や威信への関心はそれ自体、他のすべての心的関心を鼓舞するのは明白である。

それでは、個人生活にたえずつきまとう関心の葛藤についてはどうであろうか。かかる葛藤のうち最も共通の形態のひとつを調べてみよう。人はいわば経済的関心と文化的関心との間をしばしば選択しなければならない。しかしながら、このことは正反対をなす事柄ではない。というのは、われわれがすでに見てきたように、経済的関心は派生的であり、文化的関心は究極的である。そして、経済的関心は、文化的、非文化的を問わず、他のすべての関心の一条件である。また経済的関心はその両者の条件であって、それらのいずれとも必然的に対立関係にあるのではない。もし経済的関心が少しでも究極的関心と対立していたならば、それはすべてに対立していることになろう。しかしかかる対立とは生活の手段と目的の対立である。それに伴って生ずる対立はつまり真の対立で〈ある〉。しかしそれにもかかわらず対立は偶然的である。多くの目的に役立つ手段の共通の場合には、その手段の制限は目的選択を制限する。ここに、最も重要な対立の核心がある。それは、経済的手段だけでなく、われわれが時間、機会、

* アリストテレスは「情緒」ではなく「快楽」に関して次のように述べている。「賢慮の働きに対してであれ、どのような種類の性能の働きに対してであれ、それぞれその性能の働きから生れる快楽が妨害を与えることはない。妨害となるのは別種の性能の働きから生れる快楽である。じっさい、観想や学習から生れる快楽は観想や学習の働きをいっそう活潑にするだろう。」*Nic. Ethics*, VII. 12. 5.〔加藤信朗訳『アリストテレス全集』13　二四二頁　岩波書店　昭和四八年〕

身体的、精神的エネルギーと呼んでいる手段の制限がわれわれに目的間の永遠の選択を強いるという、その普遍的原理の一例である。もしひとつの関心を熱心に追求するならば、それだけ他の追求の烈しさを制限しなければならない。もしひとつの方面を専攻すれば、それによって別の方面の専攻が妨げられる。だから部分的対立はいたるところで引き起される。何故なら部分的対立はわれわれの目的すべてに対する共通手段の制限から生じるからである。個人のすべての目的は彼の統一的性質から生じるので部分的である。目的の二者択一的選択を決定しなければならないのは何のためだろうか。確かに目的は、それらに価値を感じている存在、すなわち彼自身どの段階でも統一体であり、そして統一体として常に自分自身を実現しようと努めているような存在にとって、相対的な価値をなしているからである。

2　〈社会的葛藤と調和〉

個人とか集団によるどんな関心の追求も、他の諸個人や集団による関心追求に対して助けになったり障害になったりする。このことは、関心の類似性の社会的意義である。その類似性はそれ自体、社会的対立の大きな原因であり、社会的調和の源泉である。

個性の事実そのものは、あらゆる自己の関心と、あらゆる他者の関心との間に対立の永遠の可能性を創り出す。同時にすべての個性は、社会的に決定され社会的に条件づけられるという相互関連の事実から、そのような対立の絶対性を永遠に破壊する。その代わりとして、対立は部分的で相対的なものとして現われる。あらゆる関心の対立は、アソシエーションのあるいは少なくともコミュニティの共同関心にとって第二義的である。この点についてわれわれは、対立が(a)アソシエーションの内部に、またアソシエーションの間に、(b)コミュニティ内部の集団間に、(c)コミュニティ間に起ることを考慮して、これを要約的に示すであろう。

(a)アソシエーションが依拠している関心の統一がいかに狭く、またはいかに広かろうとも、どのアソシエーションの内部にも対立は必然的に起る。たとえ人々が何らかの目的に関して結び合っているとしても、それによって彼らはその目的追求の手段にも結び合っているとはいえない。またたとえ彼らが手段に関して結び合ったとしても、それによって、かく限定された組織内の彼らの相対的位置に関して、また共同活動の何らかの積極的所産ないしは分割可能な所産への相対的分け前に関しても同意するとはいえない。どんな社会的統一の内部にも、常にわれわれは共同関心を見出すが、しかしそれは部分的で不完全である。関心の類似性は決して、そしてその本質上決して、完全な関心コミュニティに変形されないし、変形も出来ない。しかし対立はアソシエーションの内部にも起るが、それらは、共同関心が結合させるほど強大であるのに比べて、分割するほど強大でもない。もしそうでなければ、アソシエーションは存続しないであろう。

たとえば、工場とか商店のような、経済的アソシエーションには、それの諸成員にとって関心の差異——あるいはもっと厳密にいえば、関心のコミュニティにいたらない関心の類似性——が常に残っているに違いない。この差異はそのアソシエーションの性質に内在するのである。それは雇用者と従業員、あるいはおそらく管理者と労働者の分離でそれ自体最も深く現わすであろう。すなわちこれらの差異は著しく大きい分裂である。これに対して、より小さな分離はアソシエーションの組織全体を悩ましている。しかし関心のコミュニティは差異よりもはるかに強力であり、そのコミュニティはこれらの分離によって少しも切断されないが故に、アソシエーションの組織も存続するのである。事実、この差異に立てば、従業員もまた別種のアソシエーション、つまり従業員の関心に専念するアソシエーションを形成し、ないしはそれに加入するであろうし、これに対して雇用者も、雇用者の関心に専念する別の種類のアソシエーションを形成し、ないしはそれに加入するであろう。今日、これら後者のアソシエーションの間には、いかなる関心のコミュニティも存在しないようである。もしそれらアソシエーションが他のすべてのアソシエーションから離れて単独で存在しているなら、確かに、関心のコミュニティはほとんど存在しないであろう。しかしわれわれが只今見たように、雇用者と従業員が共同関心をもっているような他のアソシエーションが存在する故にのみ、それらアソシエーションも生起するのである。労働組合と雇用者協会との激しい闘争は〈共同〉生産の分配に関するものであり、一層最近では、〈共同〉生産手段の支配に関するものである。雇用者と労働者の両者は生産に必要だろうか。現体制の下では彼らは確かに必要であり、現体制が続く限り、労働者と雇用者の協働は闘争よりもより一層基本的である。彼ら両者が生産方法や生産物に関して意見を異にし得るのは、生産するにあたって彼らが協働するからである。ひとつの産業秩序が破壊され、別の産業秩序が確立する時が、実際来るかもしれないし、すでにある国々では到来している。その時期が新しい対立を生み出すが、しかしまた、新しい調和も生み出す。社会がいやしくも存続する限り、常に対立は、ある秩序内で起るのである。もしわれわれが経済体制内の最も深い敵対関係、すなわち競争者の類似関心の葛藤、労働と資本、耕作と製造、発明と開発、生産と分配、供給と需要の類似関心の葛藤を考察するならば、それらはすべて部分的のみならず第二義的であるということ、すなわち〈先行する関心コミュニティがなかったら、それらも全然存在しないであろう〉といえる。

もし、関心が本質的に派生的であり、第一義的共同関心が相対的に最も少なく、第二義的共同関心が相対的に最大であるようなアソシエーションの領域内において、このことが有効ならば、そのことは一層有力な理由をもって、他のすべてのアソシエーションの領域内でも妥当する。*

(b)集団内の成員を結合すると同時に、その集団自体も他の諸集団から分つような関心の複合が大きければ大きいほど、コミュニティ内の諸集団の対立は、それだけ連続的であり激しいものとなる。というのは、集団諸成員は関心の大部分において類似しているに違いないので、排他的な集団関心の範囲と数は、それぞれ集団の類似関心が融和しないままにとどまっている程度を示しているからである。かくしてコミュニティ内の対立の極端な形態は、カースト間の対立である。ここでは、分離が非常に鮮明なので、偶発的関心、すなわち伝統と宗教によって決定される関心の助けを借りてのみ、コミュニティは維持されるのである。それはまた、コミュニティの固有の関心を犠牲にしてのみ維持される。というのは、進歩は類似関心を共同関心へと変換することによってのみ可能なのであり、カーストの排他性はその方向を阻むからである。もし伝統的で宗教的な非本質的共同関心が、カースト制度の否認する固有の共同関心の代用物を立証しないならば、カーストの区分は〈ほぼ〉コミュニティを破壊しそれを全く解体するであろう。カーストの区分でさえも従属的にとどまっているような、一種の関心のコミュニティが存在する。かくしてコミュニティは存続するのである。

〈階級〉差異もまた関心のコミュニティに従属すると、いま示すに及ばない。しかしカーストと階級の区別は興味ある推論を暗示する。もし完全な機会均等が達成できれば、それでも社会階級は残るが、カーストの全痕跡は消失するであろう。〈カーストと異なる〉階級は全く個人的差異、すなわち職業、能力、性格、態度の差異にもとづいている。階級は重要な個人的差異による程度に応じて、それだけカースト制度の悪弊から、つまりカースト制度が必然的に伴っている分裂や沈滞から解放されるのである。もし固有の差異が諸階級の決定を助けるならば、一階級から他の階級への恒常的移行と移行の可能性――固有の特質は単に遺伝性のものでない――は存在し、その移行

＊　それと同時に、アソシエーション間の最も激しい敵対関係は、おそらく経済領域から最も遠く離れたアソシエーションの領域に属してきたことは、意味深長である。これらの敵対関係は、教会間で起った。しかしここでの敵対関係は、社会的関心以外の、すなわち宗教の教義上の解釈に基礎をおいた関心に大きく原因があった。この敵対関係は教義上の対立が人々の心を捉えなくなるにつれて、また仮に稀薄であったとしても、宗教の精神が繊細になるにつれて、弱まるのである。

は差異から生じた敵対関係を弱めるのである。そしてさらに、固有の差異が階級を決定し、一階級を他の階級から区別するのは差異的関心であって、排他的類似関心でない限りである。前者は分離を作り出さないが、後者はその根本原因であることをわれわれはみた。固有の差違はもちろん、本質的類似性にくらべて重要ではない。だから階級区別の基礎が合理的であればあるほど、排他的階級関心の範囲は狭くなり、そしてコミュニティの基礎は広くなる。*

対立はカーストや階級以外のコミュニティ内の諸集団の間にも起るであろう。われわれは例証として、産業生活に進出する女性の増加から生ずる非常に重要な対立をとりあげることにする。たとえば、女性が低賃金を進んで受け入れることが男性の雇用と賃金に不利益に働く〈限りにおいて〉、ここに部分的な性別の対立が生まれるのである。しかしこの対立を調べてみると直ちに、その対立は両性の間に、関心の本質的な敵対関係を少しも伴うものでないことがわかる。というのは、家族の経済的扶養は、家族それ自体は男性の生活よりも女性の生活にとってより中心的であるが、主に男性の肩にかかっていることが大きな理由となって、女性は低賃金を受け入れることが出来

* もちろん、われわれの階級はカーストと全く、あるいは非常に大きく異なるという含みはない。純粋に固有の差異にたつ階級の理念は、実現されないし、これまでも実現してはいない。しかし東洋文明においては、階級と身分の主要な決定因は出生であるのに対して、今日の西洋文明では、富が同等の、ないしはおそらくより重要性の大きい階級決定因である。そしてそれは出生ほど厳格でない。すなわち富はより具体的であり、だからその要求はたやすく挑戦される。富それ自体も程度のものであって、物的の区別立てをするような傾向でない。それは奪取、獲得、譲渡も可能であり、出生のように永久の分割線を引くものでない。そして最後に、富それ自体は不確定ながら奉仕に対する報酬なので、富は全然、〈カースト〉区分ではない。

カーストあるいは階級を構成するためには、ある集団は擬似コミュニティの性格をもたなければならない。すなわちその成員は、ある程度の共同生活に参加し、ある程度まで共住しなければならないということを、われわれは書き留めておく。今日、相互コミュニケーションの近代世界において、この共住は少なくとも町において、居住している家のタイプによって、言いかえると、借家人が支払う余力のある家賃の額によって、主として決定される。それだから社会階級の論者たちは、社会階級を家賃の点から、すなわち富の点から区別することを最も容易だと見出すのである。

るからである。それから、もしも女性の低賃金の相場が男性の賃金を下げたり、あるいは男性を仕事から追い出したりするように働くならば、損害を蒙るのはコミュニティの全体である。すなわちそのことは、男性が家族を扶養したり、あるいは家族の基礎を定めたりできにくくなり、女性の福祉にとって、また男女の共同関心のもとに生活し、その存在を保持している人類の福祉にとっても、すべてのうちで最も悲惨な結果となることを意味するであろう。心得違いの人々が公言した、男女間の広汎な関心の敵対関係については、それは実は全くの作りごとである。男女の共同関心は、生活の土台におかれており、その極点にまで達するのである。いずれかを傷つけるものは両者を傷つけるのである。もし男性が原始的蒙昧ならば、女性を家財として扱う。そして「もし女性が小さく、か弱くて、憐れならば、男性はどのように成長するのだろうか」。

すべてのコミュニティ内諸集団の共同関心は、分離関心に優っていると結論できよう。コミュニティが基礎をおいている諸関心は、そのなかの諸集団が基礎をおいている諸関心よりも大きいのである。アソシエーションや集団の内の共同関心、ならびにそれらの間の共同関心の卓越性への客観的証拠は、国家の事実そのものである。この最大のアソシエーションは、コミュニティの全関心の整合を代表しており、それによって、コミュニティ内の絶え間ない部分的葛藤の観点からして、おびただしく限りのない問題に見えても、また、それらの葛藤では破壊できないより大きな共同関心の観点からすれば、徐々に解決できる問題を、国家そのものに解かせるのである。

(c)国家の事実は常に、国家範囲に決定されたコミュニティのその内部の共同関心の卓越性を、人々が認めるのを、比較的容易にしてきた。国家の実際上の範囲は同時に、コミュニティのそれ以上の広がりを人々が認めることを困難にしてきた。しかしコミュニティはその本質上、どんな国家よりも外延的であることをすでに見てきた。そして後にも外延の違いが文明の成長とともに大きくなってきたことを見るであろう。というのは、国家の境界によって分けられた人々も類似関心をもち、この類似関心は共同関心をさらに創り出した時に、最もよく達成されるという法則を、地球上のどんな権力も無効にしたり、制限したりは出来ないからである。

われわれはここで、前もって次のことを言っておく必要がある。国家の範囲によって境界を画することの出来る唯一の共同関心は、国民性の関心であるということ、そして国民性の関心は、ある時点においてのみ、すなわち他の国々が原始的な国家観に導かれてすべての関心を打ちのめしてしまうような武力を用いての征服の脅威を与えるときにのみ、国家範囲に決定されたコミュニティの決定的な関心になり得るということである。

この関心の研究は、なぜ他の統一の形態から引き出された陰喩が社会の統一体を描写できないのかを、われわれに一層明確に理解させてくれる。社会性や伝統の漠然とした本能的関心は、社会的統一体の無数の細い繊維に似ているのに対して、われわれはおそらく、特殊共同関心を人と人とを結びつける強いきずなと考えてよいであろう。しかし関心は外面的なきずなではなく、存在は変化していないのに、解き離されたり取り除かれたりするような連結器でもない。それらは各自〈の〉関心であり、各自とあらゆる他者との〈間に〉単に存在するのではない。それらは人間の意志の対象としてのみ存在し、そして身体的な結合あるいは有機体の単一性のどんな表現を用いても決して理解されることのないような心的調和のなかに人間を結び合わすのである。それらの関心は心と心を結びつけ、しかもそれらが結びつけた心のなかにのみ生きている。それらは共同的、補充的、敵対的な関心であり、無数の方法のもとに融合したり対立したりしている。しかし個人の心の活動のなかにのみ存在する。そのようなユニークな統一体を表現するために陰喩を探し求めるのは不思議ではないし、またそれ自身のみで理解され得るものを表現しようとして、人々が試行錯誤を繰り返すのも不思議ではない。

第三章　コミュニティの構造

一　コミュニティの器官としてのアソシエーション

前節において分析したように、もしも意志を抽象的な精神の働きとか力ではなく、能動的な心と理解するならば、コミュニティは複数の意志の結合以外の何ものでもない。したがって、すべての意識生活の解体できそうもない統一体、つまり、主体と客体、心とその世界、知るものと知られるものとの統一体は、意志と関心の形式で理解できる。そして、主に、その客観的側面を注視することによって、分離への際限ない諸力によって貫かれているけれども、コミュニティ生活における諸困難を克服して凝集する社会的統一体の重要な諸形式を理解することが出来る。それらの統一体はどうしてそのように凝集するのか、またアソシエーションを創り出すもととなる多様な共同関心(または意志)は、どのようにしてコミュニティのなかに整合されていくのかについて、次に考察しなければならない。

コミュニティの生活は特殊なタイプの共同関心に応えるアソシエーションの、それら鋳型のなかに閉じ込められないことに、われわれはまず心を留めねばならない。コミュニティの生活はアソシエーションの諸形式を包含しており、いわばアソシエーションの骨格に、生きた血と肉をまとわせるようなものである。したがって、アソシエーションがどのように整合されているかを明らかに示しても、コミュニティの全統一体を明らかにしたことにはならないであろう。われわれの示し得るのは、単にコミュニティの枠組の構造だけである。コミュニティの全実在を理解するためには、人々が参与する無数の形をなさない諸関係にも注意しなければならない。それらは無限に多様であり、複雑さの度合においても種々異なる。そのような関係によって、誰もがあらゆる他者と遠近の度合を異にした接触をもち、誰もが完全に理解することの出来ない連帯と相互依存の関係に参与するのである。この重要な事実はジンメルによる次の一節に見事に表現されている。

「人々は互いに尊敬し合い、互いにそねみ合い、互いに手紙を出し合い、食事を共にする。また人々はすべての現実的関心から全く離れた共感と反感をもって出会う。利他的な奉仕に対する人々の感謝は、決して切り離すことの出来ない一連の結果を織り成す。人々は道を尋ねたり、互いのために衣服をまとい、身を飾る。これらの例は、瞬間的なあるいは永続的な、意識的なあるいは無意識的な、過渡的なあるいは帰結を伴うような、人から人へと作用して、われわれを間断なくつなぐ無数の関係のなかから全く無作為に選び出されたものである。そのような撚糸は絶えず紡がれ、はずされてはまた拾われ、他の糸と替えられたり、他のものと織り合されていく。これらは社会の原子間の相互作用であって、心理学の鋭い洞察力だけが探究できる相互作用であるが、非常に理解しやすいと同時に、非常に理解もしがたい社会生活のすべての粘着性と伸縮性、およびすべての多様性と統一性を決定するのである。」(*Soziologie*, p. 19.)

アソシエーションは明確に限定された諸形態であり、そのもとでより永続的な特殊タイプの社会活動、つまり、意志と意志の間の関係が整合される。それは、いわばコミュニティという織物に表われるさまざまな線と模様である。後述するように、それらは、ある統合的なパターンを形つくる。しかしそのパターンの統合は、織物の統合とは無関係のようである。コミュニティは意志と意志の間の無数の関係の全体系であるが、アソシエーションは〈あらかじめ意志された〉(pre-willed) 形態であり、そのもとでは、明確に限定された種類の意志関係を整えるのである。たとえば、大学は研究と知識の伝達を整えることを明確に規定した組織体である。人々はどのようなアソシエーションから離れても独自に学び教えるが、人々が望んだのは、学生と学生、教師と教わる者との主要な関係を方向づける特殊な組織体である。最大のアソシエーション、すなわち産業団体や教会や国家についても同様のことがいえる。

このように、どのアソシエーションも、コミュニティ内の一組織であるとともに、〈コミュニティの一器官〉である。しかし、前章で見たように、共同生活の相互活動は計測できないほど複合しているが、これを幾つかのカテゴリーにまとめることが出来る。そしてある特定のカテゴリーのもとに分類できる意志のより一層の活動に対して、人々はある種の固定性と秩序を与えて、それに照応するアソシエーションを望むのである。このような意志活動の類型は、それ自体、他のカテゴリーによる諸類型に全面的に依存する。しかし、コミュニティはアソシエーションに解体されてしまうものではない。その統一性はアソシエーションの整合よりも一層深いところにある。コミュニティはアソシエーションに先行しており、アソシエーションを創出するものはコミュニティの意志である。コミュニティの最も完成された器官である国家を例にとってみよう。コミュニティはいかなる国家よりも以前に存在していた。国家の形成はコミュニティ内部の人々の間に徐々に発展した意志によるのであり、それが次第に国家形成を実現したのである。コミュニティは最初から存在したが、国家は形成されたのである。* 国家は社会的存在としての人間が形成することを望み、今も維持することを望んでいる一個のアソシエーションである。このように、コミュ

* スペンサーや他の人々が指摘したように、エスキモーやディガー・インディアンの集団などのような原始のコミュニティは、未だに存在するが、それらには政治組織の形跡は見られない。Spencer, *Principles of Sociology*, Part V., chap. 2. 参照。

ニティには国家の意志よりも、もっと根本的な意志が存在する。それは国家を維持しようとする意志である。もしもすべての人がアナーキズムの原理を採用するならば、そのような意志はもはや存在しないであろうし、国家も存在しないであろう。国家は（あらゆる他のアソシエーションと同様に）共同意志の現われであり、そして国家や教会、商工業団体や社交サークルなどの形成と維持に顕在するその意志は、コミュニティという言葉が内包している最も完璧で最も深遠な事実である。その意志は、それ自身のあらゆる活動範囲内において、哲学者達のいう観念的な「一般意志」に最も近い生きた類似体である。

このように、どのアソシエーションも、その程度の大小にかかわらず、コミュニティの一器官である。程度の大小は、そのアソシエーションを維持する意志の強さや数や統一性によって決まるものである。コミュニティのなかの個々のアソシエーションは別々の集団によって形成されるのではない。なぜなら、人々はさまざまなアソシエーションを維持するために、きわめて多様な方法で互いに結合するからである。各人は一つ以上のアソシエーションの成員であり、それぞれの異なった統一体のなかの一部分となる。つまり、アソシエーションはコミュニティの内部に存在する統一体であるが、コミュニティの〈構成単位〉(*unit*)ではない。共同関心は重複し、交錯するが、共同の意志活動はただ共同関心の主観的側面にすぎない。このような重複と交錯にもかかわらず、アソシエーション内に組織される共同関心は、どのようにして一つの体系に整合されるのかということが、本章の究極の問題である。しかし、その問題を解明する前に、あらゆるアソシエーションの確立と維持は、共同意志の現われであるということの事実の意味を、もっと精密に考察することが望ましい。

二　契約とコミュニティ

〈あらゆるアソシエーション、つまり、人々のあらゆる組織は、それを確立するための人々の契〔盟〕約(covenant)を通して形成され、それを維持するための人々の契約のもとに存続する〉。この意志の同意がなければ、いかなる組織もなかったであろうし、いかなる秩序と手順の体系も構成されなかったであろう。〈社会〉契約について古い学説は語っているが、それはコミュニティと国家を区別し、国家を含むすべてのアソシエーションが契約にもとづくのに対して、コミュニティ自体は契約に先行し、すべての契約の不可欠な前提条件であることさえ認めていたならば、批判された誤ちから免れていたであろう。社会（あるいはコミュニティ）を確立するための社会契約というのは矛盾する事実である。国家を確立し、あるいは維持するための社会契約は、顕著な事実である。このことは多数者によってのみ決められる法律に人々が従うということのなかに明らかであり、また社会意志の変化に応じて国家が常にその性質を変えて行くということのなかにも明らかに見られる。コミュニティは生活と共に古くから存在し、アソシエーションは単にその産物にしかすぎない。

永続するコミュニティと、作り出されたアソシエーションとの区別は、われわれの目的のためには重要である。コミュニティを説明するためには、どのような意味においてアソシエーションは形成されたのであるか、どのような意味においてアソシエーションはそれ自体よりも、かつて時間的に、そして常に論理的に先行する契約にもとづいているのかを、正確に示さねばならない。すべてのアソシエーションは契約にもとづくという説明は誤解を招きやすい。われわれはその誤解を取り除かねばならない。

厳密にいえば、契約は二人以上の当事者間で明確に限定された同意の形成であり、ある共同関心についてのいくつかの権利と義務を定める。これらの権利と義務は国家の権威によって強制され、擁護される〈法的〉契約のもとにある。この明確に限定された形式において、国家は少なくとも契約から生じるとはいえないし、あるいは契約にもとづくともいえない。そして誰もかつてそのような矛盾した学説を主張した者はいない。社会契約論の本当の意味は、国家は、常に公式化される必要はないが、国家成員の諸活動にほのめかされているような成員間の契約にもとづいているということである。それは現存する国家およびその法律を維持するためや、あるいは（たとえば、新しい植民地において）国家と法律体系を確立するための契約である。この段階までは、国家を確立し維持しようとする社会意志は、いわば教会を確立しようとする社会意志と同等のものである。だが、ひとたび国家が確立されると、国家は時には制限や抑圧の権力によって、他のすべての社会意志の発現を支配する。このように、国家の基礎としての契約は、他のいかなるアソシエーションの基礎としての契約とも異なってくる。またこのようにして、国家を維持しようとする社会意志は、他のいかなるアソシエーションを維持しようとする社会意志よりも、もっと深遠で包括的になる。すべてのアソシエーションはコミュニティの器官であるが、国家はすべてのアソシエーションの整合器官となるのである。

この事実に照らして、アソシエーションの形成基盤となる契約の基本的意味について一層精密に吟味することが出来る。この点に関して、契約の最も単純なタイプに始まって、国家に至るまでのアソシエーションのさまざまなタイプを考察してみよう。

1、アソシエーションの最も単純なタイプの事例として、有限責任会社を挙げてみよう。この言い方は、アソシエーションの全活動が契約上の制限によって厳密に定められているので、重要な意味をもっている。会社の目的、工場生産、取引、あるいは会社が関係する他の経済企業体の固有な形態、恣意に処分できる手段、理事会の構成、株主の責任、これらはすべて「約定に決められて」いる。

2、かかるタイプと、社交のためのクラブないしアソシエーションのタイプとを比較することは、有益である。それらは有限責任会社のような生活の経済手段を獲得するためではなく、ある形態とある程度の共同生活のためにあるものである。このアソシエーションもまた、ある契約にもとづいており、その全成員が従わねばならない規則と規定を伴ったある規約を有している。その成員になるためには、個人はこれらの規則と規定を守ることを他の全成員と確かに約束し、それらを遵守することは、他の全成員に対するのと同様に自分にとっても、クラブが提供する社交とその他の特典を得る条件である。しかし、その契約は有限責任会社の活動を規定するほどには、クラブの活動を規定するものではない。人は憲章によって社交を規定できないし、共同生活の諸関係を規定したり、契約的に制限したりすることも出来ない。

3、再び教会の例をとり挙げよう。教会もまた、その成員が受諾することを契約する信仰個条や告白の形で、契約的組織をもっている。しかし、この組織は最も一般的なあり方でのみ、教会が存在するための目的を規定する。要するに、教会は契約にもとづいているが、契約のなかに包含されてはいない。契約は教会のなかでの思考や生活の変化に応じて修正され、改正されることがある。契約の基盤がなければ、宗教生活は確かに無秩序のものとなるが、契約の条項は、ある意味で宗教生活に従属している。その条項は宗教生活を適切に表現することが出来ず、それらはほとんど必然的に、より大きな事柄よりも小さな事柄に、精神よりも形態により多くの注意を向ける。

4、次に、国家について考えようとする場合に、最も重要な一つのタイプに移ろう。それは家族である。結婚は契約を〈含んでいる〉。しかし、いかなる契約も、そのような確固とした生活を表現するには、いかにも不適当である。契約はアソシエーションを解体し、その意味を破壊するようなある行為形態を排除し得るだけであり、二、三の基本的で明確な義務を主張し得るにすぎない。それらの義務は重要であるが、それらが規定する社会を理解し、表現するには、あまりにも不十分である。結婚生活の家族生活への展開を考えても、その拡大されたアソシエーションのなかでの契約の場が、さらにもっと限定されるのは事実である。両親は子供を扶養することを契約するが、しかし、子供に対して契約するわけではない。それは全家族員間の契約とはいえない。その理由は重要である。子供は人格を形成した自律的存在ではなく、契約に加わるための自律的意志をもたないからである。子供はその特別の性質の故に所属社会に依存している（われわれが家族を〈コミュニティの一単位〉とみなすことが出来るのは、他のあらゆるアソシエーションの成員が保持している自律性に対して、家族のなかのこの依存性のためである。生物学的には家族はもちろん組織的集団生活の単位である）。子供が成人し、自律性をもつようになって、しかも彼が家族アソシエーションに留まるならば、それは彼が留まることに同意したからである。その時、家族アソシエーションはより広い契約の基盤を再び得ることになる。いいかえれば、その時、家族はより完全に意志の一致にもとづくことになる。しかし、次の事柄に是非注意する必要がある。若い成員が成長して得る新しい自律性にかかわるこの同意は、一般に結婚契約とは違い、公式の契約ではなく、意志と意志の非公式な関係であること、そしてまた、その同意は結婚契約とは違って、どの一時点においても生起するのではなく、成長の結果の新事実として現われるものである。この二点において、家族は国家と重要な類似性を示す。

いくつかのさらに重要な点については、すでに触れておいたが、国家のきわめて重要な事実を検討する前に、再び強調しておこう。まず契約はアソシエーションの基礎ではあるが、それによって決定される社会活動の性質を表現するには全く不充分であるということは、すでに述べた。契約という言葉は、ある種の生活の意味を少しも含むものではない。契約を単に有限責任と解してはならない。またアソシエーションは契約にもとづき、契約によって規定されているからといって、形式的あるいは気まぐれなものであるとはいえない。意志は関心の主観的な側面であり、関心が根源的であればあるほど、意志もより根源的である。つまり契約は人間性の最も深い要求と願望に根ざしているといってよい。われわれは意志活動を、随意に選択するか、余儀なく選ぶかという意味での任意的あるいは随意選択的なものとを同一視してはならない。むしろ逆に、われわれの意志活動はわれわれの存在そのものであり、われわれの存在の表現や実体化である。われわれはある種の性質をもっているから、必然的にある事柄を意志によって望み、あるアソシエーションを不可避的に形成する。たとえば、結婚―アソシエーションを例にとってみよう。これはほとんど確実に契約を含んでいる。しかし、われわれは随意に結婚するのと同じように、随意にその契約を解消することは出来ない。その理由は、結婚契約は決して気まぐれな同意であるとは考えられていないからである。それは確かに同意されるものであり、契約されるものではあるが、しかし、任意的なあるいは一時的な意味においてではなく、人間生活に必要で重要な諸要求と諸要素のために同意されるものなのである。また教会の例をとると、ここでも人はそのアソシエーションへの加入と同様に脱会においても自由である。しかし、だからといって教会（どのような「任意加入」のアソシエーションでも同様であるが）は任意的なものではない。教会は人間性のある要求に対応するものであり、その要求が存続する限り、その意志も存続する。多くの事柄をわれわれは望ま〈ねばならない〉から望むのであるが、それらを望むのはわれわれの本性である。意志とは、そのように生きることそのものであり、重要なアソシエーションを維持することである。新しい自律的意志は永続的にコミュニティのなかに出現するものであるが、多くの関心は普遍的であるので、それらの関心を追求する重要なアソシエーションは存続するのである。

5、最後に今まで明らかにして来た契約の理論を国家に適用してみよう。そして国家もまた、それ自体狭い意味において契約の先行条件ではあるが、意志の同意にもとづくものであることを示そう。

もしわれわれがこの理論を拒むなら、明白な二者択一の理論があるのみである。第一に政治的統一体は、主として、あるいはただ人々の意図しない偶然の結合として存在するという理論と、第二に、それは支配力にもとづくという理論である。この二者の内の後者は直ちに問題外のものとして認められないかもしれない。ほとんどすべての伝統的な法律学に照らして考えても、コミュニティ内の最高の共同意志ほどの強さをもつ力は、コミュニティのなかには存在しないことは、今でも事実である。権力はまさにその特質によって意志の下僕である。このことは、どの西洋の民主主義についても、東洋の専制主義についても事実である。グリーンが述べているように、「もしも専制政治が一般意志を代表する慣習法と常に相容れないようになれば、それは解体し始める」(*Principles of Political Obligation*, § 90.)。もしある国家が専制主義であるなら、そのことは、国家成員が専制主義を望むか、あるいはそれに黙従しているため（これも意志活動の一形態である）である。もし多数の者が一人の者に従うとすれば、それは彼らが従うことを自らの意志で望んだからである。専制主義と民主主義を区別するものは、意志の形態や源泉よりも、むしろ世論の形態や源泉である。強制力が存在し得る以前に同意が存在しなければならない。なぜなら、この世界においては、諸個人の力を統合したり、代表する人々の力に政治権力は存在しないからである。結局のところ、世界のなかで最も強い決定力は、世界のなかの最大の共同意志の力である。二者の内のもう一つの理論は、初めはもっともらしく思われるかもしれない。国家は、人々が共同生活のどんな意味もほとんど理解しないような、あるいはわれわれの想像にすぎないかもしれないが、蟻や蜂が自ら作ったコミュニティを理解していないように、人々が自ら理解していない伝統や必要によって支配されるような社会結合の条件から現われたものであることは疑いない。要するに、政治組織としての国家は作り上げられたものであり、最初から存在していたのはコミュニティのみである。国家の性質は、それが発展するにつれて明らかとなる。「ある事柄が充分発展して示すものを、われわれはその性質と呼ぶ」（Aristotle, *Politics*, I. 2. 8.)。われわれは国家とコミュニティとがほとんど区別出来ない原始社会において、国家の性質を明らかに理解することは出来ない。国家は一つの組織体であり、構成体である。われわれはその建設と再建の過程を辿ることができ、そして最も完成されたその建築物を見出すところにおいて、その意味と「形態」を求めるべきである。今や文明や文化が進展し、人々はより自律的となり、あまり伝統や慣習に頼らないで、自ら創造し、居住する社会について、知的な理解を得るようになるにつれて、国家は益々コミュニティの成員の一致した意志活動によって決定され、非公式ではあるが、本当の契約を一層よく示しはじめるのである。もとよりあらゆる国家の著明な成員の多くの者は全面的に、あるいは時々、国家を維持するためのこの社会意志を認識していない。その段階では、彼らは決して社会的には成人していないのである。たとえそうであっても、国家は成員の全員でなくても若干の者たちの契約を基礎にしている。国家は社会組織であり、社会組織は共同意志の創造物である。国家を形成し、国家〈そのものである〉のは、国家の維持を意図する市民である。残りの人々は単にその国民にすぎない。契約の基盤が広くなればなるほど、国家はさらに強力になり、統一される。しかし、契約の何らかの基盤がなければ、国家は存在しえないのである。

以上のように、われわれは再び、他の観点から、あらゆるアソシエーションは、アソシエーション〈の〉意志に先行し、それよりもより基礎的な社会意志によって創造され、維持されるということを示した。いい換えれば、あらゆるアソシエーションはコミュニティの器官なのである。

三　アソシエーションの構造の普遍的原理

すべてのアソシエーションはコミュニティの器官であるが、アソシエーションの一つである国家は、それらすべてを整合する特異な存在である。国家は他の諸組織のなかの一つという以上の意味をもち、諸組織の組織である。しばしば誤用され、誤解された国家の原理、すなわち国家の統制活動の適切な限界を定める原理については、すでに述べた。国家のおもな手段である政治的法律は強力であるが、全能ではない。国家が介入できない、あるいは介入すれば破壊をもたらす領域がある。しかし、あらゆるアソシエーションは、内的な側面と外的な側面とをもっており、内面的および精神的な関心といえども、何らかの形において外的手段に関係しており、その意味において国家によってのみ統制されることができ、また統制されねばならない世界、すなわち、外的組織の世界のなかにおかれている。

多くの国家が、この統制原理を実現するために探し求めてきたさまざまな方法について論議することは、ここでの目的ではない。その問題は政治学の特別の分野に属する。それよりも私は、国家の構造に特にかかわりのあるアソシエーションの普遍的構造の諸原理を示したい。このようにしてはじめて、われわれはアソシエーションの分析を全うし、国家統制の本質的性格についても明らかに出来るであろう。

すでに述べたように、アソシエーションを維持するための社会意志は、アソシエーションそれ自体の意志よりも一層基本的である。たとえば、国家を維持するための意志は、国家それ自体の意志に先行する。このことは、単なる形而上学の区分ではなくて、きわめて重大な社会学上の事実である。国家の意志はその国家の法律のなかに示されている。ほとんどの場合、そのような法律は政治的な対立から生み出され、めったに国家の全成員が欲し、そして直接に望んだものではない。それは通常、多数者の発言や投票によって決定され、しばしば少数者によって痛烈に反対され、嫌われるものである。だがそれが国家の決定的な意志となる（もしも法律の背後にある意志が国家の意志でないならば、国家の意志は存在しないことになる）。法律は、それを支持する人も、反対する人によっても従われる。それは何故だろうか。後に示すように、単に多数者がまたより大きな力をもっているという理由のためではない。それは結局、国家の意志よりもさらに本源的な意志、すなわち、国家を維持しようとする意志があるためである。

アソシエーションの一般的方策を決定するものは決して全体ではなく、ほとんどの場合、多数者である。これは避けがたいことであり、人間の本性に根ざした原理である。たとえすべての人がアソシエーションの基本的諸目標について同意しても、またたとえ、アソシエーションが目指す基本的共同関心が存在しているとしても、そのためにこれらの目標が充たされるような手段に関して、あるいはどのアソシエーションも生み出す果てしない付加的な諸関心について、同意があるわけではない。アソシエーションの目標達成への〈仕方〉に関する方策の問題は常にその成員を分裂させて来たし、今後も常に分裂させるであろう。人々が知識や経験、あるいは性格、気質、環境において異なる限り、異なった意見をもつのは当然である。このことは他のあらゆるアソシエーションと同様に国家においても事実である。したがって、この点における主権者としての「一般意志」という言葉は、われわれを誤解させやすい。というのは、有機体説が示すように、国家は一個人の意志のように単一の統一意志によって方向づけられるのではなくて、一部の反対者の意志を抑えて、ともかく威信、権力、あるいは意志を共通にする人々の数において、優位にある一部の者の意志によって方向づけられるからである。民主主義のもとでは、それは多数者の意志であるか、またはそのようなものなのである。したがって、この多数者の意志が政府を作り上げ、解体し、政策の方針を指示する真に究極的な主権である。

すでに明らかにしたように、どの発達したアソシエーションにも、共同意志の三つの異なった種類または発展段階がある。第一はアソシエーションを維持しようとする社会意志である。それはアソシエーションの意志とも呼ぶべきものであり、アソシエーションの方向や方策を決定する意志に先行するより普遍的な意志である。それのみが真に一般的な意志である。任意に構成されるアソシエーションの場合には確かに普遍的な意志であり、すべてのメンバーに共通する意志であるが、国家の場合には、それほど普遍的でないかもしれない（何故なら国家成員になることだけは自由でなく、ある程度強制されるからである）。しかしそれでもその意志は一般的である。次いでアソシエーションの〈なかでは〉方策を定める意志が活発である。その意志は常に部分的で、常に変化するが、いかなる時にも進展の方向を決定する最大の素因である。最後に、どのアソシエーションも方策を定める意志だけでなく、特殊な行政上の意志も有している。たとえ関心が共通であっても、共同活動は多くの自主的意志から同時に展開できない。アソシエーションはすべて、その活動が決定的な形態を取る中心ないしは焦点をもたねばならない。そのような器官はアソシエーションの方策を遂行するうえで必要な手段である。国家の場合、この器官は政府であり、われわれは政府を〈立法上の主権〉と呼び、多数者の意志を〈究極的主権〉と呼んで両者を区別できるであろう。*

アソシエーションの構造を理解するために、努めて検討しなければならないのは、後者である。われわれはまず、発達したすべての国家のなかで、〈事実上の〉究極的な主権であるその意志の不安定性の度合を、計測しなければ

＊　「主権」という言葉は現在、無差別にこの両方の意味に用いられている。たとえば、われわれは「議会の主権」や「人民の主権」について語る。この事実は政治哲学に矛盾を惹き起した。特にそれはベンサムやオースティン、ならびに彼らの後継者たちの見解をルソーやその後継者たちの見解と対立させるもとになった。

ならない。われわれは一般意志を探し求めて、部分意志を見出した。そして、安定した意志を探し求めて、たえず動揺する意志を見出した。究極的意志は主権者として政治力の玉座に座するしっかりと固定した多数者ではない。それは際限なく変化するので、どの成員もある時には、ある問題に関して、決定する多数者の一員となる。この不安定性こそが、事をうまく運用する一要因である。何故、一時的な少数者の意志を代表する反対派は熱弁をふるい、訴え、策をめぐらして批判するのか。その理由は簡明である。すべての人間の意志活動に絶えず影響を与える活動と説得の繰り返しの微妙な過程のなかで、この少数者の意志が多数者の意志に変えられるかもしれないとの期待のためである。この期待によって和らげられない頑固な分裂は、一層深い敵意を生み出すであろう。

われわれが見出した主権は、主権の〈先験的〉諸属性、すなわち、永久性や決断の不動性や尊厳のいずれでなくても問題はない。それは政治哲学者の考察に値いしない主権かもしれないが、それでもなお主権〈そのもの〉である。多数者による支配はときどき現代における一つの「迷信」といわれる。しかし逆に、それはあの蛮声が最初に勝利を得た時から、何らかの意味における社会的必然であった。それに代るべきどんなものがあるというのであろうか。もしもアソシエーションの自主的な成員が全員一致しなければ――彼らは方策のどの問題についても満場一致することはないのだが――解決の方法は、直ちに多数決によって行動するか、果てしなく合意を待つかである。事実、満場一致の原則を確立するすべての歴史的な試み、たとえば、ローマの護民官連、ポーランドの連邦議会、ドイツ中世村落の地主の寄合、アラゴン人の議会における試みは少数者による支配、つまり、一部の反対者が残りすべての意志を挫折させる拒否の特権を意味した。一九一九年の平和条約の大きな欠陥の一つは、国際連盟の憲章に関して、憲章がある重要な点において、合意、すなわち、拒否権に固執していることである。この規定には、一八一五年の平和に関する不運な国際会議のいやな思い出がある。そのような制度は必ず失敗する。そこでは、政策決定に見込みのない普遍的な意志の確立が求められ、その結果は、普遍性に乏しい意志、つまり少数者の意志の一般化である。多数者による決定は、政策に関して実際に不可欠である。

しかし、仮りに多数決の原理には、危険がつきまとっているとしよう。多数者の声は何が正しくて賢明であるかを明らかにしない。正しい機構はわれわれを少数者の専制から救うことが出来るが、ではどんな機構がわれわれを多数者の専制からどのように救うのであろうか。そこで役立つのは、啓発され、教育を受けた世論のみである。必然的に、そして正当な理由のために――多数者支配の原則に身を託している今日の世界において、唯一の希望は次のようなことにある。社会教育や社会的責任の教育、ならびに全人格の価値、自発性を第一義とし、強制を第二義とすることの主張、たとえ法的、政治的に許されても、深く持続的な対立を生み出し、コミュニティの力を減ずるような要求を差し控える方が賢明であることの強調である。たとえば、ほとんどの人は、辛うじて多数を占める者による重要な政治的諸問題の決定は不公平であり、たとえ他の方法によって正当化されていても、強制を含むような方法は、それに同意する実質的に優位な投票をもつべきであると感じている。

われわれはさらに、これまで哲学的理想から除かれてきた主権の不公平を減ずるいくつかの事実を指摘できる。まず最初に、法律というものは、たとえ辛うじて多数を占めた者の意志によって決定されるとしても、コミュニティ全体の福祉のために制定される宣言であり、規範である。したがって、その目的は普遍的であり、またはそうある〈べきものである〉。それは全体の幸福のためのものとして、多数者が望むものであり、またはそのようなものであるべきである。多数者が他の原則にもとづいて行動し、全体の幸福と矛盾するような派閥、階級、党派の幸福という観点から法律を制定するとき、彼らの行動は法の本質に背き、コミュニティを支配する法に対して服従の精神に背くことになる。たとえ法律は普遍的意志から少しも、またはめったに生じないとしても、それは普遍的な要求を形作る。また、ほとんどの法律は対立から生まれるとしても、これらの法律の体系は修正の過程や意見の整理、再調整を通じて、単に部分的な常に変容する主権の意志のみならず、国家の基礎にあるより深い社会的意志を表明するようになる。このように一国の法律体系は、累代の継続的な経験から形を整えるにつれて、社会意志の継続的な趨勢を示している。それは国家構成員の性格、すなわち、国家の内に含まれる者の広義の国民性を示している。時代から時代への法体系の変化、たとえば、一九世紀の英国の刑法の変化は、国民性の変化を示している。それは、階級や党派の区分にもかかわらず、一民族は一つの性格、すなわち、国民性を有していることを示している。あの不安定で動揺する主権―意志によって創り出された法体系に対して、この捉えどころのない、より大きな意志の常に淘汰される批判が向けられている。その結果、法体系の一部分は時代に沿わなくなり、一部分は廃案とされるが、持続するものは、全アソシエーションの生活の中心的な枠組となる。すなわち、コミュニティの巨大な全アソシエーション活動を整合し、生き生きと成長させる枠組となる。どの時点においても、国家の方向を決定する流動的変動的な意志から、われわれの注意を転じて、国家活動の持続的産物に向け、永続的な社会意志が、ここではどのようにして不安定な政治的主権を補強するかを認識するとき、われわれは初めてコミュニティの構造の秘密を知ることになる。

四　誤った諸見解

さて、われわれは共同意志の統一性、全体性、無謬性に関する共通の誤った見解を明らかにするために、意志と関心の分析を用いてみよう。われわれはすでに次のような点について明らかにしてきた。関心はコミュニティと深く結びついて驚くほど複雑であること、コミュニティは滑らかな表面ではなく、あらゆる種類と度合の対立によって傷ついており、統一意志によってではなく、常に対立する意志に打ち勝つ意志によって導かれていること、などである。これらの事実は余りにもよく見落されているので、社会生活は誤って単純化され、歴史は誤って理解されるようになる。この誤った単純化の三つの形態を次に指摘できよう。

1　関心というものは、果てしなく度合を異にする複雑さを伴って、重なり合っている。人々は意図的に、ある活動と方策を結びつけ、しかもその上に、異なった関心や意志によって影響を受ける。アソシエーションによって遂行される方策が、全成員の全く一致した意志を稀にしか示さないことについては、すでに述べた。しかし、そのような稀な事態でも――もし存在するとすればだが――一つの政策のもとに結合する多数の人々が全く同じ関心をもち、その実現にも全く同じ結果を求める例と比べれば、一般的である。今日見られる一例が、このことを明らかにしてくれる。自由貿易に関する英国の政策が関税改正政府の選出によって変えられたことを考えてみればよい。この変化は多数の選挙民が関税改正政党に投票したことを意味するであろうが、その共同行為の背後には、実に多様な動機が隠されている。多数派の投票者はすべて関税改正を欲するために同じように投票したのではないし、同様に少数派の人々もすべて関税改正を好まないために反対投票をしたのではなかろう。問題を単純にするために、自由貿易対関税改正の問題がただ一つの問題であったと考えてみよう。このような考え方は、非党派的問題に関する国民投票の場合を除けば、馬鹿げているが、それでもなお〈一見して〉完全と見えるこの決定に矛盾する多様な意志と多様な関心が入り込んだであろう。あるものは党に対する一般的な愛着から、他のものは反対党を好まないから、また多くのものはさまざまな個人的考え方から投票したであろう。実際にその政策を望む残りの人々は、特定の産業がその改正によって利益を得るとか、国家全体のためによいとか、その改正が帝国主義とか軍国主義とかの関心と結びついているからというようなさまざまな動機や動機の結合から、政策の変更を望んだであろう。どの政府のどんな政策についても同様のことがいえる。すべての国家、アソシエーションにおいても、軽い気持でわれわれが語っているこの共同意志は、最も見つけにくいものである。共同意志が存在しなければ、任意加入のアソシエーションは存在しえないであろう。しかしその意志は、われわれが無雑作に語り得るように、アソシエーションのあらゆる活動のなかに表現されているものではない——アソシエーションは特定の関心の故に活動するのである。哲学的な歴史家は特にこの誤りに陥りやすい。すなわち、歴史家はギリシア人、ローマ人、チュートン人がギリシア、ローマ、チュートンの歴史のすべての重大な時期に考え、望んだことについて、いともたやすく語る。しかし、そのように書かれた歴史は、ちょうどナポレオン（彼自身もいくつかの創作をしたのだが）が歴史は「合意された作り話」であると広言したことを証明するにすぎないし、そのように書く歴史家は、多数の心の半ばは共通の、半ばは対立する関心から生まれる結果や決定を、心の仮空の統一のせいにしている。そのように書く歴史家は、対立する関心を、あたかも一つの強力な動機が決定の統一を確定するまでは、せいぜい一つの完全な意志をゆすぶる動機にすぎないとみなしている。しかし、このような仕方では、すべての敵対関係を越えて基本的に存在する共通性の真の実態に関する知識に到達できないであろう。もしも次のような社会体系の複雑さ、つまり、権威が直接間接に意志に対して意志を従属させ、関心は多くの方法で結合し、衝突し、あらゆる程度の無知と教養が決定の基礎にあり、慣習や慣例、すなわち、画一的な心の習慣が個人の自由な冒険心と野望に対してたえず争っていることが、認識されさえすれば、あらゆる社会的決定の背後に一つの動機を、つまり、あらゆる社会的事実の背後に一つの意志を見出すというような安易な単純化を、われわれは永久に避けることが出来よう。

2　さらに一層危険なことは、一民族の活動と運命からなる出来事の歴史的な〈連鎖〉の背後にある統一された心を見出す過程である。その統一された心は、各人の心のように、以前の経験によってその継続的行為の内に確定されるが、そのように歴史的出来事の連鎖の背後に、われわれはある継続的な政策と結実された目的とを探し求めることが出来るのである。歴史家たちは、ある時代の動きの基礎にある統一した目的をときに誇張する。そして、どの段階においても、ローマ、ギリシア、エジプト、イングランドと呼ばれる単一の心の実体を仮定し、人や世代の継承から作り出される相違のなかの統一性の困難な問題をほとんど理解しない。繰り返すならば、私は民族の生活のなかにある統一性を少しも否定するものではない。私が論駁するのはその単純化であり、その統一性が個人の統一性のごときものであるという考え方に全く反対するのである。というのは、後者は過去の行為や労苦のすべてによって修正される、経験の単一センターであるが、前者は連続する世代の多種多様な精神のなかに生き続け、またそれらを通じて伝えられるある共同の原理だからである。

3　最後に、一民族の記録の背後に、その民族の「心」のみでなく、その心が属する人種の「心」をも探し求める時に、一つの特別の危険がわれわれを取り囲む。ここでいう危険とは、いくつかの要因の所産を一つの要因に帰することである。数多い事例のなかから一例を挙げるならば、われわれが自由恋愛、芸術、文化、屋外活動、冒険などをギリシア精神の賜物であるとするとき（芸術や文化はともかく少数の者によってアテネにその源流が求められている）、ギリシア社会のある部分ないし全体を大体特徴づける属性について確かに語っていることになる。しかし、自然の障壁が孤立化を持続させ、痩せた土地、出入りの多い海岸、島々の散在する海、豊かな隣接の大陸が冒険を促し、衛生学が未だ知られていない時代に、池中海気候のために屋外活動がはるかに望ましいということなどを知っているとき、われわれはどのような根拠で上記の諸属性が一人種の気質に源をもつと判断するのであろうか。これらの自然的経済的諸要因が、共同の習慣や物の見方の形成に役立つのは、疑いないことであるので、人々はそれらの諸条件が要求する活動を自然と行なう傾向があった。しかし、その自然な傾向それ自体は二次的なものである。生活環境を変えることによって、習慣をも変えた民族の例があり、また与えられたもの、つまり異なった特性をもつ居住地のために、その特性に応じて異なった方向に発展した民族の多くの例もある。たとえば、アルカディアとアッティカのギリシア人を、またお望みなら、オーストラリアとインドのイギリス人を比べてみるがよい。このことは、遺伝と環境の問題をわれわれが論ずる時に、もっと明らかになるであろう。当面のところは、次の点を指摘するだけで十分である。もしも民族精神を、環境から独立して示される本来的な諸特性の焦点と解するならば、その民族精神の追求は、われわれを迷わせる以外の何ものでもない。それを見つけ出すことは抽象化の危険な過程の始まりであり、人々の心や、環境に対する無際限の恒常的反応によって織りなされる生活と性格の織物を解きほぐすというほとんど全面的に不可能な作業である。

もう一つの誤った考え方をここで述べておく必要がある。共同意志の理論史のなかで占めるその考え方の重要性のためである。時には制約なしに用いられ、時には道徳的な無謬性に限定されるが、それは共同意志の無謬性の理論である。ルソーは「民族はしばしば騙されるが、決して堕落しない。そして、騙された時にのみ、悪徳を望むように思われる」(*Contrat Social*, II. 3.) といっている。この考え方は、幾人かの政治哲学者のみならず、哲学的でない者によっても保持され、かつては何らかの形で広く見られ、現在も一般化している。例を挙げるならば、大衆の声のなかには、ある種の神聖性があるというような格言がギリシア人の間に存在する。そして中世には、〈民の声〉は〈神の声〉であるという諺(多分やや異なった意味においてであろうけれども)があった。またイスラム教徒の諺のなかにも「失敗は社会の共同討議にはあり得ない」と明言した諺がある。確かに、その考え方のなかには真実の核心がある。もしも、コミュニティの必要とか望ましい事とは、少数支配者の利己的な関心によってはしばしば誤りを犯すために、少数者よりも多数者によってより十分に判断されることを意味するだけなら、その主張は歴史のなかで十分に確証されている。あるいはまた、それが「多くの相談相手のなかに知恵は存在する」ということを意味するのであれば、一般的に言って真実であろう。推論や議論は意味のあることであり、偏見は偏見を妨げ、各人による部分的見解の表明はすべての者によって問題のより広い理解へと導くからである。しかし、文字通りに解釈するなら、その見解は明らかに誤りであるので、知的な人々もそれを信用してしまわねばならなかったというのは不思議である。その見解はあらゆる民族に対して、自らの現在の慣習や伝統を神聖で最高のものと考えさせる独断的な原理によって強められる、超個人的な心に関する幻影に支えられている一種の信仰である。ルソーや彼を信奉するヘーゲル学徒たちによって抱かれているように、その見解は、一民族を構成するすべての個人は、民族それ自体は天に向って前進している間に地獄に行くかもしれないという不自然な結論に導くように思われる。疑いもなく、多数の者がある種の失敗に陥る可能性は、それらの内の一人が陥る可能性よりも少ない。しかし、個人の迷う意志をコミュニティの不可謬の意志に変えることの出来る神秘的な社会的錬金術は、存在しないのである。*

同じ見解がときどき、一層漠然としたわかりにくい形で述べられている。道徳哲学者によってよく作られる、道徳的なものと社会的なものとはひとつであるという命題がある。この表現は人を誤解させやすい。もしも道徳は一社会の成員の行動に置きかえられるならば、理想的な社会秩序を保証するものであることを意味するのであれば、その見解は十分に正しい。だが単に道徳の意味の一部の説明でしかない。それは誤解を招きやすい説明である。と

* ヘシオドス『仕事と日々』参照。「多くの民の口の端に上ることは、どんなことであれ、全く葬り去られることはない。風評でさえもある意味では神なのだ」。アリストテレスはこれに同意して言及している。*Nic. Ethics* VII. 13. 5.〔加藤信朗訳、『アリストテレス全集』13頁　岩波書店　昭和四八年　参照。〕

いうのは「道徳的なもの」という表現は、限定詞を伴わずに用いられるとき、常に一つの理想ないしは「当為」の概念（その概念は間違っているかもしれないが）を指しているが、これに対して「社会的なもの」は一般的に、そして正しくは実際的なもの、つまり、社会の構成員でさえも存在すべき秩序とみなしていないかもしれない社会の実際上の秩序を意味するものとして用いられるからである。いいかえれば、道徳的なものと道徳的「当為」とはひとつであるが、社会的なものと社会的「当為」とは必ずしもひとつではない。それ故、いま述べたような意味において、上記の見解を用いる者が、もしも道徳的なものと社会的なものとはひとつであるという代りに、むしろ「道徳的なもの」と「理想上の社会的なもの」とはひとつであるというならば、不必要な曖昧さを避けることになろう。そのように表現すれば、論点は後述するように、道徳に対して公平を欠くかもしれないが、正当な理由がないことでもない。しかし、他方において、社会的なものと道徳的なものとはひとつであるという表現は、道徳が実際の社会秩序に従うことにあるということを意味するのであれば（もしわれわれが「道徳的なもの」を慣行と一致する慣習的なものを意味するとして、その本来の意味と異なって使用しないならば）、その見解はすでに述べた理由により間違っている。疑いもなく、いかなる社会秩序も普遍的道徳の幾つかの要素を含んでいる。さもなければ、秩序は全く存在しないであろうし、社会も全く存在し得ないであろう。プラトンが指摘したように、正義や道徳を全然伴わなければ、海賊団や盗賊団でさえも一社会集団として共同できないであろう。しかも盗賊や海賊の社会秩序、つまり、彼らの社会の統一と結合の完全な状態は、その社会内の道徳的善ではなくて、彼らの企てる道徳的悪の尺度なのである。われわれはここで、形の上ではどんなに完全な社会制度も、社会価値への手段であり、善悪や人々の幸不幸への手段にすぎないという次章で一層明らかにする事柄についてすでに触れている。盗賊の社会の秩序と結合は、道徳的悪への手段である。誠実な人々の社会における同じ秩序と結合も、善への手段になるはずである。目的がすべてである。

どのような民族のなかにも、またどのような時代においても、知恵や道徳の規準を探し求めることは出来ない。しかし、より広くて確かな判断の基準は何らかの形で生ずるようになる。一時代の行き過ぎは次の時代に明らかにされ、そして、相互作用の過程において、われわれはもっと包括的な真理、より重要な判断、より深い道徳を恐らく把握するであろう。不品行から厳格主義へ、厳格主義から不品行へ、独断主義から懐疑主義へ、懐疑主義から独断主義へ、唯物主義から理想主義へ、理想主義から唯物主義へというように、極端から極端へと移る継起する時代の反動は、人間性の本質的な不安定性の証しではなく、その本質的な健全さの証明である。振子は中央に休止する前に、端から端に振動しなければならない。振子は中央でのみ休止できるので、それは端から中央へではなく、まず端から端に揺れ動くのである。われわれすべての者は間違った、または部分的な理想を長く強調する結果の飽き飽きした状態や嫌悪、つまり、より一時的な意志よりもより永続的な意志の主張について、知っている。同じ過程が常に新鮮な世代を通じて一民族の発展において際限なく展開する。個々人の気まぐれや偏見のすべてに対しても、またどの時代も自らの創造物について判断するときの評価基準の無分別さや狭さのすべてに対しても、なお時がたつにつれて、これらに関してより健全で視野が広く、ほとんど普遍的であるといってよい意見が生ずるということは、実に驚くべきことであり、非常に気強いことである。どの時代もある種のさ迷う灯火に従うであろうが、後の時代はやがてその幻影を見抜いてしまう。どの時代も予言者を軽蔑するが、後の世代の目には、知恵はその崇拝者によって正当化される。どの時代も幾人かの無価値な人を途方もなく有名にするが、後の時代にやがて生ずる知恵は彼らをしりぞけてしまう。そのように、世代の継承の内に、人々はあの遡及的な判断に到達する。それはあたかも人人の判断にしては余りにも健全で包括的であるので、われわれが暗黙の信頼の内に「時の判断」と呼ぶものである。

第四章　制　度

一　制度の意味

前章において、われわれはコミュニティの構造を分析し、それが国家というアソシエーションのもとに整合されるいろいろなアソシエーションの「枠組」から構成されることを見出した。しかし、的確にいえば、〈制度〉こそがコミュニティの構造であるといえる。確かに、常に解体し、常に再生される生活という大洋のなかの大陸のように、コミュニティに個性を与え、その永続的形態となるのは、これら制度のみである。ここでわれわれは社会科学の概説書が奇妙にも沈黙を守っている一つの問題、すなわち、制度とアソシエーションの関係の問題を提起したいが、その答は決して明白ではない。たとえば、われわれは家族や教会を「制度」というが、それらはまた、確かにアソシエーションでもある。また財の所有権を一つの「制度」であるというが、それはアソシエーションではない。それではアソシエーションは単に制度の一形態なのであろうか。しかし、小さな新しく設立された商事会社は確かに一つのアソシエーションではあるが、われわれはそれを一つの制度とは呼ばないであろう。もう一度、われわれはやっかいではあるが、予備的で、しかも本書のような主題においてはもっとも必要な名称の問題を取り上げねばならない。制度とは何かという問題である。

あらゆる制度はある種の社会的承認または確立にかかわっており、ほとんどの制度はある程度の永続性を持っているということにわれわれすべては同意するであろう。社会的確立を伴わない永続性は十分ではない。たとえば、貧困（または「貧者」）を制度というのは不適当である。というのは、貧者は常にわれわれと共にあるけれども、彼らの貧困は社会によって故意に確立されたものではない。貧困は修道院的秩序のなか、あるいはヨガ行者の間では制度であるが、それが単に類似した一つの社会的状態であるという理由で、貧困をより広いコミュニティの制度であるというのは酷である。また、社会的承認と確立の事実こそは、ある種の永続性を意味する。それでは、永続すること、すなわち、確立されるということは何なのであろうか。それは外界に存在する単なる事物でないことをわれわれは知らねばならない。すべての外界物のなかで最も永続的で、最初に認められたわれわれが住む土地は、制度ではない。他方、その耕作、所有や相続の様式、たとえば、アイルランドの古い土地配分法(the run-rig system)、共産主義、限嗣相続、永代所有、長子相続は明らかに制度である。これらは古今を通じて土地に関する人々の間の関係の永続的な形態であり、コミュニティまたはアソシエーションによって承認された形態である。そのように、制度はある共同意志によって社会生活の内に確立された秩序の形態であると考えられよう。「ある共同意志によって確立された」という限定句は、人々相互を結合させるもう一つの永続的な方法である慣習と制度の区別を可能にする。その相違は程度の問題かもしれないが、制度はより明確な承認、より確定的な意志を含んでいる。慣習はコミュニティの習慣にすぎない。一人の人がいつの間にかある習慣を身につけるように、多くの人々、つまり、一集団の成員はいつの間にか共通の習慣、すなわち慣習を形づくる。これらの慣習は承認され、制度化され、敬われるようになり、あるいは重荷や拘束として非難されるようになるかもしれない。あるいはそれらの慣習はちょうど大気の重さがほとんど気づかれないように、慣習の共有者によってほとんど感じられないかもしれない。われわれの生活全体は感じられず意識されない慣習によって縫い合わされている。われわれがその慣習を意識しうるようになるのは反省の努力によってのみである。これらの意識されない慣習は制度と呼ばれ得ないものである。それらは制度の素材にすぎないものであり、共同意志は共同意識に現われる時には常に慣習を〈制度化〉する。制度は常にそのようにしてはじまる。単婚制でさえ、制度になる以前は慣習であった。アムルアビ（Ammur-abi）、モーゼやリュクルゴス（Lycurgus）のような伝説的な立法者は、慣習を制度として固定させることの重要性を信じた人々であった。

「ある共同意志によって確立された」という限定はまた、われわれにアソシエーションと制度の関係を明確にさせる。アソシエーションとは、ある共同の関心または諸関心の追求のために組織される社会的存在の組織体である。それは社会的存在の共同生活であるコミュニティとは対照的である。コミュニティとは共同生活の領域である。そしてアソシエーションはある特殊な関心を追求する、あるいはある特殊な方法で一般的な関心を追求する一つの明確な組織体である。アソシエーションと制度の区別は以上の点で明らかになるであろう。というのは制度は（階級の制度のように）単に社会的存在相互間に関する、あるいは（財産所有の制度のように）外在的事物に関する社会的存在の間に確立される形態であるからである。アソシエーションは形態以上のものである。それは創造するものであり、創造されるものであり、制度の源泉である。アソシエーションには主観的側面と客観的側面とがあり、それもまた共同意志によって創造されるが、ある共同の関心に関連して組織される複数の意志から構成される。制度には客観的側面のみがあり、それは手段にすぎない。アソシエーションは、たとえば、国家がたえず行なっているように、その制度を変え、解体し、他のものを造り出すことが出来る。そのようにアソシエーションは制度よりも長く持続する。したがって、厳密に考えるならば、われわれは家族をアソシエーションといい、婚姻を制度といい、国家をアソシエーションと呼び、代議政体を制度と呼び、教会をアソシエーションといい、洗礼を制度というべきである。アソシエーションは生きているものであり、制度は形態、すなわち手段にすぎない。

この違いを観察する難しさは次の事実による。つまり、ある名称がアソシエーションとアソシエーションの活動の媒体である制度、すなわち、アソシエーションに属する主な制度、またはまとまった一組の制度の両方を意味する事実である。たとえば、「教会」という名称やもっと明白な例としては、「病院」や「大学」というような名称である。「病院」という例を取り挙げてみよう。それは一つの明確なシステムを意味し、そのシステムを通じて医学や看護の技術が傷害や病気に適用される。病院はまた、その要求に応える医者や看護婦のアソシエーションをも意味する。注意すべきことは、このアソシエーションは病院という制度とは同義ではない。というのは、その制度は援助を必要とする者に対するそのアソシエーションの成員との関係によって構成される形態またはシステムであるからである。制度化されるのは、この関係であり、この活動の形態であり、必要なものを供給するこの手段こそが制度で〈ある〉。

このことから、また制度は、時折考えられるような外在物ではないように思われる。時々われわれはある建物を指して、「これはしかじかの制度である」とか、「これは大学である」とか「これは診療所である」という。しかし、これらでもって、われわれの意味することは、制度に属する建物や制度の置かれている場所や目に見える部分である。制度は社会活動の組織形態であるので、外形的側面をもち、時間空間の側面を所有している。

最後に制度は、明確な目標を持つアソシエーションか、あるいはコミュニティそれ自体によって創造されるものであるといえよう。われわれは共同生活のなかの主要な制度を、ある特殊なアソシエーションの意志によるものとすることはできない。国家は政府の形態を形づくるが、財の所有の制度とか、すべてのアソシエーションの内外に確立される協同や分業の巨大な機構を、国家は等しく形づくったといえるであろうか。また法律も余り効力を持たないあの非常に意味深い売春の制度について、われわれは何といえばよいのであろうか。国家は、国家のみではなく、コミュニティが形成する多くの制度を保護し、承認し、あるいは少なくとも許容しているのである。

二　組織化と統制の用具としての制度

もしも制度が共同意志の産物であるのなら、それは共同関心に役立つ用具として創造されたに違いない。制度化されるものはなんであれ、目的を持っている故、制度の目的に関連してのみ意味をもっている。もしも制度がどのようにして関心を充たしうるのかと問うとすれば、その答は、関心の組織化と統制による、である。実際には不可分離的で、相互依存的ではあるが、〈これらの関心充足の方法は明白に区別でき〉、その違いを認識することは非常に重要である。

われわれはここで、制度の組織機能について手間どる必要はない。人間の意志の一層進んだあるいは一層充実したアソシエーションによって制度化される組織のあらゆる拡大は、そこで関連のあるあらゆる意志の力の拡大である。その拡大は、力の新しい共同的諸要素を、おのおのの意志の自由にまかせる。それはまた諸活動に焦点を置き、統合を与えることによって生活の無駄をふせぐ。そして各人のサーヴィスの交換、活動の選択、機会の捕捉の領域を拡大する。人々が制度をつくる時、彼らはそれぞれの関心を追求するだけでなく、意図しようとしまいと、彼らは自分自身をたがいの目的のための手段とする。そしてアソシエーションの理想が実現されるのは、すべての人々がたがいの目的のために手段となる一方、たがいのためと自身のために目的となる時である。

また、制度は制度化された慣習である。一般的には、出発点においてそうであり、持続すれば、常にそうである。

制度は必ずしも常に、ある対応する制度化されていない慣習によって先行される必要はない。たとえば、上下二院制議会または比例代表制のような政治制度は、在来の慣習から生じたものであるとはいえない。しかし、制度というものは持続すれば、必ず慣習の性質を帯びてくる。そのようにして制度は、習慣や慣習が遂行する同種のサーヴィスを遂行し、社会活動の諸経路を円滑にし、容易にし、肉体的心的なエネルギーの消費を最少限にして、制度を新しい方向に進むことを可能にする。そればかりでなく、制度は客観的形態としてのその永続性のために、単なる習慣では充足できないようなサーヴィスを遂行し、社会的存在である人々が、自らの社会的世界の構造を各世代毎に新たに組み立てる必要から免れさせる。

制度の統制機能はわれわれの一層精密な考察を要求する。というは、それはあらゆる時代の社会思想家を鋭く分裂させ、そして時折国家と国民さえも引き裂いてきた諸問題を提起するからである。しかし、これらの問題自体が、偏見のない心で、その問題を探究しているすべての者を、唯一の問題解決に導くような照明を与えてきたと断言するのは、それほど軽率なことではないであろう。

あらゆる制度は組織機能と共に統制機能をも所有している。というのは、制度は確立された形態であるので、ある内的社会環境を構成するからである。この環境は、他の環境と同様に、その影響を受けるものに反応するので、社会生活に対する制度の関係は非常に複雑になる。制度は単に社会生活を反映し、表現するだけでなく、社会生活を深く修正する。また、制度は単に人々の諸目的を充たすだけでなく、これらの目的を決定する手段でもある。誰が財産所有や都市化や産業主義に関する諸制度の、人間の諸目的に対する間接的統制、つまり、反作用を評定できるであろうか。諸制度自体が創造した制度の存在そのもの、その重要性、統一性や永続性が人間の意志を刺戟し、統一し、強化し、拘束するのである。

最も容易に忘れられ、誤解される制度の重要性は、制度のこの間接的または反作用的な統制機能である。したがって、われわれはそのことについてもっと詳しく考察する必要がある。しかし、そうする前に、われわれはそれを、二つのより直接的な制度の統制の形態から区別できる。その一つは、もしも制度が充たしてくれる目標を達成したいと欲して、アソシエーションまたはコミュニティの各成員が制度への順応の必要性を理解する時に各成員が自分自身に課する統制である。これはすべての集団的活動に必要な規律である。それは社会組織が拡大するにつれて、一層完全で避けられないものとなり、人の社会化において常に一層重要な要因となる規律である。他の一つは一層限定されたタイプの統制である。それは制度を通じて、社会の若干の成員から他の成員に課せられる統制である。つまり、数や威信の力のために、制度の形成と維持において卓越した地位にあるものによって他のものに課せられる統制である。この他者によって課せられる統制は、自己によって課する統制がより広くなるにつれて、狭くなるという事を、*未開民族と先進民族の宗教や政治の制度を比較することによって示すのは困難ではない。未開民族の間では、政治的、宗教的制度は本質的に強制の用具である。社会が発達するにつれて、政治的義務は任意的であることを止め、支配する意志の単なる命令にもとづくものとなる。しかも市民が自らの幸福や関心を法律への服従と同一視するので、法律はますます服従されるべきものとなる。民法は刑法に比べれば非常に大きく発達する。そして法律と自由は矛盾する代りに、原因と結果であるということが幾らか認識されてくる。というのは、自由を伴わない法律は存在しうるが、法律を伴わない自由は存在しえないからである。政府による統制は倫理的な統制に一層深く根ざすものとなるので、政府が少数派に加えなければならない強制は、単に政府自身のあるいは多数派の名においてではなく、社会福祉の名において行使される。その同じ過程がさらにもっと十全な形で宗教の領域において

* たとえば、Durkheim, *Division du Travail Social*, I., chaps. v-vi. を参照せよ。

示される。というのは、政治的領域においては強制の若干の要素は常に残されていなければならないが、宗教的領域においては、そのような必要性はないからである。宗教の強制的機能は次第に衰滅したのである。この事実は、現在と過去の未開民族の間や部族、村落や古代都市における宗教制度によって演じられた役割を知るものにとって、また宗教的強制の支持者と宗教的自由の擁護者との間で幾世紀にもわたって世界を揺がせた闘争の意味を知り、理解するものにとっては明らかである。実際、社会は発達するにつれて、ますます社会的保障、つまり、倫理的統制の最後的なよりどころにまで押しやられるように思われる。人々の心は時代によって変化するが、社会統制の必要性は継続して変化するものではない。したがって、一つの形態が弱くなれば、他の形態が強化されねばならなくなる。〈この点において、社会教育の非常な重要性が示される〉。今や倫理的自律性のための教育が必要となっているので、社会教育はコミュニティの力の基盤であり、コミュニティにその最大の献身的保護とサーヴィスを要請する。

制度のこれらの直接的な結果は、少なくともある程度は、人々がそれらをつくり出す時に意図されるものであるが、人々の直接の目的の外にある統制によってさらに他の結果も存在する。これらの違いについて、次のようにいうことができよう。人々は、共同の関心を追求する方法として、今考察してきた社会統制の二つの形態を欲するが、統制の第三の形態である反作用によるものは、なによりも共同意志によって決定されるものではなく、共同意志の決定的要素である。それはわれわれがつくりだした環境さえも含んだ環境のあの際限のない反作用の一形態である。それは意図されたものではないが、社会に対して十分なサーヴィスをなしうる一種の統制である。それは社会の連帯を促進させる主要な発動力の一つである。たとえば、ほとんどあらゆる法律は葛藤から生れ、少数派のしばしば痛烈な反対に対立する多数派によってもたらされるけれども、確立される法典の全体はコミュニティのほとんど全体の一般的支持を得るようになるということは非常に意味のあることである。それは単に少数派の感情を大いに害した法律が廃止されるということではなく、比較的わずかの法律しか廃止されないということである。それは一般的にいって、制定の事実そのものが多数派のみではなく、すべてのものの意志に反作用して、容認、所有または敬意という共通の態度をつくりだすからである。

他方、それは重大な危険を伴う統制でもある。その反作用的性質が制度の本来の目的をあいまいにし、その統制が手段として役に立つ関心を熟慮することなしに、人々をしてその統制に固執させる傾向にある。制度が固い「殻」に硬化することは、実際バジョット（Bagehot）やメーン（Maine）が際立って説明したように、生活の発展にとって最も大きな障害である。疑いもなく強力な社会生活は常にその殻を破ることができる。しかし、人々の精神は、それ自体静態的であるので、それは制度に支配される生活のなかに沈滞してしまうかもしれない。しかも、新生活運動は最初は常に小さく、硬直した制度によって消滅するように容易に統制される。そのような場合には、制度によって与えられた安全性は進歩を犠牲にして得られるものであり、生活はよき生活という不必要に高い代価によって獲得される。そのように制度が神聖視されるところ、その形態が実際にそれが役立つ生活から分離して敬われ、そして法律の反面が社会から離れて空文化するところではどこでも、制度は危険なものとなる。このことは単に未開民族に限らず真実である。発展する諸民族の歴史は制度の諸形態が硬化した時に起る危険をたえず示している。その危険とは、それらの形態の母体となった精神、伝統や生活の様式を発展させるかわりに道を誤らせるかもしれないものである。このことは聖職者の制度の場合のように、制度が神聖性を賦与されているところでは特に顕著に見られる。歴史の過程においては、繰り返し宗教的努力はそれ自体を表現し発展させるための諸制度をつくり出し、そしてそれらは繰り返し宗教的精神を硬化させ、押しつぶしてきたのである。というのは宗教においては何よりも自由で、しかも単なる形式や強制を伴わない態度、つまり、無限にして善であると感じられる力に対する崇敬と愛性を適合させることが困難であるからである。
ることころはなく、またこれほど更新の困難な領域はない。それは、この領域においては、制度の柔軟性とその神聖
と自己投棄の自由な態度が本質的であるからである。他の生活領域で、これほどたえず更新をさし迫って必要とす

三　制度と生活

われわれは社会生活を促進し、統制する手段としての制度の二重の必要性を見てきたが、それによって、われわれは制度それ自体が善であるのではなく、生活に役立つという意味においてのみ善であることを見てきた。制度は社会の機構なのである。このために制度は社会のある段階において善となり、他の段階において悪ともなる。しかしながら、今日間違いなくいやがられていようとも、ある時期のある社会的領域において全く有益でなかった制度の名を挙げることはできないであろう。奴隷制、戦争や専制政治は文明の世界においてはすべて悪である。しかし、これらでさえも、より原始的な世界においては適切な働きを演じたことをわれわれは否定できるであろうか。制度とは、それが利用される目的によって善にもなり、悪にもなる。制度は人々を圧倒するために、それ自身の権利において存在するのではなく、人々に役立つためにのみ存在するものである。そして制度が人々に仕えることを止める時には、制度のどのような古さや神聖性も、制度を非難から救うことはできない。新しいワインは最後には古いびんを打ち破ってしまう。そして悲しいことにワインはこぼれ、びんは割れてしまう。フランス革命の時もそうであったし、われわれの時代には、ロシア革命が政治的教訓の最大のものを再確認している。

全体がその構成部分の成長によらないで成長できるということ、つまり、世界がどんどん成長している間に、個

人は衰えるという理論は理解し難い。人々は確かに生活を犠牲にして機構を強化し、機構を手段から目的に転換できる。人々は、ちょうど蜂や蟻が重要な生活機能をその過程のなかで意味深く失って、彼らの社会的機械の奴隷となっているようにみえるごとく、機械の奴隷となり得る。しかし、人々は木製や鉄製の機械の奴隷には決してならないであろう。これらはあくまでも解放の用具である。人々は、制度化された活動の形態が召使の代りに主人となる時に、自ら創造する機構に対してのみ奴隷となるのである。人々は抽象的諸概念、つまり、忘れ去られた現実から引き出された諸概念、忘れ去られた諸欲求によって創造された制度の世界のなかで、時折うまく生き抜くように、抽象的な制度の世界のなかで生き抜くことができるのである。

制度の継続性と永続性は、制度を活用する短命の民族と比較するとき、あたかも制度はそれ自体のために、あるいは超個人的目的のために存在するかのように思われる。しばしば制度にこのような間違った性格を付与するということは、すでに十分に指摘されている。この傾向の巧みな説明は家族アソシエーションとそれによって構成される都市の諸制度との関連において、レスリー・マッケンジー（Leslie Mackenzie）博士によって『社会学評論』（*Sociological Review*）の第一巻で与えられている。彼は「大衆的活動によって大都市を発生させた個人のすべてが死亡しても、われわれは都市が人格的な源泉以外の何かから出現したという幻想にいかにたえず執着するか」を指摘し、この幻想の大きな危険を示している。それは一方において官僚風の強化とサーヴィスの理想から役所が遠ざかることであり、他方その結果として現われる制度のサーヴィスを自分のために当然利用できる者の気おくれである。特に英国における病院に対する市民の態度は、この点を説明する好例である。彼らは、病院の制度が医者や看護婦のためにではなく、患者のために存在していること、そして実際にそれは患者のために存在し、患者のサーヴィスを除いては存立の根拠を全くもたないことを認識していない。したがって、市民たちは、彼らの制度を最もよく利用していないのである。

制度を創造した生活と制度の真の関係を認識することは非常に重要である。あらゆる種類の共同生活は適切な制度を創造する。宗教生活は聖職者の制度を、貿易の生活は経済の制度というように。この事実をあいまいにすることは二つの誤った極論へ導くことになる。それは制度を生活より先行させる管理（regimentation）の原理に導くであろうし、あるいは制度を目的に高めることに抵抗しながらも、手段としての制度の必要性を許容することに失敗する無政府の原理に導く可能性もある。

さて制度は、客観的形態であるので、不安定な生活過程の微細な方法にならって変化するものではない。制度は、それをつくり出した生活が全く変ってしまっても、あるいは制度の背後にもはや生活過程が全く存在しない時でさえ、表面上変化しないままでいることもある。あるいはまた、制度は、沈黙のうちに新しい目的に変ってしまう生活の突然の創造的あるいは破壊的な衝撃のもとに短時間のうちに創造され、変化し、あるいは破壊されたりする。しかし、もしも制度ができるかぎり生活に役立つべきものであるとするなら、それは生活が変るにつれて変えられねばならないし、生活が新しい方向に向けられるにしたがって変形されねばならない。

歴史の教訓が不確かであることは有名である。そして人々はどんな社会的偏見をも支持するのに、かつて聖書を引用するのが常であったように、歴史を引用する。しかし、歴史が何かを教えるとするならば、それは確かにわれわれにこのことを教えるに違いない。すなわち、制度を不変のものとみなし、制度が共同の福祉のサーヴィスに役立っているかをたえず吟味しないコミュニティは自らを救うことはできない。

未開社会においては、一組の制度が人々の生活を取り囲んでいた。それですべての行為に対する単純な外部的賞罰を見出すことは容易であった。しかし、コミュニティが発達するにつれて、そのなかで、多くのアソシエーションが展開する。そして、これらのアソシエーションはすべて自らの制度をつくりだし、多くの代弁者でもって多くの忠誠を要求する。したがって、社会的存在はもはや単一の社会的主張を単に受容することにおいて、自己の生活の統一を見出すことができなくなるが、これらのさまざまな主張が社会的存在自身の敏感に反応するパーソナリティの焦点において関連づけられ、調和される限りにおいてのみ、その生活の統一を見出しうるのである。それは倫理の実現であり、時間的には最後に現われるが、倫理的優先である。伝統が多様化すれば、各部分の主張は絶対的ではなくなる。伝統がこわれる時、そしてもしもこわれるなら——コミュニティが発展するなら、伝統はこわれるに違いないのであるが——人々を再び伝統まで連れ戻すことは無駄である。〈もしも〉伝統が支配力を失うならば、唯一の安全性は人々を、彼らが棄てた外的な制裁から世界を更新できる内的な制裁へと導くことである。コミュニティが古い伝統を棄てさる時には、伝統に帰る直接的な道は存在しない。コミュニティは回復できないものを再び造らねばならない。というのは制度は手段にすぎないし、生活の諸要求に諸制度を順応させることは絶え間ない社会問題を構成するからである。

第三部　コミュニティの発達の主要法則

第一章　コミュニティ発達の意味

一　いかなる意味で法則なのか

最初の章で、われわれは社会法則の意味と、それが他のあらゆる類いの法則に対してもつ関係を見出そうと試みた。そこではこうした法則の存在に、疑問を投げかけることは不要であった。社会法則が存在することを、たとえば経済学の法則は、物理学の法則が存在するのと同じくらいの確かさで存在することを、今日では誰も疑っていないと思う。しかしながら、アソシエーションの一定範囲に見られる特殊な法則ではなくて、すべてのアソシエーションを統一するコミュニティの一般法則を考慮する段になり、また特にかかる法則を、発達や進化の法則といおうとすると、無数の批判者からの攻撃の矢面にわれわれは立たされる。ある者は発達と進化とに区別を設けようとするし、他の者は進化と進歩とを区別し、一方を肯定して、他方を否認しようとする。ある者は〈まったく〉社会の発達を否定し、別の者はそれを認めはしても、法則をもつことは否定する。後者の批判に対する唯一の十全な反論は、これらの法則自体を論証してみせることであるにちがいない。だが、そうした論証に入る前に、コミュニティの発達法則は〈存在する〉というわれわれの主張に、含まれる意味あいを考察しておいた方がよい。

われわれが発達法則を云々する場合、常に直面しなければならない問題がある。これらの法則は単に発達の現実過程を要約した陳述にすぎないのか。すなわち、これらの法則は特定の過程では真実であっても、どこでも通用する発達の普遍的原則とはみなすわけにいかない、つまり特定の時代の西欧文明の発達にはおそらく真実であり得ても、東洋においてもそうした発達がほとんど時を同じくして起るようなコミュニティ発達とは必ずしもいえなければ、まして未来や未知の形態では、必ずしも通用するとはいえない歴史的ないし記述的要約なのか。それとも、これらの法則は、コミュニティ発達の真の性質を示す原理、つまりあらゆるコミュニティがその存在のある段階からより高次の段階へと移行する際に、必然的に従うべき規則——なぜならこれら規則はこうした諸段階の発達が〈志す〉ものであるゆえに——なのか。この相違はきわめて重大である。前者の立場を取ることが正当とすれば、われわれはいまだ真の社会学の埒外にいることになる。もしも後者であるならば、われわれは自信をもって社会学のために、諸科学のなかの地位を要求し得る。私はいささかの疑念も感じることなく答えたい。「法則」という用語は、私がまさに公式化しようとしているコミュニティ発達の法則に、厳密に適用可能であると。コミュニティ発達がどこで起ったにしても、それはこの法則に従ってきた。そして、今後もコミュニティ発達がいかように起ろうとも、これらの法則に従うことであろう。

この一見して大胆な主張の根底には、二つの仮定がある。われわれは第一に、発達は単なる過程と区別されるものであると仮定してきた。「進化」という語は、いろいろな点できわめて曖昧であるので、当面は論議から除いておきたい。しかし「発達」や「進歩」という語は、単に過程を意味するのではなく、後程、明確にされるように、一定の方向性を伴った過程である。この二つの用語は、時には区別されているけれども、私は同意語として用いる(その理由はすぐに明らかになる)。とはいえ、「進歩」という語には、しばしば一定の〈狭い〉倫理的意味が附随しているので、私としては「発達」という言葉の方を好む。先に示した主張が、考えられるほどに大ぎょうなものでも大胆なものでもないことは、今や明らかであろう。われわれはすべてのコミュニティ過程の法則に関心があるわけではなく、もっぱら発達するそれの過程の法則のみに関心があるのである。仮に非進歩的なコミュニティの移行法則があるとしても、それらは本稿でのわれわれの関心事ではない。すべてのコミュニティないしいかなるコミュニティといえども発達するはずであるというのではなく、発達するところのコミュニティが、本書に示される法則に従うであろうと、いいたいのである。

もう一つの仮定——あらゆるこうした研究に予め必要な仮定——は、コミュニティの性質につき本書の前半部分で詳説した定義である。コミュニティは簡単にいえば共同生活であり、かかる共同生活が多かれ少なかれ、十分に目的に適っているか否かは、コミュニティがその構成員の諸要求と諸パーソナリティを、社会的調和を保ちながら、多少とも完全に実現しているかどうかに従っている。つまり、個性によって生じる必然の分化を、コミュニティが多少とも完全に自己の内部に吸収し、その結果、成員のパーソナリティが統一体の内部で分化しても、その統一体と矛盾しなくなるかどうかに従っているのである。したがって、共同生活は程度の問題であり、現存するすべてのコミュニティはコミュニティの理念を多少なりとも実現しているものにすぎない。〔本書において〕提起されるはずの法則は、コミュニティが一層完璧に実現される際に従う法則であって、かかる法則は、コミュニティがより完全な共同形態に向かって進んでいるところではどこでも、部分的ないし全面的に検証される。いかにも法則は歴史からの単なる帰納以上のものである。なぜなら、歴史は何れがより完全で、何れがより不完全であるかを、われわれに示しようがないからである。先の仮定の本質はまさにこの点にある。われわれがコミュニティという場合、それは単にさまざまな歴史的諸段階において示されるようなものではなく、理念上のコミュニティである。それの法則はコミュニティの理念の説明であり、これらは、それに従って発達が起るといった法則にとどまるものではなく、法則自体が発達の本質を表わし、構成すらしている法則なのである。それらは発達するコミュニティにおいて歴史的に例証されるけれども、法則の必然性はコミュニティの理念にもとづいている。そのため、一定の発達段階にあるコミュニティは、現実にこれらの法則に従ってきたし、あるいは現実に従いつつあるといい得るだけでなく、もしコミュニティが一定の段階から発達し続けようとするならば、それは同法則に従わ〈ねばならない〉といってよい。法則が明らかとなるのは歴史においてであるが、コミュニティの理念によって導かれているからこそ、われわれは歴史の盛衰と矛盾の巨大なうねりの中で何を探求すればよいかを知るのである。こうした手順が独断的かつ循環論法的であるといわれるならば、すなわち、予め〈ア・プリオリ〉なコミュニティの理念を設定しておき、それに一致する歴史的変動をもっぱら発達の法則として選ぶだけといわれるならば――もっと洞察のある答もあろうが――一切の進化論的科学は同じ困難に直面したと、答えておくことで十分であろう。しかし、進化論的科学はすべて、科学者がいかにそれを隠そうとも、過程と同じく発達に関しても必然的に言及している――さもなければ系も、分類体系も、連続性も、法則もあり得ないであろう。進化論的科学は世界の歴史を扱うのではなくて、世界の選ばれた諸要素の歴史を扱うのである。それは一連の生命の諸段階を明らかにする歴史のたぐいではない。アミーバは人間が発生した時に消滅しなかった。進化論的科学は時の経過につれて、新たな生命形態がしだいしだいに出現するのをもっぱら研究することではない。先祖返りと退化の事実が、進化を時制の連続と同一視する考え方を、吹き飛ばしてしまう。この点に関連して、進化は〔単なる〕変化ではなくて、一定方向への変化を意味するものでなければならない。発達の理念を取り除き、過程の理念のみを残した場合には、進化論的科学は無数の不完全な矛盾したありのままの過程の単なる省察となり、科学ではなく、一貫した脈絡をもたぬ非論理的な無限の一連の記述になることであろう。

発達の理念が他のあらゆる進化論的科学に持ち込んでくる面倒は――そのためにすぐれて理性的な科学者がそれを持ち込むことを避けようとするのであるが――社会科学の分野には、存在しないのがはなはだ注目に値する点である。発達の理念はもっぱらこの分野にのみ明白に存在し実現されているのである。ここでのわれわれの関心事は、コミュニティの本質が実現される際に、準拠し従うところの法則である。すなわち、金がその本質を理解する人の諸活動を通じて、不純物から純化されるように、コミュニティもその本質を次第に理解するようになる人類の活動を通じて、異質な要素や矛盾を純化し、その一段と真実に近い姿を実現するが、その際にコミュニティが準拠し従う法則に、われわれの関心があるわけである。生物学者が有機体の本質を解明することに関心があるように、われわれはコミュニティの本質解明に関心をもつ。つまり、コミュニティを形成し、変化させる〈唯一の〉活動は、それぞれの程度に応じた目的的な活動、つまり意図的な人間の活動である。われわれが〈関知する〉のはこれらの目的であって、森羅万象における他の諸目的ではない。

目的の観念を除いては、社会の発達は意味をもたない。異質性や複雑性の観念では十分でない。複雑性や無秩序な異質性を表わすためのものは、混沌でしかないからである。時間的連続の観念も十分ではない。でなければ、頽廃や退化のことを論じようがないからである。調整や体系の観念も十分ではない。〔なぜなら〕原始のコミュニティは、たとえば親族や婚姻関係の点で、非常に入念な秩序を、時には精緻すぎる体系を示していないとは決していえないからである。たとえば、なぜわれわれは現代の西欧文明を、中世の文明よりも、一段と発達したものとみなすかと問う場合、その答えは単に現代の西欧文明がより複雑であるということではなくて、より多くの関心と、より高度の関心を満足させているからということになる。なぜ現代のごとき西欧文明の発達をみたのかと問えば、その答えは、人々がもっと多くの関心や、より高度の関心を見出し、かつ社会諸関係を通じてそれらを満足させる一層すぐれた手段を見つけたからということでなければならない。コミュニティの諸制度や慣習は、生活に一層役立つ時、さらに発達したことになり、コミュニティは、より大きくさらによりすぐれた共同生活である時に、一層発達したことになる。コミュニティの研究の際に、われわれは常にこうした倫理的理想を、すなわち少しも論証されないにしても、それでもなお仮定しなければならないより完全な生活のこの理想を想起せざるを得ない。この倫理的理想は、われわれの理論の完璧さをいかに犠牲にしようとも、生活それ自身では〈言い表わせないほど〉の豊饒さと具体性と精神性を保持しているはずである。コミュニティの発達は生活の発達の局面であり、諸制度の発達はそれら制度が一層完全に生活に役立つものに変化することを意味する。コミュニティを研究する時、われわれは無数の価値を研究しているのであり、諸価値の研究に際しては、おそらく客観性を研究者に奨励するという理想を保持し続けることは出来ない。われわれが関心を有するのはまさに価値であるので、制度の善し悪しについて、発達段階の高低について語らねばならない。われわれはそれらを上記のように〔評価的に〕扱うべきだというのがまさに価値の趣旨にほかならない。価値的意味がそれらの本質的な事実なのである。言うまでもなく、何々であるべきだというわれわれの観念に災されて、現にあるものの理解を誤らないように常に慎重であらねばならない。われわれは冷徹な不偏的立場から存在を記録しなければならないが、しかし価値的存在の意味そのものは、価値的存在として扱わなければ、失われてしまう。

残念ながら、われわれは一連の困難から脱しても、別の困難に直面するだけである。自然科学は発達の術語を用いねばならず、しかも発達に明確な意味を与える原則、つまり目的と価値の原則を持ち込めないでいるが、われわれはそうした困難からは逸れている。だがその代わりに、価値の理念が持ち込む新たな困難に、つまり価値基準が個人毎に民族毎に異なるという困難に直面する。これは真実めんどうなことではあるが、その困難さは誇張されてはならない。すでにみたように、ここに示唆したような対立は、主要には倫理的な対立であって、社会学的なそれではない。あらゆる人々が追求し、したがって善ないし望ましいと認めている一定の普遍的な目的がある限り、結局のところ人々の間には、一般的な同意が存在するということにも、われわれは留意しなければならない。より大きな相違が起るのは、コミュニティの諸形態、諸制度がこれらの目的をどれだけ推進しているのかという問題をめぐってである。たとえば、人々が「社会主義」に関して論争する時、普遍的な目的に関しては同意に立って論争しており、相違しているのはコミュニティの一定の組織がどれだけこれらの目的を推進するか、遅延させるかという問題をめぐってである。さもなければ、論議は一切不可能であろう。人々が戦争体制について論争する場合、彼らの相異点は、一様に彼らも信じている共同の安寧に、その体制が及ぼす影響に関してである。したがって、人々が社会諸制度に異なる倫理的形容詞を貼り付けたとしても、すなわち、もしもある者が戦争は善だと信じ、他の者はそれを悪とし、ある者が外国人の支配を是認し、他の者はそれを批難するにしても、また、ある者が現在を過去より悪く評価し、他の者は現在を過去より良いと評価したとしても、ここには倫理的対立が存在し、それゆえに解決不能な対立があるという風に仮定してはならないのである。諸制度が生活に及ぼす影響は社会学的な問題、すなわち全く客観的な問題である。たとえそれは現在において不可能にしても、社会的原因と結果についてのさらに長期の研究によって、必らず解決される問題である。これらの因果関係の不偏不党な立場での研究は、実際のところ難しいことである。それらを研究する際に、心ならずもわれわれが偏向しがちなのは、単に特定の諸制度がわれわれに固有の意義や価値を有しているからではない。それはすでにそれらに関して判断を、単に学問的な判断ではなく、まさにわれわれの本性に、自らの情緒と人格に刻まれた判断を、単なる思考ではなく、実感と実生活にもとづく判断をなしているからである。不偏不党への要請と努力をいとも簡単に打ち破るのは、このように人間全体に深く根ざした判断である。それにもかかわらず、諸制度の影響に関する探究にはすべて、科学的解決の余地があり、それを要請している。そしてこれらを考察する際に、われわれの思考様式全体の性格に及ぶ〔人間の判断の〕影響が深ければ深いほど、たとえその真の知識を得ることが一層困難であるにしても、それに応じて科学的解決は重要となる。というのは、因果関係にがっちりと結ばれた世界において、知識の代わりに無知や誤謬が、何らかの点でわれわれに利益をもたらすと信じることは、不可能だからである。

ここでわれわれは、コミュニティ諸制度の発達と、共同生活の発達の区別が必要であることに注意しておかなければならない。一面では、アソシエーションと制度は生活よりも継続的である。なぜなら、ひとつのアソシエーションが何千年も持続し、ひとつの制度が幾世代も生きながらえるであろうからである。他面では、生活はその母体である組織より継続的である。というのは、アソシエーションは廃れるかもしれず、制度は完全に別の制度に取って代わられるかもしれないが、生活は本質的にどこにおいても同じように、程度の差こそあれ存在しているからである。今日、西欧の諸々のコミュニティを創造している意志と知性は、先史時代のホルドやクランを統合した意志と知性に比べて、ほんのわずか上まわる程度にすぎない。われわれは今だにもっと進歩できないでいるのであろうか。神の御心は果てしない森羅万象を理解し、享受していると考えられるのとまさに同様に、同種の仲間に向ってぼんやりと感じるだけの無意識の虫けら同様の人間は、その生活の尺度でもって、ただ森羅万象の多くを理解し、享受しているのである。

われわれは生活が築き上げた構造のうちに現わされた生の成長に、関心を抱かねばならない。生きて発達している事柄について書かれたものには、何であれ、何らかの誤謬のあることはおそらく間違いないが、コミュニティの研究の際にも、固有の危険性がある。というのは、われわれの研究しているものは、これまでどこにおいてもわれわれの眼前で完成したことのない発達の過程であるからである。苗床や幼虫であれば、それが何になるのか分かる。われわれの前には、個々の植物や動物の発達経過の先例があり、完成に向う目下の発達段階だけではなく、その完成形態を知っているからである。しかし、コミュニティの過程は、それが抱かれている宇宙の過程と同様に、完成されていない。早春になれば、芽を出した百合が四月に何になるのかが分かる。だがコミュニティの歴史において、何がその生長期であり成熟期であるかを——どちらも実際に言えるとすれば——いかにして知るのであろうか。生活はいつ何時、激しく新局面を展開し、われわれの予想と矛盾するかもしれないのである。われわれはその威力の程が分からぬ力の研究をしている。なぜならこれはその結果においてのみ判明するからである。われわれは十分な性質を知り得ない力を研究する。けだし、今やそれが完成真近かであるのか、それともほど遠くにあるのかを言うことも、まして完成した暁でさえ——もし何らかの完成があるとして——その性質は、十分に認識されたとは確信をもって言えないからである。その未来はせいぜいのところ蓋然性でしかない。われわれが知るのは〈方向〉のみである。われわれの言い得ることは、もし力が使い尽くされないならば、現在の方向の維持は多分これこれの結果をもたらすであろうということだけである。しかしあらゆる不確定にもかかわらず、ある確かな結果がありそうだということは、確言できるように思われる。というのは、そうした力は過去には時々使い尽くされたり、時々方向が逆戻りしたこともあるように思われたけれども、人類学によって可能になったより包括的な見地のおかげで、普遍的な方向と永続的な推進力が明らかになるからである。人間の知性は内面的な挫折や環境の圧迫によって、より貧弱になると思われるが、実際には〔長期的にみて〕一層強く成長した。人間の可塑性と教育可能性は減少するようにみえるが、実際にはそれは増加した。人間の意志の力と諸手段を制御する力は不十分であろうが、それらはこれまでの過程で、測り知れないほど増強されたのである。

最後に、それ〔生活〕は厳密な意味において、進化し、展開し、広がると表現し得る唯一の〈形態〉であることを理解すべきである。すなわち、能力やエネルギーは進化しないけれども増大する。個人や民族の生活諸能力の増大に相応して、生活諸形態も進化する、その全過程を表わすのに、われわれは「発達」という用語を用いている。いかに、われわれすべてが己れ自身の内に見出す能力を、永久に形態的なものとしてではなくて何らかの形態以上のものと名づけようとも、〈コミュニティの法則とは、社会諸形態の進化と、人間的な生活やパーソナリティの増大との関連を現わす法則である〉。

コミュニティの研究にとって、これらの原則は非常に重要であるので、われわれはしばし、たちどまりそれらの意味と真理を、さらに十分に考察しておかねばならない。

二　社会発達の種類とコミュニティ発達の規準

何千もの社会的関心がコミュニティの内部で結びつけられているが、ひとつの関心の発達が他のあらゆるそれの発達を意味するほど、それらは完全に調和しているわけではない。ある関心の追求が他のそれの無視や、損失も引き起しかねないのである。したがって、コミュニティはひとつの社会善を推進しても、別のそれを喪失するので、進歩と同時に退化であると思われる。たとえば、ルネッサンス期イタリアのいくつかの都市の場合のように、外面的文明の点では、高い水準を実現しても、その道徳水準の点では品格を落していた。紀元初期の頃、ゲルマン民族の場合がそうであったと言われるように、コミュニティは高い道徳的紀律（「道徳」概念のより狭い意味において）を示しても、そこの文化は未発達なままである。われわれの産業期の初期のように、コミュニティは健康の関心を犠牲にして、経済の関心を追求する場合がある。あるいは、古代スパルタのように、コミュニティは文化的関心を無視して、健康の関心を求める場合もある。それでは、何をもってコミュニティの発達とよぶのであろうか。コミュニティ発達と名づけることが可能な何らかの統一のある前進運動や、コミュニティ退化と名づけなければならない何らかの統一のある後退運動が、存在するのであろうか。共同生活の複雑さがこのことを困難な質問にしている。そこで、その解決の糸口として、コミュニティにおいて結び合わされている社会的関心のさまざまな種類を順次に考察し、各種類の内部における発達の規準を調べることにしよう。こうすることによって、もっぱら共同的と名づけることが出来るより一般的な発達を、よりよく探求することが可能となろう。

研究の出発点として、すでに述べた関心の分類を利用することにしよう。特殊関心は究極的と派生的の二つの主要部類に類別された。本来、派生的な関心は、別の観点からは一番重要であるにしても、われわれの当面の研究観点からは明らかに二次的なものである。というのは、経済的・政治的諸体系は人々の究極目的に対し単なる手段であるからである。諸体系は、それらが効果的に奉仕している目的の性格からそれらの価値を得、また、あらゆる手段と同様に、諸体系は、多様な目的、相反する目的のためにも利用されるかも知れないのである。それゆえ、派生的関心の分野において、本稿でわれわれの関心を引く唯一の発達形態は、それらが実際に表わす寄与により評価されるような、すなわち究極の目的の発達によって評価されるような、諸体系の発達に関してである。機構の部分としての経済的・政治的諸体系の完備に関しては、それゆえにわれわれの当面の研究にとって無意味であり、論じる必要もない。〈コミュニティ〉は、単にそれの経済的ないし政治的体系が本質的により複雑に、より大規模になったからといって、決して発達したと言うことにはならない。この事実はよく見過ごされており、コミュニティ発達の問題を、実際以上に困難に思わせてきた。経済的体系と、それが大きく依存している技術的・機械的用具の体系とを共に、取り上げてみよう。こうした体系は、〈文明〉という用語を用いる時に、よく想起されるのであるが、しかし文明はコミュニティ発達の尺度にはおよそなり得ない。もしも〈文明〉の用語を、こうしたコミュニティ機構の全体系に限定し、〈文化〉の語を、もっぱら究極の目的として追求され、追求されるべきである諸関心をもって示すのに確保し得るならば、きわめて好都合である。この区別を明確にすることは、われわれが日常会話に用いる言葉を細かく区別立てすることに対して感ずる厭わしさなど、かまっておれないほど重要である。なぜならば、上記のように理解される〈文明〉は、それ自体、文化の進んだ状態を示すにしても、それでも文化の代用品とか文化の敵対者にさえなるかもしれないからである。「詩情をもたぬ科学や、文化をもたぬ文明ほど、人間の精神にとって危険なものは、おそらくない」*とは、まさに至言である。文明の中枢部での生活は、古代、現代を問わず、しばしばこの言葉の真理性を例証している。ひとたび区別がなされるやいなや、われわれは〈文明〉の欺瞞性に気づき、しばしば内面的生活の未熟さを隠蔽したり、育くんだりしているきらびやかな機構の虚飾を、もっとよく見透かせるようになる。いまひとつ政治的体系を例に取ってみよう。ある者は国家の領土やその支配地を、田舎者が都会の高層建築や長い街路にぼう然と見とれるのと同じように、素朴に感嘆して眺める。だが、文明と文化の区別ができるならば、誰がこうした観点で都市の価値を評価しようとし、また誰がその観点で国家や民族の価値を評価しようとするのであろうか。知性と努力の水準は、広大なペルシアの領土よりも、数平方マイルのアッティカにおいて、ひとしお高いであろうし、巨大なゲルマン帝国よりも、フローレンスの小さな社会において一層高いようである。もしその通りであれば、より少人数の国民ほど一層偉大ということになる――これは何も逆説的な意味で言っているのではない。というのは、そうした場合には、国民にとって、人生はより一段と生きるに値するものであっ

* H. S. Chamberlain, *Foundation of the Nineteenth Century* (English translation), Vol. I., p. 36. 参照。

て、それ以外のどのような偉大なものも単なる幻影、〈巨大な名ばかりのまぼろし〉(*magni nominis umbra*)にすぎぬからである。

われわれの問題は今や一層単純な項目に纏められる。けだし、究極的関心の分野における発達の規準をもっぱら調べ、そこにおいて「コミュニティ発達」という表現に内実を与えると思われる何らかの相関や統一体を、探求すればこと足りるからである。われわれは究極的関心を、有機体の要求にもとづくものと、心的要求にもとづくものとに分けた。この二つの分類は厳密な意味で心理的なものであり、かつ心の相互関係、すなわち社会的諸関係を創出し、表出し、あるいは表現する限りにおいてのみ、われわれはそれらに特に関心を抱くということに留意すれば、これらを簡略にして、それぞれ有機体的および身体的な関心と呼んでも差支えない。われわれは生物学の観点や心理学のそれから、発達を扱うわけではなく、これらの科学の成果を、ひたすら自身の科学の基盤として利用しようとするのである。以下に生物学的および心理学的発達の規準を問おうとするのは、まさにこうした目的のためにほかならない。

有機体の発達は外面的と内面的な側面、構造的と機能的な側面をもっている。さらにここでは、発達の研究にとって、機能的な側面が一層重要であり、全く決定的なものであるという点に注目することが重要である。もしも構造だけを眺めるならば、発達とは(1)器官から器官の分化が増大し、かつ分化した器官すべてを、有機体的構造の統一体に調整することが増大すること、(2)分離した諸器官、したがって有機体全体の複雑さが増大すること、の二点にあることを見出すにちがいない。しかしこれらの規準だけでは全く不十分である。なぜならば、(1)構造の病理的な分化、つまり有機体の生命に有害な分化が存在するかもしれないからである。もちろんそうした分化は、有機体の統一のうちに調整されていないためと、言われるかもしれないが、しかし、諸器官の機能が生命機能それ自体に役立つように調整されているかどうか、という観点以外から、いかに諸器官の調整を評価し得るというのであろうか。(2)器官内部や全有機体内部の複雑さも、やはり病理的であるかも知れない。癌組織は、構造的な観点からは、健康な組織よりもっと複雑であろう。有機体や制度上の単なる複雑さは、決して望ましいことでも、常に悪いことでもない。健康な有機体にあっては、〈無用な〉複雑さは退化し、人間の身体には、多くの退化した器官や退化しつつある器官が存在するということは、有機体が健康であることの証拠である。* 自然界は複雑さを、複雑さそれ自体のためにではなくて、もっぱら複雑になることが自己にとり有用であるという理由から、それらを生み出し、維持するというのが特徴である。このことは熟考してもよい教訓である。

有機体の発達でさえも、有機体の諸部分の分化、相互依存、複雑、調整といった観点では、理解不可能であるという事実を力説することは、不可欠事である。このことは、いまだにコミュニティの発達を、有機体のそれに類似したものとみなす人達のいる事実からみても、特に言える事柄である。有機体発達の真の意味を認識することは、そうした人達を、コミュニティについての誤った機械論的観念から、免れさせるものである。もはやかかる人達は、コミュニティの成員が単に社会機構の分化した諸部分として、すなわち社会有機体の細胞として役立つ時に、彼らの本質と機能を充足するものであると、考えることはなかろう。彼らは、専門化と分業を、固有の目的にまで誇張することも今さらない。コミュニティが、それ自身の冷酷な力でもって、その組織体の多くの成員をあちらこちらに連れて行く何か巨大なリヴァイアサンであると、考えることももはやないであろう。最後に、個性と個性化につ

* 「ヴィダーシャイム（Wiedersheim）は、著書『人間の体格』（*Der Bau des Menshen*）のなかで、人間には進化しつつある一五の器官と、いまだ部分的には役立っているが衰退しつつある一七の器官と、そして痕跡化してしまった全く無用な器官が百七あることを数え挙げている」（*Edinburgh Review*, 1912.）。

いての誤った見解を抱くことも、したがって社会化と個性化は一体であるという最初にして最大の法則を、誤解することももうないであろう。有機体の発達は、有機体の生の発達であり、コミュニティの発達は、その成員のなかに現われる生の発達なのである。

したがって、発達の規準に対するわれわれの探求は、構造から生に移行する。生を助成する分化は発達である。生能力を増大させる複雑さが発達である。われわれが有機体という場合には、生活している生物か、またはその生の肉体的乗り物かの何れかを意味している。生物の発達はそれの生の発達であるので、発達した生物は一層大きな能力、一層大きな気力、一層大きな精神的ないし心的理解力を示す。より豊かな生活があればどこでも、分化と複雑さの徴候を示すが、構造的発達を創出するのは常に生である。有機体の発達の研究は、われわれの追求に有益な指針を与えはするが、それ自体探求の目的ではなく、ただ心的発達の研究に導くにすぎない。われわれの問いに答えねばならないのは、ほかならぬ心理であり生活である。そして、もしも心的発達が何であるかを知るならば（「心的」とは、その最も広い意味において、実質的な「生活」を間接的に示すものである）、すでにコミュニティ発達の意味を知っていることになる。すなわち、それは共同生活を通じて実現される心的発達である。

さいわい、心的発達を見極めるのに非常に簡単な方法がある。すべての心的存在は幼児期から成熟期に向かって変化する。その過程で生全体は、何か特定の側面ないし能力だけを発達させるものでも、あらゆる方向に等しく発達するものでもないが、それでも全体としては発達する。個々の例にみられる堕落、倒錯、および生長の停止、不均衡な生長の諸事例といえども、幼児期から青年期への移行において、普遍的な発達、すなわち生全体の発展があるという事実を、おおい隠すことは出来ない。心理学者は心的発達の包括的なテストをたやすく考案するし、われわれもすべて心理学者のように、自己の経験の内に含まれている多数の事例のなかに、発達の普遍的諸特徴を見極めることができる。さらに、不利な影響のもとでは能力は習得の際と逆の順序で次第に失われ、最近習得したものは最初に失われるものとなるという意味で、一定の不利な影響は「退化的」であるという原理を、もし受け入れるならば、われわれはもっと直接的な研究方法によって得られた諸結果を調べることができる。過度の情熱やアルコール、そのほか特定の薬物の影響、さらに精神障害者の全身麻痺、その他の病理的な錯乱を引き起す健康状態の影響が、右に述べた意味において、退化的であるということは、生物学者と心理学者の両者によって支持されている。*

こうした方法の適用によって、われわれが得るさまざまな発達の規準を、ここで論議し、弁明することは不可能である。〔発達の規準として〕たとえば、新しい状況に対応する能力、判断力や総合力、理想をいだき表現する能力、不変的な生活目標の観念によって情念を抑制する能力、適切な事実によって想像力を抑制する能力等が挙げられよう。だが、われわれの関心は、直接には発達の社会的規準にある。これらの方法を適用することによって発見出来る諸規準のなかで、最も重要なものは、おそらく次のものである。すなわち、他者の要求を自己の要求と比較して理解し評価する能力、たえず拡大するコミュニティと関係を結び、ますます複雑になる関係に入る能力、仲間とのかかる関係のなかで、個人が達成する自律性、およびかかる関係内部での他者に対する個人の責任感等である。これらすべては、意識生活の初期の段階ならびに活動において全く欠如していた特質であり、教育可能な人間全体によって、少しづつゆっくりと獲得されたものである。それらは、有機的で心的な生活を完全に狂わせる有機的ないし、心的影響のもとで、最初に減退する社会的特質である。それらはまた、老人が成熟をあざけって、第二の幼年期に退歩する時に、大抵被害を蒙るように思える社会的特質である。これらすべての理由から、われわれはそれらを、各自の社会生活に普遍的な発達の規準であるとみなすことは、正当であると思う。

* たとえば、Ribot, *Psychology of the Emotions*, chap. xiv.; de Greef, *Le Transformisme Social*, Part II, chap. 3. 参照。

われわれの前にあるこれらの規準でもって、もしも個人と社会の真の関係を把握したならば、コミュニティ発達を評価する際の主要な困難はなくなる。もしこれらが実際に個人的発達の規準であるならば、それらは、まさにそれらの性質から言っても、コミュニティ発達の規準である。コミュニティの成員が、これらの規準によって測定された時に、最も進歩しており、かつコミュニティの制度が、成員を進歩させるために最良に計画されている場合に、コミュニティは最も発達していることになるはずである。いま述べたさまざまな規準は、一緒に纏められまた、互に相伴うものであることが、本書の中で明らかにされるであろう。さらにそれらでもって測定される発達は、おおむね生活の有機的基盤の相応した発達を伴うものであることも、同様に示されるであろう。

もしもわれわれはみな、どちらが発達のより高い段階にあり、どれがより低い段階にあるのかを周知しているコミュニティの生活を比較するならば、つまり今日の西欧人の生活を、ニグリトや、オーストラリア原住民や、ブッシュマン、ベッダ人〔セイロン島の先住民族〕、そのほか大多数の原住民の生活と比較するならば、あるいは、われわれすべてが、いかなる点でその発達がより高い段階にあるのか、より低い段階にあるのかを周知しているコミュニティの連続した生活を考えてみるならば、つまり、一三世紀のイギリス人の生活と、今日の彼らの生活とを考えるならば、より高いとよぶ生活の段階は、以上に言及した諸特質をより高い程度に、そこに含むと、少なくとも正直言える段階であることを発見するのである。

これらの規準をコミュニティの観点から配列してみよう。それらは次の項目のもとに整理できることが分かるであろう。

I　(1)パーソナリティおよびパーソナリティの基盤としての生活と健康を配慮するか、それとも無視するか——身体の弱い者、貧窮者、女性、被支配者、子供、異邦人、外人を配慮するか、それとも無視するか。〔カントの言葉でいえば、各自が単なる手段としてではなく、目的として重きをなす程度)。次のものは、この規準の系である。

⑵政治的、宗教的および、将軍の専制的支配は不在か、それとも存在するか。専横な征服を受容し歓迎する奴隷根性は不在か、それとも存在するか。強制力の行使の形態と程度。

⑶コミュニティ内の成員は多様であるか、それとも一様であるか。それに相応したコミュニティ慣習の占める比重は軽いか、それとも重いか。

Ⅱ　⑴成員各自と彼の属するコミュニティ全体との間で〈自律的に〉決められる関係は単純か、それとも複雑であるか、緩やかか、それとも厳格であるか(単純さと緩やかさ、複雑さと厳格さのこうした相関は、第三章で論証されるであろう。また、Ⅱ⑴は単にⅠ⑴の裏面であり、したがって、究極的には、コミュニティ発達の単一の規準を得ることになるであろうことも明らかにされるであろう)。次のものは、この規準の系である。

⑵コミュニティ内のアソシエーションは多数か、それとも少数か。

⑶各個人が成員として所属する最大のコミュニティは、広いか、それとも狭いか。社会生活が包み込まれている境界は広いか、それとも狭いか。

われわれが探求し続けて、いま見出したものは、さらに深い研究により確証を俟たなければならないにしても、コミュニティの発達を何により評価するのかという際の簡単な規準である。しかしそれによって、われわれの困難がすべて解決したと考えてはならない。

なぜならば、コミュニティは、封鎖的で緊密なコミュニティでさえも、生活のさまざまな側面の調整や、そこの諸成員の生活調整の点で、多かれ少なかれ不完全なままであることを想起しなければならないからである。関心対関心ないしは意志対意志の作用と反作用、模倣と同化の過程、ある自然環境に対する全成員の適応といったものの諸影響が、コミュニティ内部のすべてのものに対して、生活と思想の一定の普遍的標準を確保する。だが、コミュニティの諸部分は、それが地域あるいは階級の観点からする区分であれ何れにしても、一様の発達段階にあるとは、大雑把にもいえない。さらに、ある部分は諸々の手段により、たとえば奴隷制、戦争、土地と資本の独占的所有によって、より完全な発展を遂げるが、そのことは、多分、他のより大きな部分の発達を、抑圧することになろう。最後に、変化は絶え間なく起り、コミュニティの既存の整合を弛緩させることになるので、たとえその変化が進歩的であっても、利益を得るだけでなく、そこには一定の損失も伴う。事実、かかる損失は、しばしば移り行く現在が、過去のいまだに活発で、しかも取り返しのつかぬ悪と善に、負うている負債である。たとえば放浪している野蛮人が、遊牧生活から定住生活への大いなる一歩を、つまりあらゆる一層の発達がそれにかかっている一歩を踏みだした時に、彼はおそらく仲間意識の一定の喪失——安易に誇張されやすいように思われるが——を蒙ったであろう。* 多くのものを犠牲にした割には、獲得したものはわずかであったので、利益と損失を等しく考えることは、暫くのあいだ困難であっただろう。最初に確立した土地所有が、ある種の必要から、強制労働の制度、つまり農奴制と奴隷制を産み出し、コミュニティをカーストに分裂させ、多数の人々を少数者の所有物にした。かくて人類は、まさに利益を得る際の手段に含まれていた損失を、徐々に骨折って償わねばならなかった。

コミュニティは完全に統合されてはいないし、それにわれわれの規準は、コミュニティの共通の組織形態である諸制度に当てはまるものでなく、コミュニティのそれぞれ成員と部分が、彼らのために共通の制度が創出した異なった状態の下で、送っている生活に、まず第一に当てはまるものであるので、われわれの問題もいまだ部分的に未解決のままである。われわれは発達の規準を発見したが、なおさらに、いかなる時期にも、また全般的にみても、

* Walis, *Sociological Study of the Bible*, p. xxvii. 参照。

ある方向ないしは他の方向に向う〈統一体〉としてのコミュニティ運動が存在することを示さねばならない。特に、退化、頽廃、及び類縁諸現象の性質を十二分に考察しなければならない。その次にそうした研究に照らして、コミュニティ発達の〈実態〉を論じなければならない。

三　停滞、反動、退化、頽廃の意味

コミュニティが一つの連続的な発達過程を辿るものであると、楽天的に見ることを許さない、一定の社会現象が存在することをわれわれは知った。これらの現象とは停滞、反動、退化、頽廃の諸項目のもとに、分類され得るものである。これらの用語は全く同義語ではなくて、非進歩的な運動のさまざまな形態を表わしている。この諸形態を考察することは、コミュニティ発達の研究に有益な序説として役に立つ。

私はこれらを運動の形態と呼んだが〈停滞〉は運動形態ではなく、慣性の形態であると反論されるかも知れない。だが次の一事は確実であろう――すなわち、生には決して静止がなく、生は活動であって、一切の活動、肉体的かつ精神的な活動はその世界を容赦なく変化させる。太陽は暫時の間、空に静止しているように見えるように、確かに人々の生活状態も、しばし、変化がないように見える。仮に人々が原始人であるとすれば、見かけ上、変化のない期間は確かにかなり長く思われる。彼らの生活状態は比較的単純であり、その生活諸活動は不活発で、そのため生活の動きもより緩慢である。さらにそうした人々は、地理的にはともかくとしても、常に精神的にはわれわれ自身から遠く隔たっており、同時に、彼らの歴史は大部分、無文字で未知のままであるので、彼らの内部で現実に生起している変化を、われわれはあまり容易に識別できないのである。だが、一層綿密に観察してみれば、不動に見えるものにも、いたる所に変化の過程が、つまりすべての生活が迎えいれ蒙らなければならない変化の存することが、明白となる。停滞したコミュニティの範疇に属するとみられていた日本人のごとき国民が、たまたまそれまで隠されていた彼らの生活変化の過程を顕わにした時、われわれの眼には彼らが一夜にして変ったように思われる。

人間の生活の不断の変化は誰の眼にも明らかであるが、時として、それが取るに足らないものであり、人間の本質的な性質を変えることにはならないと思われることがある。これもやはり承認し難いことである。「われわれの眼前にあるすべてのかかる不断の変化の寄せ集めは、隅から隅まで、まさに同一の変化のない存在であり、今日も昨日と同じ道を、常に辿っているものであるという洞察力を持つことによって、真の歴史哲学は成り立つ」*という、ショーペンハウァーのごとき見解を可能ならしめるのは、まさに歴史への無理解と人類学に対する無知からにほかならない。より普遍的な歴史過程のなかで人間性の本質的な変化が、もっと善いものへの変化でなく、もっと悪いものへの変化であったと論じることは、一般に受容れられている倫理的・知的常識には奇妙に反していても、何人にも自由である。〔だが〕生活の変化が時には人間性を高め、時には低下させることもあると論じることは出来ても、重要な変化が何らなかったという論述は、全く愚かなことである。今日の世界には現に生きる行動原理や、常人中最も知性の乏しい者にも熟知されている思考様式といったものが存在している――たとえば、女性の「解放」に対し広く受け入れられている態度や、また自己の人生は自身で決め、特に結婚の伴侶は自身で選ぶという青年期の子息や娘の主張に対し広く受け入れられている態度などを想起してほしい。これらのことは、ごく近い過去のいかなる国民の成員にも、全く理解出来ないことがらであったであろう。

＊ Schopenhauer, *Welt als Wille und Vorstellung*, II, chap. 38.

では、われわれの概念が社会的現実にもし一致すべきであるならば、停滞の意味はいかなるものであらねばならないのか。もしも生活が常に変化するものならば、何が変わらないでいるのであろうか。それは、生活に奉仕しかつ生活を統制している諸制度の体系である。〔その理由は〕これらが絶対的に不変のままであり得るからではなくて、生活よりもずっと遙かに硬直しているために、生の新たな推進力を押しつぶすからである。したがって、いかなるコミュニティもそれが確信をもって既存の体系に依存し、新たな力を排除する場合にはいつでも、容易ならぬ危機に見舞われる。絶対的な主張をなす制度はいずれも危険を招く。けだし、制度は人間の精神によって創出される社会的容器にしかすぎず、それは年を取らねばならないからである。形態の老化が常に不可避であるというのは、自由な精神がたえず英気を養っていることの裏面からの表現である。社会的修正と再構成の必要をすべて否定することは、形態が老化しなければならないという必然性を否定することになり、また精神が英気を養い得る場である自由の一層広汎な否定を伴う。生気を蘇らせる有効な力に対する抵抗が、最も眼につくコミュニティは、年長者であることが社会的職務のための特別な資格として役立つところである。そこでは、伝統にどっぷりと浸り精神の硬化した年長者達が、一切年齢の不条理でもって、老化と硬化から社会自体を守ろうとする新たな生＝運動の抑圧に力をかしている。停滞状態は、社会運動が緩慢で弱々しく、その芽が、社会統制の重圧により、たえず抑圧されているところではどこにでも存在する。まぎれもなく、そうした統制が非常に厳格なままであれば、コミュニティ内部の生＝運動は緩慢なるが〈ゆえに〉停滞状態はそのまま続く。したがって、厳格な統制が実施されている社会状態は、厳格な統制が文字通り最も危機の原因となる状態にほかならない。（同時に、内面的統制が最も弱ければ、外面の統制が最も強く要請されるので、そうした社会状態には、厳格な統制が文字通り最も必要な状態であることも真実であろう。だがそうした必要といえどもなお危険に満ちている）。

コミュニティ停滞の状態には、受け継いだ慣習と伝統への無反省な固執がみられる。コミュニティは熱烈にその過去に固守し、現在を過去に一致させようとする。それらは実際には不可能なことを求めている。現在は、その過去の押しつけられた、したがって非現実的な模写であることを拒絶する。われわれは好むと否とにかかわらず、変化しなければならない。もし前進を拒否したり、前進できなければ、いつの間にかとり残されてしまうにちがいない。もしも現在が過去との一致に仕向けられるならば、現在はそうした過去が有していた自発性、新鮮さ、現実性を失う。もし抑圧され、蓄積された生活の単なる爆発である革命的暴力を引き起さなければ、制度の停滞は退化か頽廃に至る。適応能力を有する精神とは、単に進歩の基本原理でなく、生活それ自体の基本原理である。「同一の社会状態の下に民族の長期に存続することは、一般にその民族の生活にとって致命的である。」(Guyau, *Education and Heredity*, C. viii.)

コミュニティが発達段階の初期に復帰すると思われる時、その運動を〈退化〉と名づけることが出来る。* コミュニティが初期の段階に帰ろうと意識的に力をつくす時、その運動は〈反動〉とよぶことが出来る。したがって、反動は退化の特殊な種類、すなわちコミュニティが直接に復帰を意欲し、その復帰の理念を目標として促進する退化の一特殊ケースである。退化はこうした意識的努力とは別に、環境悪化により、あるいは社会的淘汰の悪い形態によって、起るかもしれない。反動と退化は、単に従前の社会状態に帰ることを示すのではなくて——なぜなら従前の社会状態は現存の状態以上に良かったかもしれないゆえに——、われわれの規準で測定した時に、それ自体発達の乏しいものである状態への復帰を示すものであることが、記憶されるべきである。人間は新しいことを大層恐れるもので、古いものの保護の下に、しばしばそれの隠匿を許ろうとする。さらに変革が大きければ大きいほど、人

* 「先祖返り」(reversion) という用語は明白な生物学の意味を有しており、退化と同義に使用されるべきではない。

間はそれの正当性を見出すために、より一層過去にまで遡及する。一八七一年に封建制を廃した日本の政治家達は、新しい行政モデルを求めて、一一・二世紀さかのぼった藤原鎌足の時代を回顧した。* 一方、フランス革命当時の知識人は、何人以上に伝統の軽蔑者であったにもかかわらず、この革命を、原始の素朴さへの復帰であると呼ばねばならなかった。常に過去のどこかには、いかに新しい精神といえども、それとの親近性を主張し得る伝統が、記憶されているというのは多分に幸運なことである。

個人の生活史はしばしばわれわれに反動の事例を提供する。年取った老人は、彼らの全過程が築かれるさいの基になっていたそれまでの原理と、往々にして反対の原理に訴える。老人のこうした傾向を例証し、かつ人々がたびたび想像しているほどに、老齢と知性とが切っても切れない関係にあるわけではないということを、不幸にも明らかにしている尨大な名前が列挙されうる。ここでは一例として、ディヴット・ヒュームの場合を挙げておけば十分であろう。彼の生涯にわたるすべての知的研究が、彼の晩年に、彼を襲った反動精神の台頭によって、圧倒されてしまったことは間違いない。反動精神が徐々に彼の力強い知性を圧倒してゆき、その最も特色ある見解を変えたのである。たとえば、元来「出版の自由」を擁護するために書いた労作を、彼は修正するに至り、その挙句この自由を「混成的な政治形態に伴う諸悪のひとつ」と宣言した。これは出版の自由の中枢をなす弁護とは完全に矛盾する宣言である。これ以上例証する必要はない。** なぜならばわれわれ自身の世界には、たえず人間発達の道筋を見捨て、プラトンのケパロス〔『国家』でソクラテスと対話する老人〕のように、幼年時代の迷信に立ち戻る人々の例が存在し

*　James Murdoch, *History of Japan*, Vol. I., p. 21. 参照。

**　ヒュームの例も含む多くの事例は、J・M・ロバートソン（Robertson）氏の『社会学論集』（*Essays in Sociology*）中の「文化と反動」の論文に示されている。

ているからである。なかには最後まで成長の原理を保持しているような人々もいる。シェクスピア、カント、ゲーテのような最も偉大な人物が、この真実の例として異彩を放っている。（最高級の〈人々〉は完全な円熟に〈達する〉のに、最も時間のかかる人物であるという一般原則と、このことは合致している）。とはいえ、反動を立証し、かつその性格を観察し得るのに十分足りるだけの豊富な事例は存在している。

コミュニティの反動、すなわち人々の生活の中でときどき明らかにされる反動が、人々もまた年を取るものであるという単純な理由で、説明され得ないものであることは、明確に理解されねばならない。個人の生活は老化する有機体に束縛されているが、コミュニティは老いと若さの生命から成り、一回転して死に絶える有機体の運命の輪に束縛されていない。コミュニティの成員が圧倒的に反動的である時に、あるいはコミュニティの政策や指針をほぼ決定している成員が反動的である時に、そのコミュニティをわれわれは反動的であると呼ぶことが出来る。換言すれば、コミュニティが統一体として動いている限り、われわれが頻繁に老人との間に類似を見出す反動の諸性格を、それが示す時である。

コミュニティの反動は多くの様式で現われる。時には、人々がたえず新たな生活の要求に対応していくだけの順応性に欠けている時に、彼らを襲う一種の倦怠として現われる。また時には、立派な慣習への反動としても現われる。すなわちその慣習があまりにも過剰すぎて、かえって世界を腐敗させているのではないかと危惧され、そのため人々は、もはやその慣習の固有の善さも、実行し得なくなるのである。また時には、人々が何らかのものを、本来望ましい目的であると、過度に重んじた時に、彼らを捉える一種の急激な反動としても現われる。すなわち、彼らがこのことのみが世界を再生し得るはずだという空頼みで、新制度を作ったあげく、その希望の空しさを見出した時に、さらにはまた、彼らがそれ相当の何らかの理由で、世界に過度な期待をかけすぎ、そのあげく安易な進歩に対する幻想から進歩の完全な否定にまで変わる時に、彼らを捉える急激な反動としても現われる。* 時にはさらに、新しいことが人々自身の思想の世界を分裂させるように、社会的世界も分裂させるのではないかという人々のいわれなき恐怖心として、つまり安全はあらゆる攪乱的要素を締め出すことによってのみ確保され得るとみる信念としても現われる。しかしいずれの形態においても、他人を、単なる大衆とか、単なる類型とか、あるいは一類型の単なる事例としてみるのではなくて、現に努力しているパーソナリティとしてみるあの容易ならぬ広い心と思いやりを放棄している。集団がパーソナリティに対して、およびパーソナリティが実現され得るその自律性に対して、一段と低い価値をおく時、反動的である。集団がその世界を狭く限定し、その思想に細かい境界を劃定する時、反動的である。また、自らの扉を一層強固にすることによって、文明の拡大からいたずらに彼ら自身を除外しようとした昔のドイツのギルドのように、集団が一層完全に自己閉鎖的になる時も、反動的なのである。

すべての退化が反動というわけではない。生活は自然的・有機的状態にしっかりと拘束されており、またこの諸状態は、人間の手をわずらわそうと、否とにかかわらず、人間の進歩に敵対的な方向に変わるかもしれないのである。たとえば、ペルシアの場合がそうであったと言われるように、大地は森林伐採により、あるいは自然的原因からも乾燥していくかもしれない。土壌はその肥沃さを失い、国土の鉱物資源は枯渇するかも知れない。これらの出

* 知性と道徳に関して社会制度、政治制度が完全であること、自分らの国が無比なものであること、また自分らの都市は都市としてあるべきもののすべてを備えていることを、子供達に教える教育原理は、そうした理由からして非常に危険である。もしも、最初から子供達に、一層よくなるかもしれない世界に住んでいるが、それも人々がよりよくしようとする限りにおいてのみ、一層よくなるものであり、さらに完全に用意された遺産を安易に受け継ぐのではなくて、彼らもまたそうした偉大で困難な仕事を分担するのだということを教えたならば、より正直で、一層賢明ではないだろうか。そうすれば、若い頃しばしば学んだ完全性という穏やかな教訓からの反動である何らかの幻滅感やシニシズムからも、ある場合には免れ得るのではないだろうか。

来事だけでも、文明の衰頽をもたらすのに十分であろう。あるいは天然痘、性病、マラリアのような、過去には予防法、治療法も知られなかった悪性の風土病は、マラリアに席巻されたギリシア人の場合がそうであったと言われるように、人々の生活力を奪い去るかもしれない。さらに、コミュニティを規制することは、各世代の活力を低下させる点で、民族の損失に力をかす社会的淘汰の状態を作り出すかもしれない。人々は、自らの顔を元の方向に向ける反動とは別に、さまざまな様式で一段と低い発達段階に陥るかもしれないのである。ただ注目しておくべきことは、退化が〈単に〉より初期の段階への復帰では全然ないという点である。「第二の幼年期」がまぎれもなく最初の幼年期に比して、一層惨めなものであるように、退化はまぎれもなく一層悪いものであり、かつ異質なものである。それは病理的で悪質なものである。なぜならば、ひとたび発達の行程に踏み込んだ人間には、厳密に言って後戻りはあり得ないからである。彼らは菜園を栽培し始めた人のようなものである（但し、彼らと菜園が［不可欠に］一体化している場合を除いて）。すなわち彼らが手を加えるのをやめれば、最後に残された段階は最初の段階よりも、もっと具合が悪くなる。栽培された植物は、簡単にその原初形態には戻らない。それは栽培に依存するようになるからである。人間の世界においても同じことが言える。知性が築き始めたものを、知性は維持し、発達させねばならない。自然の力は外界を更新し、知的生活の力はその征服した世界を更新しなければならない——でなければ、その挫折はそれまでおさめた成功の度合に比例して悲惨なものとなる。

かくて生活の挫折は、より原初的な発達段階の生活との緊密な類似性を帯びていない生活様式において現われる。したがってそれは〈頽廃〉と名づけられるものである。つまり、より素朴な生活形態に立戻ることよりも、むしろ生活の弛緩として表わされるコミュニティの衰えである。さらに、そうした頽廃は、有機的存在を待ち受けている「自然的」な衰頽過程、つまり有機体である一切のものを時の推移が導く消滅への変化の過程と等しいものではなくて、心的ないし精神的な堕落（疑いもなく〈何らか〉の有機体の衰えた形態と相関しているが）、つまり達成後ではなくて、それに取って変わる堕落であるということを、われわれは記憶しておかなければならない。すでに述べたことに照してみれば、こうした頽廃の諸徴候は容易に示される。それらは要するに、努力に徹することの不足、生活の単なる装飾的な上面への没頭、不可解にして往々異常な有機的・精神的満足（スペンサー流に言えば、生活に役立つものではなく、それを妨げる満足）の追求、ちょっとした新奇なものにも常に気の散る知性の幼稚さ、軽薄で冷笑的な人生哲学、自己の社会に対する、さらに民族——それは社会の成員という形態においてのみ存続し、かつ民族の不滅性をそこに生きている成員が相続している——に対する、各自のより深い責任を拒否する孤立した目標なき「個人主義」である。

かくして、頽廃は生活の挫折である。歴史家は民族の堕落や国家の崩壊に対して好んで理由を与える。もしもわれわれの説明が正しければ、概してこれらの理由は、せいぜいのところ第二次的な条件、つまりその原因というよりも精神的な活動が低下したことの結果にしかすぎない。バァルフォア（Balfour）氏が、彼の評論『頽廃』（*Decadance*）のなかで、単に歴史的な環境、外面的な事件、軍事的敗北、政治家の失政が、社会生活の衰頽の完全な説明に、つまり国家の解体を伴う時に悲劇的な結末を迎える社会的衰弱の完全な説明になるとは、認めなかったことは正しい。「歴史家が、悲劇の大詰めに先立ち、まぎれもなくその一因となった周知の惨禍を列挙することは、無益なことである。市民の意見の不一致、軍事的災難、飢饉、暴君、負担を重くし、富を減らす収税吏——陰惨な目録がわれわれの眼前に繰り広げられるが、いまだどういうわけか、それらはあらゆる場合に、われわれを完全に満足させるものではない。これら弊害のなかには、強健な身体と思慮の持ち主ならば、容易に生き残れるたぐいのものがあると思われる。それ以外の弊害も、もっと解し難い何らかの弊害の二次的な徴候である。いずれの場合においても、われわれが求めている完全な説明を、それらは与えてくれるものではない」。敗北、悪疫、飢饉は国民を大量に殺戮しても、その精神やその生活力までも押しつぶすことがないかもしれない。国民を伸長するか否かは、それの精神的統一の強さと性格にある。どのように条件付けられようとも、またいかに説明されようとも、社会の究極的不幸と弊害の原因とは、たとえ失われても早急に回復の可能性のある成員多数の殺害にあるのではなくて、その成員の精神が偏狭化、ないしは衰頽化することにあるのである。

四　コミュニティ発達の実態

反動、退化、逸脱、頽廃にもかかわらず、個人の生活のなかで発達過程を辿り得るのと全く同様に、コミュニティ生活においても、発達の過程を本当に辿り得るものなのであろうか。この問題は〈ア・プリオリ〉な根拠によっては答えられない。有機体とか心は発達過程を辿るゆえに、コミュニティ生活を持続する一連の有機的に条件付けられた諸心意も、同様に発達を示すに違いないとは、推論できない。われわれの疑問に答え得るのは、人類の歴史の研究からのみである。

ほとんど全人類の歴史においては、ある運命の到来を体験することによって、刺激された選り抜きの想像力が、もっぱら生の不吉な偶然である死別、約束破棄、人々の悪意、倫理性に欠ける御者に操られた現世の機構の冷酷さ、有機体をみまう避けがたい衰頽、要するに心意が蒙るあらゆる侮辱に集中し、そして人間の悲しみのこもる雲で真黒になった空の下で、現世について書かれたことの一切の空しさを見出す瞬間というものがある。われわれの関心は、一時的なものであれ、稀には永続的なものであれ、そうした気分や、思考様式にあるのでなくて、人間の歴史の現実の過程を公平に見きわめようとする理性的判断にあるわけである。

さらに、われわれが今しがた考察した社会現象は、気短かな思索家の手にかかれば、人間性不変の教義か、または現在の人間性は頽廃しているという教義のいずれかに、いとも容易になってしまう。しばしば気短かな思索家は、自由が放縦に陥るのを見て、専制政治はそれ自体善であると半ば信じる。彼らは民主主義が腐敗した官僚制に陥るのをみて――遙か彼方の――選挙によらぬ少数者の絶対政治の方を好む。また彼らは、現世がもっぱら自らを拝金主義に引き渡すために、世襲的、カースト的決定の束縛を破棄したのを見て、想像の上で〈旧制度〉（*anciens régimes*）の再興に声援を送る。人間性における現今の頽廃、もしくは永続的な頽廃傾向を推論するということは、いつの時代にも、ある種の心意類型にとっては、大切な推論である。世界最古の記録には、さらに以前の標準からすれば、人々が堕落しているという物語に満ちている。そこには偉大な死者、「昔、高名の士であった力強い人達」の堕落することのない日々の物語に溢れている。爾後、かかる嘆きを繰り返す言を見ない時代はない。そのことは、われわれが「銀」や「鉛」の時代と呼ぶ頃の文献と同様に、現在「黄金」の時代とみる文献においても顕著である。したがってこの教義の拠りどころは、過去と現在の比較研究にもとづくよりも、もっと別なところにあることは明白である。老年が若者には想像も及ばないように、若さは老人には想像もつかないものになる。そして人々はよく、自らが年を取りゆくというただそれだけの理由で、彼らのコミュニティも年を取りつつあるものと考える。他方、人間の頽廃に対する反省を喚起する共通の動機は、反省的心意の事実上の進歩に相当するということは――その進歩が心をして存在する諸悪を一層意識させるということは、奇妙な事実である。コミュニティ発達の実態を評価しようとするならば、これらの示唆もやはり無視してかからねばならない。

末梢的な悪に気を取られて社会の発達を批難したり、発達の必然性や悪の偶然性を考慮することなく、やみくもに批難したりすることは——たとえば、都市をより不健全であると考えるゆえに批難したり、産業主義を、それが過度な競争の弊害を伴うという理由で批難したり、民主主義的自由を、衆愚に権力を与えるという理由で批難したりすることは——やはり精神に共通した習癖である。だが都市を受け入れ、それを健全に出来ることを示すことは、一層賢明なことといえる。産業体系を受け入れ、それが実際には過度の競争を伴う必要のないことを明らかにし、さらに、民主主義を受け入れ、それの啓蒙のために努力することは、より賢明なことといえよう。

時には、気短かな思索家は、人間性が結局のところほとんど変化しないものとか、あるいは〔人間性の〕ひとつの誤った姿を放棄しても、それと変わりのない別の墓穴に入るために、ただそうしただけのものと結論する。彼は、進歩の後に反動が訪れ、極端なことの後には極端なことがつづき、高尚な目的が下劣な目的のための手段に堕落させられ、少数者のヴィジョンが多数者の無分別な教義に変えられ、自信に満ちた社会再建の計画や予言が幻想に終わることを看取する。したがって彼は、マキアベリ*やショーペンハウァーと共に、人間は慣習や法や政府のあらゆる変化にもかかわらず、本性において、不変のままであると、すなわち彼らの心の善・悪の点で、また思考の賢・愚の点で不変のままであると結論する。だが、このこともやはり、反動——青年期には無理からぬ見地と思われる、安易な進歩への無制限な夢からの反動であるかもしれない。

もしわれわれが一時期内での、またひとつの関心範囲内での変化を、さほど重要なものとは考えずに、人間生活の幾千年もの動きを調べてみれば、コミュニティにおける人間発達の真の観察は、初めて可能となる。さらにもしも、歴史家が好むとりわけ絵のように美しくみえる目立った出来事（というのは、それらの出来事が、われわれには、当事者や同時代人によって目撃されないドラマに集約されているからである）の背後にある真の男女の生活を、読み取るこ

* 『ローマ史論』（*Discorsi*, 1531.）の諸処に。

とができ、そして今では合わなくなった制度に、時の隔たりが添える魅力の虚偽性を理解するならば、初めて真の観察が可能となる。われわれは「気高い野蛮人」という誤れる観念から抜け出し、また野蛮人が現実にはいかにみすぼらしく、悲惨な者であるかを人類学から学ぶ時に、つまり、祖先の社会的・経済的悲惨さを、われわれから隠蔽している回顧的物語の魅力を払拭し、さらに農民のすさまじい隷属を想起するために、王や武人の偏狭で疑わしい栄光を忘れさる時に、われわれは、人間の無限の活動が結局のところ無駄になっているわけではなくて、実際には、小事に劣らず大事において、人間の希望により近い世界を、どれほどか苦労して創造しつつあるかを、理解するであろう。換言すれば、生活状態をすべてひとまとめにし、比較に足り得る十分長い時間の間隔を取ってみるならば、コミュニティはまぎれもなく、われわれの知識の及ぶ時代内でも、すでに多大な発達の過程を経たものとして明らかに出来る。

こうした所説を唯一完全に証明するものはどうしても発達の規準があらゆる時代、あらゆるコミュニティの状態に、厳密に適用できる社会の歴史においてであろう。そうした作業はわれわれの当面の目的を遙かに越えている。なぜなら、われわれの関心は、発達の歴史にあるのではなくて、発達の意味と法則、つまり発達の歴史において明らかにされるが、しかしその歴史によっては構成されない法則にあるからである。この観点から書かれた社会史は、種々の時代や民族の相対的進歩についてのわれわれの月並な評価を、相当程度に修正するであろうことを、もっぱら主張し得るにすぎず、それに発達の道筋は、一直線からは程遠いにしても、一般に想像されている以上に、明白であるということを明らかに出来るだけである。一例を挙げてみよう。英国の歴史において、われわれはよくエリザベス女王時代を、まさに進歩の絶頂期と考える。シェークスピアや無敵艦隊のことを想起し、かつ忘却する――何と多くのことを！　コミュニティ発達についてのわれわれの規準を適用してみれば、そのコミュニティが現代のわれわれ自身のものよりも、本質的に未発達であることを知る。その時代を特徴づけた事実上の強制、つまり宗教的、経済的、市民的、私的強制の程度からも立証できるように、パーソナリティはあまり重視されなかった。宗教的迫害を正しいと信じ、罪のない人間を「魔術」の咎で拷問にかけた時代、個人の自由に加わる幾千もの専制的束縛に苦しんだ時代、統治の方針がまず第一に経済的困窮を促進し、次いで無職貧民を過酷な処罰に処することによって、困窮を強要しようとした時代、農民を土地に付随する動産とみなした時代――そうした時代は、われわれ自身の時代よりも、明らかにより低い発達段階を示していると、みなさなければならない。* 同様の分析は、歴史上うわべは花々しく見える多くの時代を、より低い水準に引き戻すことになるであろう。

人類の本質的進歩は、断続的で、一見気まぐれであっても、十分長い期間を取ってみれば、それは確実なものであり、また証明し得るものであるが、われわれの為した外面的文明と内面的文化との区別を想起すれば、そのことは一層明白になる。考古学がわれわれのために古代文明の巨大な輪郭を発掘し、われわれの予期しなかった所に、技術や芸術のあることを明らかにする時、われわれは再び世界が前進しているのではなくて、後退しているのではないかと考えがちである。現代人は、多量の岩を動かす点でも、細心の精確さでもって石と石を重ね合わす点でも、長年月に耐える道路や水道の建設の点でも、褪せにくい色を調合する点でも、また大理石を彫刻する点でも、忘れられた過去の人々に到底太刀打ち出来ないと、考えられている。こうした主張に対する反論は山とあるが――仮に

* ここでシェークスピア自身の態度に触れておいた方がよさそうである。彼の戯曲では、「平民」は「粗野で無作法な田舎者」、「汗じみた野次馬達」等々として特徴づけられている。これらは実際には貴族が言う言葉であるにしても、大衆を、単に粗野で騙されやすい動物として、しかも彼ら一団を、単に喜劇の引き立て役としてだけ特徴的に取り扱うことは、社会の発達規準の一つであるより広い理解力に乏しいことを示唆している。仮りに、シェークスピアがこれらの階級を、現実にあるがままのものとして描いたものであるならば、それはただわれわれの結論を堅固にするだけである。

このことが事実であるとしても、それはせいぜい事実のごくわずかな一面の指摘でしかない。岩石や大理石のことから離れて、それらを築き、それらに彫刻した生活と精神に注目してみればよい。われわれは、たとえば次のことを、すなわち、壮大な寺院によって、われわれの賞賛を呼び起すエジプト人は、救い難い野蛮な精神でもって、つまり朱鷺や猫やジャッカル〔南部アジア・北部アフリカに産する狐と狼の中間型〕への頽廃した信仰にもとづいて、さらに原始聖教者や王への崇拝、または彼らの王が来世を過すのに用いるとされた太陽やそれ以下の賛美の星への信仰にもとづいて、寺院を建設したことを学ぶのである。かかる壮大な寺院の地は、実は隷属の地、精神的隷属の地であることが判明する。またはエジプト人よりもまぎれもなく遙かに進歩した段階にあったギリシア人は、驚嘆すべき詩人、美術家、彫刻家、哲学者をもったにもかかわらず、いまだ〈コミュニティ〉としては、水準高く達していなかったことを知るのである。それらは不安で不面目な奴隷制基盤に依存し、代わる代わる虐げたり、虐げられたりし、どの都市も内輪もめするだけでなく都市と都市に分かれて相互に敵対し、嬰児殺しや女性の隷従を批難することもなく、大概の反社会的悪業におおっぴらに耽り、たえず病気の猛威に曝され、悪疫の襲来の前に為す術を知らないでいたが、これらの点からも発達のあらゆる規準に欠けていたことは明瞭である。

われわれは過去を批難しているように見えて、その実、現代を賞めそやしたいのだと、臆測してはならない。それは比較による評価の問題である。たとえ現行の標準によって判断した場合でも、われわれの共同生活は多くの点で未発達な段階にある。われわれは精々のところ、比較的広義な意味での文明の端初にいるにすぎない。偏見、排他主義、教条主義に満ちた世界、最も文明化した国民の中でさえも、ほんのわずかな者しかより広い関心を理解せず、ごく少数の者しかそれに注意を払わない世界、価値の大半が富に関して評価される世界、ヨーロッパの人口のほぼ三分の一が飢餓に瀕している世界、いまだ破滅的な戦争が諸国民を巻き込み得る世界——こうした世界は、公明正大な思索家をいかにしても安心させるものではない。重ねて断っておくが、歴史に示される発達が、持続するに違いないとわれわれは瞬時たりとも言うつもりはない。このことは予言することのまずは不可能な主題なのである。

それにもかかわらず、物質的、有機的生活の〈状況〉は、より完全な発達の可能性を示しているということを、指摘してもよい。これらの状況が、生活を成すものであると考えてはならないが、生活はそれらに依存する。不利な状況の下で、生活は発達できないが、有利な状況のもとでは可能である――それも有利な状況をとらえる生活力があればのことである。現在では生活の状況に対する人間の制御力は、驚くほど増大し、なおも増大しつつある。科学の天才はさまざまな病気に対する勝利を立証してきたし、より完全な克服の可能性も明示している。すでに、ジェンナー、パスツウル、リスター、エールリッヒ、キュリー夫妻の如き研究者のおかげで、有機体の疾患に対抗する力を徐々に獲得しつつある。同様に地球の物的資源に対する膨大な支配力を獲得し、それを利用している。われわれは自己の世界の主人になりつつある。無論、その制御力といえども、なかには危険な要素や、未知な災厄に直面する可能性はある。だが、未知な危険を示唆するものに対しては、未知なる制御力も同様に存在すると、答えるのも当然である。現在の諸力では未来の問題に対処できないかも知れないが、現在の胎内には、現在では夢想だにしない力があるのである。

希望を持てる今ひとつの根拠は、生物学によって示される。眼にみえぬ身体の過程、つまり有機体維持の計り知れない驚異は、とりわけ生命の再生の計り知れぬ驚異は、われわれの意識活動において従来明らかにされている以上に、遥かに大きな知恵と力をうかがわせる。最高級の知性の意識作用といえども、微細な有機体の細胞が示す確実で鋭敏な作用と比べれば、全く闇夜の手探りにしかすぎない。「アミーバですら愚かではない」と、『進化論』

(*Evolution*)の小冊子の著者は述べている。* それは真実ではあるが、最高の人間知性が最もうまく機能しても、正確無比な有機体の適応に比べれば、比較にならぬほど無器用であることもやはり真実である。こうしたわれわれ内部の、しかしいまだわれわれのものになっていない知恵と力を知ることは、いまだ踏破されていない意識発達の長い道程を――仮にそれを追求するだけの強さをわれわれがもつならば――いわば垣間見ることにはならないのであろうか。常にこの〈仮に〉(if) ということは残る。われわれはそれを肯定するわけにもいかないが、だからといって、次章に明らかにするように、それを否定するわけにもいかないのである。

* Thomson and Geddes.

第二章　コミュニティの必滅性に関する仮定法則

一　個人生命とコミュニティ生命との誤謬類比

コミュニティの発達に関して、他にどのような法則を認めない人でも、コミュニティがいずれも、出生し、成長し、消失していくという最小限一つの法則は受けいれており、個々の有機体のたどる生命曲線をそれが全うするとみなすことが多い。これは、われわれが真の発達原則を明らかにする前に、論破しなければならない誤解である。われわれはここで、コミュニティがその本性上、必滅するものではなく、決して生命〈法則〉に従うものでないことを明らかにしておくべきである。万一、コミュニティが生命法則に従うとしたら、コミュニティは必然的に、生命有機体の場合と同様に、自己の発達を、単にその生涯のうちのひとこまにしてしまうある種の明確な性格を帯びることになろう。このような法則は、コミュニティの発達の意味と重要性を矮小化するばかりではなく、われわれがいま確立しようとしている主要原則に対立するものである。それゆえに、コミュニティが必滅するという学説のあらゆる論拠の誤謬を、まず最初に証明しておく必要がある。

これまでに大きな諸民族や諸帝国を襲った運命ほど、いつの時代においても人の心に衝撃を与えるものはない。われわれは、個々人の生命の有限なることを当然とし、生命の諸状態を知悉している。衰えや死は、誕生に始まる一連の流れの部分であり、結果である。発端においてすでに最終点が見え、それが受けいれられている。しかし、新世代が前世代を継承し、新しい生命が休みなく古い生命と交替していくコミュニティに関しては、事情が確かに異なるのではなかろうか。一民族が衰微し、没落するのは、われわれの思慮を越える死滅の例である。これはきわめて異例のことである。それは生命源の衰退であり、社会の自然過程における衰退である。というのは、社会が若返るのは、個体が老化するのと同様、自然法則と思えるからである。生命は、そのひとつひとつの老化が自然であるように、それ自体世代を引き継ぎながら若返ることも自然であるように思われる。したがって、民族の消滅は自然の大変事であり、個体の死のような自然の約束事ではない。個々の個体が死にいたっても、生命は弱まることなく連続するであろうが、一国民が死に絶えたら、生命全体が失われてしまうのである。

しかし、上述のことが大変事であるならば、われわれは歴史全体を、かかる大変事の記録として見なすことになる。「アッシリアやギリシアやローマやカルタゴはどうであろうか」。もし社会の消滅が大異変であり、自然のことでないのなら、過去のあらゆる帝国はなぜ滅びなければならなかったのか。この次にわれわれが、自分の番になって、神秘的法則の作用と思えるものから逃れる望みはいくらかでもあるのであろうか。ギリシア人はペルシアの没落を教訓にし、ローマ人はギリシアの崩壊を教訓にした。今日、われわれがローマのことを教訓にするのと同様に、未来のある民族がわれわれのことを教訓にするのではなかろうか。古代からいまに伝わり、われわれの心を深くうつ人間的な手紙の一つに、「ローマで最も悠久な心を持っていた男」が、一人娘を亡くして悲嘆にくれていた時、ローマの友人が、一国民を破滅させるもっと全体的な破局を思えば一個人の死は小事にすぎないと指摘して、慰めようとしたのをわれわれは忘れることが出来ない。「私は、アッシリアからメガラへの航海で、アジアからの帰路、まわりの大地を見まわした。背後にはイージャイナがあり、前にはメガラがあった。右にはパイリアスがあり、左にはコリントがあった。これらの都市は一時は繁栄の極にあったが、いまは瓦壊し、没落した姿をそこにさらしているだけであった。私は私なりに、かくなった事情を解明しようとした。そして、一地方がかくも多くの都市の死に絶えた姿をさらしているのを見て、われわれの誰かが本来生き永らえ得る年齢に比して短命で死ぬとか、殺された場合に嘆く原型は、まさにこの理由によるものと思った」。この教訓をわれわれに適用するのに、バイロンのような人物がいないわけではない。実際、われわれの国もまたわずかに過去の栄光の名残りのみをさらしている未来図を心に浮べるには、マコーレーによれば、ほとんど想像力を必要としないのである。われわれの時代が到来するなどと考えるのは、いまこの時でさえわれわれをも過去にくり入れる時が刻まれていることを思えば、陳腐な言い草にすぎない。われわれは、人間に関してと同様、コミュニティも、同一の必滅の法則に支配されているという観念にとりつかれている。歴史上最大のあらゆる民族を襲った運命は、表面的には古今東西を問わないことから見て、われわれは、その運命が現存の諸民族を見逃すことなく待ちうけていると考え、単一の生命に関してと同じく、コミュニティに関しても、この変ることのない必滅の法則から逃れるすべがないと信ずるにいたるのである。このような見解に立てば、民族の滅亡は、たとえば若い人が死ぬように、本来まだ先のことであった完結が性急に早められた場合の異変にすぎないことになる。この一般的見解が皮相で誤っており、たとえある民族が跡かたもなく消滅したとしても、かかる不幸は、決してその存在法則の必然の帰結ではないことを私は明らかにしたいと思う。コミュニティが生きているからといって、それが将来死を迎えることにはなら〈ない〉のである。

世間通念的なこの観念を科学的に裏づける主なものとしては、誤った「社会有機体」説がある。もしコミュニティを、一つの有機体と見なせば、大きな統一体には、小さな統一体とは異なった性質が備わっていると考えられがちである。有機体は、生まれ、成長し、成熟期に達し、そして衰え、死んでいくものである。それは、姿を表わし、そして消え去っていくものである。このような出現と消失の範囲内で、有機体の生命は、ゆっくり上昇し、かつ全く突然下降する一本の曲線として表わされるであろう。もし、前に仮定した類比が成り立つとすれば、コミュニティもまた、誕生して成立し、消え去りゆくことになる。つまり、それは次第に上昇して、頂点に達すると衰えはじめ、急速に下降して消滅する曲線をたどるものとして描かれることになろう。このような観念は、われわれが民族の「衰微と没落」、さらにはその衰微に先立つ「成熟」、すなわち一本の生命曲線の頂点である成熟について語る場合に、必ずや脳裏にあるものである。しかし、このような考えを抱く限り、われわれは全く不適切な類比によって思考することになる。コミュニティは、誕生することはなく、したがって必然的に死にもしない。コミュニティには、成熟期もなく、既定の頂点もないのである。われわれは、世代から世代へとつながる連鎖の一員としての人間存在にのみ成熟を認めるのであり、かかる連続と無関係に成熟を認めるわけにはいかない。われわれは、文明がその最高点に達した時に、文明が「花開く」といういい方をするが、この場合もまた、類比を主張することは出来ない。人類それ自体が連続であり、数世代連続することによって「花開く」幹のようなものである。花と植物の関係は、ある時代に最高位度に達した文明とその次位の文明水準との関係と決して同じものでない。われわれを老化させるのは時ではなく、自己の有機体としての制約である。一連の健康な数世代に見られるように、もしその制約が取り除かれたとすれば、時はもはや何の意味も有しない。人類はかり知れぬ古さをもつが、幼児の瞳が今日もなお、輝いていることに変わりはない。自然はさらに無量の古さをもつが、その緑なす外観は、無窮の昔と同じように、今日でも新鮮で、若々しいものである。

コミュニティには、生誕がなく、また、死もないというのは、過度の表現かもしれない。どのコミュニティもみな歴史以前から存在してきたのであろうか。歴史、それも近代史をひもといてみるだけでも、いくつかのコミュニティの生誕を、われわれは観察するのではなかろうか。アメリカのコミュニティは、始まりをもたなかったろうか。われわれは、コミュニティの誕生したその年を、明確に認定出来ないであろうか。また、もしコミュニティが始まりをもつのであれば、同様に終焉の時をもつのではなかろうか。コミュニティは、時がその生み出したものをすべて消滅させるという一般法則の例外たり得るのであろうか。

その答は簡単である。コミュニティ内では、生きとし生けるものは、各世代を通じて、全体として結び合わされている。つまり、若者は年長者と、親は若者と結びついているのである。ちなみに、生命とは進化の経過を意味するのであり、進化の始めと終りは判らないものである。生命のなかった状態から生命が誕生した時も判らないし、再び無生命の状態に還る時も、進化に関しては判っていないのである。進化学は、始まりと終りの存在の有無を判定出来ない。それが判ることといえば、中間の部分だけである。進化学は、自己の歩んだ道を後退は出来るが、これから進む道はほとんど予測出来ず、また、道の始まりや自らの旅の始まりすら判らぬような路上の旅人の視界しか持っていないのである。生あるものは、その本性上、生命の発端を知ることは出来ない。しかし、生きるということは、本質的に、そして常に共同生活のことである。人はすべてコミュニティに生を享け、己れの生活をコミュニティに負うているのである。生命のあるところにはどこにでも、たとえ初歩的なものであろうと、コミュニティが存在する。科学は、生命の誕生を説明し得ないゆえに、コミュニティの誕生も全く説明出来ないのである。同様なことがコミュニティの終焉についてもいえる。死ぬという現象は、生まれたものについてのみいい得ることであり、われわれがコミュニティの誕生を明示出来ないのなら、それが死ぬはずであるといい切ることは出来ない。各個体、各世代は、相互に生命の連鎖において継続している。しかし、コミュニティは、常に存続しているものであり、各世代のように継続してはいないが、絶えず変動しながらも、決して死に絶えることなく連続しているのである。個体はいずれも、当該個体に先立つ個体を前提としているが、コミュニティは、それと同様な意味で先行するコミュニティを前提としてはいない。人はいずれも、早晩自分がその成員となるコミュニティに生まれてくるものであり、かくして、コミュニティ自身も、先達の伝統、思想、慣行の継承者たる代々の成員によって、自己の精神をたえず更新しながら生き続けることになる。それはちょうど、途切れなく油をさしているために、消えない炎のようなものである。一人の人間が生き続ける限り、そのことがコミュニティの生命が滅びることのない充分な証拠となる。というのは、彼は、コミュニティの生命を継承し、伝えていく存在だからである。あらゆる人間は、かような意味で、生存を続けるコミュニティの成員である。今日、単一のコミュニティが存在することこそが、コミュニティが、上昇して成熟期に達し、そこから下降して消滅にいたるという単純な生命曲線に決して従うものでないことの決定的証左である。進化法則は方向を指し示すだけであり、始まりや終りを明らかにはしない。また、それは生命の進路を明示するだけであって、その入り口や終着点を示しはしないのである。それは、上昇や下降、つまり進歩や退化を明らかにするのであり、決して生命体の持つ必滅の法則を表わしているのではない。したがって、コミュニティの進歩や衰微を理解するために、われわれは次のことを忘れてはならない。すなわち、われわれは、生きとし生けるもの、つまり有機体を冷徹に支配する必滅の法則に、コミュニティを従わせしめる権利など有していないのである。

コミュニティは、発達するのであり、始まりの時をもつものではない。アメリカにおけるコミュニティの新しい生命は、イギリスの冒険家がヴァージニアに定住したり、イギリスの清教徒がニュー・イングランドに居住した時に始まったのではない。すでに存在していたコミュニティを分割したり、拡大、改革、発展させる以外には、新しいコミュニティなどは何ら存在しないのである。*

* 付論C以下を見よ。

二　歴史への聴聞

右の見解は、歴史に照らしてみれば、即座に確証することが出来る。万に一つ、社会有機体説が正しいとすれば、コミュニティはすべて生誕の時をもち、発達し、頂点に達して、衰え、そして死ぬ時をもたなければならなくなる。それが有機的生命のたどる経過である。現存のコミュニティはいずれも、いま青年期にあろうと、壮年期や老年期にあろうと、このような老化の過程のいずれかの段階にあることになる。とすれば、最後の段階とは、その成員がいかに努力しても何ら功を奏せず、回生の望みが全くなく、消滅へ向う不可避的な過程を意味することになろう。そして、このような道をたどり、命を失って消え去っていった過去のコミュニティの多くの例が記録に残されていることになる。

歴史は、このような幻想を完全に打ち砕くものである。歴史は、コミュニティが必ずしも不滅のものではないことを示していることも確かである。暴力や疾病で——また「文明」で滅亡した国民も、二、三にとどまらない。カリブ人やフェゴ人、アメリカ・インディアンやポリネシア原住民は、死に絶えたり、もしくは滅亡に瀕している。今日の地球上には、人間のコミュニティで、まさに滅亡に瀕しているものが、いくつか存在する。そこでは、そのコミュニティを存続させるための新しい生命が、量的にも、活気の面でも、古い生命に結びついていないのである。優越人種がもたらした生活条件のもとで、絶滅しつつある原始民族もいくつかある。上のことからすれば、コミュニティは、いつかは死ぬという危機にさらされていることは確かである。しかし、死滅することもあろうが、死で終る生命の周期を完結させることは、決してコミュニティの本質でない。歴史上のいくつかの滅亡は、先史時代の動物の化石のようなものである。かかる化石がわれわれに教えてくれるのは、生物のうちいくつかの種類が、後継者を残さずに消滅したことであり、すべての種類の生物が消滅する運命にあることではない。なぜなら、ある種類は顕著な変化は示さずに、また、ある種類は、変動する諸条件のもとで変化しながら、多くの種類の生物が、今日まで生き残ってきたことを、われわれは現実に知っているからである。われわれは、は虫類の化石を見つけたからといって、種族的に古い歴史をもつ人類が死に絶えることを予測したりしない。いくつかの種類が生き続けてきているることは明らかであり、さもなければ、今日の生命は、何ら存在しなかったであろう。

ここで、われわれが民族の没落について語る際に即座に念頭に浮べる若干の歴史的事例を取りあげてみよう。さらに、その民族の衰退、没落が、たとえ何を意味しようとも、コミュニティの存在それ自体の消滅を意味するものではないことを明らかにしたい。まず、われわれがホメロスの詩に描かれた時代から知ることの出来る古代ギリシアを形成していた一つないし複数のコミュニティを取りあげる。ホメロス時代のギリシアや、ヘロドトスおよびツキジデス時代のギリシア、マケドニア支配時代のギリシアは消滅したといってよいが、もっと幅広い期間を取りあげて、古代から中世、さらに近代のギリシアを考えてみよう。しかし、どの時代を取りあげても、一個の有機体に死の時があると同じ意味では、コミュニティの死滅の時というのはないものである。そこには、歴史の発端以来、今日にいたるまで連続しているギリシア・コミュニティ、すなわち、文明および勢力の水準が浮沈を繰り返してきたコミュニティが、存在し続けてきたのである。われわれが見出すのは、肉体面の死ではなく、常に精神の変遷である。前者は、はかないものであり、限定的な、終りをもつが、後者は、漸進的で連続的であり、無限なものである。そこには、年をとるにつれて、精神を最終的に凌駕する肉体は存在しない。なぜなら、コミュニティは、決して老齢でも若くもなく、年をとったり、若返ったりするはずがないからである。それゆえ、コミュニティの歴史は、有機体生命のリズムや、有機体の必滅の法則に従うことはない。有機体の生命は、未知の世界から、ある一定点に表われ、単純な曲線を描き終えて、一定点で、不明の世界へと消えていくのである。だが、コミュニティの生命曲線に関していえば、コミュニティが出現し、消えていく基線なるものは存在しない。われわれが、ギリシア・コミュニティの進んできた道を、まずホメロス時代の未開状態、ただしこの偉大な詩人の存在によって半ば張消しにされたともいえる未開状態から始めて、五世紀の偉業という高所に到達し、次に、マケドニアとローマの支配に引き続くトルコの圧制を経て下落し、その後、かつての栄光にはいたらないまでも、少なくとも新たな国民的統一と自由の意識に明らかなように、高度の水準にまで再び上昇したあとをたどってみれば、上述のことは明らかである。風俗習慣や、制度や、文明の諸形態は、消滅する性格のものである。しかし、かかるものは、コミュニティの生命の若干の表現にすぎず、コミュニティの生命そのものは、全面にわたって存続するものである。したがって、コミュニティの生命に、始まりと終りを定めるわけにはいかない。

さらに適切な例として、歴史家にとって、その崩壊が他のどのコミュニティの場合よりも、人間的な必滅性をもっていると痛感させられるようなコミュニティの事例を取りあげてみよう。これは、変遷する諸制度と、コミュニティの不滅の生命とを区別する必要性を明確に提示する一つの事例である。歴史上のある時期において、ローマ市を中心とする共同生活は、イタリアをして、コミュニティ的統一体とするまでに拡がっていた。かかるコミュニティの衰亡は、おそらく、歴史上最大の重大事であるが、その生命は、あらゆる歴史的な災害を切り抜けて、今日まで生き残っている。ローマの全歴史を通じて、連続しているコミュニティは、時にはゴール人やカルタゴ人やゴート人の手による破壊に脅やかされながら、決して破壊されることなく、高低いずれも他に比することのない浮沈を繰り返し、時には分裂し、寸断させられたり、時には蛮的な進駐にほとんど席捲されながらも、最終的には、統一を再び見出し、コミュニティ生命の不滅という本来の姿を明示して生き続けてきているのである。ローマ帝国は滅亡したが、ローマおよびイタリアのコミュニティの生命は、ともに決して失われることはなかったのである。コミュニティの生命が変化したのは、それが形をとって表われる言語が変化したのと同様であるが、生命、言語の両者ともに、いまなお残っている。国家は、発生し、消滅していくが、国家を創り出すコミュニティは、国家以上に雄大なものである。ローマ〈帝国〉は、コミュニティではなく、したがって、生きている実体ではなく、賦課の体制、つまり制度であった。イタリアのコミュニティ的生命が弛緩すると、それはもはや、上述の体制を下位コミュニティの生命に強制するわけにはいかなくなった。このように、体制は崩壊し、生命は生き残ったのである。近代の著述家の一人が、「熟した種の発芽」と表現したこのような下位コミュニティの成長は、帝国の崩壊に関して、イタリアの生命の弱体化と同程度の影響をもったとさえいい得るであろう。コミュニティは、強大になるにしたがって、外部から課せられた制度、つまり自己の生命を推進するために自ら創り出したものとは異なる制度の受け入れを拒否するのである。いずれにしても、われわれは、国家の崩壊と、コミュニティの死滅とを区別しなければならない。国家およびその制度は滅びる。すなわち、一時的なものである。一方、コミュニティは生き続け、新しい制度、新しい国家を創り出す。国家の崩壊は、歴史上決して稀ではなく、コミュニティの死滅は、滅多にない異常な出来事である。歴史に現われたコミュニティのほとんどは、一時鳴りを潜めたことはあるが、消え去ったものは一つとしてなく、そのいくつかは、再び甦ってきたし、今日でも回生しつつあり、コミュニティの再生が、永遠に可能であることの証拠となっているのである。

ここで、歴史の新しい諸国民、新しい諸民族について述べることにする。民族とは、精神面、すなわち共同目的の強さの点を除いては、若さの差などないことを想起しておこう。アメリカ国民が、ヨーロッパ諸国民より若いということはない。わがイギリス王国の新しい諸邦、カナダ、オーストラリア、ニュージーランド、南アフリカの諸民族が、それより古いイングランドの子供たちであるというのは、われわれ自身も、かつてのイングランドの子孫であるのと同じ意味においてのみである。もし、上述の諸民族の精神が若々しいとしたら、それは、新しい生活条件が、元来あったエネルギーに刺激を与えるか、新しい諸機会、新しい自由が、その精神を甦らせるからである。しかし、ここでしばらく、新しい国のみが、社会精神の唯一の、あるいは最有効の刺激であると考えることをやめてみたい。それよりはるかに有効な力は、どのコミュニティにも保持されている。すなわち、未だ不完全にしか実現されていない理想への挑戦とか、過去に成し遂げたことから見て可能であり、かつ現在なし得ることへの見通しなどである。このような挑戦の心構えや見通しが、コミュニティ成員の心中に入り込んで、成員を共通の営為のもとに、社会的に連帯させる時、その生命の若返る準備は整ったことになる。「さもなければ、今日のアメリカは存在し得ない」。

有機体変化の歯車にしばられている存在である個人にとってさえ、長短の差こそあれ、ある間隔をおいて、あたかも新しい油が生命の炎に注がれるように、存在にとって非常に有益で価値ある若返りの時期が訪れるものである。このように、新しい生命の息吹きの目覚める時期が、一生のうちにはあるように思われる。年をとるにつれて老化することのないコミュニティの場合は、そのような息吹きは、特定の時期に限らず、いつでも訪れる。われわれのような有機的肉体は、究極的には、そのような精神の呼びかけに応ずるわけにはいかなくなる。すなわち、肉体は、まさに生命の本源そのものである対応力を失ってしまうのである。しかし、コミュニティの場合は、その肉体、つまりコミュニティがその精神を護るために生み出してきた諸々の制度や慣習の殻をいつでも更新することが出来る。もし制度や慣習が古くなれば、コミュニティは、着古した外套を脱ぎ棄てるように、それまでと同様、より新しく、より意に叶った諸々の制度や慣習ととり代えることが出来る。われわれが、健康や体力の成り行きをいくら見通し得たとしても、われわれ人間の意志で、衰えの進行を止まらせることは、最終的には出来ないが、コミュニティの意志では、それを行なうことが出来る。ただしそれは、コミュニティが、その見通しをもち、それに挑戦しようとした場合のみに限られる。したがって、これまでいかなる時代にも人々がやってきたように、いつかはきっと自分の国にふりかかってくるに違いない〈不可避的〉な衰微について論じても意味がない。というのは、コミュニティとは、実際、何ら衰弱や死などの自然的宿命をもたない精神体だからである。われわれは、それぞれ自分自身は、有機体としての運命しかもっていないにもかかわらず、このようなたえず更新している生命に溶け込んでいるのである。もし、こうした生命が衰えを見せるとしたら、それは、風向きが予測し得ないのと同様に、何の兆しも見せずに、上述の精神が衰えることにほかならない。また、生命が衰えを見せるとしても、それは、若さをとり戻すものである。なぜなら、かかる衰弱とは、崩壊の前段階となる老年のようにいかんともし難いものではなく、風が静まるように、またすぐに生命を再び見出す性質をもった、力の弱化ともいうべきものであるからである。

三　コミュニティ不滅の諸条件

コミュニティが必ず死滅する宿命にあるという「法則」は幻想であることが、これまでの論述から明らかになった。実際、コミュニティは、各世代がそれぞれ自分で獲得したものを伝承していく限り、経験や知識、および力の面で、漸次成長していくものである。コミュニティは決して年をとらない。なぜなら、各世代は、気の遠くなるような昔に生命が新たに現われた場合と同様に、過去の各世代が生命力を改善しようと試みてきた限りにおいては、確かに生命力を漸増させながらも、いつも新たな始まりをもつからである。コミュニティだけが、稀有の貴重な属性、つまり無力のゆえをもって何ら不利を蒙らずに、経験を持ち得るという利点を与えられているのである。年をとらずに知恵を増すというのは、人間が神に望み得る最高の恩恵である。かかる恩恵が、コミュニティに与えられている。

しかし、この恩恵は、しかるべき対価を支払った上で授与されている。己れだけはその例外であるとするコミュニティは、結局、自分自身滅びてしまうことは間違いない。コミュニティが達成する不滅性とは、全く変らないで永遠に続くことではなく、連続しながら滅びない、つまり自己同一性を犠牲にした上での連続に立った不滅性なのである。事実、コミュニティとは、その生命を形づくる構成員が、混合を通じて自己同一性を失っていく限りにおいて生き続けるのである。右のごとく考えた上で、次のことを明確に理解しなければならない。すなわち、コミュニティとその成員とは別の存在であるとか、コミュニティが、その成員の個性を犠牲にした上で生き続けるということを、われわれが意味しているのでは決してないことである。逆に、コミュニティが連続していくなかで、その成員の個性は実現される。しかしまた、各成員が他者と関係を結ぶ時にのみ、彼はコミュニティの生命の連続性と不滅性に寄与していることも、同様に真実である。さらに、生命が大きくなればなるほど、生き残ろうとするために、その諸単位の混合も広範なものになることは、生物学的にも、社会的にも常に真実である。

最も初期の生命は、雌雄の区別がない。生命増殖の発端は、生殖の発展であった。この混合の最初の形態が成し遂げられた裏には、われわれの理解力を越えた精緻なメカニズム、および生命の最初の基礎の再構築、ならびに生命のあらゆる様態の変化があったのである。このことは、生命の単なる連続にではなく、まさにその進歩にとってのみ必要なことであった。生命は、無性生殖という単純な道をたどれば、進歩することもないが、労苦や死もなしに、永遠に連続することになろう。しかし、生命の増殖のために混合が必要になり、（専門外であるために擬人的な言い方をすれば）自然は、膨大な作業、および惜しみない支出、そして無限というべき性の問題に乗り出したのである。生命は再構築され、爾来、生命は、基本的には混合から生まれることになった。

混合の過程は、生命と意識が増加するに伴って拡大してきた。コミュニティは、内包的になると同時に、一層外延的にもなってきた。家族集団は己れの境界を取り払い、その自己同一性を失うことによって、一層強力な生命を獲得した。われわれはすでに、本章前節において、コミュニティを、あたかも、相対的にではなく、絶対的に統合された全体として述べてきた。ここであらためて、コミュニティとは、程度の問題であることを強調しておく必要がある。コミュニティの不滅性とは、上記の原則に制約されているのである。

生物学的観点からすれば、家族は、個人と同様に、継続的なものであり、連続するものではない。家族が、もし数百年続いているとしても、それは名称の上で続いているにすぎない。新しい婚姻が行なわれるたびに、新しい家族が誕生する。新しい家族が、最初の家族を純粋に継承していると、誤って考えられるのは、単に父方の姓を名乗る慣習のためにすぎない。われわれが、家族を血縁集団という広い意味で取りあげるとしたら、次のような一般的論述が当てはまる。ある集団内で、近親結婚が一つの規則になっている場合には、大家族が永続するであろう。もし、その集団が大規模のものであれば、――最後には融合か消滅の二つに一つの道をたどるにしても、当分の間は、その家族は永続するかもしれない。それが小集団であれば、その家族が、己れの家族の存在確証を維持しようとすればするほど、不可避的に消滅の道をたどることになる。

滅びることのない属性をもつとわれわれが考えているコミュニティとは、諸個人、諸家族の共同生活であり、かかる諸個人、諸家族の内部で継続していくものである。そして、われわれが、統合的であり不滅なものとして特別視し得る唯一のコミュニティとは、諸個人・諸家族が、現在、活発な関係に参加し、過去未来においてもそうであるような共同生活の最大の領域だけである。おそらく、十全なる意味では、想像を絶する程の長期間を通じて、完全に無条件の不滅性をもち、同時に完全に統合的であり得る唯一のコミュニティは、全人類のコミュニティだけであろう。それ以外のコミュニティ、すなわち、より小規模の共同生活の領域は、単に相対的な意味か、または若干の場合に限って、名ばかりの不滅性をもつのみである。このように述べたからといって、小規模のコミュニティが、必然的に消失する運命にあるというのではない。上述のことは、小規模のコミュニティが、生きていく過程において、自己が所属しているより大なる全体から生命の諸要素を享受する一方で、反対に、自己の生命の諸要素を全体へと供与することを意味するのである。かかるコミュニティは、永遠に連続するが、同時にたえず変化しつつあるものである。また、かかるコミュニティは、相互に関係しあいながら、決して消滅せずにたえず生まれかわるコミュニティの諸構成部分を形づくっている。なぜなら、人間の再生とは、まさに人間の内部からしか起り得ないからである。

第三章　コミュニティ発達の基本法則

一　若干の定義

本章において述べようとする法則は、コミュニティの全法則中、最初にして最大のものである。コミュニティの他の法則はすべて、事実上この法則の単なる系ないしは意味関連にしかすぎない。それはコミュニティ発達の全過程を解く鍵である。おそらくそれは固有の自明さのゆえに、何らかの正確な仕方で公式化されることも、あるいはコミュニティの分析枠のなかに真の位置を与えられることも稀であったけれども、社会を論じた偉大な著者達の大半が、その重要性を感じていたところの法則である。それは次のように表現されてもよい。すなわち、〈社会化と個性化は、単一過程の二つの側面である〉。*

この短い表現中に、慎重な定義を要する二つの概念が用いられている。人間がより個性化するという場合には、より自律的存在に、すなわち彼自身には固有の価値や真価が有るものとして、承認し承認される、自己指導的で、自己決定的な、一段と独自なパーソナリティになることを意味する。さらに、われわれが社会化というときには、

* ごく最近の著者達のなかで、その重要性を、一般的もしくは特殊な面で、認識していた者としてJ・S・ミル、ペイン、L・スティーヴン、T・H・グリーン、ハーバート・スペンサー、アレクサンダー教授、ホブハウス教授の例を挙げることが出来る。

人間が社会に一層深く根を張る過程、つまり人間の社会的諸関係がより複雑かつ広範囲になる過程、人間が仲間との関係を増大させ、発達させることにおいて、またそのことを通じて彼の生活の実現を見出だす過程を意味している。したがって、われわれは法則を次のように表現することが出来る。すなわち、社会性と個性は、社会化と個性化の過程に対応する特質をもっているので、〈社会性と個性は同一歩調で発達するものである〉。

注意すべきことは、ここで、「社会性」と「社会化」の概念を、それらがしばしば担っているよりもいく分広い意味において、使用している点である。人間が所与の社会環境の現行の慣例、観念、標準を取り入れる時、しばしば「社会化」されているといわれる。しかしわれわれは、その概念を、形態と程度のいかんを問わず社会生活への適応を示すために用いる。したがって完全に社会化されているとは、人間の天性を、単に特定のアソシエーションやコミュニティの目的に完全に一致させることではなくて、個人が応じ得る最も広大なコミュニティの目的に、つまり人間のあらゆる潜在能力を発揮するに足るだけの深みと、広がりのある目的に、完全に一致させることを意味するのである。社会化は、いずれか所与の社会類型への適応を意味するものではない。たとえば、既存の社会秩序を軽々しく受け入れ、それを映し出している人を、社会状態を改善するために非常な努力を払って人生を過ごしている人よりも、一層社会化されているとみなすことは、馬鹿げているであろう。あるいはさらに、海賊のコミュニティで最も有能な海賊が、愛国者のコミュニティでの最も完璧な愛国者に劣らず、社会化されているとみなすことも、同様である。後者の場合には、彼の存在は社会にはるかに深く根を下ろしているものである。また、彼の社会化が深くなればなるほど、個人が属する〈潜在的〉コミュニティもそれに応じて広がるということを、われわれは論議を進めるなかで理解するであろう。最も深い意志に根付いているものは、それが許容される限り、やはり最も遠くまで伸びようとするものなのである。

「個性」と「個性化」という用語についても、またわれわれはそのあり得べき誤った解釈から擁護しておかなければならない。われわれが個性という場合、それは個人の全性質を意味するものではなくて、そのある側面をいうのである。本書の最初に指摘したように、あらゆる人間の性格ないし自我は、個性と社会性によって織り成されたパーソナリティである。われわれが個性という場合、社会環境と同様に、パーソナリティの成長にも不可欠な、自己決定と自己表現の資質や能力のことを意味している。それゆえ、個性は単なる相違や、ましてや単なる風変りを意味するものではない。ある哲学者は、個性をこうした抽象的・非現実的形式で考えたために、それを鼻であしらった。だが、個性の核心である自己決定は、人ごとに異なる必要もなければ、また異なるべきでもない。パーソナリティの実体や目的は、個性と社会性が相俟って決定するのであって、これらの側面のどれかを、他の犠牲において高めたり、あるいはパーソナリティにおける両者の統一を犠牲にして、どれかを高める教養はいずれも、生活の事実からみて、不完全で誤ったものである。個性と社会性は、原始生活にみられる集団的に統制された無味乾燥な画一性から、われわれの文明に属するごく普通の成員さえもが有する、より豊かでより自律的な性質に、現われてきたのである。したがって、個性と社会性が、人間の具体的なパーソナリティにおいて、どれだけ絶えず成長を示してきたかを理解することは、コミュニティ発達の全過程を理解するための鍵となる。

今一度主張しておきたいことであるが、コミュニティはそこに関係のある成員以外には何ものも、すなわち実際に社会化される男女のほかは何も保持しておらず、類型と相違、国民性と人種、個性と社会性といったものが、それらの唯一の実現を見出すのは、コミュニティ成員すべての類似と相違、彼らの相互関係と相互作用においてである。コミュニティは人々の共同生活であって、その生活力はその人々の個性と社会性に依存している。個性と社会性は、単独ではなく両者相俟ち、すべてのコミュニティを判断する試金石である。なぜならば、われわれは銘々が自己の社会を作るように、その社会はそれぞれわれわれを作るからである。われわれの個性は、もしも強ければ、その社会を強化するように――もしも弱ければ、弱体化させるように――作用する。そして逆に、われわれは個性の程度を、社会に負うている。社会性と個性が敵対するのは偶然のことであり、本質的には相互的に発達する。真の社会は個性を発達させるように、最も天賦の才に恵まれた個性は社会のなかで、それを表現し実現する機会を見出す。コミュニティの成員がそうしたコミュニティの生に加われば加わるほど、彼ら自身がもたらすものの量に応じて、その生活は一層豊かになる。社会諸単位の共同生活であるコミュニティの質は、その単位の質である――燃料が粗悪であれば、どうして炎が明るくなり得ようか。コミュニティの強さはこれら成員がその共同生活に結合されている度合である――石炭を散り散りにすれば、それまで輻射の中心部で照り輝いていたものは、ばらばらの貧弱な火となって、弱々しく明滅するであろう。燃え立つその中心部のエネルギーが、火中の石炭をすべて燃焼させるように、共同生活の内にあって、すべての貢献者の生活を支えるものは、われわれが社会とよぶところの精神的活動、つまり大きな共同生活のなかの意識的協働にほかならない。その火から脱落すれば〔石炭は〕青白くなり、燃殻のように冷たくなるように、社会のコミュニオンを喪失すれば、各自はその生活を刺激するコミュニティを失うことになる。

われわれの基本法則に対する誤解を避けるために、さらに定義を下さねばならない二つの一般的な用語がある。それは「個人主義」と「社会主義」の語であるが、これらは貨幣のように、市場を長く流通するうちに、摩滅してほとんど判読不能になっている。最初に注目すべきことは、われわれの法則が、ふつういわれる個人主義、社会主義の諸原理とはまったく関係がない点である。というのは、個性と社会性は性質のことであり、個性化と社会化は過程をいい、個人主義と社会主義は理想あるいは理論のことだからである。われわれの法則は、二つの現実過程の間の〈事実〉関係を表わすものであって、それは個人が社会内で、どのように関係づけられる〈べき〉か、に関するいかなる理論ともかかわらない。個人主義と社会主義は、それがどのような姿を取ろうとも、何々すべきという性格の理論である。社会主義は、その狭義の意味においては、生産手段、分配、交換が集合的に所有される〈べきである〉とする理論である。広義の意味では、それは集合的行動と統制の重要性を主張する何らかの理論のことである。個人主義は、時には私的な所有と管理の重要性を主張する〔先とは〕反対の理論をいい、時には各人が本質的に所属社会から独立しているとする理論を指している。またある時はいかなる個人といえども自己の考えを多数の考えに反する時も、表明し実行することが許さるべきであるという要求をいい、さらに時には利己主義の要求の単なる婉曲の表現にすぎぬ場合もある。すべてこれらの理論は、それぞれの結果によって判断されねばならない。すなわち、どの個人主義であれ、どの社会主義であれ、それらの正当化はひとえに、それの採用によって、パーソナリティの促進が保証されることにある。

ついでながら、ある個人の利害が仲間の利害と対立するという場合、それは厳密には私的・公的利害間の対立、ないしは個別的・全体的利害間の対立であって個人的・社会的利害間のそれでないということに、注意しておいてもよい。さらに、本当に分散的行動〈対〉集合的行動を言うつもりのときは、個人的行動〈対〉社会的行動というべきではない。あらゆる個人が社会的個人であり、しかも個人としての彼の活動は、やはり社会目的に役立っていることを常に記憶しておかねばならない。「個人的」と「社会的」という用語は、はなはだ不必要にかつあきれるほどに乱用されている。そのため、個人〈なるもの〉（いくらかの個人ではない）の目的や善を、社会の目的や善と対立させるひどい混乱にいともたやすく陥る。旧来の理論が明言したように、個人がすべてたとえ全体のために、損失を蒙らなければならないにしても、彼は依然そうした利益を得た全体の一員である。あるいはもっと新しい理論が強調するように、たとえ現在の個人すべてが民族や、累代の繁栄のために、何らかの犠牲を払わねばならないにしても、その犠牲は常に社会諸個人に継承されるものであり、彼らの福祉のために、われわれが骨を折り犠牲を払っているのである。

最後にわれわれはここでは、個性の形而上学的問題に全く関心がないことをことわっておこう。どんな究極の統一体がその懐に諸個人を抱いているのか、どうして彼らのすべてが単に普遍的存在の「契機」つまり要素や、「個体化」であるのか、といった問題は、われわれの関心事ではない。社会的経験の世界においては、人間は社会性の面で成長するにつれて、個性の面でも成長する、と述べておけば十分である。

二　法則の一般的説明

われわれは今しがた個性と社会性が、パーソナリティの統一体の側面であることを知った。生けるもののすべては、個々の人か、あるいはコミュニティとしての諸個人の結合であるが、それら両方には個性と社会性があると考えられる。したがってわれわれの命題は、〈パーソナリティが、各自にそしてすべての者に、発達するにつれ、個性と社会性の二重の発達を示す〉という形をとる。

われわれが瞬時でも熟考するならば、すべての価値は人格的な価値であること、つまりあらゆる社会的発達はパーソナリティのある種のまた何程かの発達を意味し、副次的にはパーソナリティの手段である諸機構や諸制度の体系の発達であることが明白になる。すべての芸術、すべての科学、すべての進歩は創造的なパーソナリティの自由な表現にもとづいており、そうしたパーソナリティは、自由な表現の機会とそれの要求の結合によって、活性化される。すなわちそれは観念を現実に変えようとする自由な表現の要求と、変化の手段を提供する外的環境、ならびに社会的環境の——つまりその要素たる諸パーソナリティが観念を受け入れることが出来るゆえに変化を許容する社会的環境の——自由な表出機会との結合によって、活性化される。あらゆる宗教はパーソナリティの単なる神格化にすぎない。それは有限性に乏しい有効なパーソナリティ概念によって、限りある生命を刺激しているのである。われわれの生活全体において、仕事と遊びの両方に、要するに生活に利益を与えるものは、パーソナリティの修練である。すなわち、最も簡単なものとしては、社交や小説、演劇によって与えられるパーソナリティの意外な新事実を知ることであり、最高位のものとしては、われわれの知り得る最大限の社会環境内でのパーソナリティの発達を、立証することとである。制度ないしアソシエーションの力は、それが貢献している人々に対するその支配力や影響力によって測定される。パーソナリティに対してそれが深く有力な要求をなす時、その力は強くかつ永続的である。国家や教会の強さは、そこの成員の献身の度合に、すなわち成員のパーソナリティが国家や教会の存在と一体化する度合に比例している。他方では、アソシエーションが満たす基本的要求が永続的であればあるほど、アソシエーションが要求する献身も永続的になる。最後に、あらゆるアソシエーションの要求は、それがパーソナリティに対してなしうる寄与の程度に比例するという尺度で測れば、コミュニティそれ自体が最強のものである。したがって、各成員は、すべての要求に調和して従っておれば、生活の十二分の調和と完成の域に達する。

もしもパーソナリティを、個性と社会性の要素からなる統一体とみなすことが正しいとすれば、パーソナリティが最大限に存在するところでは、個性は最も進歩するであろうし、人々の社会的諸関係もまた最も広汎にかつ最も深くなろうということになる。この原則は社会生活が存在するところではどこででも明らかにされる。それゆえに本節では、同原則の普遍性の説明と例証とを行ない、その後にさらに、現代のわれわれ自身の社会的世界のうちにこの原則を特に適用してみることにまで進むことにしよう。

最初に、個性の側面を取りあげよう。個性は最下等なものにおいて一等乏しい。植物の生命（吸枝、芽、取り木、継ぎ木、その他によって増殖される）や、下等な動物（ポリプ、滴虫類）においては、個体化の最初の形態すら、すなわち個体と個体の身体上の境界すら、しばしば不完全である。より高等であるとみなされる生命のすべてを特徴づけているものは、最初は有機体上の、次いで心的なより顕著な個性化である。あらゆる生命は、この個性化の助けによって、さらに高等な段階に達するのである。「実際に進歩し、最適な意味において進化しているといえるのは、本質的に独立した生活を営み、自給的な生物である」（*Evolution*, Thomson and Geddes.）。人間の社会に眼を転じてみても気づくように、原始生活で個性が、相対的に取るに足りないものであったことに関しては、人類学者のすべてが、彼らの事実説明の仕方に違いはあるにしても、*意見は一致している。未開の氏族や種族において、性格のきわめて著しい斉一性と関係した、慣習のほぼ完璧な斉一性を見る。関心が非個性的な民族的関心、性的関心、ある種の社会的関心であるところでは、関心は実際には未発達である。類型が各自に均一に具現されている時には、類型の価値は実際には低い。慣習がすべてを包み、しかも強制的である時には、慣習は実際には原始的である。

パーソナリティが発達するにつれて、非個性的な社会的関心は、個性化された社会的関心に変えられる。未開の種族や氏族や民族によって追求されるような、民族的関心は未分化であった。民族の勝利の型を表わす偉大な表象、すなわち所属民族の卓越性の原理（それ自体、高次の道徳的原理の原初形態）は、同族のために、同族の者の最も崇高

＊　たとえば、個性と文明の相関を、どの著者よりも力説したのは、ハーバート・スペンサーとE・デュルケームであったが、両者は、それぞれ相関の説明の試みに関して、非常に異なっている。Durkheim, *Division du Travail Social*, Book 1, chap. v. 参照。軍国主義の基本的な必然性（スペンサー）や、集中化と分業の欠如（デュルケーム）のような付随的な事実は、われわれが考えているほど、法則を根本的に説明するに足りるものではないことが、想起されてよい。

な努力と犠牲を鼓舞した半利他的な動機を形づくった。この類型の価値は実現されたが、類型の本質は必然的に誤解された。それは他のあらゆる類型と全く対立すると考えられ、またそれ自体の多様性により、危くされると考えられた。人々は、もちろん曖昧で原始的な探求方法に従ってではあるが、社会的事実を、最も共通性に乏しい要素においてよりも、最高に共通である要素において追求した。彼らの社会的訓練は、多数の者に共通した類型に順応する慣習を強調し、少数者の異質な類型を努めて抑制することによって、個性を押えつけることであった。そうした社会においては、シボレテ（合言葉、もともとエフライム人を見分けるためにギレアテ人が用いた合言葉のこと）、タブー、格言、決った形容辞（epithet）が顕著である。しかしパーソナリティが（個性の抑制の企てにもかかわらず）徐々に大きく発達するにつれて、つまりより広い心が一層広汎な価値を理解するに伴い、パーソナリティに顕われた分化は、ますます重んじられ、擁護されるようになる。一層広汎な自由が、つまり実質的に類型のより完全な表現である無限に多様なパーソナリティの顕現状況が実現される。

なぜならば個性の関心は、民族や性や階級として表出されようとも、類型の関心と全く対立するものではなくて、それらの関心の発達であるからである。有機的あるいは民族的な関心は、個性化されるようになっても、消えうせるものではない。個性化によりそれらは制限されるかも知れないが、個性化を通じて同時に具体化され、実現される。有機的要求、民族的関心といった類型の要素は生き残っているのである。文明化した者は、性的関心や家族的利害の刺激をわずかしか感じないというわけではなく、これらの満足は、関心がもはや〈単なる〉性的関心でも、〈単なる〉家族的利害でもないゆえに、単純にはいかない。関心は複雑で分化しており、性は性以上のことを意味している――それ以下のことではない。関心の満足は究極的で固有の条件を必要とする。すなわち、それは（抑圧された欲望の単なる一時的な爆発は別として）どんな男性でもというわけでなくて、この男性（ないしは少なくともこうした種類の男性）、あるいはどの女性でもというわけではなくて、この女性という点で、個性的に決定された選択を必要とする。われわれの本能は複雑な驚くべき関心にまで拡大しているため、パーソナリティの統一体から生じ、かつ調和的な実現を要求する生活諸原理に、織り込まれていなければ、孤立した衝動は、もはや独立しては満たされない。

社会内部での個性の成長は、抽象的価値から具体的価値への移行を、つまり単なる類型の曖昧な評価から、類型実在の明確な評価への移行を伴う。すなわち、類型はそれを担っている諸個人を抑圧し服従させることにおいて、最良に保持され、実現されるとみる信念から、成員の資質の発揮は類型の実現でもあることの発見への変化を伴うのである。抽象的観念は知性発達の後期に現われるといわれているが、しかし実際には最初から人間の心意を支配しており、そして心意は次第次第に、もっと具体的に包含された事実を理解することにおいて解放されるのである。初期の段階では、集団の観念は非常に抽象的であるので、トーテムによって〈象徴化〉されたり、部族神に〈化身化〉されなければならない。社会的世界の意味を案出した最初の包括的な労作であるプラトンの驚嘆すべき作品は、単にギリシアの都市だけではなく、あらゆる部族コミュニティや、あらゆる村落コミュニティに、またあらゆる古代帝国の思想全体に浸透していた観念と、すなわち人種、家柄、血筋といった要するにそうした用語で定義されることに、ますます抵抗する生身の個性的な成員から抽象された類型の観念と、類似した抽象的観念にもとづいていた。哲学者は、哲学が「自分をより確実に把握」*した時に、相違も、自己確証に劣らず、現実であり、重要であることを理解するようになる。すなわち、類型や形式は、「言及すれば冷笑を呼ぶような、毛や泥や埃のごときものとか、どんなに無価値でつまらない」ものにまでも、ありとあらゆる意味で実現されていることを理解するように

* *Parmenides*, 130. 参照。

なる。したがって、市民生活や国民生活の複雑さがますます増大すると、すなわち人々や国民の間に分化が増大するにつれて、人種、種族、民族といった初期の諸観念は、社会意識としては、それ自体の本領からいって、抽象的で不適切なものと思われる。抽象性は初期の観念の排除と共に消失する。人種や国民性は確かに人々に滲み渡った明白な要素として示されるけれども、個々の成員がそこから生まれ出る鋳型といったものではなくて、単に要素でしかないのである。

次に社会性の側面に眼を転じて、パーソナリティが発達すれば、それに応じて社会性の要素も発達することを証明しよう。この相関は非常に誤解され易い。時には、パーソナリティが発達するにつれて、人は社会から一層自立するにいたるとさえ考えられている。しかしこの誤った考えは、社会が生活であり、機構や単なる秩序の体系ではないことを理解すれば、消失してしまう。

社会性は最下等のものに一等乏しく、生活の増大につれて豊かになる。どのような生活形式を考えてみても、社会性の程度は、つまり個人が社会生活に根をおろして依存する程度は、それぞれの発達能力に相応するものであることがわかる。そうした能力が大きければ大きいほど、組織的で協働的なコミュニティがその成員に対して与える利益も、彼らが成熟していくにつれて、ますます大となる。発達のための能力が大きければ大きいほど、発達する成員はそれだけ社会の助けを〈必要〉とする。そうした能力は、もはや個人が根深く、狭隘で、安全な本能の常道に従って行動し得ないことを意味する。したがって幼児期のより大きな無力さと不安定さを意味し、また学習のためのより大きな才能だけでなく、より大きな学習の必要性を、さらに社会を通じてのより大きな達成だけでなく、社会へのより大きな依存を意味している。人間は本能に依存する程度が少なくなればなるほど、社会にますます依存することになる。

最も低次の生活段階では、動物の子は生れた時その環境の運に意のままに委ねられており、両親や他の社会的保護の助けにより、扶助されることは全くない。高次の段階になるほど、本能を決定的に備えることの少ない子供は、もっと精巧な知性の構造が形成——社会的に形成——されつつある間は、両親の保護によって養育されていることがわかる。したがって、馬や犬や猿がどの程度の知的生活を示すかは、その幼年期の無力さと、年長世代の保護を受ける程度に比例している。すべてのなかで最も高度な種類のものにあっては、家族のみならず、広くコミュニティまで、子供の増大した無力さを助けようとする。人類はあらゆる存在のうち、生誕時に最も無力な存在であり、そしてあらゆる存在中、最も可塑性と発達可能性に富み、蓄積されたコミュニティの経験によって最も利益を得ることの出来る生物である。コミュニティがよりよく組織されているほど、成人の個性の要求のみならず、その潜在的成員の要求にも、それはますます役立つことになる。コミュニティが著しく組織され、家族のみでなく、コミュニティ内のすべてのアソシエーションが既に形成された個性の発揮に対してだけではなく、新しい個性の形成についても、十分それぞれの分担を果す時に、社会化は完全であり、個性化はその成員の最高限度の能力にまで進展したといってもさしつかえない。

原始民族が文明民族以上に社会化されているとみることは、重大な誤りである。原始民族の成員は、社会諸関係がより単純であるという理由だけで一層社会化されているように思われるのである。原始人は多くのというのでなしに、ひとつの忠誠を尽くす義務を負うている——ひたすら一層機械的なやり方で、それに尽くさねばならない。コミュニティが原始的であるほど、各自がその内部で独自の位置を、すなわち彼自身の位置をもつことはそれだけ少なくなる。社会はより同質的であり、成員の誰かを連れ去っても、社会構造には何らの裂け目も生じない。〈この点においては〉文明社会ははるかに有機的である。* 文明人の社会諸関係はもっと網の目のようになっている。コミュニティが、社会的達成のために、自律的パーソナリティの要求に応じるに伴い、ますます複雑となり分化するにいたる。そして、分化したコミュニティの成員は、必然的に未分化のコミュニティの成員よりも、多かれ少なかれ社会化されている。

ここでわれわれの法則は次のように表現できる。すなわち、〈コミュニティの分化は、社会的諸個人におけるパーソナリティの成長に相関している〉。この定式にもとづいて、もっと具体的に、その基本的性質と意義について考察することにしよう。

三　パーソナリティの成長相関としてのコミュニティ分化

外面的にみた場合、コミュニティの分化とは、さまざまな内部のアソシエーションがそれぞれ独自性をもって、つまり各々がしかるべき位置と要求を伴って、コミュニティに現われてくる過程である。それは、コミュニティが社会生活のどれか単一の形態との一体化をやめるか、全面的に従属したりしなくなる過程である。さらにそれは、社会関係の範囲が広がりまた拡大するにつれて、その範囲が、共同生活の規模を凌駕する程のものにまでなる過程である。それは、それぞれの社会関係がより複雑になり、各社会的存在が、全体の相互依存のなかで、それぞれより密接に結びつく過程である。この節では、コミュニティ分化のこれらの基本的諸特徴を検討し、さらにそれが、社会性と個性の二重の様式で実現されようとする人間のパーソナリティの成長によって決定され、次には決定することになる経緯を明らかにしよう。

* Durkheim, *Division du Travail Social.* 参照。

「当初」コミュニティは、形をなしていなかった。家族は国家であり、国家は家族であった。また、教会は国家であり、国家は教会であった。孤立した原始のコミュニティは、原理上の区別もアソシエーションの分離もなく、いまだ社会生活の形態になっていないあらゆる要素を、不完全に結合させていた。コミュニティの見せかけの基盤は共通の血縁や共通の信仰であったかもしれないが、しかし真の基盤は生活のあらゆる関係にまで及んでいる同質的な伝統である。なぜならば血縁それ自体はいまだ限界の設定された原理ではなく、信仰もやはりそうではないからである。家族、国家、教会といった概念は、今日のわれわれが理解しているような意味では存在していない。法、慣習、道徳は分化しておらず、したがってこれらのどれひとつを取っても、今日有しているような意味においては理解されていなかった。* ホメロスの詩に叙述された時代でさえも、道徳と宗教はほとんど同一とみなされていた。** 古代ギリシアや共和制時代のローマにおいてさえ、市民層は血縁集団から明瞭に区別されていなかった。一八世紀のイギリスでさえも、政治的統一体は宗教的統一体と混同された。現代ですら、一般の先入観では、民族と国家は同一視されている。社会の歴史は概して緩慢な歴史であり、最も進歩したコミュニティにおいてさえ、さまざまな社会形態がそれらの特徴を伴って現われてくるいまだ不完全な過程であるにすぎない。そしてその諸形態が出現するにつれて、共同生活の拡大された統一体の内部で、それらが調整され、強化され、純化されるようになるのである。

　ここでは、こうした分化の広汎な過程を、たとえおおまかであっても、辿ることは明らかに不可能である。われ

* このことは *dharma*〔ダルマ、インド教、仏教でいう徳、法〕、*θέμις*〔テミス、ギリシア語の法〕、*δίκη*〔ディケー、同じく法〕、*fas*〔ファス、ラテン語〕、*mishpat*〔ミシュパット、ヘブライ語〕、*recht*〔レヒト、チュートン語〕、*right*〔ライト、英語〕のような言葉の歴史によって例証される。

** たとえば、Grote, *History of Greece*, Pt. I., chap. xx.; De Coulanges, *La Cité Antique*. 諸処参照。

われの目的は、コミュニティの分化が一般にパーソナリティの成長と一致することを、またその二つの要件〔個性と社会性〕によって決定されることを、説くことにある。この目的のために、一定の分化の基本的諸形態の意義を手短かに考察しておこう。

(a)　〈政治生活の限界設定〉

コミュニティと国家が分離するのではなくて、別個のものになる過程ほど緩慢なものは人間の歴史の他の過程にはなく、またその過程ほど究極点からいまだに程遠いところにあるものはない。これまでと同様に、国家の存在や特質の規準として、法を取りあげてみよう。そうすれば、法が慣習から出現する過程を、すなわち不文の法や慣習法が成文法や法判例になる過程を、コミュニティ内における固有の意味での国家の緩慢な発達を示すものと、みなすことが出来る。あるいは、同じ過程を、家長や族長から立法者や判事や君主の見きわめにくい進化において、もしくは共同体的制裁から法的制裁への移行において、辿ることも可能である。しかしわれわれはここでこれらの過程の際限のない細部や不明瞭な個所に、かかわっているわけにはいかない。ただ明白なことは、そしてわれわれの関心のある唯一のことは、そうした分化のきわめて重大な結果（さらに少なくとも部分的な原因）に関してである。それは人間性の多面性の認識、すなわちパーソナリティが慣習の同質性を打破することによって、共同生活の潮流が、もはやコミュニティの成員の完全な合意にもとづいて、動くことはないという事実の認識である。社会諸関係の厳格で不可欠な区別が顕わになるので、慣習から法が出現する。家族の要求が国家の要求と区別されるようになったので、家長と立法者が同一であることをやめる。以前はただひとつの忠誠しかなかったと思われるところに、多くの忠誠が、おのおのそれ自体の限界を伴って現われる。国家が慣習の侵害と法の侵害とを区別するようになる時、また国家が復讐や私闘を禁止して、処罰の唯一の権限を掌握するにいたる時、あるいは国家が刑事犯と民事犯とを区別し、それによって、自らの処罰の権限を制限する時、国家はあらゆる社会的諸機能中最大のものに、自らを形成させることになる。つまり、国家はコミュニティを全般にわたって擁護し助成するための巨大な器官として、コミュニティから出現することになるのである。

古代の巨大な国家（とりわけギリシアの諸国家）と今日の巨大な国家との比較は、こうした過程のすぐれた例証を提供している。最も厳密な意味では、まさにギリシアの教会がなかったのと同様に、ギリシアの国家は存在しなかった。それの国家形態から、コミュニティや都市を区別する言葉はなかった。ポリスは分化されておらず、国家という言葉でそれはしばしばよばれるものの、ポリスにはそれ以上の意味があった。この分化の欠如は、古代「国家」の包括的な性格に、すなわち「法的・政治的」性格に劣らず、「道徳的・宗教的」性格をすべて含む包括的な市民権において示されている。* それはあらゆる共同体的制度、つまり兵役、婚姻規制、土地保有制、法の執行、権利の行使のうちに現われている。ポリスは実際には「あらゆる科学上の協力《パートナシップ》、あらゆる芸術上の協力、あらゆる道徳上の協力」であった。だが、そうしたたぐいの無制限な協力は、そこに無制限な統制を伴うはずであるから、無限の強制や果てしない不和を意味していた。しばしば指摘されてきたことではあるが、古代アテネやローマにおいて自由は、今日のわれわれが考える自由とは、全く異なるものであった。** それは市民の自由というよりは、むしろ他の都市に対抗する上での統一体としての都市の自由であった。しかしながら、実際には都市は滅多に道徳的・宗教的そして法的・政治的統一体であったためしはなく、それぞれの地域ごとに架空の統一体を設定しようと企てた

* Mommsen, *History of Rome* (tr. Dickson), 1., 246. 参照。

** この点はホッブズ（『リヴァイアサン』二一章）によっても注目されている。またルナン（Renan）は次のように述べている（*La Réforme Intellectuelle et Morale*）。「それを残念がろうと、あるいはそれを喜ぼうと、近代的自由は少しも古代の自由でもなければ、中世社会の自由でもない、はるかに現実的なものである。尤もそれははるかに輝かしいとは言えないけれども」

ことは、ギリシアの文明全体にとって、大きな損失であった。国家とコミュニティとの限界を設けることは社会生活の発達にとって、特に必要なことであった。こうした限界設定自体は、個性の諸要求により刺激されたものであるが、また社会性の深化と強化の条件でもあった。

ギリシアやローマの都市コミュニティの初期の生活と慣習は、コミュニティと国家の区別がないままに、市民ではなく都市をパーソナリティの単位とみなす原理に依拠していた。この原理は、しばらく効力をもった。戦争、征服、支配といった原始的諸活動において、コミュニティに多大な効果を与えるのは、ほかならぬこの原理である。だがこの原理も、パーソナリティの拡大する精神的必要物にもはや応じ得ない時が到来する。その時期に危険なことは、伝統的な社会的要求に対してそれが反感を抱き、あらゆる社会的要求の妥当性を否定しようとすることである。禁欲主義者、快楽主義者、無信教（creedless）の世界主義者然り。そしてまた、初期のキリスト教徒の誤った「個人主義」、すなわち個人を確かに自己のパーソナリティの中心にすえても、個人を中心にも周辺にもすることはない個人主義はそうして起った。個人はその社会諸関係の中で自己の個性を見出すが、しかし彼らの場合には個人から社会諸関係を奪い取ることによって、個性を見出そうとした。このように個人をすべてにすることにおいて、彼らは個人をすべて空虚なものにした。個性に対する社会性の真の関係は、人々が国家の必要と限界の両方を知るにつれて、つまり国家の限界がコミュニティ内に設定されるようになるにつれて、実現される。

政治的限界設定の新たな段階が目下進行中である。国家をコミュニティとしてではなく、アソシエーションとして認識することを困難にしているものは、「バビロンの補囚」をひき起した教会の冒険は例外として、他のいかなるアソシエーションからの挑戦も受けることのない、国家の世俗的全能さのためであった。ホッブスは政治的リヴァイアサンについて、「地上には比較されるような権力は何もない」（*Non est potestas supra terram quae compa-*

retur ei）という言葉を引合いに出した。だが、そのことはもはや真実ではない。今日では、部分的であるがより広汎な領域を要求する巨大な経済的アソシエーションが台頭してきた。とりわけ労働者階級の連帯とより巧妙な資本家の連帯との増大が、経済的権力と政治的権力の区別を立証した。その区別が認識されるやいなや、国家の政府がこれらの強力な敵対者のいずれかの利害と一体化していたかもしれないことや、一体化してきたことが、また今でも大いに一体化していることが、やはり理解された。したがって一面では、それは国家の支配をめぐる新たな闘争である。すなわちこれまでのように類似した諸集団が相互に政治的覇権を必死に争うのではなくて、異質で基本的に敵対するアソシエーションが、永久に異なる政策を追求することによって起るものである。支配の主役はもはや国家それ自体にあるのではなくて、明確に規定された経済的利害にもとづいて、政府をあれこれと動かすこれらアソシエーションの巨大な複合体にあると思われる。しばしば政府が、ある種の不当な経済的利害の要求に、屈服する光景を目の当たりにしている。たとえば、ウェールズの鉱山労働者やアメリカの鉄道労働組合は、不承不承の議会や国会から、法律を無理やりに獲得した。そして資本家は、もっと地味な方法で、絶えずその恐るべき権力を用いて、法案に圧力を加えている。

マルクス主義理論の世界では、そして現実が〔その理論に〕符合している低発達諸国においては、国家の支配は二者間の、すなわち二つの経済的階級間だけの単純な問題である。マルクス主義の診断がいかに正しかったかということは、ロシア革命とそれが他国の政府と人民の心に与えた反響によって証明されている。それにもかかわらず、他の諸国での、とりわけイギリス、オーストラリア、ニュージーランド、フランス、アメリカでの統治の多様な発展は、国家の統制を争う経済上の当事者や諸勢力が、単に労働者と資本家階級に二分され得ないことを示している。これらの諸国の経済的利害は、余りにも複雑多様であるため、マルクス主義の公式ではすべてをつくすことは出来ない。それは、小事業家、農民、小売商人等々のような賃労働と資本のわずかな管理とを兼ねた相当数にのぼる階級の位置を定めていないし、または専門職の階級、つまり公務員、技術者のような、性格においても感情においても、決して本質的に「資本主義的」とは言えず、しかも彼らのアソシエーションを通じて政府の決定者として影響力をもつにいたっている階級の位置を定めていない。*

こうした国では、国家の統制をめぐって他のアソシエーションと争いを起すだけでなく、以前には包括的な国家が掌握していた諸機能を、これらアソシエーションがほしいままにするようになり、したがって国家権力の〈事実上〉の制限が起る。アソシエーションにより的確に組織されていない産業については、そうした組織を有する産業の場合よりも、国家の機能は広汎に及ぶことが、ホワイトリィ・リポート（Whitely Report）（雇主と労働者の代表が集って産業上の諸関係や状態を討議、調停する産業協議会の報告書）によって賢明にも認められている。たとえば、利害にみあった適切な代表者として行動する労働組合と雇用主のアソシエーションとが、賃金や労働条件について協約を結ぶ時、そうした場合の解決は、それがなされなければ、政治的立法によってはかられたことを、事実上肩がわりして、より明瞭に、より直接的に実現する方法である。

これらの利害が適切に組織され、協定が成立する時、国家の機能は、この方面では、協定の当事者達による侵害から、別の何らかの利害やコミュニティ全体の利害を擁護することに制限される。なぜならば他のすべてのアソシエーションは部分的な利害を追求しているのに対して、国家は本来全体の福祉の特殊な守護者であるからである。

＊　たとえば、英国は専門職階級の組織発達（「ザ・ニューステイツマン」*The New Statesman.* 一九一七年、四月、の増刊号参照）や、労働者一般の利害とは異なった利害を形成しているアメリカ熟練労働者の趨勢や、組合の権利を求めるフランス人文官の闘争（ラスキ『近代国家における権威』第五章参照）や、イタリア、フランスで著しい、技巧や行政技術の特殊組織を目ざす新しい運動に、注視せよ。

したがって、コミュニティが他のアソシエーションによって組織されるようになるほど、国家の真の位置と限界はより一層明白となる。

(b)　〈**宗教生活の限界設定**〉

元来、宗教は、未分化な共同生活の単なる外貌にすぎない。神々が単なる自然=形態としてではなく——なぜなら、その時まで厳密にいえば宗教は存在していないゆえに——はじめて人と考えられた時に、神々はコミュニティの成員ないしはコミュニティ内部の神々とみなされる。コミュニティの範囲と宗教信仰の範囲とが一致するのである。

原始の世界では、神々は最初、自然—神（nature-powers）、すなわち自然現象の背後にある原因とみなされている。そうした自然—神のうち、あるものは地方的であって、川や山の神であり、他のものはもっと普遍的な、空や海や大地の神である。パーソナリティに対する人々の理解が一段と深まるにつれて、自然—神は漠然と人格化された単なる自然力から、はっきりと人格的なものへと変化する——たとえそれが超人間的な人間の守護者、審判者、立法者であるにしても。その過程は二つの形式のいずれか一方を辿った。ある場合には、人々は普遍的な神を遠く隔たる非現実的なものにしたまま、既存の地方神を、つまり父祖の地の地域神を、いっそう人格的に信ずるにいたった。他の場合には、雨の神ゼウスがアケイア人の神になったように、さらに雷と雨の神ヤーベーがイスラエル人の神になったように、普遍的な神自らが地方の在所と名称とに局限された。いずれの場合にも、信仰の中心となるのは、すなわち祈りが奉げられ、祈りに応え、そして人々が神のために戦い、戦場で自分らを助ける真実あらたか有効な神となるのは、局地的な神にほかならない。このようにしてアテネのエペーボス（守備隊の任務に服している一八〜二〇歳の青年市民）は、自分らの尊厳の正式の序列では、オリンパスの神々の位階ではなく、「父祖の地の神々であるアグラウロス（Agraulos）、エンヤリオン（Enyalios）、アレス（Ares）、ゼウス（Zeus）、ザァロ（Thallo）、オッエッソ（Auxo）、ヘゲモネ（Hegemone）」を戴き、崇めることを誓う。この無名神の一覧表におけるゼウスとアレスの位置は次のことを、すなわち、ここに崇められたゼウスは、「神々や人間の最高神」ではなく、より身近な地方神とみなされ、またアレスは戦争の普遍神ではなく、アッティカ〔古代ギリシア南東部の国家〕の特殊な神であることを示している。ギルバート・マレー教授が述べたように、パイシストラタスによって着手されたオリンパスのゼウスの神殿が、ギリシア史の全期間を通じて未完成のままであったのに対して、一方では地方化したアテナやポセイドンの、つまり「郷土の穢なき土地や郷土の海」の神殿が、アテネ人の非凡な才能とアテネ人の富のあらゆる貴重品を受け取ったことは、意義深いことである。* ギリシア人は実際には、一般に非常に理性的であったので、彼らの宗教を、地方的なあるいは部族の神の信仰に、完全に限定することはできなかった。彼らの宗教の歴史は、身近な神々ともっと遠方の神々との要求の間の闘争を、例証したものであった。イスラエルの神を西欧文明の神に変えたことが、世界の発展において最重要な要因となったという一件以外には、多くの類似した闘争は、古代人の乏しい歴史の背後に記録されないままに埋もれているにちがいない。

最初、自然力《エレメンタル》の神と考えられたヤーベェはイスラエル人の神になった。そしてイスラエルの民が、たとえヤーベェを天地創造主と考えたにしても、彼らの神が他の神々よりももっと強力であったからにちがいない――ヤーベェはそれでもイスラエルの民、つまり彼の選民だけを導いたのであった。彼らの土地はヤーベェの「嗣業の地」であり、その境界内部においてのみ、彼の掟は布告される。国に入ることは、ヤーベェの信仰の地の内に行くことであった。モアブ〔死海の東にあった国〕の女ルツ（Ruth）が彼女の義母のナオミ（Naomi）に従って、モアブからユダヤ

* Murray, *Four Stages of Greek Religion.* 参照。

にやって来た時、ルツはナオミに「汝の民はわが民、汝の神はわが神なり」（ルツ記　第一章一六）と叫ぶ。国外に追放されることはヤーベェの面前から放逐され、信仰を追われることであった。サウルがその国からダビデの跡を追っている時、ダビデは、彼の敵が「彼等爾《なんじ》ゆきて他の神につかへよといひて今日我を追ひ主の産業に連なることをえざらしむるが故なり」（サムエル記　上　第二六章一九）と言う。後日、ユダヤ人が彼らの宗教を世界中に伝えるようになり、彼らの宗教を分散した民を統一する基本的絆として役立てるようになったことは確かであるが、しかしこれら宗教には、〔聖書の引用〕句のように、もっと初期の意味内容がある。ケモンがモアブに君臨したように、ミルコムがアンマンに、ダゴンがペリシテに、ヤーベェはイスラエルに君臨したのであった。遊牧民族や定住コミュニティのすべては、それ自身の神や神々を、すなわち他のいかなる民族やコミュニティに対しても、それを保護することのない神を有していた。あらゆる定住の地は、それらの然るべき神の嗣業の地であった。そしてその地の神は、人間の為政者のようにその境界を越えては支配権を有していなかった。しかし境界内では、至高の審判者や立法者、さらに戦場で彼らを助ける強力な軍神と命名されるものであった。

今日、われわれの世界では、宗教のより広汎かつ、超社会的な性格が非常に明確に実現されているので、神のこの本来の未分化な性格を、つまり神のこうした共同体的限界をほとんど理解できないでいる。私がかなり長く、〔宗教の〕原初的な事実について、主張してきたのも、そうした理由からである。宗教生活の出現の過程を辿ることは、哲学と宗教の歴史を要約することになり、そして特に、ヘブライ教からキリスト教への変化の意義を説明することになるであろう。そうした変化のひとつの側面は、後の章で考察されるであろう。ここでは、その着想と結論を指摘するにとどめておかねばならない。それは、宗教生活が自己決定的になり、外部の要求や制約から自由になるにつれて、宗教生活は純化され、深化されるということである。宗教が社会的人間の、すなわち単にあるコミュニティの成員としてではなく、ある教会の成員として自由に結合している社会的人間の、自由な信仰の対象になるにつれて、宗教はその真の意義を見出すのである。

(c)　〈家族生活の限界設定〉

家族―アソシエーションがコミュニティ内部で分化するにつれて、家族―アソシエーション自体は強化され、純化されるようになると主張することは、一見、奇妙に思われるかもしれない。われわれは、昔の人々の血縁についての熱烈な主張のことを思い出して、文化の発達と共に、家族は得るものよりも失うものの方が大きいと憶測する。実際には、家族が家族たりうるものになるのは、それが広い生活の内部で、自らを限定するようになる時に限られる。この原理を立証するために、コミュニティ内の家族の進化の諸段階を、最も簡潔に辿ってみよう。

われわれの知っている「家族」の最も初期の形態は、おおかた自給可能な形態である。なぜなら当時の家族は、それ自体ほとんど全くと言ってもよいくらい、コミュニティと一体化していたからである。この状態の実例として、伝説に名高いサイクロップス〔ギリシア神話に出てくる一つ目の巨人〕にまでさかのぼる必要はなく、*ベッダ人〔セイロン島の先住民族〕やエスキモー人やオーストラリア原住民のような孤立した民族にそれが固有のものであると考える必要もない。原始生活ではほとんどどこにおいても、血族関係が地位を決定し、権利と義務を割り当てる。コミュニティ全体は、家族の伝統、つまり「氏族」の精神によって結合されている。家族はその成員を保護し、援助し、成員の復讐をする。したがって、各自は文字通り同胞の守護者である。アングロサクソン人のイングランドでは、追放人《アウト・カースト》は「血族関係を断たれた」人間のことであった。〔ヘブライ人のリービリット（levirate）〔夫が死んで子がない

* サイクロップスのなかで「一人一人が子供か妻を裁き、たがいにまったく知らぬ顔だ」〔ホメーロス、高津春繁訳『オデュッセイア』、世界文学大系I、筑摩書房、昭和三六年、ix. 114-5.〕と述べている。プラトンの『法』(iii. 680.) とアリストテレス『政治』(I. 2. 7.) 参照。

時、その寡婦を死者の兄弟または最近親者が妻にする義務〕（申命記　第二五章五）と、ヒンズー人のニヨガァ（niyoga）〔死んだ夫の兄弟や近親者が寡婦と結婚することによって、亡くなった夫に発出を奮い起させるためのヒンズー人の掟〕は、この原理の具体的形態である。中国では、今だに〈世間〉が婿に彼の義理の父母を扶養することを強制している。他方、古代アテネでは、亡くなった兄弟の妻と娘に対して、彼の兄弟は〈法律的〉に責任を負うようになった。ここでは血縁上の義務が、法的形態に具体化する際に、その初期の性格を失ってしまったという点に、注目することは重要である。

そうした〔初期の性格が〕生き残っている場合には、コミュニティは今だに未分化の形態であることを示している。われわれの論点は、こうした初期の形態において、家族は家族以下のものであって、それ以上のものでないということである。コミュニティの最初の形態は、より大きな家族と考えられるかもしれないが、しかしそれは家族を取り違えている。家族生活の意味が曖昧にされている。このことの極端な形態は、次のような親族関係の「分類体系」を用いている人々の間にみいだされる。すなわち、その分類体系に従えば、人は一定の族外結婚の集団に属するすべての男性を、彼の父と呼び、彼の実の父や同じ集団の誰か男性が結婚したかもしれないすべての女性と、彼の実の母との間には、名前の区別をもうけずに、一定集団のすべての女性を、彼の母と呼ぶ。そして他のすべての親族関係に対しても、同様なことがいえる。* そこには真の家族が全く存在していないことは明らかである。われわれが理解しているような家族は、小規模で親密な統一体である。家族が大きな親族集団として出現すればするほど、ますます親密さと統一性を維持することが出来なくなる。ひとつの言葉が、原始人によって、厳密な意味での

* Frazer, *Totemism and Exogami*, Vol. IV.,「要約と結論3」。

家族とより広い血族（kindred）とを、表わすのに一般に用いられるということは、意義深いことである。[*]

コミュニティが発展するにつれて、家族はそれまでに有していた自給能力を失う。コミュニティの慣習が、家族の慣習よりも、一層大きな割合を占めるようになる。新たな経済状態は、家族—集団の経済的自律性を破壊し、より広汎に及ぶ政治上の法律は、家族成員に対する家長の絶大な統制力や家族の復讐権を廃棄し、さらにより深遠な宗教は、もはやその信仰の中心を、家の祭壇（the family-altar）において、すなわち家（the family）の神ラレスとペナテス〔いずれもローマ神話の家の守護神〕のなかに、見出すことは出来ない。それにもかかわらず、制限の過程を通じて、家族はそれまで不可能であった完成の域に達する、家族成員は、今や真に家族の生活にふさわしいものを、家族内部において実現しているといってよい。というのは、家族は、今やその限界内においてのみ、もっぱら家族の〈排他的な〉占有物である夫、妻、子供達の相互の愛情の原理を維持しているからである。

限界設定の極端な例である、競争の激しい都市の家族事例によって、説明しよう。[**] ここには、旧家族や団体責任を負う親族団を解体させ、またそれを本質的な家族—形態である両親—子供達の集団に変化させるあらゆる条件が、最大限に揃っている。ここでは家族の自給能力は最小限にとどまっている。というのは、家族の狭い範囲内では、両親は子供をより広いコミュニティ内で、成功させることも、生活させることさえも出来ないからである。彼らは直接に子供に衣服を作るとか、教育を施し、あるいは病気の治療に当ることも出来ない。それでも、子供には以前よりもっとよい服が着せられ、すぐれた教育が施され、すぐれた看護がなされる。家族は、その自給能力を放棄することにおいて、その成員を一段と大きく完成させた。多数家族の成員が築いた〈もっとも単に家族としてだけではな

＊　アングロサクソン人においてさえそうである。Phillpotts, *Kindred and Clan*, p. 216.

＊＊　Dr. Leshie Mackenzie, *The Family and the City*, (*Sociological Review*, Vol. 1.) 参照。

いが）より広大なコミュニティは、家族を限定し、強調し、強化する。広大なコミュニティは家族の不可欠な特質と基盤を表わしており、そして家族成員を完成させる家族自身の最も固有な任務の遂行を、より一層可能にする。われわれはこれら家族の初期分化形態を、ただ普遍的原理の例証として取りあげてきた。同様に、大学、労働組合、職業アソシエーション等々がコミュニティ内部で分化するにつれて、おのおのはその本質的な機能をよりよく果たすことが、明らかになるであろう。今やアソシエーション諸形態のかかる分化は、コミュニティがはるかに大きな、より深みのある統一体になったことを意味する。コミュニティの分化は、これを形式的にみれば、社会的統一体内部での、特定の側面と機能の限界設定を意味するが、本質的には、成員の社会性と個性の二重の相応した発達を意味している。

本節で例証したコミュニティ分化の過程が何か直接的ないしは単純な経過を、または何らかの明瞭な一連の段階を辿るものであると、考えられてはならない。過程の各段階は、どこでも、さらに進んだ段階への発展を妨げる要因を包含しているのである――ただここでは、外面的形態は、それを生み出した生活の絶え間ない力を離れては、役に立たないということを、つまり社会的に成就したものは、自らが成就し得る能力をもつ者以外には、役に立ち得ないことを言っているだけである。過程に生じる幾つかの遅滞と障害に関しては、次章で明らかにするであろう。

四　一般的結論

社会はその成員の内においてのみ存在するので、アリストテレスが言明したように、社会はその成員に優先するものではない。同じ理由から、社会契約の理論家達が想像したように、社会の成員は、彼らの社会に優先し得るものではない。優先（priority）と後次（posteriority）に関するすべてこうした理論は、すでにわれわれが分析した誤った〔個性と社会性の〕抽象概念に起因している。

諸個人と彼らが生活している社会形態との間には――すなわち、社会の一部の成員と、大多数ないしは支配的な部分の精神を表現している一般の社会状態との間には――たえず部分的な対立が起ることは事実である。また、社会内の少数者のみならず、多数の者の利害に反するかもしれないような社会形態が、存在することも事実である。人間の福祉は社会形態のもとにおいてのみ実現される、とわれわれがいう場合に、それがどのような社会形態のもとでも実現可能であるといっているわけではなく、または人間は常に非常に啓発されているので、彼らの社会的要求を最良に実現するような社会形態を、建設することが出来るといっているわけでもない。逆に、社会統一体に確実に反するように分化した個性の形態、たとえば隠者、性的変質者、非社会的神秘論者、心の拠り所をもたぬ世界主義者のような個性が、出現することも事実である。そのような場合には、生活に必要な二つの要素である個性と社会性とが分裂しているのである。それは病理的な状態である。それはパーソナリティに反するのである。個性が歪んだ社会形態と縁を切るのではなくて、社会全体から離脱している場合のどの例でも注意深く調べてみるとよい。そうすれば、かかる個性は、パーソナリティの本質的諸要素のいずれかに欠けている点で、邪悪な、挫折した個性であることに気づく。

個性の要求と社会性の要求は、結局二つのものではなくて、ひとつのものである。個性が要求するものは自律性である。つまりそれは、自己指導によってパーソナリティが完成されるその自己指導を要求し、社会的機会を通じて能力が発揮され、役立つようになるその社会的機会を要求する。また、パーソナリティが獲得したものではない単なる地位そのものへの従属からの、さらに、パーソナリティの単なる道具にすぎない財産への隷属からの、パーソナリティの解放も要求する。そうした隷属は、コミュニティのあらゆる段階で、共同生活の最も深刻な問題のひとつを生み出している。しかし、自律性は社会の内でなければ空虚なものであり、自己実現も社会的諸関係を抜きにしては無意味である。そして隷属からの解放も、それが役立つための解放でなければ、徒労に終る。真空状態での自由は無価値である。自由は多くの種類の有効な設備を必要とする。換言すれば、自由は社会を必要とする。

個性の要求といっても、それは何も、各個人が他の諸個人に対して、自由気ままに振舞えることを要求するものではないということに十分注意しておくべきである。利己的な要求は、ある人の個性の名のもとに、他者の個性を圧迫しようとするゆえに、自己矛盾している。個性の要求がこの矛盾から免れているのは、ひとえに個性の本質的な要求が、社会性の要求でもあるからにすぎない。あらゆる人々が等しく個性を要求する社会の内部では、共通の要求が、それが実現されれば個々の要求に根ざす諸矛盾を解消する。すなわち、各自の個性を、その個性の程度に応じて、最大限に促進させるような社会秩序に対する要求となる。これが個性の真の要求である。そして、個性はもっぱら社会秩序を拡大し、完全にすることによってのみ実現されるというのが、われわれの主張の核心である。

自由には紛れもなく、正義を行なう自由だけでなく不正を行なう自由も、利他的になる自由ばかりでなく利己的になる自由もあることを認めよう。自由は条件であって、一種の生命ではない。自由は一定の状況内で規定されるまでは、判決の下しようのない抽象的なものである。個性の要求は、絶対的な自由への要求ではなくて、あらゆる〈必要な〉強制に服する秩序ある自由への要求である。その要求を受け入れることは、社会秩序を非常に強固なものにする。というのは、実現された自由は、極端な専制政治に劣らず、個人の地位を狭め、限定するからである。だがこうした自由の場合には、せばまった地位は、もっぱら個人の性質によって決定される。つまり複雑な構造内の彼自身の地位は、外部の任命によるのではなくて、内部的な特質によって決定される。それによって構造全体が、強化されることは確実である。

コミュニティの発達を十分広い幅で調べてみるならば、選択、指導の権限がますます個人に委ねられていることがわかる。過去にはコミュニティ全体の伝統に従って決定されていた宗教、結婚、職業のごとき事柄での指導は、ますます個人の選択に依拠するようになってくる。能力を発揮する機会が拡大し、その結果、あらかじめ決められた仕事で、以前のように能力が浪費されることはない。同様に、人々は大きな割合を占めている必要労働に束縛されない。機械が発達するにつれて、人間の価値と人間の自律性はともに成長する。知識の増大、とりわけアソシエーションの力についての知識の増大とともに、少数者が多数者を搾取する可能性は減少する。たとえ個性を抑圧する形態が残存していようとも、すなわち現在の「産業奴隷の境遇」がいかに陰惨に思われようとも、相対的には、パーソナリティを豊饒にし、コミュニティを豊饒にする著しい個性の解放があった。人々が一層自律的になっていくところでは、社会的諸関係は、なんと一層複雑に、強固に、広汎になっていくことであろう！

良い例が現代生活における女性の地位の変化のなかに見出だされるであろう。「女性の問題」は、これまで男性に比べて、思考、活動の面で型にはまった、概して分化の少ない性であると思われていた女性の分化の増大によって起る。女性の分化は、単に主導性や個性の増大においてのみならず、社会性の深化、社会問題に対する関心の拡大、社会諸関係への全面的な参加においても現われる。本稿ではそれによって生じた特殊問題を扱うわけではない。われわれの関心は、こうした動きがこれまで主張してきた〔個性と社会性との〕相関を例証しているという点にある。自己認識に目醒めたすべての人間と同様に、女性もまた自らが価値あるものとみなされることを、つまり手段としてでなく目的としても尊重されることを要求しつつある。女性は、男性よりも長い間、もっぱら夫や家族や種族のための手段とみなされ、自らもそのように考えてきた。われわれの主張が妥当であるならば、女性が一層自らを発達させるにつれて、彼女らは夫や家族や種族によりよく役立つようになるといえるであろう。そして、人間生活のあらゆる変化に随伴する堕落を無視するならば、きわめて明白なように、女性の個性の発達は、社会諸関係の深化を意味するものである。そのひとつの指標は、最近著しく社会で仕事をもつようになった女性の数である。

人間の自然の姿は「生来の」限界という教義を嘲笑する。いずれの世人でも賢明な男性は、女性が「生来」男性の家来であり、ギリシアの最大の賢人は、野蛮人、つまり純粋なギリシア人以外は、「生来」奴隷であると考えた。そして今日でも、われわれのなかの多くの賢明な男性も、女性は「生来」市民の資格に不適格な者であるといまだに断言する。彼らの主張は人間の自然の姿に訴えそして自然の姿によって、人間性によって、正当化されねばならない。もしもあえて設けている境界線を、人間の自然の姿が無効にするならば、つまりもしも女性が非常に成長して、より広い生活を求めるならば、一体いかなる根拠において、女性には人間性が拒まれるというのであろうか。こうした要求が提起せずにはおかない深刻な問題に、われわれは気づいてもよいはずであり、そして、これらの問題を生み出す必然性についても認識すべきである。そうした動きに付随する危険性を恐れる人達は、個性化の過程が多少とも確立した制度を破壊するかもしれないにしても、歴史のかなり長期間の間では、社会化の過程でもあるということを認識することによって慰みを見出すべきである。

というのは類型と相違、つまり社会性と個性は、諸個人とコミュニティのパーソナリティの縦糸と横糸であるからである。すなわち、一方では、個人の要求と理想、および個人の状況と才能の刺激のもとで、他方では、共通の民族＝衝動や共通の気質と運命、および社会環境の共通の支配、必然性、法則の圧力のもとで、形成されたパーソナリティの縦糸と横糸であるからである。しかし、縦糸と横糸というのは不十分な類比である。なぜなら、この場合には、縦糸の強さと横糸の強さとが、相互依存しているからである。同じ紡ぎ車の上で、同じように未知数の力によって、双方の糸が紡がれているのである。

なぜこの相互関係（そして相互関係以上）の法則が、共同生活の特徴となるべきなのか。なぜ個人の諸価値が本質的に調和すべきであって、本質的に矛盾すべきではないのか。なぜおのおの特色あるパーソナリティを促進する活動は、コミュニティ内部で可能にされるべきであるのみならず、一般的にも本質的にも、他のパーソナリティの対応する活動によって促進され、また促進すべきなのか――これは社会哲学の最も深淵な問題である。すなわち、これは統一体としての宇宙に対する大いなる畏敬の念の一端であり、実際に〈宇宙〉に生きているという事実の一端である。そして、この事実を完全に理解することが、われわれの知るということのすべての目的であり結果である。

第四章　前述法則に関連する諸問題——㈠コミュニティの整合

一　問題の所在

われわれは、これまで、コミュニティの生の整合に関わる原則を明らかにしようとしてきたが、間断ない分化の過程が絶えず新たにひき起す様々な問題については、ほとんど注意を払っていなかった。そこで、われわれは、拡大し分化したコミュニティ内部の要因や要素であることが明らかな無数の分化したアソシエーション、地域、階級、ならびに民族が、相互に、そして全体に対して、整合を保っているさまを、より詳細に理解しようとしなければならない。社会が発達する際に示す強烈な活動は、絶えず、従来の整合の形態を解消し、新しい形態を求め続けるものである。われわれがすでに発見した整合の原則が、コミュニティ内部の間断ない変動のもとで、いかに適用されるかを、ここで明らかにすべきであろう。ただこの問題は、非常に広範なものであるので、最小限の概要のみを取りあげることにする。

整合というこの最重要の問題には、二つの側面がある。もし、われわれが、分化したコミュニティ内に、無数のアソシエーションが生起し、これらのアソシエーションが、他の集団群、たとえば地域集団、階級集団の境界にまたがっていることを認め、また、これらの諸アソシエーション、地域、階級を、その内部に組織している唯一の統一体、すなわち国家を通じて活動している国―コミュニティという統一体それ自体は、これら諸集団の多様な利害を包摂するほどには大きなものでないことを認識するならば、われわれは社会のこのようなあらゆる交差〈形態〉の相互的位置づけ、および主張に関わる問題を、即座に了解するものである。そうして、各々のアソシエーション、階級、民族が、複数の人々から構成されており、その人々は、自分が結ぶ数多くの関係のなかで、何はともあれ生活と目的の調和的統一を見出さなければならないことを心に留めるならば、第二の形態の問題が生じてくる。第一の問題は本章で考察し、第二の問題は、第一のそれの解明を補完するにすぎないので、次章で取り扱うことにする。

二　アソシエーションの整合

コミュニティ内で、アソシエーションの諸形態が、明確な形をとり始めた時に初めて、数百年もの迂余曲折を経て解明された整合の問題が発生してきた。諸アソシエーションの真の整合という点に関して見れば、この迂余曲折から生じた教訓は、筆者には次のようなことであると思われる。

(一)　〈どの形態のアソシエーションでも、社会的損失を蒙ることなしには、他のいかなるアソシエーションも、奪うことの出来ない特殊な位置と性格をもっているものである〉。

大きなアソシエーションは、それぞれに自己に固有の特殊な絆を、コミュニティ全体の絆にしようとしてきた。最も一般的にいえば、血縁とか、人種などがそれである。未開人の間では、現実のものにせよ、想像上のものにせよ、この一つの社会的要因が、通例、他の全要因の限界を決定している。時には、中心的な絆が、宗教であることもある。その場合に、一つの教義を信奉する者は、他の教義を信ずる「異教徒」とは、全く社会的に交わりをもち得ないのである。ある一つの社会的要因に関する相違が、一定のコミュニティ圏からの排除を意味し、その点で類似があれば、それは、コミュニティ圏への包含を意味することになる。また偏向的な形で、他に優越しようとしたアソシエーションも存在した。たとえば、中世のギルドは、市民権を、ギルドの権利と同一化しようとし、都市が本来にもつ権利を奪おうとしたのである。さらに、各アソシエーションが全体のなかで占める当然の位置を護る権力と権利が唯一に与えられている国家が、逆に、時として、自己自身を、自分が守護し助長すべき全体と同じものにしようとすることがある。すなわち、自己の限界を、他のアソシエーションの限界とするばかりでなく、他のアソシエーションの内的性格をも支配しようとするのである。極端な場合には、国家が、他のアソシエーションを、すべて廃止したことがある。*

アソシエーションが、このように、コミュニティに優越することになれば、アソシエーションはコミュニティ内部に出現するのであるから、アソシエーションの出現それ自体が一つの目安であるべき発達の過程を阻害することになる。このような事態が起れば、当分の間は、社会関係が自然に発生するのが抑えられてしまう。そうなると、社会の統一という誤った名目のもとに、社会生活の多面性が、犠牲にされることになる。というのは、一つのアソシエーションが、自己のみに通じる原則を、すべてのアソシエーションの法則にすることになれば、他のあらゆるアソシエーションの本性やサーヴィスは、不明確なものになるからである。このゆえに、必然的に、次の推論が生じる。

＊　「同一国家の市民間に作られたあらゆる種類の団体を廃止するのはフランス政体の根本的な基礎である」（フランス革命議会宣言、一七九一年）。これは、一八〇〇年の英連邦法に匹敵するものである。逆に、現代の高度文明諸国では、通常法に従って、市民の側に、組合やアソシエーションを作るほぼ完全な自由が存在する。実際、国家が大きくなり、また、「民主的」になるほど、アソシエーションによる諸利害の明確な組織化を許さなければ、国家は、ますます混乱し、区別し難い利害群の、単なる寄せ集めになってしまうに違いない。

（二）〈各種のアソシエーションが、単一で特有の利害に専念すればするほど、コミュニティに向けるそのサーヴィスは、より秀れたものになる〉。

アソシエーションが、この原則に背反するのには、二つの場合がある。前述のように、アソシエーションは、正当に自己に割り当てられている以上の領域を取り込もうとしてきたし、また同時に、自己の領域を、勝手に制限したこともある。一般に、この場合、積極的な罪と、怠慢の罪とが、相伴って存在していることになる。たとえば、大学は、その本質的および普遍的な機能をわきまえる以前には、その構成員に不適切な条件を押しつけて、自分の領域を、勝手に伸張したり、制限したりすることがあった。* コミュニティが、その真の整合を発見するにいたれば、〈あらゆる〉アソシエーションは、成員のもつ利害および成員に対する権利を制限し、同時に、己れの排他性をも制限するに違いない。たとえいかほど、個別化が進もうとも、ある種のアソシエーションの排他性は打ち破られ、また、いかに社会化が進もうとも、ある種のアソシエーションのもつ制約は拡張されるのが一般的原則である。

* たとえば、中世のボロニア大学は、ボロニアの市民権をすでにもっている人には、大学構成員となる資格を認めなかった。このように、ボロニア大学は、都市の特権を奪い、大学の普遍的機能を否定したのである。オックスフォードとケンブリッジも、一八七一年までは、英国教徒以外の人を、学位授与や、特別研究員や、職員から締め出し、いまもなお、女性には門戸を開いていない。しかし、大学本来の目的からすれば、宗教や性別の問題は、ともに本質的なものではない。もちろん、このことは、一つの宗教の信徒、あるいは単独の性に属する人が、自身のために、合法的に、大学を創らないことを意味するのではない。尤も、そのように制限された大学では、非常に不完全な姿でしか、大学の機能を果たし得ないことはあるにせよ、上述のことは、必要な能力と意欲をもつものなら誰でも、ふさわしい教授を受ける資格があり、その権利をもつべきであることを意味する。このように、女性や、英国教徒以外の人でも、大学のすべての教授と本来の修業を享受しているこの特殊な実例の場合には、そうした人々に、性や宗教だけの理由で、彼らの修業に相応した学位を認めないのは、不当な条件を課していることになる。最近の例をあげよう。ケンブリッジ大学の若干の構成員から、例外を除いて、兵役を学士号の条件にしようとの提案がなされている。これなども領域の混同の一つである。この種のサーヴィスを要求するのは、国家であって、大学ではない。かかる混同こそが、国民生活に害を及ぼすのである。

たとえば、庶民が、政治的能力をもたないためではなしに政治から締め出されたり、貧者が、能力をもたないという以外の理由から、高等教育を受けられないように、アソシエーションからの締め出しが、当該アソシエーション本来の目的から見て、不当な理由でなされるような場合には、コミュニティの見地からは好ましくない結果が生じる。すなわち、締め出された人自身が、自分の力を伸ばせないだけでなく、自分が望み、また許されるならば尽し得るはずの社会的サーヴィスが妨げられるのであるから、人格ならびにサーヴィスの本領が、本質的に浪費されているのである。人間同士の差異とは、ある点では本質的なものであり、別な点では偶然的なものである。偶然的な差異が、本質的なそれと混同される限り、コミュニティは未分化のままである。このように、身分や富、宗教などは、本来、市民の権利という点に関しては、偶然的なものであり、これらのものが市民の資格を左右する場合には、コミュニティは不完全な存在でしかあり得ない。国家帰属性《ナショナリティ》とは、本来、公正に関しては、偶然的なものであり、国家帰属性が公正に制約を課する場合には、そのコミュニティは不完全なものといわざるを得ない。社会性と個別性をともに発展させようとする要請に抗して、諸々のアソシエーションが、他より優越したり、排他性をもつことから生じる弊害が最も露わになったのは、教会と国家の領域が悲劇的な混同を示した時代であった。*

中世のアソシエーションと現代のそれとをほんのわずか比較してみただけで、正当な制約がもたらす利点が明らかになろう。中世のアソシエーション――国家、教会、自治団体、ギルドなど――は、複合的であり、広い範囲に介入し、それのもつ位階体系は、一つのみならず、多種多様の利害を統制していた。教会だけでなく、国家も、自

* ちなみに、国家が社会的分化の過程を認めることによって獲得する特殊な利益にも注意が必要である。国家成員の集中的な忠節は、このようにして保つことが出来るのである。一八二九年以前には、英国のカトリック教徒が、今日のように、全身全霊こめて、自分の属する国家のために尽し得ただろうか。イングランドとスコットランドは、有力な政治的連合を形成しているが、それが宗教の統一をも意味するとしたら、果たして同様のことが可能であったろうか。

己の領域に何ら制限を課すことはなく、「職能団体」やギルドは、産業的利害は無論のこと、政治的・社会的利害の寄せ集めの様相を呈していた。*

このように、かつてのアソシエーションは、複合的で不十分なものであり、また、単一の目的を追い求めるものではなかった。この種のアソシエーションは、相対立する諸目的の矛盾と分裂に翻弄されたのだが、こうした様々な目的は、本質的には統一されない諸々の利害に専念するアソシエーションを必要としたのである。新しく生まれた産業的アソシエーションが有効であるのは、まさにそれのもつ自己規制的制約のゆえである。それぞれが、一つの統一された利害を追求し、また、その成員は、当該利害を共有しているゆえにのみ成員なのである。そして、各アソシエーションは、共同の行為に支障をきたさない限りにおいて、その利害自体を共有する人々のすべてを巧みに包括しようとする。事実上のコミュニティの領域が拡大することによって、この成員の包括と利害の明瞭化の過程が可能になる。コミュニティの範囲が狭ければそれだけ、利害を単一で純粋なものに保つことは容易でない。小さな作業場では、大工場の場合ならば面識のない使用者と被雇傭者の双方に、様々な個人的および社会的な軋轢の影響が見られるが、それと同じようなことが小さなコミュニティと大きなコミュニティの場合にも認められる。地域性や階級、さらには国家帰属性などの偶然的な制約を脱却したアソシエーションは、より純粋な形態をとるようになる。このことは、当初局地的であったものが次第に国民的規模になり、そして究極的には様々な点で国家帰属

＊ 近代の労働組合は、産業目的と同様に、政治目的も追求しているといってよいであろう。しかし、労働組合が政治的勢力を得ようとするのは、一つの特定の目的のため、すなわち、労働者階級の利益のためである。組合員は、かつての「職能団体」の成員とは異なり、被雇傭者として、はっきり分化されている。というのは、利害の相違を内包していた「職能団体」の位階体系に代って、同一の利害という基盤に立った人々の平等性が登場したためである。近来、新しい「ギルド体系」が提唱され、有力な支持を得てきているが、それは決して、前代のギルドを復活させようとする試みではないことを付言しておこう。そのような提唱をしても、今日では無意味である。

性の制約をも越えようとする近代の労働組合の進展の跡からも例証される。労働組合がこのように成長するにしたがって、その利害はさらに特殊で明確なものとなってきている。類似関心が拡大すれば、その関心を推進するために、統一体としてのアソシエーションが必要となる。いまはどこにでも、類は類を呼ぶ現象が見られるが、かつては類似したものが、階級や地域や国の枠を越えて寄り集まることが一般に容易でなかった。というのは、手軽で自由なコミニケーションがなかったために、ある種の原始的で本能的な形態の類似性が、あらゆる類似性のうちでも決定的な、あるいは、少なくとも直接的なものであると考えられていたからである。アソシエーションの発達とは、従来混沌としたまま排他的な範囲内で離れ離れに存在していた類似関心を共同のものにする意味があったのである。この排他性が打ち破られるにつれて、大きな連邦的な体制が現われ、様々な程度および種類の類似性がアソシエーション的な形態をとるにいたる。* この現象は、次節でさらに詳しく説明することになる。

一つのアソシエーションが、自己の特殊関心の明確な設定をはかるとともに、それに社会性という〈一般〉関心を結びつけて、宴会、祭礼、行進など社交のためのあらゆる集まりを通じて、連帯を強めることは往々にして得策

* このように成長しつつある連邦主義は、特に経済の領域において顕著に見られる。様々な職種や技能は、それぞれ地域および特殊な機能に応じて細分化されているが（たとえば鉄道員は、地域的および国別に、信号手、転轍手等に組織されている）、また同時に、統一的あるいは「合同的」なアソシエーションを形成している（たとえば鉄道従業員合同団体）。さらに、この全体的アソシエーションが、より巨大な組合の連合体の一部をなしているのである。イギリス、フランス、ドイツなどの国々、およびそれらより微弱な程度ではあるがアメリカにおいても、この連邦の原則が、対立した鉄道区や管区さらに労働界内の副次的ではあるがむずかしい利害の分裂を克服していることは注目に値する。たとえばコールの『労働組合主義入門』(*Introduction to Trade Unionism*) を参照せよ。従来孤立したままだった共同関心が次次と形をとって現われ、アソシエーションを作るための共通の規定が見出されている証左となるのは、学者や公務員や店員等々の結集である。こうした新しいアソシエーションにとっては、あらゆる形態の職業にそれぞれ特有である諸条件に応じた特殊な法令を含む経済に関する法律の進歩が大きな助けとなっている。英連邦では、「工場法」および「国民健康保険法」が近来ますますこの種の動きを助長している。

である。これはかつて教会がしばしば用いた方法であり、労働組合の組織者は、特に組織化の初期の段階に応用出来るとして、それを教訓にしている。これこそが、あらゆるものを呑みこむコミュニティという大海ともいうべきものである。しかし、ある特殊関心を代表するどのアソシエーションにとっても、それに別の特殊関心を結びつけるのは危険なことである。家族、教会、経済的アソシエーション、国家等は、いずれも他のどのアソシエーションも多分遂行し得ない固有の機能と価値をもつものである。いやしくも、あるアソシエーションが何らかの存在権をもつのならば、それは、そのアソシエーション特有の機能があるゆえであり、もしその機能を他の機能と区別出来ないのなら、アソシエーションはその機能を充分に果たし得ないであろう。

例として、従来くり返し論じられてきた教会区と政治区の関係に関する問題を取りあげよう。この両者が、たとえば一教会は一つの政治的党派と、また、別の教会は別の政治的党派と同一視されるごとくに対応する傾向は、コミュニティにとって危険なことである。なぜなら、一つの政治的信条を抱く者は、本来他と区別のない教会を、単に党派的手段と見なすようになるからである。教会のもつ普遍的意味が曖昧になり、その普遍的教えは何がしか不純なものになってしまう。確かに、熱心な教会の指導者は、彼が一党派が正しいとし、別の党派を誤っていると信ずる場合には、むずかしい立場に立たされる。しかし一党派の綱領を擁護する危険を、彼は悟らなければならないのである。宗教的精神とは、あらゆる精神のうちでも、特に微妙なもので、最も容易に堕落しやすいものである。もしそれが、何よりもまず、何らかの普遍的存在の概念に向けられた崇拝や崇敬の態度でないのならば、その明瞭さ、独自性、価値などはすべて失われてしまう。それは単に、より率直に己れの目的を表示する他の様々なアソシエーションの代りをしたり、その活動の一端を肩代りするにすぎなくなる。一個人のもつ宗教が彼の全性格に浸透し、あらゆる社会問題に関して、彼の意見に影響を及ぼしていることは論をまたない（人の社会観が、その人の宗教に影響を与えているのと同様に)。しかし、自らの宗教的教義が社会的に様々に適用され得ると確信している教会が、一旦その適用に関して政治的意見が分れることになれば、その信徒の精神に作用している教義それ自体の力に頼ろうとするのである。もし、その適用が充分根拠のあるものであれば、その教義自体が、それを信ずる人々をその方向に導いていく。たとえば、キリスト教徒は、完璧な公正と高潔と見なされる神を崇拝する。もし、かかる信徒が、社会内の公正を信じていなければ、彼らは、これほどに心から崇拝の念を抱くことはない。彼らは、その前では万人平等の神を信じているのである。また、彼らがもし、あらゆる人が可能な限り最大の平等の機会をもつことに信を置いていなければ、これほどまで心から、かかる神を信じ得ないものである。彼らは、圧制および無法な力の行使を排斥する神に対しての信仰を吐露する。いやしくも、彼らの告白が無意味のものでないとしたら、彼らは、人間および国家の間に見られる、力こそ正義なりとする原則とは絶縁しなければならない。今日、かかる宗教に含まれている倫理的原則が、抵抗なく社会的に適用されることが少なくない。また一方、そうした原則の適用によって、いくつかの政治的党派を激烈な形で二分する事態を惹き起すこともある。この後者の場合には、教会は、単に自己の教義およびその教義に従う必要性を主張することしか出来ない。教会としては、このようにしてその本分を果たすのである。その成員は、信徒としてではなく、市民として、複雑なあらゆる政治問題を決定せざるを得ない破目に立たされることになる。これこそが、教会にとって唯一の安全な道であり、また、宗教を純粋なものに保ち、全歴史を通じて教会と国家の混同から生じたあの悲惨な結果を避け得る唯一の方策なのである。宗教とは精神的態度であり、神という概念から由来し、そこに表われ、その概念に捧げられる本質的価値を認識することである。社会制度とは、様式であり、価値へ向う手段であり、カーライルの言葉を借りれば、精神の衣服である。それがあって初めて、宗教は、精神が具体化し、実体を具え、衣服をまとった世界に存在し得るのである。われわれは、何らかの価値を心に抱く場合に制度を形成する。教会が価値を抱くのと同様に、その成員も、それに刺激されて、社会活動の全領域で恒常的な制度を作ろうとするものである。

いかなるアソシエーションを取りあげてみても、そのアソシエーションが固有の活動を始めるにあたっては、必ず、コミュニティ内に、当該アソシエーションに固有の位置づけがなされており、また、保障されていなければならないことは例外なく認められることである。

(三)　〈コミュニティ内で、異種のアソシエーションが、上下に位階を作ることはないが、国家の組織のもとに整合的な一連の系を作ることがある〉。

各種のアソシエーションは、固有で独自な機能をもつものであるから、少なくとも派生的関心ではなく、本質的関心を追求するアソシエーションであるならば、決して、直接他のいかなるアソシエーションにも従属することはあり得ない。アソシエーションは、確かに、コミュニティに対するサーヴィスの面では種々様々である。特に家族は、ル・プレー以来、多くの社会学者が主張してきたように（前代の思想家たちが比較的軽視してきたのとは著しい対照をなして）、人間の幸福の最も密接な条件としてはいうまでもなく、基本的な生活の原型を作るものとして、根本的な重要性をもっている。しかし、家族は上述の理由からは何ら他のアソシエーションに対して、上下の位階的な関係をもたない。というのは、他のアソシエーションもそれぞれその種類に応じて、独自で固有の地位をもつからである。

国家の位置は、この法則の例外のように見えるかもしれないが、逆にいえば、この法則を可能にするものこそ国家の位置なのである。なぜなら、国家は、それ独特の機能、すなわち他のすべてのアソシエーションを保護し、組織化し、各アソシエーションがその本質的なサーヴィスを果たすように擁護し、全アソシエーションを、国家に共通の法律のもとで整合し、各自に、自己のもつ中央組織の助力を与える機能を有しているからである。国家は、独自の政治的方法で、あらゆるアソシエーションや集団、ならびに国家が共通で唯一の手段となっている比較的小規模のコミュニティのそれぞれの要求を調整し、その目的を推進させなければならないのである。

三　地域の整合

コミュニティの領域の拡大は、所与の領域内のアソシエーションの分化とならんで、発達の過程における必然的な側面である。この側面においても、はなはだ重要な問題が生じる。コミュニティが拡大すれば、拡大したコミュニティと諸地域との関係にかかわる問題が、新たに創り出されるというよりむしろ増大してくる。

コミュニティの拡大とは、その当初は、多少とも一般に機械的な事柄である。その最も単純な形態は、征服によって形作られ、勝利者の服従者に対する専横な帝国主義的関係となる。また、別の形態としては、防衛または他目的のための自発的「集成」あるいは「合体」の形をとる。このどの場合にも、一方の側における統治上の中央集権化や優越権と、他方の側の服従の必然性はさておき、そこにはただコミュニティが並存しているにすぎない。この集成あるいは合体の例は、単に過去のすべての帝国のみならず、小規模の共同体的単位、すなわち、小規模で未発達の都市コミュニティや、より小規模でより未発達の村落コミュニティにも見出される。たとえば、テヘランの古代都市は、一二の地区に分かれ、それぞれがほぼ完全に孤立し、相互に始終争いをくり返していたために、一地区の住民が他の地区へ足を踏み入れることは決してなかった。*古代ローマにおいても、貴族と平民という、事実上二つの外面的に相関したコミュニティより成り立ちながら、一つに整合されぬままにある都市の様態が認められ

* René Maunier, *L'Origine et la Fonction Economique des Villes.* 参照。

たことは周知のとおりである。英国の村落コミュニティが、「村落コミュニティ農奴部族」のことを表わしていた証拠もある。* かかる例は無数にあげられる。確かに、部族内での各氏族とトーテム集団との関係や、（ギリシアにおける）都市内の各市区の関係、（ハンザにおける）同盟内部の各町の関係、（ローマ帝国の場合のような）帝国内の各地方の関係、（サクソン・イングランドにおける）国内の各地区の関係、封建的コミュニティ内部の各領地の関係などに例証されるように、古代ではいかなるところでも、コミュニティの拡張は、非常に外面的、機械的なものであることは疑いない。それは、一種の区画体制であり、軍事上および統治上の中央集権化の必要性のゆえに、時として、ほんのわずか変更を加えられることがあるにすぎない。未発達のコミュニティは、いかなる大きさであろうとも、統一体というよりは、むしろ一つの集積体である。

しかし次に、集成を目指して、統合の過程が続く。すなわち、これは、それまで分け隔てられていた柵を越えて、類似した者同士が寄り集い、非合理的な対立をやめ、自己の類似関心を共同の関心とすることによって、より大なる実りを得ようとする無限の社会過程である。およそ知性をもった国民ならば、様々な側面で、コミュニティに保証されて、遅かれ早かれ、利害の能率増進を実現するものである。アソシエーションは、地域という枠を乗り越え、そして、集積体に代って統一体が生まれてくるのである。

このような統一体、たとえば民族統一体が、何ら不断の歴史的変遷を経ずして、可能な限りいくらでも、いたるところで達成されてきたなどと考えてはならない。当初は中央集権化が不足していたのが、次には過剰になってくる。諸地域を真に整合することは容易でなく、常に解決を迫られている生々しい問題が提示されるのである。

しかし、村落、都市、国、あるいはさらに大きな地方等々の諸地域が、それより大なるコミュニティの部分を形

* Gomme, *The Sociological Review*, Vol. II. 参照。

成しているところでは、どこにでも認められる一つの普遍的な問題がある。というのは、大きなコミュニティが達成する統一とは、比較的小規模のコミュニティがすでになしとげた統一とくらべて質が異なるからである。前者は、それなりの代償を払って、より高度の普遍性と有効性を獲得する。たとえ、本質上、普遍的な欲求の純粋な形態が大コミュニティに見出されるとしても、大コミュニティでは充足することの出来ないさらに親密な欲求、つまりより深く感性に根ざしている欲求もあるはずである。大コミュニティは、それより身近なコミュニティにとって代わることは出来ず、ただそれを補完し得るにすぎない。大コミュニティが身近なコミュニティの代りをつとめる限りでは、人は、一を犠牲にして、他の利益を手に入れるにすぎないことになる。

大コミュニティの果たすサーヴィスとは、小コミュニティを全うさせることであり、決してそれを消滅させることではない。われわれの生活は、一つのコミュニティではなく、われわれを重層的にとり囲んでいる多くのコミュニティ内で実現されている。身近なコミュニティには、親密な忠誠と、人格的な関係、日常生活の具体的伝統および記憶がつきものである。しかし、身近なコミュニティだけがすべてのところでは、無知と狭量な考え方にもとづく排他性が存在し、その感情面での強固さは、知性の弱さと表裏一体をなしているものである。このような場合、その成員は、伝統の奴隷になり、己れの情に溺れてしまう。門戸を開かなければ、いや、壁を打ち破らなければ――そこに進歩はない。ここにこそ、より広大なコミュニティの果たすべきサーヴィスがある。つまり、単に「文明化」をより完全になすだけでなく、より広範な文化を解放することである。しばしば歴史的に見て、そのサーヴィスとは、小コミュニティの狭矮な専制主義を打破して、より大なるコミュニティに諸々の小コミュニティを合体せしめたことであった。* 大コミュニティの方向へ推移するこの動きは、あらゆる唯我独尊主義の力を減殺し、様々な形で

＊ ドイツの自由都市の事例が参考になろう。

の画一化をねらう強制を打ち崩すものでもある。大コミュニティでは、新たに喚起された関心はいずれも、類似的たることを目指し、またそうであり得て、社会化され強固なものとなる。小コミュニティでは、孤立し分断された精神は、圧倒的な画一化の力の前では、ほとんどその独自性を主張し得ず、その独特の価値、つまりコミュニティへの独特の貢献は、失われてしまう。大コミュニティでは、このことは容易に避けられるであろう。

ところで、大コミュニティが上述の利点を得るには、それなりにかなりの代償を払うことも強調しておくべきであろう。人々がすべて人格的な関係で結びつく場合に見られる暖かい感情や、身近な情愛という現実の感動的な力や、親密な統一などが往々にして犠牲にされることがある。大コミュニティの中心が、大部分の成員からかけはなれたところに移ってしまうのである。人々と全体とを結びつける関係は、さらに部分的、非人格的で、疎遠なものとなる。小コミュニティを支配する親しみある人格に代って、よそよそしい人格や、抽象的な原則がそこには働いていると考えられる。大きく成長したアソシエーションや制度は、その過程で、人間性から疎隔していくように思われるし、巨大なことそれ自体は、何ら真の親密さに代り得ないのである。現代の民族に対する献身の態度は、そのよい例証となる。かかる献身それ自体は、拡大したコミュニティの最高の感情的到達点であろうが、われわれが愛着を感ずる対象を正確に理解することは何とむずかしいことであろうか。多くの人々の士気を鼓舞する民族的偉大さの理念も非常に部分的なものであり、単なる中味のない偉大さにすぎない。〈それなのに〉、われわれはこの巨大なコミュニティの意味を充分認識し得ずに、人格的忠誠に頼ることが多いが、かかる忠誠は、コミュニティの単なる代用物かその象徴にすぎないものに対する献身なのである。

大小のコミュニティそれぞれの要求は、歴史を通じて相対立してきたが、これは歴史の大部分がコミュニティの拡大の足跡であるからである。いかなる場合にも、コミュニティの拡大には葛藤は避けられない。一般に、征服という粗暴な手段は、人が小コミュニティに属するか、それともより大なるコミュニティに属するかという設問を提示してきたものといえる。しかし、武力闘争の最中においても、またそうした騒然とした闘争が鎮まれば顕在的に、常に精神的闘争、つまり大小のコミュニティそれぞれの精神的要求の間に生じる闘争が存在してきたのである。大小のコミュニティがともに必要であり、この両者の要求が、いずれの側にも誤った排他性があるためにのみ敵対しているのであって、本質的には対立しているどころか相互補充的であることを認識するのは非常に困難であった。

小コミュニティは大コミュニティには不可能なサーヴィスを行なうのであるから、コミュニティの拡大とは、大コミュニティのために小コミュニティを廃棄することを意味する必要がないばかりか、意味すべきではないことを認識すれば、われわれは、民族あるいはさらに広い共同生活における真の意味での地域の整合の問題を理解するにいたるのである。この整合に関する若干の明確な側面をここで指摘することにしよう。

(一)　〈各地域とコミュニティ全体との真の関係は、連邦的と称してよい〉。

「連邦的」という語は、通例、支邦（part-states）とそれより大きい包括的な国家との関係に限られているが、より妥当な語がないために、ここでは地方自治体と民族的自治体との一般関係を表わすものとして使用する。この語は、前述のいずれの場合にも、同じ原則を示している。普遍的な欲求は、普遍的な性格の濃いコミュニティが直接働くことによってこそ、充分に支持され、純粋に組織されるものである。一方、地方的あるいは局地的な欲求は、その程度に応じて、より密接な生活圏に限定されるものである。人は誰でも、公正や正義、伝達および旅行の自由、思想の自由等に直接の利害をもつものであるから、可能な限り最大のコミュニティは、直接にかかる事柄を確固たるものにしなければならない。しかし、すべての人が、たとえば一定の町の給水や道路行政に利害をもつとは限らない。特定の地域は、その地域のアソシエーションを通じて、普遍的原則をその地域内で適用しなければならない。

その原則が普遍的であるがゆえに、当該地域の自治権は制限されなければならず、また一方、一地域内で一定原則を適用することは、住民にとって特殊な利害を孕んでいるために、その地域の自治権は実体として存在しなければならないのである。これこそが、連邦主義の広義の意味であり、それはとりもなおさず、身近な特殊な要求と、より普遍的な要求との融和を意味するものである。

したがって、地方的要求は、極力、直接に全国民的要求に結びつくべきであるということになる。ここでは細部にわたり得ないが、以下のように適用し得ることは明らかである。各種の地方議会と全国的議会との間には、直接的な関係があるべきであり、したがって、前者は、いわば後者の踏石的な働きをしているのである。かかる形態によって、前者の威厳は、必要なだけ充分に高められるのみならず、より広大なコミュニティに対するその存在意義もさらに顕著なものとなる。また全国民的課題も、能率が阻害されない限り、地方議会を通して、執行されるべきである。広範な社会的責任は、各地域のより身近な拘束力によって実体化されることが望ましい。なぜなら、人は、官吏であろうとなかろうと、巨大な全体の一員としての自分の行為の意義を、自分が狭い生活圏の成員としての行為の意義を悟るのと同じ程度には自覚し得ないからである。

連邦主義の原則は単純なものであるが、その適用は難しい。国家においても、労働組合や教会、学術団体、産業連合等々のアソシエーション内でも、中央の管轄権と地方のそれとの関係について、様々な試みと妥協がなされてきている。これは社会科学の一部門であり、さらにいえば、その重要さと資料の豊富さから見て、未完成のままであるのが不思議にさえ思われる政治科学の一部門である。ここでは、人々が自由にふるまえるところでは必ず、身近な要求とより広範な要求との調節が常に行なわれていることを指摘するにとどめたい。まず第一に、広大な統一かと連邦を確立することは容易ではないのが常である。というのは、人間は本質的に、普遍的原則や利害を、すでに自らがその作用を生々しく感じる生活圏に限定して適用しようとするからである。ヴェルギリウスがローマについて語った言葉〈その労苦いかばかり〉は、歴史上のあらゆる巨大な統一を考える場合にすべてあてはまるはずのものである。諸地域に存する嫉妬や権威、権力、権利等は、有機的関係が拡大することに対して、当初は死に物狂いに抵抗するものである。一国民を説得して理に叶った連邦に加入させることは、おそらくハミルトンとその一門の場合と同様、これまでほとんど受け入れられたことがなかった。政治的領域では、外的圧力や、一地方が他地方を支配することによって、いわば強引に連邦が産み出されることが多い。「血と鉄」こそが、ペリクレス以来、ビスマルクの時代にいたるまで、英知の論理とならんで、各州自立独立主義の精神を圧倒してきた。何ら正当性をもたずにその精神と対立することは出来なかった。というのは、一般に、包括の度が進めば、次には中央集権化が過度になるからである。そこで、より大なる地方自治権、すなわち、過度の中央集権化が行なわれたフランスでとりあげられた「地方分権主義」を求めて、新しい形式の抵抗が始まる。かくのごとく、大規模の調節は一進一退するものである。

諸地域の整合は、連邦を形づくっている諸国家または支邦の整合とは、重要な点で性格を異にしている。後者の場合の各単位は、部分的な主権を保有している。もしこのことに何らかの本質的意味があるとしたら、それは、性格と関心の点における広大なコミュニティの特色のゆえである。つまり、統一国家では一般に表われない問題、すなわち、全コミュニティの強制にかかわる問題が明確な形でここに示されているのである。歴史的な結果にせよ、あるいは無計画な移民の結果にせよ、人種的に異なった人々が住んでいる島々がある場合は別として、単一国家では、ある地域が、国内の別の地域の政策と決定的に対立するような意見を一致して表明することは稀である。しかし、このことは、支邦と連邦との関係においてはしばしば生じることである。単一国家では、多数決原理が金言となっている。したがって、いかなる場合にも、少教派の反対は、通常、地域の枠を越える経済的利害や宗教および他の要求の名目で出されるものである。しかし、多数決の原理とは、その本質上、連邦の全領域にわたって絶対的なものではない。アメリカの場合のように、ある種の権力は明白に連邦の権能に委ねられているが、その他の主権は各州に委されているものである。さらには、カナダのように、諸支邦のもつ特殊な権力が定められている一方で、特殊的にせよ、そうでないにせよ、他の権力はすべて連邦の権能となっていることもある。この意味で、支邦とは、地域とか地方に比べて、より完全な意味でコミュニティである。事情が上述のごとくであれば、一つまたは複数の支邦が、ある問題に関して、連邦内の他の支邦で認められた政策の原則に徹底的に対立する場合に、その原則から免れることを主張して連邦に対抗する権利をなぜもたないのかは理解し難い。アメリカ南北戦争の残した結果があるにもかかわらず、連邦は全体として、現実のコミュニティの深刻な対立に多数決の原理を押しつけるよりはむしろ、相対立する各原則が拮抗することから生じる不便や障害を忍ぶ方が望ましいとされている。一般に疎隔をさらに広げるような不承不承の一致を強いるよりは、自由な状態のもとで、次第に同化し教化する過程を重視する方がより賢明であろう。アイルランドの二重構造は、奴隷所有制の南部の場合と同様に、この場合にあてはまる。一般的にいえば、連邦の原則を確立することが必要ではあるが非常に困難なところ、すなわち、アイルランドやバルカン諸国、古代オーストリア帝国のように、様々な民族が密接に結びついていて、かなりの混乱なしには別々の国家を形成し得なかったり、分離しすぎていて、自分たちが単一のコミュニティであるとの実感をもち得ないようなところでは、適用を免れる（最後の手段としては脱退する）権利を保留することでかえって、この連邦制の執行が容易になるものである。

しかし、このことは、多くのアソシエーションのなかで、国家のみが直面する問題である。他のすべてのアソシエーションにおいては、最後の手段としての脱退の権利が認められているか、または当然のこととされている。というのは、強制力とは、国家にのみ与えられているからである。したがって、以上の問題は、一般に社会学に関することではなく、政治学にかかわる問題である。

（二）〈かかる「連邦」体制のもとでは、大小のコミュニティそれぞれが十全な活動を行なう際に、何ら矛盾対立は存在しない〉。

各地域が活動を行なう場合には、中央の活動が必要であり、中央の活動は、諸地域の活動を通じて履行される。この点では、有機体の各器官と中枢系がそれぞれ円滑にして自由に機能を果たす際に、対立があるどころか、むしろ必然的に調和が保たれていることを考えれば、以上のことは有機体に喩えることが出来る。対立が存在するのならば、そこには真の意味での整合が未だ達成されていないことになる。大コミュニティの器官、つまり中央国家政府の活動が、各地方の活動を助長するのではなく、むしろ弱めることがあれば、それは過度の中央集権主義の表われである。逆に、部分コミュニティの活動が全体の統一的活動を妨げるようなことがあれば、反対の状態が生じる。いずれの場合にしても、望ましくないのは、中央および地方のうち一方が行なう活動の量や、いわんやその種類ではなく、その方法、つまり共通のサーヴィスの範囲内で、各々に適切に責任と協力を配分するのを誤ることである。

以下の一般論がそのよい例となろう。コローン市は、おそらくヨーロッパで最も進んだ自治都市である。けだし、そのサーヴィスの範囲と完全さの程度で通例の進歩的都市をはるかに凌ぎ、病人、障害者、失業者、貧窮者のための設備を充分に備え、大学、オペラハウス、劇場、図書館、美術館などの市営の制度に責任をもち、住宅とレクリエーション双方に必要な市街区と近郊の計画、造成を管理しているのである。ところで、サーヴィス面の完全さの点でコローンに比肩し得るすべての都市を考えてみると、かかる諸都市が独自に実施する自治活動は、国家の中央的活動をどうしても強化するものになる。というのは、かかる自治活動は、何らかの形で、中央組織の支持と裁可を必要とし、整合という国家の至高の業務を増強することは避けられないからである。他方、近年西ヨーロッパ諸国によって提示された高度の立法活動は、たとえ各地域がサーヴィス面で充分な成果を得ることが稀であったにせよ、諸地域の尊厳と責任を非常に増大させた。

ちなみに、コミュニティの拡大を助長する諸条件が、同時に、身近なコミュニティを一層親密なものにすることにもなることを付記してよかろう。このように、コミュニケーションが便利になることは、単にコミュニティにさらに広大な領域をもたらすだけでなく、小コミュニティの団結を増すことにもなるのである。全国紙が国民の統一を一層助長するのと同様に、地方紙は局地的統一を助長するといえよう。それと同時に、広大な統一が実現されていく過程で、以前は局地的なものとされていた多くの利害が、地域を越えた広範なものとなるにいたり、その地域的範囲という枠にとどまらなくなることも忘れてはならない。このように、諸地域は、コミュニティ拡大の過程で、得失相半ばするものである。

(三)　〈諸地域が、特殊な共同関心を推進するために、一つの中枢的アソシエーションを作る場合には、当該中央アソシエーションは、もはや地域的区分ではなく、問題となっている特殊関心の本質にもとづく分類に従って組織されるものである〉。

一つの例をあげれば、上述の点が明確になるであろう。アバディーンやグラスゴウの大学では、大学の研究が貧弱で画一的だった頃に地域区分にもとづいて組織されていた名残りで、学生たちはいまだに「国籍」とか地方などを目安として定められている。もちろん、このような外面的な組分けは、かなり以前から、他のすべての面で、本来的な大学の組織、つまり研究の分科や分野に応じた組織へと変ってきている。この些細な例は、多くのより広範な事例を表示している。各地域は、特殊な関心を代表するのではなく、非常に限定されていると同時に、コミュニティが拡大するにつれて、不明確さを増す社会類型および関心の閉鎖性に一応の限界を定めているにすぎないコミュニティ内の各領域である。ある地域が一つの有効な社会的単位となるのは、大ていは、その地域の関心が本質的に特殊であるゆえではなく、単に接触の便宜によることが多い。しかし、中枢的アソシエーションの場合には、かかる接触の便宜はもはや問題でなく、地域的区分によって作られた組織は、特殊な状況を除いては、このアソシエーションの活動にとって障害になるだけである。代議制政治の場合もこの点に関連する。選挙単位が地域に依っている間は、中央立法府での利害の分裂が地域の枠によることがないとはいえない。結局、地域的選出という基盤に立つ以上、いかなる形態でも、真の代議制を達成するのは非常に困難である。表面上、一地域を代表して選出された議員も、選挙形態のためもあって不充分ではあるが、単に一政党の広範な政策ではなく、事実上、商業、職業、教会、その他の集まりのようなある種のアソシエーションの特殊関心を代表していることが多い。巨大な組織の基礎としては地域性だけでは充分でないことが他の方面でも明らかになってきている。特に英国の労働組合制度では、近年、「職場委員」の活動が、産業規模の拡大するにつれて、特定の職場の基盤の上に立った組織に利益になるように地区割りになっていたかつての組織から離れていく現象が見うけられる。

当初ヘア（Hare）やミル（Mill）によって唱えられ、すでに多くの形態で広範に実用化されている「比例代表制」の方法は、政治の領域で、今日最有効な解決を与えてくれる。地域が拡張し、各地域から選出される代議士の数が増えることによって、この制度は、様々な地域的関心を人為的に二分したりせずに、それぞれの関心に大小の差はあっても（もしその関心が当該選挙人の精神にとって主要なものであれば）、その程度に比例して代表される機会を認めるのである。この方策は、アソシエーションによって組織された関心、特に経済的利害が、政治的な代表者を直接選出する権利を与えられるような二者択一的方策よりも、より簡単で明快であり、また絶えず変化する関心の重要性や様態にも適合するものである。この複合代表制は、政治科学の領域に非常にむずかしい問題を作り出している。

四　階級の整合

これまでわれわれは、コミュニティの拡大が、当初は、階級差別を強化する傾向の強いことを見てきた。従来独立したコミュニティであったものが、拡大したコミュニティにあっては下位の被搾取カーストへ転落することが少なくない。この場合、地域と地域との関係が外在的であると同様に、階級と階級も外在的な形で存在するのである。かかる関係は、間断ない圧制と分裂を意味し、専制君主と奴隷のような対立しあう立場に常に認められるエネルギーの二重の損失にほかならない。このような極端な分裂状態は、原則として一時的なものにすぎない。カーストの境界は、地域的境界もそうであるように、カーストの利害よりさらに普遍的な利害を推進するために設けられた、新しい、または拡大したアソシエーションによって乗り越えられるのである。かくして、真のコミュニティ、すなわち自分たちを一体視する民族、または国民のコミュニティが登場してくる。しかし、この統一感情がいかに強かろうとも、それで階級間の差別が解消するわけではない。出生や財産、能力、機会および権力の面での何らかの不平等が、今日考え得る限りのいかなる社会においても、常に階級の決定要因としていまなお存在していることは明らかである。しかして、階級が決定され維持されるにあたっては、これらの様々な決定要因の相対的優位性が現実の問題となるのである。

われわれはすでに、コミュニティの諸関心は、階級が、可能な限り本質的相違にもとづき、人の個人的に秀れた属性とは無縁の特権や地位に立脚しない場合にこそ、最もよく履行されることを指摘した。非本質的相違が階級を決定する度合は、本来本質的であるにもかかわらず副次的なものとされた属性を、コミュニティが見失う度合を表わしている。したがって、いかなる階級の成員であっても、当該コミュニティの管理権能や、そのコミュニティでの十全的生活および最高度の文化の共有から疎外されていると感じることがあれば、それはコミュニティ全体にとって不幸なことである。この不適切な排他感情が「階級闘争」の真の基盤である。

不適切な社会的障害が社会化を抑制することが、当然ながら同時に、個別化を抑えることにもなる。人間は、適切な社会関係においてのみ、自己の個性を実現出来るものである。したがって、われわれの一般法則に照らしてみれば、全体の福祉に最も役立つと思われる階級関係の条件を示すことは難しいことではない。かかる条件とは、あらゆる種類の能力に発現の機会を与え、発現した能力をそれにふさわしい最高度のサーヴィスをもって機能させ、別様の基準で決定されたいかなる社会的地位によっても決してそのサーヴィスを拒まれたりしないようにすることである。最高度のサーヴィスはもちろんのこと、いかなる社会的サーヴィスも、決して既成階級の特権であってはならない。プラトンの比喩によれば、いかなる社会的機能も——人間の活動はすべて社会的機能でもある——たとえば銀の親から生まれた金の子供にとって手の届かぬものではないし、同様に、金の両親から銀の子供が生まれようとも、その子供に前もって定められているものではないのである。

現代の進んだ民主主義のもとでは、このような諸条件は、過去のいかなるコミュニティにおけるよりも、全体として適切に満たされている。一般教育と特殊訓練がともに著しく享受しやすくなったために、ある種のサーヴィスが、いち早く高度な適性を示した人にのみ全面的に限定されたままになることはほとんどない。軍隊の階級でさえも、全面的にある階級の特権であることはなくなった。ただし、職業的外交官のみが、昔の規定および古風な理想のゆえに、かつての階級的排他性をほぼ以前のままに残している。* 個人の能力の重要性が一層認識されるにいたったために、社会的サーヴィスの諸条件は、どの分野においても、かつての諸条件にくらべれば明朗化されてきている。他のさまざまな点と同様に、この点においても、近代のサーヴィスのもつ非常に複雑な諸条件に由来する得失を考え併せなければならないのは当然である。このようにして、広範な産業界では、分業は得失の双方をもたらしたといえる。すなわち、専門的能力を必要とする度合がますます増えたために、その能力をさらに伸ばす余地や機会が狭められた限りにおいては損失であり、職場や工場などの産業単位が拡大して、新たに組織的能力を発現することが可能になり、技術的能力にくらべて専門的でなく限界もないこの能力が、各段階、各部門、各職業のどこにでも通用するという点では利得になったわけである。

コミュニティがさらに発達するためには、資格をもち希望する者なら誰でも、自分の果たし得るサーヴィス領域内で、次のより高い段階に進めるような社会的機能の組織が必要となる。この理想が実現されればそれだけ、階級は本質的な特性を考慮した上で定められることになる。なぜなら、社会的機能とは、結局のところ、常に社会階級に存在意義を与えるものだからである。ここで、上述の発達が達成される際の主な障害を指摘しておかなければならない。すなわち、依然として社会的機能の決定要因として相続財産に与えられている勢力がそれであり、これこそは、あらゆる社会思想家が避け得ない財産制という大きな問題の一部をなしているのである。

実際、この点が、あらゆる整合に関する問題のなかで最も解決困難なところである。収入を産み出す財産を所有していることにもとづく階級差別は、現代の西洋文明においては、民主的批判が一般に進行するのに事実上逆行する外見的区別にすぎない。相続される威厳や特権、軍閥、人種上および宗教上のカースト等、現在でも姿を消して

* しかし、この部分は戦前に叙述したものであり、現在では希望がある。

いない各種の寡頭政治を支配している他のあらゆる非本質的な位階制も、経済的な基礎を通じて自己の生命力を引き出しているのである。偏見なく考えれば、収入とサーヴィスの分離、換言すれば、一面では近代の出資形態によって確立し、他面では近代の産業および財政の寡頭的統制によって昂進した、財産からのみ収入を獲得する様態が、近代階級の不安定な基礎を作り出したことが看過されるはずはなかろう。また同様に、特権階級がこの秩序を熱烈に支持する一方で、非特権階級もそれに劣らず果敢に反抗を企てることも見失われてはならない。かかる対照は、それを遮蔽している要因がいったん除去されれば、必然的に革命を生ぜしめるのである。このことは、すでにマルクスによって明瞭に洞察されている。すなわち、彼は、あらゆる統一的関心などは、かかる階級が依って立つ体制が粉砕されるまでは、このように炎のごとく燃えさかる分裂という剣の下では萎縮せざるを得ないという意識を、この革命のために創り出そうとしたのである。つとに指摘されているように、マルクスは、「歴史の経済的説明」に影響されて、社会的関心、特に経済的利害さえもが錯綜し複雑に入り組んでいることを過小評価している。しかし、この点は、すべての社会変動の首唱者に見られる性癖である。資本と労働の対立という形で表われるコミュニティ内の重大な亀裂が存在するという事実は、いまなお存続している。この亀裂は、労働を、別な階級が自身の目的のために統制している生産機構の単なる道具とはせず、すでに他の利害については達成されているのと同様の個性の解放（いかなる場合とも同様に、この場合もコミュニティの統合を考え併せての話であるが）を経済的領域にももたらす体制を作り出すことによって初めて埋めることが出来る。このような体制は、自由な結合が認められているあらゆる産業コミュニティ内で、現実に誕生しつつある。そこでは、自由に結びつくことによって労働が組織化されて、資本側のアソシエーションと衝突し、そこから、人間の知性や愚昧さに応じて、階級の基礎を漸進的にかまたは急激に革新すべき強力なアソシエーションが生まれるのである。

五　民族の整合

より広範な共同関心が認識され、それが確固たるものになることによって、地域および階級の障壁が打破されれば、民族は、一つの統合的コミュニティとなる。このようにして国家帰属性が獲得されれば、それは、発達への巨大な一歩を意味するものである。これこそは地域と階級に規定された差異に対してもつ共同関心の優越性を完全に確証するゆえんである。民族がその統一を自覚すると、民族のために奉仕するアソシエーションとしての国家は、その範囲内にあるすべての社会集合、すなわちアソシエーション、地域、階級の整合を、明確に自己の業務とするにいたるのである。全コミュニティがこのように緊密に結び合わされれば、人は、残存している様々な差別などは無視し得るし、その民族が単一の「魂」をもつと信ずることが出来る。しかし、実際は、この過程には終局はなく、あらゆる共同関心の究極的な存在となり得るような魂の民族的統一も存在しない。民族とはきわめて重要な意義をもつコミュニティ圏であり、最終的な境界線を有していない。階級の境界を乗り越えて類似した者同士が結びつくのと同様に、民族の枠を越えても、類似した者は寄り集うものである。したがって、地域的境界を伴う民族は、その構成要素となっている地域と同様に、整合を必要とするのである。ここでは、この整合の特性を問題にするが、正確を期するために、国家帰属性のもつ意味、そのサーヴィスおよび限界を明確に認識しなければならない。

(一)　まず、われわれがここで問題にするのは、民族間の関係であって、〈人種〉間のそれではないことを理解しておこう。人種の違いとは、特に文明諸国間におけるように、精々が部分的なものであり、主として仮説にもとづくことが常であるから、かかるものは、共同生活領域を決定する真の要因ではない。コミュニティが決して人種と同視されてならないということには二つの理由がある。第一に、純粋な人種、つまり他の人種と全く混合せぬ血脈を保っている人種など存在しないからである。人類の移住と征服の無限の変転のなかで、しかとは判らぬものの、疑いなく単一の源から分れてきた人間生命の幾多の流れは、邂逅し、混合され、そしてまた分れていったのである。人種とは、決して天来の人間の種や亜種ではない。[*] 非常に危険な仮説であるが、たとえある国民が歴史的に見て、始源においては明らかに純粋な人種として現われたと考え得るにしても、その国民が歩んできた道程にたえず侵略が行なわれて、当初存在した個性は破壊されてしまうのである。アーリア人、コーカサス人、セム人等々のような、諸種族より成るいわゆる大語族は、言語の単一性または同質性を示しているが、その点からは人種的起源が共通であると断定出来ない。かかる推定上の種族のなかでも、多くの種の支脈が、相互にくり返し混合しているものである。古代および近代における大規模の国民はすべて相互混合して生まれたと考えられている。たとえば、エジプト人、ギリシア人、ローマ人、さらにはヘブライ人と同様、テュートン人、ラテン系諸国民、中国人、日本人もその例である。実際、適切な相互混合こそが民族の大きさの条件であり、また精神的接触と同様に人種的融合が発展への一刺激であるかのごとくにさえ考えられる。

人類学は、歴史から見て、一定の結論を確証している。皮膚や眼、髪の色とか、髪の艶とか、頭部や眼窩、顎、鼻の特徴のうち、人種の標識として何を最も決定的なものと考えるにせよ、そのようにして選ばれた肉体的特徴を、そのまま心理学的および社会的類型を示すのに適切な指標と見なすことは出来ない。[**] テーヌ（Taine）、ルナン、ゴ

---

*　たとえば、Deniker, *The Races of Man*, chaps. i. and viii. 参照。

**　様々な肉体的特徴が、人種の類型に関して、非常に多様な分類をもたらすのは重要なことである。たとえば、頭部の特徴（頭部または頭蓋骨の縦と横の直径の関係）と皮膚の色との間には相関関係はなく、鼻と頭部のそれぞれの特徴の間には完全な対応は認められないことがすでに指摘されている。

ビノー（Gobineau）、ラプージュ（Lapouge）、コッシナ（Kossinna）、ステュアート・チェンバレンのような論者が、民族の性格やその文学、歴史を、純粋に人種の観点から説明しようとした試みが暗礁に乗り上げざるを得なかったのは、彼らの理論が、自身に目をおおった事実があるからである。特に、この人たちはみな、すべての社会現象の〈結果がもつ〉特性を充分に認識しない一連の理論家に属している。社会現象とは、人間の生来の能力にもとづいて、多種多様の環境の絶え間ない活動から生まれるものである。

ここで、人種がなぜ民族と同視し得ないかの第二の理由を考えることにしよう。当初は同質的であった民族が拡張して、その民族の様々な部分が、それぞれ異なった地理的条件に直面したり、その一部分が別の文明圏の影響のもとに置かれると、民族の同質性は影を潜め、このようにして、分化した諸部分が別々の民族となる場合がある。平野部のギリシア人は、山岳部のギリシア人とは非常に異なっていたし、英国系カナダ人や英国系オーストラリア人は、自分たちを、母国の英国人とは別であると考えている。ある民族の子供が、別の国の家庭生活で教育を受けた場合、いかに容易に新しい環境に同化し、自分の親たちの環境を他国のものと感じるようになるものか、たとえば、フランスやドイツで教育を受けた英国の子弟が、いかに早くフランス人やドイツ人のもつ特性を伸ばしていくかを観察したことがある人なら、民族的性格とは、その大部分が、個々人の置かれた地点から生じるか、または共通の環境のうちの特殊な条件と機会のもとで発展した肉体的影響の結果であることを認識するものである。人間は、文字どおり、自己の社会的環境に「順化」するものである。環境が、天然の特徴を変容させることもあるであろうし*、環境が社会的類型に強い影響力をもつことには疑念の余地がない。多種多様の民族の断片から作られ、広大な大陸で様々な条件のもとにあるアメリカ国民の統一は、社会的同化の実在性を示す最も顕著な証拠である**。共同生活が、類似した民族心意を作り出す一要因であり、したがって、共通の起源は、一要因以上のものではない。環境的およびその土地固有の影響力のもつ絶大な相互作用を考えれば、コミュニティと人種を同一視するのは愚かなことにすぎない。

（二）しかし、民族はコミュニティ〈であり〉、上述の諸要因が、結果として作り出したものであって、人種のように仮説として作られたものではなく、具体的に生存している実体である。民族とはある種の自然のコミュニティを意味し、いかにしてそれが発生しようとも、われわれの肉体的存在法則に従って、共同生活を営んでいるいかなる集団内にも発展する類似心意、つまり、文化が進むにしたがって、同一血族という〈観念〉ではもはや支え切

---

* 合衆国移民委員会の証言によれば、アメリカに渡ったヨーロッパ移民の子孫が、アメリカ人型に近づく傾向のあることが明らかになっている。一方ではユダヤ人、他方ではシシリア人に代表される、最高指導者層を構成する人々は、まさに正反対の方向をとりつつ、中間的およびアメリカ人独特の型に変容されつつある。ロマー（Lomer）博士は、個人的観察でこの見解を確証し、さらに、日本および中国では、純粋なヨーロッパ人の起源をもつ子孫が、土着の顔面類型に近づくことをも信じている（*Bulletin Mensuel de l'Institut de Sociologie Solvay*, 1910.）。リッジウェイ（Ridgeway）は、長頭のボーア種の馬が、バストランド山岳部で育てられると、円頭になるのと同様に、山国の住民は、数世代を経ると、円頭型になると主張する。さらに、ラプージュやアモン（Ammon）の調査によると、一定の地方内では、長頭型は周辺部よりも都市部に多いという結論が得られるが、この場合は、多くの事例に見られるように、二者択一的〈解釈〉が可能であろう。リプレイ（Ripley）の『ヨーロッパ人種』（*The Races of Europe*）一九章および二〇章を見よ。

** 特殊な事例における同化の相対的効力、たとえば、今日、合衆国が、継続して入国中の移民をどの程度同化しているかに関しては、意見が異なることも当然である。フィノット（M. Jean Finot）は、合衆国のほぼ無限の同化力を信じているが（『現代評論』*Contemporary Review*, 1911.）一方ジマーン（A. E. Zimmern）は、今日のアメリカが、諸民族の「るつぼ」であることを断固として否定するのである（『社会学評論』*Sociological Review*, 1912.）。しかし、すべての論者は、外国人が同化されようと否とにかかわらず、アメリカ国民およびアメリカ人の特性があることを仮定している。ここで注目すべきことは、同化を〈望ましい〉と考えるか否かによって、同化の効力に関しての論者の説が分かれ、好ましくないと思う人は、同化の効力を否定する傾向があることである。

ただし、大都市内の外国人区や、カナダや合衆国の村落地域における外国人開拓地のように、大コミュニティ内で、外国人が小規模のまとまったコミュニティを形成している場合には、同化の過程が必然的に遅れることはいうまでもない。

れなくなった人々の同一精神というものである。[*]人種という観念は抽象的であり、それによって結合されているコミュニティに対しては、何ら具体的目的を与え得ない。すなわち、その観念は、血脈の維持、増殖、隆盛以上の理想を提示し得ないのである。人種という観念は、未だ明確な活動形態を見出し得ない未分化の生命力の表現にすぎず、ある集団が、かかる抽象的観念を注入して活気を鼓舞しようとも、それはなお原始的で未分化の状態にとどまり、その意識も無分別な欲望の媒介物たるにすぎない。コミュニティが、自己の統一および活力を血縁のみに求め、しかもその血縁が、いかなる本質的関心によっても包合されないならば、かかるコミュニティは、自己の単なる拡大とか対立しているコミュニティの縮小を超越した明確な目的をもち得ることは稀である。コミュニティは、人種という理念を超克しなければ、狭矮な、無益の、非合理的形態で存在せざるを得なくなる。

国家帰属性も、狭矮な社会的活力にすぎないことを忘れてはならないが、一方、民族は、人種とは異なり、真の意味でのコミュニティであり、自身をして共同活動を行なう際の強力で明確な単位とする程の力をもつ類似心意を示すものである。原始コミュニティにおいても、かかる堅固な統一の必要が認められる場合には、国家帰属性の単純化された一般的表現として、血縁の絆が求められることが多かった。上述のことは、想像上の血縁以外から個人や集団を「採用」する際に見られる原始的慣習によって証明されており、[**]このようにして、かかる個人や集団をコミュニティにくり入れるために、人種という楯をかぶせるのである。

国家帰属性という強烈な意識は、それとはなはだ混同されやすい人種の強烈な意識と同様に、社会発展の一段階

＊　この点は、デュルケームの『社会分業論』（*Division du Travail Social*）第二部第四章で論じられているが、彼は漠然と「遺伝」という言葉を用いている。また、ラッツェンホファーは、この事柄を、「主要な文化民族にとっては、血縁は、本質的には時代遅れの関心事である」と総括している（『社会学的認識』*Die Sociologische Erkenntniss*, 1898, p. 217.）。

＊＊　Maine, *Ancient Law* chap. V. 参照。

を表わすものであり、拡大した社会的統一の様態が維持される手段でもある。それは二重の貢献を行なう。消極的な面から見ると、それは、〈誤った〉全体的要求、たとえば、ローマ帝国およびローマ教会が世界に対して行なう諸要求へのやむにやまれぬ抵抗として表われる。かかる要求が打倒されるのは、主として、国家帰属性という精神を通じてであった。積極的な意味では、それは、諸々の地方を統合し、過去において利害の面で隔絶していた各階級を融和させる基盤となるのであり、階級や身分、文化の面で過酷な差別によって峻別されている人々に、漠然としてはいるが、往々にして非常に有効な心情的コミュニティを付与するのである。国家帰属性の観念とはかくのごときものであるが、他方、それは、人間の社会的思考の拡大された表現でもある。また、結果として、国家帰属性という基本原則があるために、国籍を同じくする人々が、共有する具体的目的を共同で追求しようとして効果的に結びつくことが出来るのである。国家帰属性こそが、人間が国家というアソシエーションを築く基礎であり、また、国家の助けを借りて、人間のありとあらゆる相違よりもさらに根本的な人類的利害にもとづくコミュニティを一致して実現させる基礎にほかならない。

ここで必要なのは、事実としての国家帰属性と、理念としての国家帰属性との厳密な区別を行なうことである。共通の国籍をもっているという事実こそが、統一の現実的基盤であり、共同行為の条件であることは、明確で決定的であり、決して否定さるべきものではない。国家帰属性という理念が、将来においていまより強弱いずれになろうとも、国家に帰属するという事実は、国籍が変ることがあるにせよ、存続するものである。生活上のすべての法則は、コミュニティの各領域、特に国境によって限られた地域に、共通で明確な特性を与えようとするものである。コミュニケーションの回路が増加したことによって、諸大陸、さらには全世界を覆いつくそうとする滔々たる文化の流れは、国民性を抹消するどころか、むしろ一層豊かにする。それにもかかわらず、国家帰属性の〈理念〉は曖味で混乱していて、ある点を除けば、われわれの精神に、ほとんどあるいは全く的確な指針を与えてくれないのである。国家帰属性の事実がもつ意義と、その理念がもつ意義を混同したのは、現代の最大の失策の一つである。

国家帰属性とは、一言でいえば、まさしく共同行為の基盤なのであって、共同行為を行なわしめる活力ではない。近代の国民的活動のなかで最も重要な形態の一つである経済上の立法の例をとってみよう。たとえば、われわれが工場法のような法律を成立させるのは、英国人の国民的特質を考えたからであるとか（他方、同様にドイツ人は、ドイツ人に特有の要求を考慮して、同様の法律を成立させていることになる）、〈英国人の〉身体にとって清潔さと新鮮な空気が望ましいと考えたからとか、〈英国の〉子供たちが長時間工場で働けば健康を害すると考えたからとか、〈英国の〉労働者が事故に対する保障を要求していると考えたからなのであろうか。労働者の国籍に力点が置かれるべきであろうか。それとも、このような労働者が保護を要求しているという事実を重視すべきであろうか。国家帰属性とは、共同活動を行なうための活力であろうか。それとも、共同活動を達成するアソシエーションの基礎であろうか。その答は簡単である。国家帰属性とは、いわばコミュニティの色合いであり、コミュニティに存在する関心の全複合体に冠せられる名称ではない。国家帰属性がどれほど広範に民族文学の活力になっているかを考えてみれば、この区別は明らかである。民族の相違、すなわち、想像上の民族的特性を描写しようとした戯曲や物語は、いかに浅薄で生気のないものであろうか。また、かかる戯曲や物語は、否応なく露骨な戯画か、愚かしい賛美に走ってしまうのである。いかなる民族文学やその他の芸術を取りあげてみても、そのなかで偉大な作品と呼ばれるものは、根本的な人間の問題を取り扱っており、人間性を明らかにしようとする試みのなかにこそ、その作者は、自身の国家帰属性を表わしているのである。国家帰属性とは、人間として存在するための一つの道であり、コミュニティの個性ともいうべきものである。ある個人が、本質的関心のなかで自身の個性を実現しようとせずに、個性のみを頼りとするなら、決して活力を見出すことが出来ぬように、いかなる民族も、その眼を自身の特殊な国家帰属性にのみ向けているのでは、真の活力を獲得出来ぬのである。

国家帰属性がコミュニティの基礎としてと同様に、コミュニティの理念としても働き得る一面がここで明らかになる。その面とは、人がこのコミュニティの基礎を探し求める時にのみ明らかになるものである。それは、端的にいえば、民族が自立して、国家を通じて、本質的関心を達成するための自治的単位を形成すべき理念である。[*] この場合の活力は、近代史のなかで最も生命力あふれた効果的な理念の一つである。加うるに、それは必要不可欠のものである。というのは、共同の行為を起すための適切な基盤を作ることは、いかなる共同目的よりも、必然的に先行するからである。しかし、その理念が達成されれば、もはやその理念を理念として見なす必要はない。民族の自由という原則が達成されてしまえば、国家帰属性という真の意味での活力が実現されるのであり、したがって、コミュニティの基礎となった国家帰属性もまた、もはや理念ではないことになる。

文化のさらに高次の段階においては、どの民族によって追求される関心も、そのほとんどは、他民族から見て、相互補充的か共通であり、あるいはそのいずれをも兼ね備えているものである。関心追求に関する相互の機会が、労役の交換になる限りにおいては、経済的領域のみならず、活動のあらゆる領域における大部分の関心は相互補充的なものである。それらは、本質的で普遍的な関心である点で共通であり、特定の民族にのみ限られない価値をもつ。未開人の間では利害は個々に分裂している。ブッシュマンの利害やバストゥ族の利害は、それぞれ自分たちだけの

＊　もちろん、この理念は、一民族が一定の領域を占有する場合、換言すれば、それ自体が明確なコミュニティである場合にのみ実現され得る。同等かまたは近似した文化段階にある相異なった民族が、何らかの歴史的変遷を経て、共通の地域で〈混合され〉ながらもなおそれぞれの民族的特殊性を残しているような場合には、非常に困難な状況が生じるのであり、すでに見たように、国家帰属性の形成を決定づける原則としての社会的同化の過程がさらに進展される場合にのみ、平和な発展の希望が生まれるのである。

ものであり、フィジー島民の利害とエスキモーのそれには、何らかの関係が認められるだろうか。また、これらの利害は、自己の相対的な強さに影響を及ぼす可能性がある場合を除いては、自己以外のいかなる民族と敵対する必要があろうか。諸民族が離れて存在し、接触出来ない場合には、それぞれの利害は完全に閉鎖的である。しかし、日本人が今日追求している利害は、ドイツ人や英国人にとっても重要なものである。というのは、文明国民として、かかる諸国民の関心事は、全人類にとって価値ある本質的価値についてはは同一であるからである。いやしくも知識を追い求め、技芸を修練し、人間の環境を鎮め、人間の本性を解明し、人関の運命や神の存在を思索する人ならば、たとえ彼の見解が、民族的偏見によって着色されていたり、民族気質に由来するとしても、なしとげた成果が、個人や自民族だけのものでなく、全人類の業績として確立するのでなければ、自家撞着の無益な作業に従事していることになる。

上述のことは、決して中間的関心の否定を意味するものではないし、世界主義の要求を助長することでもない。ある芸術作品が、その芸術家の個性のゆえに、他の人々にとって価値を失うどころか、一層価値あるものとなるように――本質的関心にもとづくすべての活動は、それを行なう人の個性によって有用のものとなる――、ある民族がなしとげたことは、その国家帰属性のゆえをもって、より偉大なものになると同時に、他民族にとって無価値なものとなることはない。なぜならば、その所業は、当該民族の個性を明示し、それによって他民族が、自己以外の観点に立ち、自分以外の眼で、自分自身の明白な世界を見つめることが出来るからである。確かに、文化が進展するにしたがって、コミュニティは、その成員に関してはかなり分化が進むが、コミュニティ相互間では、さほどの区別はなくなってくる。未開人は、知識の乏しさや迷信や視野の狭さの点では同水準にあるにもかかわらず、自己のもつ関心の排他性の結果として、慣習、制度、および信仰の面で甚大な差異を示している。しかし、文化の発展とは、とりもなおさず、本質的関心の発見を意味するのであるから、コミュニティ相互間の絶対的な性格の相違とは両立し得ぬものである。二つの未開民族が、形態や慣習の点で、いかに明確な相違を示そうとも、分化の過程はそのいずれにも同様に働き、分業は類似した権能を作り出し、競争が高まれば、類似した気質や、対立した集団同士の類似的統一が生み出されるのである。このように、無意識的に形態が相似してくる一方で、われわれの人間性およびわれわれが生を営んでいる共通の世界にあまねく存在する諸要素、諸条件が生み出すとともに、知識の増大からも生じる自覚的な統一の思想が働いている。無知は分裂を作り出し、知識は統一を促進する。諸々のコミュニティは、発達の過程でその本性を明らかにするゆえに、そこには本質的類似性が進展してくる。人間同士の交渉の場合と同様に、諸民族の交流においても、他と全く接触せぬ民族があれば、それは弱体であるか、愚かな、あるいは単なる奇異な存在にすぎない。コミュニティが相互に交渉し合うことによって多くのものが産み出されるが、そのなかで若干のものが普遍的に把捉され、利用されるのは当然のことであろう。このことは、人間の相違性よりもむしろ類似性こそが、人間の本性の奥深く根を据えていることを物語っているのである。

社会的交流が進めば、個人および民族に対して、自然に刺激が生じてくる。人間の場合と同様に、他の諸民族と接触すると新しい観念が生じる。それは社会の刺激剤のごときものであり、それがなければ、良かれ悪しかれ一つの慣習の様式、つまり発生当初の事情が薄れるにつれて厳格さを増す基準が、必然的に世界を堕落させるものである。国同士の接触の新旧様式の間に見られる相違がさらに進めば、従来と同様に現代の世界も、若い世代の精神が作りあげた諸制度が、この世界の衰微を収納するための単なる容器と化すまでは、性格を薄めこそすれ、伝統的に固定したりしないであろうという希望を抱くに足る理由が生まれてくる。

(三)　国家帰属性の果たす寄与とその限界を理解した上で、われわれは、諸民族が、自ら建設したさらに広大なコミュニティ内で、どのように整合されており、また整合され得るかを考察することになる。かかる整合は、民族に対応する最も主要なアソシエーションである国家を通じてのみ直接に遂行され得るものである。民族と国家のそれぞれの境界がいまなお決して一致していないことは確かであるが、歴史の主要な流れは次第にこの理想に向ってきている。一九一九年の平和条約は、一方では重大な留保事項とともに若干の後退的事項さえ設けはしたものの、この大義を飛躍的に前進させた。確かに、いまなお存在する諸民族の混沌状態に秩序をもたらすには、その国境がほぼ民族的境界と一致している諸国家の協力が不可欠のものである。

国家帰属性の事実と理念についてわれわれがすでに行なった区別をここで適用することが出来る。国家とは、国家帰属性を事実上基礎とする性格をもち、またそれにもとづくべきものである。この場合、国家帰属性とは、有効な政治的活動を行なうに必要なコミュニティの程度を表わしているといえよう。しかし、いかなる民族の利害も、国家帰属性を超えた広大なものであり、大部分は他の民族の利害と相互補充的か共通であることが多いゆえに、国家とは単に国家帰属性を護るのみでなく、具体的なそれぞれの民族や、国家帰属性がいわばその色合いになっているコミュニティや、さらにはその領域内のあらゆる利害の保護者であり、支持者なのである。あるコミュニティを他から切り離したり、統合させるのも国家の偉大な根源的な責任ということが出来る。広大な共同関心を保護するためには、国家間の行為の交換が必要不可欠である。前述の事情は、近代社会において一層明らかになりつつある。というのは、コミュニケーション手段の発達に伴い、共同関心の発達は著しく、類似関心が大量に共同関心へと移行したからである。ある関心が共同関心として了解される場合には、常にそれに対応する共同の意志が、その関心をアソシエーション的形態のもとで組織しているものである。このような次第で、商工業、科学研究、美術、宗教、音楽、文学等の無数の国際的アソシエーションが近年次々と発生してきた。類似せるものは類を呼んで、地域や階級の枠と同様、国境をも越えて集まってくるのである。しかし、いかなる国家でも、単独では、国家の境界を越えたアソシエーションに承認も保護も与えられない。なぜなら、国家はコミュニティと異なり、厳密な国境線をもつからである。そこで国家間の協定が生まれてくるが、諸国家はすでに文明世界のための基本的な国際組織を作り出している。その例として、国際郵便連合、世界電信連合、世界無線電信連合や、海陸の旅行者および運輸に関する国際協定、国際海上規則および航行規程、特許および著作の国際規則、戦争それ自体に関する国際規則等があげられる。

しかし、この種の単なる規則およびこれらの規則を制定した折々の協定のみでは、共同関心の増大によって必要とされる整合を行なうには全面的に不充分である。既成の、あるいは形をとりつつある広範な共同関心を保護することは、すべてのコミュニティに付随する数々の相違性を清算することとならんで、何らかの永続的な国際的連邦形態およびこれまで欠けていたある種の国際協定の承認を必要とする。この連邦制度と承認の約定は、新たに制定された国際連盟において、いよいよ全世界に提言されるのである。

この国際組織およびその結果として生じた諸民族の相互依存が発達してきたのに伴い、国家の本性およびその活動領域に関して、さらに明快な認識が得られるようになってきた。近代の始まり以来、国家に関する二つの対立した見解がしのぎを削ってきたと言われることが多い。* それの第一は、必ずしも当を得た呼称ではないが一般に「マキアベリ主義（Machiavellian）」といわれるもので、国家は相互に何ら責任を負わない無制限の権力そのものであり、自ら選択して制定した以外のいかなる権利義務にも相互に縛られず、ただ自己が進んで拒否しない場合にのみ、前述の権利義務に拘束されるという見解である。そして第二は、グロティウス主義（Grotian）またはアルトジウス主義（Althusian）と呼ばれ、国家は諸権利の確立維持のために存在するものであり、したがってその権力は制限され、

＊ Hon D. Jaynes Hill, *World Organization and the Modern State.* 参照。

相互に対して義務を負い、それ自身が複数の国家群の一員であるという見解である。各時代に、様々な国家で、このいずれかの見解が有力になったが、コミュニティの交流が盛んになるにつれて、ほとんどの文明国家では、一般にグロティウス主義を支持する傾向が強くなった。実際、たとえ諸国家がそれぞれ自給自足的で、共同関心によって統合されていなくとも、グロティウス主義こそが唯一の科学的学説であり、国家の本性の理解と矛盾しない唯一の学説であると考えられる。なぜなら、国家の活動領域を定め、その意味と分限を明示するのは法律である。国家は、何よりもまず、法律の支持者として存在し、したがって、その第一の業務は公正《ジャスティス》、すなわち、正しいことは正しいとし、無法の力を鎮圧することなのである。それゆえに国家はいわゆる「法人」であり、一つの「法人」は、別の「法人」に関して、いやしくもこの双方に存在する本性を否定することなしには、恣意的な権利を要求し得ないのである。

国家の間に法律的に定まった関係が存しなければ、その段階においては、個々の人間の間に定まった法律関係がない場合と同様の結果が生じる。人々相互間の関係を明確にする法律が何ら制定されない「自然の状態」に近い段階にあって、ホッブスの有名な言葉を借りれば、生活が「孤独で、貧しく、不愉快で、獣的で、不足がちな」状態にある個人の場合とまさに同様に、国家自身が責任を自覚せず、社会化されないで、偉大な法を超越した政治的怪物《リヴァイアサン》の状態にある限り、それは同様により貧しく、より不幸で、獣的な性格を帯びるのである。より貧しいというのは、それぞれの国家の経済的欠乏のためであり、より不幸であるとは、人間の生命財産が全面的に危機にさらされるからであり、また、より獣的であるのは、公共政策があらゆる生活水準に反映し、反作用するという理由によるのである。

（四）　共同関心が発達してきたために、民族同士の戦争という様式は、非合理的で無益なものとなりつつある。戦争とは、国家によって組織された国民間の敵対関係である。破壊そのものである戦争という方法は、戦っている両国民の間に、利害の完全な敵対があることを物語っている。しかし、文明諸国の利害は、もはや孤立したものではあり得ず、ある文明国民が、自国の利益を損うことなしに、他国民の利益に損害を与えることは出来ない。他国民の利益に損失を与えることが、自国の得になり得るのは、諸々のコミュニティが基本的に孤立しており、コミュニティ相互の関係が国民同士の支配・被支配の関係である時にすぎない。したがって、コミュニティの交流が進めば、戦争はますます非合理的なものとなる。このことは、特に資本の国際化のゆえに、経済的領域において明らかである。すなわち、一つの文明発達したコミュニティが、他のコミュニティの商業や資本を破壊するならば、それはとりもなおさず自己のコミュニティ成員が投資した財産を破壊し損失を与えることにつながるのである。また、国際貿易が発展するにしたがって、各コミュニティの成員は、一層他のコミュニティの商業的繁栄によって生計を営むことになり、他コミュニティの商業繁栄が損害を蒙れば、必然的に没落の道をたどることになる。* 商業は、コミュニティ交流の事実の最も明快な実例を提供してくれるが、このことを考える際に、われわれは、商業的関係それ自体と、低開発地域を占有し搾取するための商業国同士の敵対・闘争とを区別すべきである。後者の闘争、いわゆる「鋼鉄と金の戦争」は、国際的闘争の源として重大な意味をもってきている。この闘争の結果としての善悪の均衡についてはここでは触れ得ない。上述のことは、近年、重要な研究の課題になってきている。** しかし、本来の

* 次の事実のもつ意義を考えよ。ドイツと大英帝国の通商は「一九〇二年以来二倍以上になり、一九一一年には一億八千五百万ポンドという巨額に達している。実際、わが国民が貿易によって生計を営む限り、わが国人口の十分の一は、ドイツとの貿易に全面的に依存しているのである」（モルテノ（P. A. Molteno）『現代評論』（*Contemporary Review*）一九一四年二月号）。

** 特にブレイルスフォード（Brailsford）の『鋼鉄と金の戦争』（*The War of Steel and Gold*）参照。重商主義者の犯した失政についての明快な分析は、コンラッド・ジルの『国家の権力と繁栄』（*National Power and Prosperity*）に見られる。さらに、アンジェル（Angell）の『偉大なる幻想』（*The Great Illusion*）第一部および『国際政策の基礎』（*The Foundations of International Policy*）第三章を参照せよ。

意味での商業の事例は明快である。軍国主義者は、諸民族間の商業上の対立を強調して重商主義者と結びつくが、彼らは以下の事実を理解していない。すなわち、すべて商業とは交換のことであり、一切の交換は相互の利益がその動機であるから、諸民族の間では、排斥による競争をせずに特定の利益を享受する方が、一般にその利益を全体として失うことよりも重要であるという事実である。

戦争とは、それによって〈諸国家〉が、それぞれの相違に決着をつける手段であり、その相違が実在するものであれば、それは国境によって境界づけられるような利害に関する相違である。これらは大部分が国家帰属性にかかわる利害である。しかし、戦争は、それ以外の利害をも破壊しつくすものである。国家がコミュニティ全体を裁定するのではなく、国家帰属性によってコミュニティの利害のすべてが統括されるのでもない。一国家の市民を分断する利害も多数存在するし、国家の境界を越えて、諸々のアソシエーション、集団、階級を統一している多くの利害も存在する。ある国家が、精々何らかの国民的利害の名目で戦争を惹き起せば、複数の国民が結びついている、より広範な利害の統合体を破壊してしまうことになる。文明人は、非政治的アソシエーションによって起された戦争の非合理性、つまり教会がコミュニティを包合してしまった宗教戦争の愚かさを悟った。また同様に、コミュニティ内の諸集団、諸階級による戦争という手段とも縁を絶ち、それらの戦争を「内戦」として批判するにいたった。そうして今日、教会間、階級間に見られた戦争を非難するのと同じ理由が働いて、諸国間の戦争行為が糾弾されているのである。軍国主義とは、常に一方を犠牲にして他方の利をはかる方法で、諸文明国民の利害を孤立させようとする本性をもっている。しかし、コミュニティの交流が進展すれば、かかる企ては無益なものとなり、したがって、軍国主義は、もはや諸民族の相互依存を断ち切るどころではなく、現に相互依存している諸民族を破滅させてしまうにすぎない。

（五）　われわれはこれまで類似した文化水準にある民族の関係を問題にしてきたが、もう一つさらに解決困難な整合に関する問題がある。非常に異なった発達段階を示している複数の民族が接触する場合には、このような関係は、われわれが既述した単純な線上に当てはめられるわけにはいかない。平等の関係に代って、必然的に優越と従属の関係が生じることになる。そこには役務の平等な相互交換はあり得ないし、意志の一致にもとづいて、相違の自由な調整が行なわれることもない。これは明らかに、経済的領域において認められる現象である。先進国の国民は、必然的に後進国の国民を搾取し、少なくとも後者が利用し得ぬままにいる天然資源を利用することになる。他面で、先進国民は、たとえ事態が別であろうともそうするであろうが、自分たちが高度な文化をもっているという事実のゆえに、非熟練労働形態のもとでは、低賃金で生活できる後進国民の経済競争に同等の条件で対処し得ないのである。優位にある国民は、高度の知性によって常時意のままに用いることの出来る権力の優越性にもとづき、必然的に後進国民の利害を自己の利害に従属せしめる。

しかし、優越と従属の関係には、下位にある国民と上位にある国民の双方にとって、危険が内包されていることを心しておかなければならない。というのは、このような場合、上位国民が下位国民と密接な接触をもつとすれば、頑迷な保守主義にややもすると陥る傾向があるからである。上位国民は、下位国民側の社会環境のもつ影響力を阻害することによって、同時に進歩的影響力をも安易に排除してしまう。すなわち、上位国民は、一方で自己の社会的感応性を失うことによって、双方の感応性を同時に減殺することが多く、それによって、社会全体の進歩を遅延させるのである。このことは、黒人に囲まれて生活している白人にほぼ恒常的に見られる特徴である。一方、下位国民は、かかる接触によってはほとんど得るところはない。というのは、彼らは一般に、服従種族として単に搾取されるのみであり、伝統を失う半面で何ら責任を獲得出来ず、これらの予防策が講じられない場合に猛威をふるう種族破壊の悪業の犠牲になることが少なくないからである（上位国民側の慣習を強制しようとすることさえも、下位国民にとっては不利になる。なぜなら、新しい慣習を作り出すよりも古い慣習を破壊する方が容易であるからである）。以上に鑑みれば、優越と従属の通常の関係に共通に存在する危険性は、かかる場合においてすら、そうした関係を作り出す対立関係よりも、共同関心の方がより根源的であることを表示している。なぜなら、優位にある国民が、自己に必要な優越性を保持する一方で、搾取的態度の代りに保護的態度をとる限り、かかる危険性は減少されるからである。この点に関して、われわれは、米国民が低発展国民との交渉に比較的成功した事例と、かつてのスペインの侵略者が新世界でとった方法が、現地人および自身にとっても、時を経ず悲惨な結果となって完全に失敗した事例とを対照できるであろう。

古い意味でのどの帝国も永続し得なかったのは、その種の帝国が民族の民族に対する露骨な隷属を意図したからである。歴史上その事例が少なくないように、このような隷属は、従属する側の民族が支配民族に近い文化水準に達すれば、もはや持続されない。従属民族が政治的自覚を獲得し、自治の欲求をもつにしたがい、その部分に漸次自治権を付与していくことのみが、そうした帝国が名目上であれ永続できる唯一の方策である。というのは、文化の点で差のない二つの民族のうち、一方が他方を圧迫する場合、従属民族が解放されるかまたは破壊しつくされるまでは、黙従も、同化も、そして平和もあり得ないからである。

近代世界においては、中央集権的・軍事的・収税体制という、かつての意味での帝国の領域は、著しく制限されつつある。近代国家は、従来主として自己の植民地の産業搾取に重大な関心を払ってきたが、時代の推移とともに、各植民地は、自治的単位として自己の産業上の利害を護持するようになってきた。かつての植民地や「保護領」が消滅していった顕著な例証は、米大陸の歴史をひもとけば明らかである。米大陸では、合衆国（一七七四―五）、アルゼンチン（一八一〇—一六）、チリ（一八一〇—一七）、パラグァイ（一八一一）、後にヴェネゼラ、ニューグラナダ、エクァドル（一八二九—三〇）という独立した共和国に分割されたコロンビア（一八一九）、メキシコ（一八二一）、ブラジル（一八二二）、ボリビアとペルー（一八二四）、そして周知のとおり比較的漸進的経過をたどったカナダ等々の諸国家が、長期にわたり次々と従属の地位から脱して自治を獲得したのである。古代世界の帝国がすべて消滅し去ったのが単なる偶然ではないのと同様に、文化段階の点で支配民族と異なるところのない人民の政治的従属を意味する近代世界の帝国が、緩かな連邦的統一体へと変容しつつあるのも決して偶発的なことではない。

六　整合問題に関する概観

あらゆるコミュニティは程度の問題である。われわれの生活は、一つのコミュニティではなく多くのコミュニティに含まれ、さらにそれらは、われわれを重層的にとりまいて拡がって、種々のアソシエーションを作り出している。これらはその成員に様々な要求を課しているが、この諸要求は、歴史的に見れば激烈に対立していたものであっても、社会の進展につれて融和するものであることが次第に認められてきている。類似性が相違性よりもさらに根源的であると自覚することが、相違性の意味そのものをも明らかにすることになる。社会意識の拡大とは、社会意識の深化を意味するのであり、若干の人が想像するようにそれを浅く広げることではない。家族や都市、民族、文明世界、さらには人類世界そのものに尽そうとする態度は、人間に内在するものであり、知性の発達に伴って次第に顕在化してくる。コミュニティの生活がこのように段階的な構造をとりつつあるなかには、なお多くの混乱が存在しており、コミュニティの全領域において、いかんともしがたい部分的な親和と反発が働いている。しかし、コミュニティの全貌はすでに充分に拡げられていると考えられ、われわれはその整合の一般原則を認めることが出来るのである。

あらゆる偉大な文明は、進展するにつれて、一民族や一国家という排他的な境界を乗り越えて拡がっていくコミュニティの概念を生み出してきた。事実、この概念は、知性が成長してきた必然的結果であり、その出現の様式および場所は、歴史的背景に立って見た場合に非常に重要な意味をもつ。というのは、これらは、全歴史を貫く中心的ドラマ、すなわち、数千回もくり返されてきた身近な社会的要求とそれより広い規模のそれとの葛藤をわれわれに示してくれるからである。身近な要求、すなわち、血族や都市、国家帰属性にかかわる要求は、常に当初は排他的で自己完結的なものである。このような排他性は、もし拠りどころとする単一の忠節を見出し得なければあてのないままに彷徨しなければならぬ偏狭な人にとっての安全弁なのである。しかし、排他性のもつ危険性は、早晩その安全性より大きくなるものである。排他的精神が優位を占めたままであれば、その排他的コミュニティは、周囲のより賢明な隣人の前に崩壊し去るに違いない。なぜなら、コミュニティの排他性とは、単に叡智の劣弱さのみでなく、力の点でも劣っていることを意味するからである。もし成員が広量な心という叡智をわきまえていたら、いかに多くのコミュニティが没落、崩壊を免れたことであろうか。

「ところで私の隣人とは誰なのか?」とユダヤ人の法律家は問いを発し、自己を正当化した。この問いに対する答は、ペンタチューク〔モーゼの五書〕のなかでユダヤ人に向けて充分に示されている。エホバは、ユダヤ人に「異邦人」とはかかわりをもつなと命じなかっただろうか。「汝の神エホバかれらを汝に付《わた》して汝にこれを撃せたまはん時は汝かれらをことごとく滅すべし、かれらと何の契約をもなすべからず、かれらを憫むべからず」〔申命記　第七の二〕。ほとんど何の抵抗もなく、この精神はユダヤ人の歴史を通じて守られてきている。ユダヤ人は、この排他的な信条に縛られ、しかも、その信条の必然的結果である無力感と挫折感から自己を守ってくれるメシアを無分別に求めたがゆえに、すべての人を自己の隣人として見よと命ずるイエスの教えを無用のものとして聞き流したのであった。排他性を打破してこそ、いかなる救いも現れるということが、ユダヤ人にとっては馬鹿げたことに思われた。それゆえに、この教えは、ユダヤ人の周囲のより普遍的な心をもつ人々へと伝わっていった。自分自身が「最も厳格な宗派に則って」生きたパウロは、「汝等これを斥けて己を永遠の生命に相応しからぬ者と自ら定むるによりて、視よ、我等転じて異邦人に向はん（使徒行伝　一三の四六）」と叫んだのである。しかして、パウロが「ギリシア人《びと》とユダヤ人《びと》、割礼と無割礼、あるひは夷狄、スクテヤ人・奴隷・自主の別《わかち》なき（コロサイ書　三の一一）」普遍的法を説教している一方で、ユダヤ人は、排他性の原則を頑強に守り続け、その結果、彼らの寺院や都市は崩壊し、彼らは全世界に分散し、他のすべての民族のなかで寄る辺のない寄食者とならざるを得なかった。頑強に排他性を固執した天罰としてこれ以上のものはない。

この広大なコミュニティと偏狭なコミュニティにかかわる問題に対して、ギリシア人はさらに痛切な形で対応させられることになった。幾多の先人の教えがあったにもかかわらず、ギリシア人は、この問題を解決しようとして、上述のことに劣らぬ誤ちを犯したのである。ギリシア人の場合、広大なコミュニティの理念と、何よりもまず市民的であって国民的ではない忠節とが融合し得なかった。共通の国に属し、共通の文化、宗教、言語を享受している事実や、避けがたい共通の危険の体験や、なおも迫りつつある共通の危険の知覚、さらには国内分裂という大変な不幸の認識をもってしても、都市コミュニティの排他性を打破するにはいたらなかったのである。折にふれて、連盟や同盟、共同の祭式が存在したが、広大なコミュニティの感情を創り出し、その存在を確立しようとするいかなる試みも、優越の精神があるがゆえに、徒労に帰すか、部分的、一時的なものとなり、矮小化されてしまった。ギリシアの詩人や芸術家たちがギリシアの共同心意を啓示したのも徒労にすぎなかった。ツキジデスがギリシア人同士の戦いは分裂の荒廃のさまを描写し、デモステネスがギリシア内の統一を弁護し、さらにプラトンが、ギリシアをわが国と見なし、「市民間の不和」であって「戦争」ではないと宣言し、すべて「愛国者」である成員がギリシア共通の寺院をもち、「その養育者であり、母である者を切りさいなむやうな真似は決してしない（共和国論　四七〇―一頁）」理想的なギリシアコミュニティを心に抱いていたのも徒労にすぎなかったのである。ギリシアの諸都市が敵対関係に立つのをやめたのは遅きに失した。すなわち、まさに異国人の圧制が自分の身にふりかかって初めて、連邦という救済策を求め始めたのである。また、ギリシアの諸都市は、かつて自由な市民として拒絶した広大なコミュニティを作ろうとする要求を、外観上汎世界的な帝国の国民として理解するにいたるのが遅すぎたといえる。したがって、このような要求を一面的な型としてのみ受け入れて、「人間のコミュニティ」を、身近な都市というコミュニティと融和させようとしなかったのである。近代の歴史家が主張しているように、都市は、民族に比べてその特殊な自由やそのもてるものをより広く世界に拡げる機会に恵まれている。ところが、いかなるギリシア都市も、己れの生の営みを、その門戸を越えた生の営みと融合させるにいたらなかったのである。

小規模のコミュニティや都市に本来備わっている自由や特権を全世界に拡大することで、上述の問題を解決し得ると考えるのは判断が誤っている。これはローマ人の解決策であったのであるが、これもまた同様に極端であった。ここでとりあげるのは、諸コミュニティの整合にかかわる問題であって、小さなコミュニティの特権や権利を大規模のコミュニティに拡大するための独特の方法に関する問題ではない。また、複数の忠節の融合を問題としているのであり、すべての忠節を一つに収斂させることを考えているのではないのである。ローマの市民権を被征服人民にも拡大したローマ人は、地域的独立と一つの帝国以外の第三の道を知り得なかったギリシア人よりも賢明であったといえるが、彼らとても、より大規模なコミュニティの意味を充分認識するにはいたらなかった。ローマ人は市民権を世界に拡大したが、それは拡大するにつれて次第に無意味なものになっていった。ローマ人が世界に提供し得たのは、市民権、つまり一都市の特権および権利の承認以外何もなかった。彼らは、都市を世界という大きなコミュニティの一部にするのではなく、世界をより大きな都市にしようとしたのであった。彼らは、小コミュニティと大コミュニティを政治的に整合し得ず、巨大帝国の時代を通じて最後まで政治的権利の象徴であった「ローマ市民」と、哲学者たちが等しく究極的な合言葉として応答した「世界市民」の中間に位置する言葉を見出すことが出来なかったのである。ギリシア人の知り得なかった人類という理念（および呼称）がローマ世界には見出されるが、それはローマという理念および呼称と単に対比するものとして考えられただけであり、不毛で抽象的なままに終らざるを得なかった。都市の利害や要求および諸々の必要物と帝国のそれとの間に、実際に何らかの融和、調和がなされるのはただ法律の領域においてのみであった。

　知性の発展に伴って、利害を分割したままよりも統合した方がよいとの認識が増してくると考えられる。広い視野に立った精神ならば多大の類似性を認める場合にも、未発達で浅薄な知性によっては、相違性のみが見出されるものである。シャイロックが民衆の迫害に抵抗するものとして演じられるのは、ユダヤ人とキリスト教徒の本質的類似性の名においてであった。「ユダヤ人は眼をもっていないのか、腕や器官や肉体や知覚、感情、情熱をもたないのか」。以上のことを考えれば、人が都市国家という狭量な思想から脱け出して、極端な世界主義へ向うのも無理からぬことである。ストア派とキリスト教双方の大なる悟りの精神が、この極端な形態において表わされている。そこでパウロは、ユダヤ人に異邦人の信仰の自由を要求したのであったが、それは、時が移ると、逆にユダヤ人が異邦人に要求せざるを得なくなるものであった。「何故ならばユダヤ人《びと》とギリシア人《びと》との区別《わかち》はない（ロマ書　一〇の一二)」からである。そこでマルクス・アウレリウスは、すべての民には理性または精神が一つしかないと主張した。というのは、人の本性が、すべて「私自身のそれと同じであるのは、同じ血肉を分かちあい、同じ源から生を享けたからではなく、人はみな同じ理性を身に帯び、同じ神的な生気を身につけている(黙想編 二の一)」からである。人間が賢明になり、己れの世界を認識する程度が増すにつれて、彼には、自分たちの類似した本性の深遠さと強靱さ、すなわち、自分たちの希望と運命につながるコミュニティが見えてくるものである。

しかし、社会生活に必要とされる多種多様のものは、決して人間全体からなる単一の巨大なコミュニティ内で満足されるものではない。拡大したコミュニティにおいても、なお常に社会集団の類似性と相違性は無数に存在しているものである。個人の性格が、他者と交際して全面的に払拭されることがないのと同様に、ある民族の性格が他民族のコミュニティとの交流によって抹消されるわけではない。類似性・相違性いずれの場合にも、コミュニティの交流が、心理的刺激、すなわち〈性格〉発展のための刺激になっている。このような類似性と相違性が存在するゆえに、社会的活動のより緊密な中心点、緊密な統一が必要とされるのである。さらに、人間の諸活動は、地域的な必然性と制約によって決定されるのであるから、コミュニティの各領域は、それぞれ独自の自治権を必要とする。地方分権は中央集権とともに必須のものである。ギリシアが一面で誤っていたとするならば、ローマも他面で重大な誤ちを犯したといえるであろう。真の原則とは、連邦体制的なものであり、それは、共同の関心のためには共通な組織を、特殊な関心には特殊な組織を、普遍的な秩序と安全のためには中央集権を、そして生活充足のためには地方分権を具えたものである。

このコミュニティの整合に関する真の原則は、近代の夜明けとともに現実化し始めた。中世の汎世界的教会が行なった整合は、汎世界的コミュニティの整合の口火を切ったものであった。この概念は、すでにアキナスの心に明確に抱かれているが、* 後になってダンテの『王政論（*De Monarchia*）』に顕著な形で表現されている。ダンテが指摘したように、コミュニティの各領域は、コミュニティ全体を完成させるためにそれぞれ独自の地域と目的をもつものであり、それぞれがある面では部分的であり、他の点では統合的なものである。家庭を越えて村落や都市が拡がり、都市を越えて王国があり、王国を越えて拡がっているのが人類世界（*universitas humana*）である。それは、単なる概念としてではなく、一つの実体として、その特性に適した単一の政府を必要とするが、それはまさに、小規模の各地域がそれぞれの性質に相応した独自の政治的統一体を必要としているのと同様である。** しかし、このような秩序の萌芽が現われる以前に、多くの障害が取り除かれなければならなかった。特に、中世社会が崩壊するには、強固な中央集権が必要前提条件となったのである。中央集権的で排他的な諸民族が、帝国の渾沌状態のなかから一斉に立ち上がり、国家という形態のもとに統一されたこれらの広大な各地域が、当分の間は、その内部でコミュニティのあらゆる欲求を充たすように思われた。

しかし、いかなる地域にも、少なくとも一つのアソシエーションは存在していた。それが教会であり、教会は当時きわめて排他的であった国境線を越えて拡がっていた。そして次に多くのアソシエーションが輩出し、それらの諸活動が中央集権の根底を危うくするにいたったのである。このような混乱状態から、コミュニティが姿を現わしつつあった。概括すれば、西欧の一八世紀における最大の社会的・政治的動向は、専制的・専横的・偏狭的形態をとってきた種々の小さなアソシエーションを、大規模の国家の要請をうけて打倒することにかかわってきたといえるであろう。一方、同様に概括的ないい方をすれば、一九世紀は、従来のように勝手に独立を称することなく、よ

* Gierke, *Political Theories of the Middle Age* (*tr.* Maitland), §§ I-IV. 参照。
** *De Monarchia*, I., chap. v., ff.

り広範な諸要求と適切な関係を結んでいる諸々のアソシエーションを新しい基盤の上に立って建設することに関心を払ってきた。二〇世紀は、次第に明らかになってきた主要な対立関係、つまり資本主義産業の不平等性から生じてくる敵対関係を解決しなければならないのと同時に、悲惨な戦争の記憶を深く心にとどめつつ国際秩序の建設に力を注いでいるのである。

コミュニティの見地からすれば、上述の試みの一般的な成果は、連邦原則の発展となって表われてきている。このようにして、小コミュニティは、当初大コミュニティに埋没した際に失ったものを再び獲得する。したがって、現代の世界は幾重にも拡がるコミュニティという形態をとることになろう。すなわち、村落や教区、町区から始まって、われわれが知性・叡智を以て識別し統合し得る幾多の共同関心をもつ巨大な連邦地域の範囲にまで拡大するコミュニティとなるのである。なぜなら、連邦という観念で明示される究極的法則とは次のごとくであるからである。すなわち、共同関心が拡大していく限り、それと同じ範囲までコミュニティも当然拡大していくということである。広狭両面の要求にしかるべく対応出来るのは、孤立や併合ではなく、また郷党主義や世界主義でもなく、まさに幾重もの広がりをもつコミュニティ圏なのである。郷党主義も世界主義も、前述のように以上の要求に対応し得ないというのは次の理由による。もしわれわれが、ローマの歴史に照らして世界主義を批判することが出来るのなら、ギリシアの歴史から考えても同様に郷党主義を批判出来るのではないかということである。孤立や併合が望ましくないのは、自由のない力が無分別であり、情愛を欠いた正義は空虚にすぎないからである。

社会学者の見地からすれば、何らかの特定の集団ないしコミュニティが内部的進歩をとげる場合に、進歩することによって、当該集団またはコミュニティが、他の集団またはコミュニティとさらに完璧に調和しない限りは、それは部分的な進歩にとどまらざるを得ない。このことこそが、われわれのいう発達に関する基本法則に不可欠の意味である。コミュニティの拡大それ自体が、人間としての存在が成長した一つの結果であることを考えれば、われわれは、進歩の理想型が、あらゆる人間、あらゆる関心、あらゆる集団の可能な限り最高度の調和と無関係に達成されると見なすことは出来ない。この法則から見れば、進歩の理想型を人類それ自体の立場から構築しようとしない人は、社会学者ではなく、偏狭な人といわざるを得ない。科学者が、宇宙に関する原始的な観念を保ち続け得なかったのと同様に、社会学者も、人間がそれぞれの所属する民族に対して抱いている、いまなお有力ではあるが原始的な態度を保持することは出来ないのである。人間は、かつて地球を宇宙全体の意味として理解していたのと同様に、いまなお自分の国をコミュニティ全体の意味に理解している。このような理論は、われわれの自己中心主義にとって非常に快く響き、受け入れられやすいものである。しかし、地球に関する真理が理解されると、人間のもつ断片的な自然に関する知識が、それまで夢想だにされなかった科学の調和の各部分としてすべて接合されたのである。同様に、人間が自分の国をコミュニティの単なる部分としての意味しかもたないと認識するにいたれば、今日の分散した社会的関心のすべては〈人類世界〉内部で整合されることが明らかになる。このように考えてくれば、われわれが、コペルニクス出現以前の人々の無知を軽蔑するのと同様に、現代よりさらに望ましい思想が出て来たならば、現代の思想は無価値なものにされることになろう。

第五章　前述法則に関連する諸問題――㈡個人生命の統一

一　問　題

コミュニティの未分化な未開社会では、社会の成員は、彼らの生活上の統一をたやすく見つけることが出来る。なぜなら、単一な制裁の体系や慣習や伝統が彼らをとりまいて守っているからである。基準とか、あるいは理想の対立はないし、内的な原則を探究してみなければならないような諸義務間の抗争もない。社会的環境が一様であるため、行為の規則は、ただ一つの忠誠の義務に全く専念するように規定される。こうした同調性が、未開の生活に安全性と安定性とを与える。

だが、コミュニティ内のアソシエーションが分化し、社会がもはや一つの囲いをもった範囲ではなくなって、一連の重層的なコミュニティになってくれば、重大な意味をもつ問題がもち上る。アソシエーションが簇生するにしたがって、各アソシエーションは自らが特に関わりをもつ生活条件に関して、それぞれ他とは異なる独自の慣習や伝統、そして独自の道徳を獲得することになる。こうして各アソシエーションはそれぞれ、平均的な道義形態とか、特有の道義形態をもつにいたる。たとえば、兵士の、弁護士の、商人の、医者のそれぞれの道義や、果ては盗賊仲間の道義までも。原則として一人の人間は一つの職業についている。そのため、こうした職業間の基準の違いで、理想の間に直接的な抗争がもたらされることはないかもしれない。だが人は誰でも、家族・クラブ・教会・経済団体、その他さまざまなアソシエーションに所属している。そこで、そのようなアソシエーションにおける基準の多様性と不確定性が、その間に調和の原理が見い出されない限り、彼の生活に当然混乱をもちこむであろう。さらに、人人の生活がコミュニティの広狭さまざまの範囲に巻き込まれることになると、彼らのあらゆる活動を包括し得るような一般的ないしは共同的な伝統を見つけ出すことはますます困難になってくる。すでに見てきたように、コミュニティの分化は、人々の社会性と個性とを共に刺激するのである。そのことによって生活における根本的で実際的な問題が、つまりそれが社会の活動的な成員である個人ひとりひとりにとって、生活上の統一という問題が提起されることが、われわれに今やわかる。コミュニティが分化し、個性が成長するにつれて、人々は同調から得ていた安定感とか気楽さとかを失い、あえて危険を冒し、障害をおしてまでも、統一のもっと深い源泉を探し求めるように駆り立てられる。これは幼年期から成年期へのおよそ過渡期にはすべてに必ず起る出来事である。かつては統一の原理を受け入れる一方であった社会的存在者が、これからはそれを自ら達成しなければならなくなる。

職業はその人の性格の上に影響を及ぼしているとはいえ、人間は単に兵士だの、弁護士だの、商人だの、職工だのに留まるものではない。人間は家族とか、教会とか、都市とか国家とかの一成員以上のものである。それどころか、彼は家族〈と〉教会〈と〉職業〈と〉都市〈と〉国家の成員以上のものである。なぜなら、人間の性格は一個の統一であろうとするものだからである。人間のパーソナリティは、単一の社会関係のもとに要約されるのを拒むだけではなく、また一連の社会諸関係の総体としても完全にみずからを現わすものでもない。歴史的には、社会的個人は一市民としての存在以上のものと見られてきた。というのは彼は、同時にまた親族であり、教会の熱心な信者でもあるためであるが、彼が一市民としての存在以上のものであるのは、何といっても彼がまず一人の〈人間〉

であるからである。人々の社会関係が増大すると、人々の個性が伸長するので、彼らのパーソナリティはより一層充実されるけれども、決して枯渇させられることはない。人々は時には、単一の職業とか単一の階級の型にはまり、たとえばただの役人とか聖職者とかに専門化してしまうように見える。だが、ある職業とか階級の伝統にどれほど同調しようとも、最も低調な時には彼はその同調のもとにおしひしがれるが、最も高揚した時には、彼はその同調を超越するであろう。

われわれは型にはまった考え方をしすぎる。われわれが他人のパーソナリティについて抱いている観念は、常に一般化された不完全なものである。なぜなら、他人のパーソナリティのうちで、われわれ自身のもっている要素と違ったものは十分に想像出来ないからである。われわれはどれ程しばしば、人間をある社会類型の成員として簡単に片付けてしまうことか。とりわけ、その人の活動が八百屋とか、僧侶とか、あるいは門衛とか、国会議員とか、その他何であれ、われわれ自身の社会領域とかけ離れたところにある場合にはそうである。しかし、われわれがその人をもっとよく知るならば、その人がその類型、つまり、ある職業とか、ある階級の単なる成員であるようには、ますます思われなくなり、人間、つまり豊かでとらえがたい、不完全な——しかも、うわべは矛盾を含む——パーソナリティを備えた存在であるように、ますます思われるであろう。ジンメルはこのことを申し分なく指摘して次のように述べた。ある人のパーソナリティを理解するための一定の範疇を適用しないとしても、やはりわれわれは〈その人の純粋な対自的存在(Fürsichsein)に合致しない、言葉にならないある種の類型にもとづいて〉(*Soziologie*, p. 33.) 彼を特徴づける。結局、われわれは一個のパーソナリティについて、完全に正しい観念を形成することは決して出来ない。なぜなら、パーソナリティの顕現それ自体が断片的であり、統合されたものではないからである。「われわれは悉く断片である。それは人間性の断片であるのみでなく、われわれ自身の断片なのである」。

パーソナリティの成長は、伝統的基準の受容を容易にさせないばかりか、そうした基準自体をも曖昧にする。アソシエーションやコミュニティの範囲は、人々がそれらの内部に明確でしかも際だった原則を保持し得るほど、分離されてはいない。それゆえに、もし人々が社会的活動の各領域において、その場で見出し得る支配的な伝統にことごとく追従しようとするならば、その時には生活の統一を見失うことになる。このことは、現在では周知のことである。スモール教授が言うように「一般的に言って、われわれの倫理的資本は、地方の道徳が異質のまま寄せ集められて出来たものである。……社会はその倫理的資本に頼って動いている。この動きを妨げる摩擦に対して、尨大な消耗があるにもかかわらず。ある階級が他の階級に逆っても訴えることが出来るし、また、その敗訴当事者が受け容れざるを得ないと感じる判定を勝ち取ることが出来るような普遍的な倫理基準を、われわれは有していない」(*General Sociology*, p. 657.)。なるほど、あらゆる状況に対して、それぞれ特定の倫理規定がなければならないが、特定の規定は一般的規定の適用でなければならない。もしも、特定の階級とか職業がコミュニティ全体のなかで果たしている役割を考慮することなく、その階級や職業の利害を保護することだけに規定を限定してゆくとすれば、その原則は「盗賊仲間の道義」のそれに近いものとなる危険があるのではなかろうか。では「それ以上にわれわれは何をすればよいのか」。

スモール教授は次のような例をあげている。「たとえば、仮にわれわれが労使紛争のまっただなかにあるとしよう。争議を仲裁するよう頼まれる。まず、労使双方の代表が顔を合せる。そのとき傍観者がいて、それがたまたま哲学者であるとすれば、ここにおける争点は倫理的基盤に立っては決着し得ないことが、すぐに明らかとなる。それは労使双方とも、そして多分仲裁者も、それぞれ違った倫理基準をもつためである。雇用者側の倫理は所有権の観念を基礎としている。被雇用者側の倫理は一定の労働権の観念がその基準となる。仲裁者の倫理は、弁護士の民法解釈から、一般人の理念的権利についての哲学者の思弁的な観念まで、さまざまであるであろう。そこには倫理的に訴える共通なものは何もない。最高の権利基準を互いに認め合わなければならないことを、相手方に確信させるのは、訴訟当事者にも調定者にも不可能である。強制に訴えるか、あるいは主張の妥協かのいずれかによって決定は下されなければならないが、それらの主張はおのおの自らの完全な権利を、その場の圧力にも屈せず主張しつづける」(p. 659.)。

異なった種類とか類型の規定がいつか完全に一致するとか、〈抗争〉の張本人によって演出された状況がいつか消え去るなどということはとても考えられない。しかし、もしもコミュニティの点から考え直せと諭されるならば、つまりただ単なる一階級なり一職業の成員としてではなく、究極的に責任あるパーソナリティとしてのわれわれに求められている、われわれに対する倫理的要請のもつ普遍的意味を自覚せよと諭されるならば、われわれの倫理的基準の混乱はある程度の秩序のある状態になるのももっともなことであろう。われわれの特定の規定は、いわば陸に囲まれた小さな港のようなものである。その開口部は時がたつとともにヘドロで塞がり、水は淀んで腐敗してしまう。開口部の浚渫《しゅんせつ》を行なえば、淀んだ水も、より万能の浄化力のある大洋の潮と交流することになろう。

社会的忠誠は数多く存在しているが、それぞれには、相応の根拠と必要がある。そのさまざまな忠誠を、人格の統一にどう調和させるかということが、われわれの当面の問題である。コミュニティが分化するにつれて、伝統に規定された生活の古い調和は崩壊するということが、今や明らかである。だが、その崩壊過程において、より深い統一の本質や要求が表面化するいくつかの点をもし明らかにし得るなら、その問題は一段と明確になることであろう。

原始的な行動の外的・画一的な性格の一面は、集団またはコミュニティの共同責任にみられる。共同責任のゆえに、全体はどのような単位の不行跡についても責任を負うものとみなされる。たとえば父親の罪には子どもが、家族の誰かの行為については家族全体が、といったふうに。旧約聖書のなかでは、モーゼの律法による規定通りに、アカンの罪は彼自身の上にふりかかるのみならず、彼の息子や娘たちの上にもふりかかっている（ヨシュア記　第七章二四―六）。また同様にして、中世の教会はひとり犯罪者のみならず、彼の身内全員に呪詛を加えた。野蛮人が仇討ちをする時には、当の親族集団が、仇の所属する親族集団のなかの誰かを殺すことによって、身内の死の恨みを晴らすのである。* 共同責任という観念は、行為の真の基礎がパーソナリティのなかに見出されるにつれて、衰退する。一外国人の罪を、彼が所属する民族全体の行為であるかのように見なすのも、われわれのなかにある未開の心意にほかならない。** もはや内省的心意が集団的倫理の原則を容認するようなことはありえない。内省的心意は、倫理的存在としての各人の自立性の上に成立する。したがって、それはまず自らの自立を要求する。すぐれた倫理をもつヘブライの予言者が、次のような古い律法に異を唱えようと、どれほど心を動かされたか思い起してみるがよかろう。「ヱホバの言《ことば》また我にのぞみて言ふ　汝等なんぞイスラエルの地に於て此諺語《このことわざ》を用ひ父等《ちゝたち》酸《す》き葡萄《ぶどう》を食《くら》ひたれば子等《こどもら》の歯《は》齼《う》くと言ふや　主ヱホバいふ我は生《い》く汝等ふたゝびイスラエルに於てこの諺語《ことわざ》をもちふることなかるべし　夫凡《それすべ》ての霊魂《たましひ》は我に属す父の霊魂《たましひ》も子の霊魂《たましひ》も我に属するなり」***（エゼキエル書　第一八章一―四）。共同責任の教義を否定することは、他の場合と同様にこの場合も、社会的存在者の倫理的自律を主張することにほかならない。

すでに指摘したように、この倫理的自律性は社会化に正反対ではないが、人間を画一的な社会類型にはめ込むことは対立している。その好例としては社会的な天才のケースがあげられる。その天才は、いわば、社会の他の人

* Westermarck, *Moral Ideas*, Vol. I., chap. xx. 参照。

** もう一つの、そして今もって残存している共同責任形態は、当人たちはほとんど気づいていないのだが、女嫌いとか男嫌いかを生み出す共通の原因となるところの、性関係における性の共同責任である。

*** *Ezekiel* xviii,1-4; また *Jeremiah* xxxi, 29-30. も見よ。

たちがその登り方を学ぶことができる階段を切り開くような人物である。偉大な人物は、彼の社会に支配する平均的な思考基準にはおよそ従わない。それに先んずるところに、すなわち、知識、知恵、道徳性、宗教などにおいて社会に先行するところに彼の偉大さがある。この意味で、彼の思想は自らの社会の思想とは一致しない。しかもそのことが彼への責め苦を導きだすと同時に、彼の偉大さをも生み出すのである。予言者たちがかつて石つぶてを浴びせられたのは、そのゆえであり、また彼らが敢えてそれに耐えたのもそのためである。社会は、彼らが予言者のゆえに、石つぶてを浴びせたのであったが、予言者であるということそれ自体は一つの社会的機能であった。もし彼らが深く社会に関わることがなく、また彼らの社会化もなかったならば、石つぶてが彼らに飛ぶことなどはあり得なかったであろう。だが他方において、その社会が彼の偉大さに〈多少なりとも〉適合しない限りは、そもそも偉大になり得る人などは存在しないはずである。南洋諸島の人々のなかから、ソクラテスやシェークスピアやカントが出てくるなどとは、想像も出来ない。なぜなら、天才はその種族や民族のなかの例外的存在であるとはいえ、それでもやはり、その一成員であることに変りはないからである。そのうえ、いかに天才といえども、ある程度の共感ある協力や理解による擁護がないまま、全く無反応な社会環境におかれたならば、身を起すことも活動することも出来ないのであって、それは生き物が真空のなかで呼吸することができないのと同様であるからである。天才はコミュニケーションによって発達するものであり、おのれ自身とのコミュニケーションというのはただの隠喩にすぎない。諸君にしても、自分の異議に対して理解を示さない人々のまえで、それを申し立てることはとても出来ない。ある民族が出現させた予言者は、彼らが予言者に石つぶてを浴びせている時でさえも、その民族の名誉となるのである。

原始的な行為が外在的・画一的であるという特性を示すもう一つの側面は、その行為に付着した苛酷な超社会的な制裁である。内在的な義務感が育っていないところでは、この制裁は不可欠である。だから未開の人々には、社会的行動に対する超社会的な制裁を必要とする。というのも、社会的行動の真の根拠は、たとえば仮に正義を真に求めようとすれば、自律的パーソナリティにしか訴えることが出来ないからである。正義の必要は、正義の基礎よりも明白であって、それが超社会的な制裁を創りあげたのである。未開の人々は子どもに似たところがあって、法に従う知恵はもっているけれども、その法の真の根拠を理解出来ないのである。『ジャングル・ブック』の動物たちも、「それは掟なのだ」と言って、万事にけりをつける。

コミュニティが分化するに従って、そうした態度も消失する。社会的な義務の意味が広く理解されなければ、拡大した生活をその義務感そのものによって導くことが出来ない。目的が明らかにされていない行動はすべて画一的であり、外在的であるが、遵法精神はそうした画一性・外在性を超えなければならない。これが倫理的感情を生み出すもう一つの側面である。倫理的感情は、一方で法の根拠を探究しながら、他方では法の形態を変えてゆき、やがて法に対する内在的制裁を発見する。倫理思想の威力と要求は、宗教の変容に際して最も誇らかに現れる。行動に対して制裁し続けるのは宗教であるけれども、その制裁を生み出す本源的・変換的な力は、倫理的精神である。宗教はそうした精神と調和する方向に導かれてゆく。なぜなら、宗教の神観念でさえも、目覚めたパーソナリティによるすさまじい倫理的要求には、抗し切れないからである。

ギリシア文学の歴史のなかにそうした例を求めてみよう。ホメロスの詩に代表される時代には、偉大なる神々によってなされた倫理的要求は少ない。これは、社会的慣習という外在的な法が人々を支配していた段階にあたる。ホメロスのなかには、偽誓者や姦淫者や殺人者に対する真の倫理的非難は見当たらない。仮に彼らが何かを犯したとしても、せいぜい規定の違反者、つまり、部族や都市の慣習の違反者であるにすぎない。彼らは慣習法の違反者と見なされるだけである。処罰や報復を規定するのは法のみであって、その違反行為が本来有害であるという罪の自覚で心が踏みにじられるのではない。叙事詩のなかの英雄たちの地位は、慣習法の力も及ばないところにおかれる。そして倫理的感情は、その法から自らを解放するほどにはまだ十分に進んでいないのである。叙事詩の英雄たちの行動はオリンポスの神々の行動と同様に、しかも、同じ理由で問われることはないのである。神々も英雄も、それぞれの分に応じて、慣習法の効力が及ばないところにいる。また、もっと深い倫理的判断は、制定法や慣習を乗り越えて、ついには、それらを変容させ、すべての事をそれ本来の正邪によって判断するのであるが、そのような深い倫理的判断はまだ出現していなかった。その詩人は、あの罪を犯した英雄どもに対して道徳上のどんな判定も下してはいない。だがそれも、「詩的正義」は生活に適合し得ないことを、彼が十分に知り尽しているという理由だけによるのではない。殺人者オデュッセウス、姦夫パリス、男性と各都市に禍をもたらす元凶ヘレネが、授けられたものはほかならぬ名誉であって、恥辱ではなかった。その上この英雄たちは、社会の要求に敵対しても、なお、必要とあらば超社会的な制裁によって、自らを正当化するのであった。「わたしではなくて、わたしのなかに住む神が」*というのが、罪深きヘレネの言い分であったし、まさにこれと同じく「われわれではなくて、神々と英雄たちが」というのが、サラミスの海戦に勝利したギリシア人の驕りであった。** この対照は超社会的制裁の不充分なことを物語るものである。だが、その後のギリシアの詩人たちには、論理的感情が目覚めてきた。そして彼らはもっと初期の叙事詩のなかの、傷つくことのなかった、罪深い英雄たちを、「詩的正義」に照らして裁くのである。だ

* *Odyssey*, iv. 261–2; cf. *Iliad*, iii. 164 *sq.*, and vi. 357.

** Herodotus, viii. 109; cf. Murray, *The Rise of the Greek Epic*, p. 199. この主題全体については、P. Barth, *Die Frage des sittlichen Fortschritts der Menschheit* (*Vierteljahrshrift für wissenschaftliche Philosophie*, vol. xxiii.) を見よ。

から彼らは古代伝説を書きかえて、罪は、まさしくその本質上、苦難をもたらすものであるし、また苦難を求めるものであるということ、富と権力といえども「偉大なる正義の祭壇をないがしろにする」者を救うことは出来ないということ、「聖なるものの恵みを踏みにじる」者の罪を主なる神はお許しにならないということなどを明らかにしてみせた。そこに当然起きる葛藤はあらゆる発展過程を際立たせるのであるが、そうした葛藤はヒメラの叙情詩人ステシコルス（Stesichorus）の物語によってここに鮮かに例示されている。ホメロスの物語では、長い戦いが終ったのち、罪の元凶ヘレネは本来の夫メネラオスのもとに帰り、栄誉に包まれて数年間を過したのである。そして、遂にメネラオスと共にエリジウムの野〔善人の住む至福の地〕に入って不死の人となり、やがて男性にとっての女神となる運命を負わされる。紀元前七世紀末のステシコルスは、そうした物語の文字通りの真実を認めながらも、なお他方では古代伝説における倫理的正義の欠如に憤りを感じていた。だから、その中間的な啓蒙の段階において、彼は道徳的な憤りをあけすけにぶちまけて、ヘレネを罵るのであった。彼の物語のなかでは、かの不敬な詩人は突然失明に襲われることになっている。そこで彼は「パリノード」と呼ばれる前言取消しの詩を書く、すると彼の目に再び光が蘇る、という形で筋が展開する。こうした話を作りあげる基盤となった、ステシコルスの生涯にわたる諸事実がどうあろうとも、われわれはここで、倫理的判断が掟から、つまり伝統や慣習やドグマへの服従からすさまじいまでに身を振り離してゆく変転の過程をはなはだ興味深くかいまみるのである。アッティカ悲劇作者の系統のなかでは、その外的な服従からさらに一層解放されて、ついにエウリピデスにおいてはそれ自身の必然性で現われるまでになった倫理的判断力をみてとることができる。しかも、それは怖れを知らない最終的な審判者であって、その裁きの庭にはあらゆる慣習や制度が出てきて、その倫理的価値だけによって正当とされるか、あるいはとがめられるかされなければならない。

歴史のなかで倫理的感情の出現は、過去のドグマ化した倫理に対する倫理的精神の抗争のなかに最も完全に現われている。過去の倫理は、宗教的な形態をとって、堅く守られている。だから新しい倫理的要求の長期の攻撃に晒された後でなければ、それは駆逐されない。というのは、宗教は倫理から、つまり、社会的理想から決して切り離され得ないからである。宗教は一種の理想の形式であり、結局、そこには一つの理想、つまり倫理的理想が存在するにすぎない。もし人々が権力を崇拝するなら、それが彼らの倫理的理想である。また、もし彼らが美を崇拝するなら、それが彼らの倫理的理想である。倫理と宗教との間に対立が生まれる場合には、それは実際は現在の倫理と過去の倫理との対立である。これは歴史全体の偉大なドラマである。しかもキリスト教の歴史は、そのドラマの最高の場面として上演されたといえよう。キリスト教は、外的なドグマの要求、つまり律法学者やパリサイ人のドグマの要求に対する、倫理的良心の抗議として登場してきた。キリスト教は基本的で、不滅の倫理的原則を、また個人的責任と義務の原則を、あるいはまた、社会的個人が社会的要求の審判者であり、同時にその創造者でも贖う者でもあるという原則を永久に布告したのである。この世におけるただ一つの価値は「魂」、つまり、人々の生命の価値であって、こうした価値を成就することがなければ、制度も信条も無益で堕落したものになると、キリスト教は説いた。何かに役立つのは、部族とか国民でも、また階級や地位でもなく、さらにまた宗派とか学派とかでもなく、種族のなかに生まれ、あるいは地位を守り、あるいはドグマを信じる人間そのものにほかならないと、キリスト教は説いた。帝国や公国や権力をうちたて、それを現実化するのも、生きている人間だけであると説いた。要するに宗教は一つの生命であって形式ではない、だから神に仕え神を愛する真の道は、同胞に仕え同胞を愛することなのであるとも説いた。「此等のいと小さきものの一人に為さざりしは、即ち、我になさざりしなり」(マタイ伝　第二五章四五)。これはあらゆる倫理の究極の原則である。その原則は階級や国民の一般原則にとどまろうとしないで、特定の人々の心情や良心に訴える。だが、教会はその言葉の精神に背いたうえに、その名においてより大きなドグマを作りあげた。教会は、永遠にして、自由な倫理精神を表現したまさしくその言葉から、救済に関する神学的機構を作り出した。それは、精神の象徴を精神の形骸に変えてしまった。しかも、いのちある者の義務と特権を放棄するところに、神に仕えることができると考えた。そのうえ、神に対する罪と同胞に対する罪とを区別し、前者の幻影のような罪は生かしてはおけないものと烙印が押され、後者の現実の不正は取るに足らないものとみなされた。そのことによって、死は生よりも意義深く、生涯にわたる全行為よりも臨終の赦罪に重きがおかれた。人格を磨きあげることよりも、信条を受け容れる方が有益であるということになった。倫理的精神は、しばしばおのれ自身の意味を理解しないが、繰り返し抗議を喚起し、自らの怒りの焔で制度尊重主義の堅い鉄を溶かしてきた。その制度は繰り返し強化されてきた――それどころか、いかなる制度も、とりわけどんな宗教的制度も、その安全性は、制度か精神に不断に従うことにより、字句から不断に解放されるところにのみ存在することを人々が多分知るまでは、制度は常に繰り返し強化され続けるであろう。

こうした倫理的要求は危険なものであるけれども、その要求がまた不可欠なものであることを認めなければならない。分化したコミュニティには、未分化のコミュニティの制裁は全く役に立たない。このことは、そのような制裁が衰退することで証明される。整合したコミュニティの社会的な諸状況に対して、これに対応し得るような社会的存在者の生活のためには、異なった統一性が必要である。

どのような形態のものであれ、単なる外的な制裁はすべて同じように衰退しやすい。それゆえに、その形態をあるものから他のものへ変えることで問題を解決することは不可能である。だが次の文章にみられるようなやり方がしばしば提唱される。

「道徳性がもっている超自然的な制裁の力の弱体化は、文明の高度化には必然的にともなうものであるように思われるが、そのような事実から、国民的感情を発展させることが非常に重要な問題になってくる。なぜならば、もっと高度の道徳的な活動形態を鼓舞し、維持するのに、個人的な宗教から生じる動機に有効に取って代るような動機を、巨大な人間大衆に対して与え得る方法は他に何もないように思われるからである」*。

しかし、そのような形でその解決が考えられているならば、問題が適切に提起されたとは言えない。なぜなら、道徳性の〈慣習的〉で〈民族的〉な制裁が漸次減少するというのが、文明の高度化に少なくとも同じようにみられる特徴である――しかも、その同じ理由のために、その制裁が内的なものでなければならないのは、道徳性のまさしく本質であるが故に、人は発達した道徳的存在者には「動機を与える」ことが出来ないのである。人の動機は以前と同様に、遺伝と環境とによって実際決定されている。だが、まさにこうした要因が〈彼を〉決定するがゆえにのみ、彼の道徳性はそのように決定された彼の本性の自由な表現なのである。〈単に〉超自然的な制裁（先程の引用文のなかでは、これを〈すべて〉の宗教的制裁と同一視するという誤りが犯されていた）が衰える理由は、そのような制裁が、民族的あるいはその他の伝統の制裁と同様に、外的であるからにほかならない。それらが衰退しても、〈それらが内的な責任感に取って代わるのであれば〉それは社会的人間が青春期を迎えた証拠である。青春期は危険な年頃である。なるほど、最も文明化した民族でさえも、その成員の自由な倫理的意識が導くところに信頼して進んで従い得るような、さらに、その道徳性に照らして、その民族の諸制度を自由に批判し得るような段階に、まだ到達していないかもしれない。だが確実に言えることは一つある――実際、外的な制裁が衰退し、人々の行動の決定因ではなくなってくるかぎりにおいて、そのような制裁のもとへ人々を導き返して、彼らを動機づけようとし

* *Sociological Review*, April, 1912. のなかの一論文から。

ても、もはや無駄である。彼らは生活の新しい統一を獲得することが出来るのである——つまり、彼らは古い統一を取り戻すことは出来ないのである。

二　解決の基礎

行為はすべて実現可能な行為諸目標間の選択を伴っている。仮にも、私が行為をするならば、それは私が行為をしないことよりも行為をする方を選ぶからである。もしあれかこれかどちらかの仕方で行為をするならば、私が選ぶ行為の仕方に、行為に際して、その方を選ぶ価値があるのである。たとえ、死の脅威、急迫した激情、麻酔薬の渇望のような内的ないし外的な、何か押えられないほど激しい要求に迫られて、私が行為をするとしても、選択は決して排除されない。そこにはやはり価値の選択がある。もちろん、人が行為をする時にはいつも、選択の意図的な計算とか、明確な認識とかが必然的に含まれるというのではない。いわんや、価値の選択がより一層すぐれた価値を選択することであるというのでもない。しかし、行為をすることは選択的な諸目標のなかの一つを選択し、それを追求することである。意識的な活動はどんな場合でも選択的活動であり、選択とはすべて諸価値の選択なのである。

どの社会的要求もみな何かの価値の維持ないし実現の要求である。どのような種類のアソシエーションもみな諸価値の追求のために存在し、また、どの地域のコミュニティもみなそのような共同追求のために結合されている。関心はいずれもみな結局は実際的関心であり、要するに価値観によって決定される。*さらに、価値はすべて〈実際上〉比較可能である。抽象的な物差しは何一つ見つけられないとしても、何人でも、選択が出来なければ、全く行為することが出来ない。生活や人格に必要なものはどうしても選択がなければならぬものであるからである。コミュニティが分化して、社会的要求がもはや単純ではなくて、多面的なものになる時には、選択の必要性は一段と深められる。社会性をもつ要求の拡大は個性に対する要求の強化となる。しかし、その社会状況の全体は、諸価値が比較可能な共通性をもつこと、つまり、それらが単一の価値の様々な現われであることを表わしている。それがコミュニティ整合の前提条件であり、それがまた生活の統一の前提条件なのである。

どんな社会的要求も絶対的ではない。それは諸価値についての評価である。どの形態の社会もパーソナリティ実現にとって十分なものではない。したがって、どの形態の社会にも絶対的要求は存在しない。それはパーソナリティだけのものである。非常に命令的な社会的要求があるために、個人がそれにのみ生命を使い果たし、全くそれだけに専心することが求められるような時がある。しかし、それは、絶対的な制度は皆無としても、不可欠なものが多数あるからである。必要不可欠な社会構造がどんな時でも危険にさらされる場合には、その内部のすべてのものは強制的に防衛につかせられる。その他のあらゆる状況の場合と同様に、ここでも諸価値の選択が行なわれるが、正当な行為、つまり生活の統一もまた維持するような行為は、社会的存在者が最も重要の価値を選択し追求することである。しかも、その価値は、彼の行為による実現が求められていることに、その存在者は気づくことが出来るものである。関心には常に必ず選択が存在するが、義務には決して選択は存在しえないということが、関心と義務の区別にとっての不可欠の要素である。すなわち、行為の選択的な諸方向が開かれている場合に、ただ一つの義務

---

* 〈あらゆる関心は結局実際的である〉（カント）。Ratzenhofer, *Die Soziologische Erkentniss*:〈抽象的関心は存在しない。なぜなら、抽象は関心概念にたいして限定矛盾であるからである。すなわち、人間は、生得的な関心を備えており、関心のない観念に身を委ねることは出来ない。そして、その点で、すべての関心は、個人か、その生活条件か、その天体か、宇宙か、あるいは生存を支える根原力の現実の発展に基礎をもっている〉（二二五頁）参照。

があり得るにすぎないのであって、それはその状況の内部で社会的存在者が心に抱くことのできる最高価値の追求である。

この点については、古代世界の有名な事件によって例証されよう。アンティゴネ（Antigone）は二つの要求のいずれかを選択しなければならない。しかも、そのおのおのの要求は、他方に取って代わるべきものでないとすれば、義務であろう。すなわち、一方は彼女の兄のための葬儀の挙行という宗教的義務であり、他方はこの葬儀を禁じる布告に対する服従という政治的義務である。アンティゴネにとって前者は至上なものであって、より一層重要な価値をもっており、それを遂行して、彼女はクレオン（Kreon）王の布告にそむくのである。したがって、そこには唯一の義務があるだけであり、また、それを決意させる唯一の裁きだけがあって、それがアンティゴネの心のなかにある価値判断である。同様に、クレオンにとっても、唯一の義務と唯一の裁きだけが存在しており、彼にとって布告はポリュネイケス（Polyneikes）の反逆によって正当化される。「永遠的な公正の意味は、両者が一面的であるが故に不正となり、しかも同時に両者は正当となるということのうちに示されている」*とヘーゲルが言明する場合に、このような超然としたひとりよがりの尊大な言辞は、それ自体を無力化し、その具体的な状況に何の解決も与えていない。というのは、これらの悲劇的人物のおのおのは選択すべき二者のうちの一つを選択する必要に迫られている。アンティゴネはその布告に従うか、あるいはそれに挑戦して、彼女の宗教が命ずるところを遂行するかのいずれかを選択しなければならないが、それはクレオンにおいて、ポリュネィケスの葬儀を許すか、あるいは拒むかどうかという選択が行なわれたし、また、後には、彼の布告を確認する処罰を強いるか、あるいは免ずるかどうかという選択がなされたのとちょうど同じである。二つの道のうちの一つがおのおのによって選択され〈なければならない〉

* *Religionsphilosophie*, II. ii. iii. c.

のであって、したがって、おのおのにとって〈一つ〉が、部分的にではなく全体的に、正当でなければならない。もしも人々が二つの選ぶべき相容れない道を選択する機会を与えられ、しかも、そのいずれの道をとることも絶対的に正当ではあり得ないような、つまり、どの選択も不正なものに〈必ずなる〉ような状況がたえず存在するならば、道徳的世界全体はこれらの選ばれるべき道によって解体されるであろう。

行動のどの可能性も公正ばかりでなく不正も伴っているという考えは、選択や行為の観点からすれば、諸価値、すなわち、もろもろの善は完全に調和的であり得ないという真理についてのはき違えられた理解から生じるのである。もし私が一方の価値を追求するならば、他方の価値を放置しなければならない。それどころか、他方の価値を破壊するような手段によってのみ、一方の価値は達成され得るかもしれない。世界はそのように作られているのである。それは私の現在の意志が支配できない事実である。それは世界の断罪である〈かもしれない〉が、しかし、一層偉大な善を追求する意志の正当化である。もし、世界が地を掘れば必ずみみずを断ち切ることになり、あるいは、ろうそくを点せば必ず蛾を殺すことになり、あるいは、国家を維持しようとすれば必ず多数の人たちに損失や苦悩を与えることになるのと同様なものであるとしても、それでもなお人は、その世界があてがう選択すべき道の一つを選ばなければならない。詩人は、

一匹のみみずもむなしく断ち切られないことを、
一匹の蛾もはかない願いのために
実りのない火のなかでしぼませられないことを、

言い換えれば、外観上の価値の対立も幻想的なものであることを望むかもしれない。しかし、その対立が現実であり、倫理的な行為主体としてのわれわれには越すことの出来ないものである。その詩人の希望はむなしいものであ

るかもしれないが、社会学者には、もっと控え目であるけれども、それほど幻想的でない希望が存在しており、その希望は本質的な諸価値がもっと調和的になってゆくような世界を望むものである。

どんな行為がとられても、それには善良であるか、または邪悪な諸結果が存在することを示すのが弁護士の務めである。それに対して、その行為の全体としての結果は悪よりも善が多いかどうか、つまり、それに取って代わるべきどの行為経過がもたらすよりも善が多く悪が少ないかどうかを考えるのが裁判官の務めである。社会的存在者として、われわれは裁判官であって、弁護士ではない。どの行為経過に対しても、たとえば制度について提案されたどの変革に対しても反対論が存在する――そうでなければ、その変革はすでに現実のものになっているであろう。同様に、提案されたどの変革にも賛成論が存在する――そうでなければ、それは提案されることもなかったであろう。それに対する賛成または反対の理由があるからといって、正当化されたり、非難されるものは何もない。というのは、それは多少の利益か、あるいは多少の損失を伴っているからである。それは苦悩に対する福祉の超過、あるいは福祉に対する苦悩の超過といった相対的な価値の問題である。われわれの分化した全社会の抗争し合う社会的諸要求を解決するための方法だけがここにはある。

社会的諸要求を抽象的に考えるならば、この抗争を誇張するのは容易である。すべてのパーソナリティの個々の社会関係内には、関心間の無限の選択が存在しているが、それらの諸要求の間の深刻な敵対感は滅多に生じない。しかし、そのような状況が起きてくると、その解決の方法をまず明確にし、それから特定の問題に対してそれを適用することが必要になるのである。

人間は誰しもみなコミュニティの焦点であり、彼の生活の統一の枠内で、多数の社会関係から生じる諸要求を和解させなければならない。人は厳密な意味において社会の私的な成員では決してない。というのは、活動はすべて社会的諸状況と関係しているからである。その諸状況は、それぞれの人間だけではなく、同一の人間にとっても、無限の相違があり、その相違に対応して、その人間に加わる要求、つまりその義務や権利も相異なる。一般人としての彼の義務は、役人としての彼の義務ではないし、また、権勢をもつものとしてのその責任は、権勢に従うものとしての彼の責任とは異なる。しかし、彼が行為を求められる多様な諸状況のすべてに対して、単一の価値基準を適用することが出来なければ、彼の生活には統一は存在しない。無類の普遍的な倫理は絶対的に特殊化され得る倫理であり、また、いつも真に社会化され得る人間だけが、その倫理的個性をあらゆる社会状況において顕現させる人間である。

発達したコミュニティでは、法の遵守の主要根源は、その遵守により推進される目標ないし価値について大多数のものが認める何かがあるからである。また、アソシエーションやコミュニティの全体に影響を与えるような方針に関しては、重要な決定はすべて多数の意志によって決められねばならないことになる。こうすることによってのみパーソナリティの要求は行為の必要性と融和させ得るのである。それは決して完全な方法ではないし、それがもたらす困難のなかにはやがてわれわれが直面しなければならないものもある。しかし、ほかにもっとよい方法はないし、また、あり得ないのである。その原則を不可欠なものにする各自のパーソナリティの成長は、他のパーソナリティに対する責任感の成長を当然伴うものであることもまた記憶されなければならない。民主主義のもとでの統制、検閲、規制の増大がむしろパーソナリティに大きな阻害をもたらすかのように、皮相な観察者には思われるであろう。しかし、自由と自由との比較考量が必要なのであって、そのことにより、（どんな批判や異議を唱えても）概して、自由に対するより近代的な制限は、個性の核心までも打撃を与えたようなもっと古い時代の制限と比べると、付随的であり、本質的な個性を拘束するものではないことがわかる。人々は彼らの排水設備に留意するとか工場に光や空気を入れたり、あるいは子女の教育さえも強いられることがあれば、個人的自由の喪失であると大声で叫ぶ。しかし、これらの社会的義務の遂行が、彼らの精神のうえにどのような制限を課すというのか。あらゆる自由のうちで最も無価値なものは、つまり、生命の本質的価値から最もかけ離れたものは、自己の仲間の福祉を犠牲にして富をつくり、それを貯えようとする自由である。あらゆる目標と同様に、もろもろの自由の間にも価値の比較がなければならない。自由は神聖なものであろうが、また、それはいやしむべきものでもあり得る。自由はあらゆる進歩の終局的な条件であるが、しかし、そのまさしく同じ名称が、新旧の不正な特権の最も無分別で、最も利己的な擁護者の旗じるしにしるされるのである。

コミュニティが分化するにつれて、強制力の役割は制限される。強制力は孤立した個人とか小数者集団に対して法を遵守させたり、少なくとも彼らが破るかもしれない法を擁護するうえに依然として有効である。刑法は強制力に、つまり、法を遵守する大多数の意志によって決定される強制力に必然的に依存する。しかし、強制力はコミュニティ内部で増大する大きな非政治的アソシエーションに対しては有効であり得ないし、また、多数派支配がもたらす大きな政治集団や反対勢力に対しても有効であり得ない。この点で、コミュニティにとって、さらにそれが強制権を譲り渡す国家にとって、その他のアソシエーションや国家により、あまり重要でない価値に比べて一層重要な価値を実現するためには、義務感を発達させること以外には、希望は存在しない。〈コミュニティの分化が大きくなればなるほど、社会教育に対する必要もそれに応じて大となる〉。発達しつつあるパーソナリティがもたらす危険には、パーソナリティを一層完全に発達させることによってのみ対処できるのである。

道徳における究極的な指針は、議論のあるところでは、各自の良心、つまり各人が正邪、すなわち価値について所有する判断力でなければならない。議論のあるところでは、ある伝統の要求はそれ自体が価値をもった要求になる。だから、その要求が受けいれられれば、そのような価値のある要求として容認されなければならないのであって、単に伝統とか社会的慣例として受けいれられてはならない。確かに、ある時代とか民族に対し適用される道徳の基準に反対するのには慎重でなければならないし、また、これらの基準が長期にわたる社会的経験からの生成物であって、われわれの知識をこえた広い遠大なものであることをよく理解すべきである。しかも、これらの基準は、われわれのうちに生きている場合にのみ、存続するものである。というのは、われわれはまた、同意するものも同意しないものも等しく、過去の後裔であり後継者でもあるからである。したがって、われわれがまた、十分に賢明である限り、以前のどの世代よりも経験を積んでいるであろう。それは、われわれの理性やまた良心がそれ自体、時の所産であるためである。それゆえに伝統が〈われわれの〉伝統である時にのみ、われわれは伝統を受けいれることが出来るのであり、その伝統が必然的にわれわれの忠誠を強要するのである。行動が「その時代の精神に一致して」いるというだけでは、そのような方向を与えられた行動が、倫理的目標の遂行のためにその時代によって認められる最善かあるいは唯一の手段でないとすれば、その行動の倫理的正当化にはならない。伝統であるという理由だけで、伝統に訴えることは無意味である。つまり、少数であろうと多数であろうと、他人の基準であるということだけで、われわれの良心が拒む基準をわれわれに容認させること、すなわち、われわれの知性の評価と相反するような価値を容認することは、裏切り行為を勧めるようなものである。その方向には破滅がある。イギリスの最も偉大な雄弁家の一人は、各自の良心に備わっている究極的な判断力の正当性を認めようとせず、さらに、それが結局過去の人々の良心の声であるにすぎない命令であるが故に、それを人々に放棄させるのである。しかし、彼もついにはその偏見そのものの正当性を擁護しないわけにはゆかず、それを弁護するために、当然の結果として、実際に人間の生活の本質的性格を表現する道徳的諸公正について、あたかもそれらが「愉快な幻想」にすぎず、また生活の弱点をおおうための掛け布でしかないかのように、語るようになるが、こうした事情は意味のないことではない。*

このような誤った見解は同様に誤った不安と関係がある。人間は自己を発見すればするほど、ますます社会の内部に自己を発見するのであり、また、人間は生命の意味を深く理解すればそれだけ、ますます深く社会のなかに根をおろすのである。** パーソナリティの成長とコミュニティの安定との間には何の対立もないのであって、むしろその逆である。われわれが人間と社会を正しく説明しようとすれば、社会的人間の従属ではなくて、彼の社会性と彼の個性との調和した維持を、すなわち、社会への彼の服従ではなくて、社会内での彼の実現を根本的なものと考えなければならない。

三　原則の適用——㈠アソシエーションの諸要求から生じる抗争に対して

社会的諸要求の間に抗争が生じるときにはいつでも、そのように引き起される問題はもっぱら倫理的領域に属するものであることが、今まで述べられてきたことから明らかである。どのような状況のもとでも、倫理的要求と経済的要求の間とか、倫理的要求と政治的要求の間、さらに倫理的要求とどんな特殊の関心から生じる要求の間でも、抗争は何一つ存在し得ない。これらはすべて倫理の内部の抗争、つまり諸価値の間の抗争である。もしその倫理的要求がいつでも、またどこでも正当でないとすれば、すなわち、〈その他〉の要求でそれに対抗し得るものがある

* Burke, *Reflections on the French Revolution.*

** 古代には、〈ずっと後にキリスト教的生活感情の近代的な自然科学や歴史学との総合（Synthese）により、あるいは反立（Antithese）によっても、生じているほどには、魂はそれ自体から出てくるのでもなく、それ自体にはいり込んでもいなかった〉ことが、ジンメルによって適切に述べられている。（*Soziologie*, p. 758.）

とすれば、その倫理的要求自体が無意味なものとなる。アソシエーションはいずれもみな、ある特殊の関心を支持しており、ある一つの価値形態を増進しようとするのである。しかし、そのアソシエーションの要求が関係するのは諸価値の総体であるが、それは決して絶対的な、あるいは自足的なものではない。人は誰も単なる「経済人」ではないし、また、単なる「政治的動物」でもない。もし、人がそうであるとすれば、倫理は経済とか政治に符合するであろう。人はそうではないから、経済や政治の研究は倫理の理想と矛盾する理想を持ち出すことが出来ないのも当然である。なぜならば、それらの理想は一つの倫理的理想の諸相であり得るにすぎず、個人的生活ならびにコミュニティの生活に実現されるようなその倫理的理想の統一に従属するものであるからである。

倫理と政治の間の対立と呼ばれるのは間違っているが、国家の要求ともっと広範な倫理的要求との間に生じてきた、有名な歴史的対立を考察して、われわれの原則を明らかにしよう。「よい人間であるということと、よい市民であることとは、必ずしも、同じことではないかもしれない」(*Ethica Nicomachea*, v. 2. 11.)。アリストテレスは、ためらうような形で、この疑念を表現したが、爾来、哲学思想のなかでも、また通俗的な主張のなかでも、この疑念はしばしば繰り返されてきたのである。思想家たちも政治家たちも等しく、倫理的な原則とは別の原則が政治を支配す〈べきである〉と言明してきたが、このような命題がもっている完全な矛盾性については認めなかったのである。[*] このような困難を解決するためには、政治的関係が社会的関係の一特殊型であることをはっきりと認めなければならない。それを認めることによって、政治的要求は危険にさらされないし、また、政治的要求の重要性や必要性も低減されない。それどころか、国家の要求や貢献についての明確な認識は、国家の限界も同様に認められる

* アクトン（Acton）卿は、マキアヴェリの『君主論』のバード（Burd）氏版の序文のなかで、以上に述べたことを確証してくれる非常に多数の代表的な見解を収録した。

時にのみ可能である。国家のもつまさにその明確な限界は、国家のまさに明確な貢献の逆の側面をなしており、また、国家がそれらの限界を認めないならば、これらの貢献をすることは出来ない。国家はヘーゲル哲学の「倫理的全体」では〈なくて〉、その「倫理的全体」を実現する手段である。国家がその全体であろうとすれば、それの外在性を精神生活に押しつけ、このために、その全体を保護し促進するという国家の目標を挫折させることになる。二つの相対立する〈当為〉、すなわち、一つの倫理的当為と一つの政治的当為は存在し得ない。もし、生活に何か意味があるとすれば、常にただ一つの〈当為〉があるにすぎないのであって、さまざまのアソシエーションの要求は、その当為の決定因であり、絶対的表現ではない。

このような結論は、われわれが考察している問題の解答を含んでいるが、しかし、その問題は、少なくとも歴史的には、非常に重要であるので、もっと詳細に解答を導き出すのが賢明であろう。その問題は二つの形態をとって、歴史的には生じてきたが、その両形態は統治者と被統治者との政治的区別に対応するものである。一方が、市民ないし被統治者の義務に関係しており、アリストテレスの問題とよばれ得るのに対して、他方は、統治者ないし立法者の義務に関係しており、マキアヴェリの問題とよぶことが出来る。後者がまず論破されるであろうが、それは思考の混乱によっていることがより明白なためである。

マキアヴェリは腐敗の時代に統治者が連合国家を維持することが出来る原則をさがし求めたが、彼は観察により、そうした国家の維持は倫理の承認された原則に従うことによってではなく、むしろ、同原則の侵害によって可能であることを知った。ここに、君主に対する彼の有名な忠告が出てくる——「君主、特に新しい君主は、国家を維持するために、忠節や友情や慈愛や宗教に反した行動をたびたびしなければならないのであって、人々が尊敬されるようなこれらの事をすべて守ることは出来ないということを理解しなければならない」。そのように、正邪が統治に何の関係もないことを彼は大胆に言明した。

このような分析の欠陥は明白である。倫理、すなわち、彼が背を向けている正邪は、一人の人間ではあるが、しかも市民ではない抽象的な存在者に対して法を規定する。ところが、彼の政治は市民以外の何ものでもないものを命令するのである。そこで、彼の政治は、それ自身の誤った抽象性によって、彼の倫理に一種の抽象性を与えることになったのである。ここから、抽象的用語の誤った使用法が生じ、悪しきジレンマに陥いる。たとえば、彼は次のように述べている。「都市の政治生活を改造するためには、善人を必要とし、また、暴力によって共和国の首長になるためには、悪人を必要とするのであるから、したがって、善人が善良な目標のためでさえも、不正な手段によって、支配権を獲得しようと願ったり、* あるいは、悪人が、支配権を獲得してから、正しく行為したり、または悪事によって勝ち取った権威を善のために使用しようかと思ったりするのは非常にまれにしかみられない」と。厳密にいえば、このような善良な「目標」と不正な「手段」との区別は不可能であり、無意味である。もし、善悪がただ意志だけの属性であるならば、手段は、抽象的概念では、本来善とか悪とかどちらとも判断することは出来ない。それが単に手段である限りでは、つまり、それが考慮に入れられる理由というのが、それの目標に対する因果関係だけである限りでは、あたかもそれだけで目標として存在するかのように、それは判断され得ないのであって、〈その〉目標に照してみられなければならない。そこで次のような問題が起きる——すなわち、ある目標は〈道徳的〉不正を正当化するのではなくて（何故なら、もしそれが正当化されるならば、そのようなものではあり得ないからである。つまり、大きな公正が小さな不正と対抗させられることについては、どこにも疑問の余地がないからである）、何とかして（道徳

＊　「かつて善良な人々によって救われた大国は一つもなかった。なぜなら、善良な人々はしなくてはならないことをしようとしないからである」というウォルポール（Walpole）の言葉を参照。

的目標についてのわれわれの観念によれば）、道徳性が確保する「もろもろの善」の多少の喪失を正当化するようなものであるのか。その問題は、倫理と政治の間ではなく、倫理の内部の問題である。つまり、価値の問題であり、倫理的目標、すなわち、われわれが確立することの出来るような究極的な価値基準に照らしてのみ答えられる問題である。同様な諸問題はさまざまの社会的活動のうちに含まれているからみあった諸関係にどこでも生じるものであって、しかも、これはすべて倫理的問題なのである。

統治者または政治家にとっては、その問題はもっと重要であるように思われる。なぜなら、彼が関係している価値はそのように重要であるからである。しかし、クロムウェル（Cromwell）とか、リンカン（Lincoln）とか、ビスマルク（Bismarck）のような人、あるいは、一九一六年に政権を獲得した時のロイド・ジョージ（Lloyd George）氏とか、講和会議の時のウィルソン（Wilson）大統領がかかえる倫理的問題は、最も名もない人々にも日頃提起される価値選択と、本質的には少しも相違しない。何か害をもたらさないでは、大きな貢献をなすことは出来ないし、何か小さな善を破壊しないでは、大きな善の建設は不可能である。時には、特に、マキアヴェリの時代のような、コミュニティが無秩序で不整合な時代には、一層大きな善は非常な犠牲を払ってのみ遂げられ得るのである。しかし、その善が一層大きいとしても、その犠牲の前にしりごみするのは道徳的弱さである。マキアヴェリの考えたごとく、（また、彼の注釈者たちのなかにもなお考えているように思われる者があるごとく）力と正義の間には、何の対立も存在しない。真実の動機はいずれもみな力を正義と結びつけるが、不正な動機はいずれも力を不正と結びつける。正義と不正との間にのみ、また、力と無力との間にのみ、対立が存在する。力はただ手段にすぎず、本来、中立的である。ところが、力がなければ、不正も存在しないであろうが、不正が存在するか、あるいは存在しうる限り、力がなければ、正義も存在し得ない。

次に、国家における被統治者の側に目を転ずるならば、また別の形態の同様な困難が現われる。このような形態は、政治的な自治がせいぜい理想を一部実現するものにすぎず、したがって、内的な原則と相容れないか、または敵対的でさえもある外的な命令として、法が現われるような場合が必ず存在するという事実から結局生じるのである。その一般的場合は、もちろん、「忠誠」によって達成される目標が、法と矛盾するように思われる目標より重要性においてまさっている場合であるが、しかも、主として、その場合には、不服従が国家の安全に打撃を加えるか、または、秩序のあるコミュニティに非常に不可欠な遵法の習慣をはなはだしく弱める傾向があるであろう。かような場合には、国家の安全が実は道徳的生活全体の基礎であり、また、少なくとも国家が「善良な生活」を必ず実現させ得るような「生活」を守るがゆえに、国家の要求は最高のものである。そこで、法を管理するとか、発効させるとか、解釈するとか、あるいは施行するものに対する服従の特別の義務があることになる。というのは、彼らの側に対する不服従は、国家の安全に一層重大な打撃を加え、さらに一種の裏切り行為を含みさえするかもしれない。すなわち、その不服従は、そのような勢力がもつ最高権ないし立法権に背くものであり、また、その勢力も、国家の正当な秩序づけには、そのような権限に必然的に服従し、依存しなければならないのである。しかし、ここでもまた、依然として価値の比較が存在しており、また、このような服従さえも〈当為〉として確立され得るのは、結局はあるゆる道徳的問題の核心である価値の抗争からである。要するに、上訴の終局的な法廷となるのは、たとえそれが過ちを犯すとしても、常に「良心」――その他、その内的な行為原理が何とよばれてもよいが――である。良心は本質的に個人的であり、常に、どんなふうに明確にされるとしても、普遍的なものについてのある特殊な〈視角〉であるがゆえに、共通の善についての〈個人としての〉認識をもつ個人の観点に、わわわれは常にとどまらなければならない。

この点は誤解されることもあり得る。それは、どんな意味でも、「個人主義」に対する論拠ではない。アリストテレスに遡れる個人主義は、アリストテレスの問題を本当に解明しなかった。なぜなら、アリストテレスの見解では、人間は単にポリスの一成員であると考えられたようであったのに対して、アリストテレス以後の哲学では、人間は単に抽象的な個人であると考えられたからである。そこで、その後者の存在は両者のうちで一層の抽象的概念化であったから、そうした反応は、時として起り得ることであるが、真の説明の根拠を与えるものでなかった。ここで主張される個性は、行為の相違よりもむしろ行為における自由、自発性の問題であること、すなわち、実際、自由の原理は共同の意志の領域を縮小しないで、実際に拡大するものであることは、まだ明らかになっていなかった。個性の一層適切な概念、すなわち、人間が国家の一員であり、かつ、さらにそれ以上のものであるということの明確な理解は、コミュニティについてのアリストテレスの理論の修正によって、アリストテレスの問題を解決するゆえんのものである。なぜならば、一市民の「善良さ」はもっぱら国家の要求に照してのみ考えられるべきではないか、あるいは、そうでなければ、そのような「善良さ」は真の倫理的「善良さ」と区別されるべきであるかのいずれかであるからである。そうすれば、「善良な」市民は、「善良な」経済学者や「善良な」聖職者と同様に、「善良な」人間と同一視されなくなる。しかし、後者のように、「善良な経済学者」とか「善良な市民」を問題にする場合には、われわれは実際ある限定された意味で「善良な」という用語を使用しており、本当の対立は論理的に何らあり得ないのである。「善良な経済学者」も、何か倫理の問題を提起しないならば、「悪人」であり得るのである。したがって、倫理と政治の間には、あたかも、これが二つの相対立するか、あるいは、それどころか別個の行動形態をもたらすかのような対立は何ら存在し得ない。両者の間には、「優先性」の問題のような問題さえも、たとえば、シジウィク（Sidgwick）によって精細に論じられたように本質的には無意味なことである。[*]

結論として、われわれは、要するに、倫理と政治の間に設けられる誤った区別の基礎にどのような現実的問題があるかを指摘することが出来よう。倫理的行為の内面性によって、国家全体の要求と、その諸成員の中には拘束される者がある義務感との間の対立が引き起され得ることは明らかである。自らと相容れない政治的目標に対してさえも服従することは、そのような服従が倫理的目標を促進しようとするものであれば、どうして、多くの場合に、依然として自由であるとか、あるいは倫理的であるかが、われわれにはわかってきた。他方、このような服従を鼓舞する諸動機が働きかけなくなるような、すなわち、公益という特殊な観念が、国家の観念とどうしても一致しなくなるような場合が必ず生じることも明らかである。このことは現実の問題であり、そしてまた、倫理的行為の本質に関して述べられたばかりのことに従えば、次のような思想家たち（たとえば、プラトンやスピノザ）には同意することは出来ない。すなわち、彼らは国家の権威によって課せられる義務のためには、自らの確信も抑えることが、あらゆる場合に、大多数と意見を異にするものの義務であると考えたのである。これらの哲学者たちが政治的社会について、全く静的な見解を抱いていたことは注目に値するものであるが、ところが、多分、各自の良心に服従しようとする要求を支持する最も強い議論は、社会の発展してゆく進歩性にもとづくものであろう。あるコミュニティがどんどん進歩してゆく場合に、その目標についても、ある一つの観念からまた別の観念へと前進してゆくにちがいない。しかし、一層広範な、あるいは改変された目標の認識は、一つのコミュニティ全体に対して、同時に、思いがけない新経験として現われるものではない。変動の仕方も一層小さいものから一層大きなものになってくるし、その認識もただ一人の個人から社会全体へと進んでゆく。それはまずある特定点に作用する。それはある一つの原

* *Methods of Ethics*, Book I. chap. ii.

則に対する熱烈な献身となって現われるが、その献身のゆえに、刑罰とか苦痛によっては、その意志をわきへそらすことは出来ない。そのエネルギーは多分自らを焼き払うであろうし、あるいはまた、世界を照らすために、「ろうそくを点す」であろうが、「その火は決して消されることはないであろう」。今日の「受動的な抵抗者」とか「良心的な反対者」が、強い確信を固く守っているのを、われわれがとがめないのは、過去において、信仰のために、諸王国を征服した人たちの偉大な証拠を、われわれがとがめないのと同じである。

ここでわれわれは、これ以上小さく出来ない倫理的な抗争、すなわち、諸原則の抗争へと導かれる。それの矛盾の解決法は存在しない。確かに、人々がもっと啓蒙されるようになれば、確信の内的な源泉、すなわち、個性の意識を一層重んじるであろう。また、それ故に、はっきりと認められるような必要不可欠の範囲まで、強制的法制化を制限するようになるであろう。疑いもなく、同様に啓蒙されるならば、また、人々を行動の普遍的な基礎に一層近づかせ、したがって、無数の取るに足りない相違を生み出す偏狭な信念を抹殺するであろう。しかし、啓蒙は常に人によって異ならざるをえないし、また、どの場合でも、相抗争する諸関心が常に正不正の感覚を作り上げるのに強い力をもっている。したがって、その抗争が完全にやむことは決してあり得ない。大多数と意見を異にするものの反対がどれ程「良心的で」あっても、国家はその法を施行しなければならない。個人は、倫理的目標に忠実であることが、服従と相容れない時でさえも、その目標に忠実であろうと努めなければならない。国家の機能や多数派支配の倫理的含意を考慮すれば、不服従が一層大きな忠実になるような場合は、多分滅多にないであろう。しかし、自治を実現するのが困難であることを考慮すれば、小さい善と対比して、大きな善を考えてのみ、服従はその倫理的正当化がなされるのであって、そのような場合は、多分わずかなことではないであろう。

四　原則の適用――㈢コミュニティの諸要求の抗争に対して

われわれは、最後に、あまり明確ではないが、きわめて現実的な形態の社会的抗争、すなわち、狭い範囲のコミュニティの要求と広い範囲のコミュニティの要求との間の抗争を考察することができよう。われわれの分化した世界では、人々は、ただ一つのコミュニティに対してだけでなく、多くのコミュニティに対して、忠誠の義務があることがわかってきた。われわれが大きい方のコミュニティに加入するとか、それを創設する時に、そのことによって、小さい方のコミュニティを廃止したり、放棄したりすることはない。未開な部族民はその部族にだけ所属していたし、未開な村落民はその村落にだけ所属していた。ところが、〈われわれ〉は一つの町、一つの地方、一つの王国、一つの帝国、一つの文明のそれぞれの成員であって、これらすべての諸要求を、自分で何とかして融和させなければならない。それはわれわれにとって、一方に属するか、他方に属するかどうかとか、大きい方か、小さい方のどれに属するかという選択の問題では決してない。われわれは、ある程度、それらのすべてに所属しなければならないのであって、そこで、問題は、「それぞれに対して、われわれは何をなすのか」ということでしかない。われわれは最も広大なコミュニティのもつ包容性と自由を獲得し、最も内面的なコミュニティのもつ熱情と力を保持するためには、また一層手近かなものへの熱中によって鼓舞される心情を、一層大きなコミュニティのなかへもたらし、一層大きなコミュニティのもつ正気と正義によって啓発される精神を、一層手近なコミュニティのなかに保持するためには、それらのすべてのコミュニティにおいて、われわれはどのように生きようか。

整合されたコミュニティの成員には、一層手近な要求と一層遠くの要求の間に対立が生じることを、非常に単純な実例が教えてくれる。新聞、特に夕刊紙や地方紙によって出されるビラを見る人は誰でも次のことに気づくであろう。すなわち、人の注意を引きつけるのを、もちろん重要な務めとしている、そのビラの作成者たちは、小さいけれども近くの出来事と遠くであるけれども大きな出来事の人を引きつける力の強弱に関連して、しばしば、意見が分れるところである。* それは、われわれが周囲の社会的世界の出来事に対して、感じる関心の二つの大きな源泉

---

* たとえば、同じ町で発行されて、同じ公衆に訴える二つの夕刊の特別版のあい対応するビラを、一週間位の間、私は観察した。それらのビラは次のような対照を示した。（私はそれらの新聞をそれぞれAおよびBと呼ぶことにする）

一九一二年一〇月一四日

A　「セルビア侵入」

B　「地方で自分の女房を打った男に対する重い判決」

一九一二年一〇月一七日

A　「トルコ政府の布告　最初の海戦」

B　「・・・における・・・の監獄体験」（地方の既決囚の監獄）

一九一二年一〇月一九日

A　「・・・における腸チフス」

B　「細菌による戦争」（Aは一地方の発生に関するものであったが、Bはバルカン諸国でおこると想定された非道行為に関するものであった。）

一九一二年一〇月二二日

A　「一六〇〇人のギリシア人殺害」

B　「イギリス人検査官の殺人」

どちらも、他方が重視した出来事または風聞には決して言及しなかった。

スコットランドの一新聞が出すニュースのビラに関しても、私はかつて次のような対照を観察した。すなわち、上部に、太い活字で「地方の市参事官による説得力のある言い方」、下部に、小さい活字で、「中国の大地震」となっていた。

――すなわち、その出来事の親近性とわれわれがその出来事にもたせる固有の重要性の程度――が存在するからである。われわれの住む通りとか町とかで起ることが、遠く離れたところで起ることよりも一層われわれを興奮させる。また、友達とか身内とか仲間に起ることが、見知らぬ他人に起ることよりも一層われわれを興奮させる。近くの出来事は、〈他の事情が同じならば〉、遠くの出来事より以上に関心をひくものである。より多くの人々やより永続的な関心に影響するような、もっと巨大な出来事もまた、〈他の事情が同じならば〉、余計に心を奪うものである。関心の一方の尺度、すなわち、親近性の尺度はより情緒的であるが、関心の他方の尺度、すなわち、広大性ないし固有の重要性の尺度はより知性的である。しかも、重要な点は、われわれの毎日の生活や思考では、われわれの関心に対する二つの要求、すなわち、一層近い範囲のものと一層広い範囲にわたるものとの間に一種の対立が存在することである。その両者を理解することはむつかしいことがわかる。われわれは、近い範囲のものへの熱中か、あるいは広い範囲にわたるものへの共感かのどちらかを見失いがちである。

関心の抗争が生じるように、要求の抗争も生じるように思われる。自分の都市の問題に興味をもたないのに、国家の政治には深い関心を寄せるものが大勢いる。地方的な関心事にすっかり心を奪われて、それが全国的な関心事と関係していることを見失っているような人もほかに存在している。このように、さまざまの精神的な誤謬がわれわれの社会奉仕につきまとっているのであり、地方根性とか、虚偽の「愛国心」とか、空虚なコスモポリタニズムがそれである。その国の福祉に対しては深い関心があることを公言し、実際にもそれを感じているが、自己の使用人の福祉となると全く考慮しない人間が多い。どちらについても、そのゆがめられた奉仕から、われわれを救いうるのは、その狭い方の範囲と広い方の範囲の関係についての正しい認識だけであり、それはすべての社会的諸価値の相互依存性と究極的統一性の認識である。

そのような認識が成長するにつれて、より近い範囲の要求とより広い範囲の要求の間の対立はある種の調和状態に変容するようになる。コミュニティの整合は、そのような変容の不可欠の外的条件であり、また、社会的諸価値の共通な意味を認識することは、それの内的な条件である。われわれのうちに内在し、適当な社会的刺激を待っているのは、村あるいは町から、まさしく人類世界それ自体までの、多くの段階のコミュニティに対する愛着の心である。それについては次のようにいわれてきた。すなわち、「それらの集団感情の特質が、多くの状況のなかにいる人々を動かすほど、集団感情を強力なものにするが、その特質は、人がこのような感情の階統秩序を獲得しうる点にある。また、そのような感情は、集団自体も一つの階統秩序を構成するところの、次第に広く、あるいは包括的になってゆく一連の集団のそれぞれに対する愛着の感情なのである。したがって、一人の兵隊が彼の中隊、連隊、軍団、あるいは彼の軍隊の特定部門の集団感情を共にし得るうえに、軍隊全体の集団感情もまた同時に、共に出来るわけである。さらに、このような階統秩序のさまざまの感情は、それ相応に組織された性格をもっており、決して相互に敵対することはなく、むしろ、それぞれの下位の集団に対する感情は、それがどんな強さをもつとしても、その集団を包摂する集団に対する感情の強さを増大させるものである。なぜなら、個人が彼の集団と彼自身を同一視し、また、その他の人たちによっても、彼はその集団と同一視されるのと、ちょうど同じように、それぞれの集団は、彼自身やその他の人たちによって、それよりも一層包括的な集団と同一視されるからである。したがって、大きな集団の福利は、彼にとっては同時に、それより小さな集団の福利となり、そして、逆の場合もまた同じことがいえるのである」。*

このような融和は、内面的なものであって、社会のなかでパーソナリティによって達成される生活の統一の表現

* Dr. MacDougall, in *The Sociological Review*, April, 1912.

であることに特に注目しなければならない。そこには、諸要求の抗争を和解させる外的な規則は存在し得ないのである。優先を定める単なる規則だけでは十分でないであろう。このことは、特に、現在、非常に広いコミュニティの世界における若い人たちの義務についての彼らの教育で、しばしば忘れられている真理である。私はこのような教育の例として、次のようなローズベリー（Rosebery）卿の、ミッドロージアン（Midlothian）州のボーイスカウトに対する忠言を引用することが出来よう。すなわち、「だから、若者たちよ、諸君たちは、第一に大英帝国の一員であり、次にスコットランド人であり、第三にミッドロージアンの若者であることを忘れるな」*と。しかし、このような仕方の融和は、あまりにも形式的かつ外面的であって、効果的なものではあり得ない。ある人に、オーストラリア人やカナダ人やアメリカ原住民やボーア人と共通した何かがあるが、フランス人とか、アメリカ人とか、あるいはオランダ人に対してはそうでないという事実に、彼の社会活動が主として、基礎をおいているとするならば、その人間はどのような刺激を感じるであろうか。身近で当然の毎日の生活のなかで、かような形式的優先性は、仲間とか友達や親類や町の人との彼の関係をどのように導く力となるのであろうか。大きなコミュニティについてのわれわれの寄与は、主として、小さいコミュニティへの寄与を通じてなされるのでなければならない。実際、われわれは、大きなコミュニティに対してよりも、小さいコミュニティのために、はるかに多くのことを行なえるし、われわれのほとんどはきわめて多くのことをなしているのである。要するに、もしも、外的な順序がなければ〈ならない〉とすれば、その順序は逆でなければならない。なぜならば、内容の一層豊かなものがまず最初になければならないからである。そこで、ミッドロージアンの若者であることが、同様にスコットランド人であり、大英帝国の一員であることになるのである。コミュニティを、外部から考察する方法は誤りである。空間では、外面的に、

* 一九一二年、七月二〇日になされた演説から。

より大きな範囲が小さい範囲を包含しているが、コミュニティにあって広い関係を包含するのは、近い関係である。なおその上、どのような種類の外的な優先性も、生活の統一の指針として役立たないであろう。というのは、結局、人は誰でも何かの成員であること以上の存在であるからである。そして、彼が広狭多数の社会的範囲の焦点を発見出来るのは、彼自身の統一のうちにおいてのみである。大小のコミュニティのなかで実現される諸特質は、事実上補完的である。したがって、人々が、コミュニティの整合を確立して、そのなかに個人の生活の統一を求め、その敏感な反応を示す中心に向って、それぞれの社会的要求が、そのそれぞれの性質にしたがって、導かれる時には、その大小のコミュニティの要求も補完的になる。人はそのような統一を自己のうちに見出した時にのみ、われわれの非常に複雑な世界のこれらの社会的義務の多くを遂行することが出来る。人はその統一を見出す時に、その義務をすべて遂行せずにはおられないのである。というのは、それの遂行ということが自己に忠実であることだからである。それに、彼は町や国家や帝国に対する義務の大きさを、もはや外的な規準で測定する必要がないのである。

社会的存在者は、最後に、しかも彼が完全な発達を遂げる場合にのみ、自己のうちに社会的焦点を見いだすという、この真理は、社会の歴史全体によって確証されるものである。未開人にとっては、集団がすべてである。彼は集団のなかにあるとしても〈自己〉は決して見ることがない。彼は一個のパーソナリティではなくて、一つのパーソナリティ類型の担い手の一員である。彼は、氏族とか部族のような、集団のうちに集約されている。若者の場合も、まったくそのとおりであって、未開人に類似している。彼はまず学校とか家族の一員であって、それから一個人であることを忘れないように命じられることを要しないのである。彼らの未発達の心には、集団は中心のない円となる。中心をみつけられるのは、ただ彼らが自己をみつけるときだけであるためである。若者は画一性に情熱を燃やし、集団の慣習――学校の慣習、その他何でも――からの逸脱をすべて、未開人が部族の聖なる法の侵害を目撃した時に、その心が満たされたような憎悪を込めて眺めるのである。＊若者の成長とともに、また、コミュニティの成長とともにますます、主導と責任の中心は個人に移る。かようにして、個人が彼自身のパーソナリティの焦点になり、パーソナリティがそのために豊かとなるにつれて、コミュニティもまた豊かになるのである。

したがって、最小の範囲が、ついには、最大の範囲の中心として現われる。最も親密な社会を実現して、結局は自己実現を行ううちに、われわれは人間性の大部分を実現しているのである。コミュニティが充実され、小さいコミュニティの法と大きいコミュニティの法とが融和するのは、パーソナリティの完成、つまり、社会性と個性の漸進的な合一によってである。これは何も利己主義の教義ではないのであって、むしろその逆である。なぜなら、永続的な自己だけが社会的諸価値の焦点であり、自己が偉大になればなるほど、自己はますます多くの社会的価値を内包するようになるからである。このような融和的な個性は、コミュニティの絆をゆるめるどころではなく、それを強くするのである。というのは、その絆は意識的な内的絆になるのであって、しかも、それは外的な力とか非理性的な本能によって課されるのではなく、それこそまさにパーソナリティの繊維組織として、すなわち、もはや絆というよりか、生命の本質的な撚り糸として現われるのである。

＊　このことはパブリックスクールの生活によってよく例証される。すなわち、そこでは若者は自分自身の小コミュニティを形成する機会を与えられている。たとえば、イートン校では、その厳格な慣習法が衣服の末梢的な細目や行事の些細な形式まで規定し、不従順に対する禁制や恐怖が存在するが、そのようなイートンの精神は、未開な村落または部族の精神を強く人に想起させるものである。そのような精神は、その男生徒によって大学まで持ち込まれるものもいくぶんあるが、生活が広くなるにつれて次第に消滅するのである。

第六章　コミュニティ発達の第二法則——社会化とコミュニティ経済との相互関係

一　概説

われわれが考案した規準に照らし合せてみて、異なる文化水準上にあると思える任意のコミュニティを二つ比較してみるならば、それらのコミュニティによって遂行される活動の種類に差異はなくても、その遂行の様式や、統一体の生活内部で個々の活動がもつ相対的卓越性に相違のあることがわかる。われわれが低い文化水準からより高いそれに移行するにつれて、さまざまな類いの関心が重要度において変化するのと同様に、そのもとで関心が追求される社会諸形態も変化する。この変化はある一定の一般原則に従うものであり、われわれはその点を今から述べなければならない。

もし、物心両面にわたる諸価値の維持、生命それ自体の維持、生活手段の維持、パーソナリティないしは生命の本来的価値の維持などの意味をも含めて、広い意味に「経済」という用語を使うならば、われわれは、このような変化が示す原則を〈コミュニティ経済の原則〉と呼んでもさしつかえなかろう。コミュニティが発達する間には、この原理を実現しているものとしか理解され得ないような社会関係上の一定の形態変化があるものである。人間の活動上の多くの目的は不変であるし、また不変でなければならないけれども、しかし、〈すべて〉の目的の達成方法は変容するものである。

社会を除いては経済はあり得ないし、経済は問題にもならない。経済は意図と知性とに関連し、ゆえに意図と知性とが明示される限りにおいてのみ経済は成り立ち得る。意図をもつ存在として、われわれは目的を探し求めるが、知的存在としては最も無駄のない仕方でそれを求める――これが知性の意味である。知性が低ければ経済も貧弱であり、知性の不在は必然的に経済も不在となる。当世のほとんどすべての自然主義者は、「自然」界の見かけ上の浪費に目を奪われすぎていて、「自然」は、生命の誕生をはかるたびに、無数の種子を各個体に与え、実を結ばせる。その結果、生命を生み出すための潜在能力の総量は、生命が維持さるべき総量および現実に生命化された総量を上廻って、無限に大きくなっているではないか、と考える。およそいかなる種属においても、一本一本の植物や樹木は、大きな繁殖力をもつ種子を無数に生み出すのであり、もしかりに、それがすべて実を結ぶとすれば、地球全体は数世代のうちに覆い尽くされてしまうであろう。もし同様の繁殖が妨げられることなく数年間続くとすれば、海は魚で充満し、陸地はおびただしい動物で立錐の余地もなくなることであろう。だが、このような借し気もない消耗は浪費とは呼び得ない。浪費とは不必要な消費のことであり、代償の伴わぬ消耗、または可能なはずの最大の代償を得ない消耗のことである。自然界の消耗は、不必要なものではない。けだし機会の増大によってしか、この世界に生命は維持されないのであり、この世界では知性をもってしても機会にたよる方法を駆逐することは出来ないからである。* 消耗の総量は必ずしも個体の発達に向けられるわけではなく、生命の増殖にも向けられる。われわれがどのようにいおうとも、まさにこの増殖こそはそれ自体知性の所産なのであり、生命の増殖を支配しているのは、まぎれもなく機会であり知性ではないのであって、機会は機会の増大においてのみ克服されるのである。

* Lester Ward, *Psychic Factors of Civilisaton*, chap. xxxiii. 参照。

低次の自然界の消耗と人間の経済との差違は、自然界における知性の不在と人間における知性の存在とに由来することを承認しないものが、なおわれわれのなかにいる。彼らは、われわれに方向転換を命じ、低次の自然界の方法に従えと命じる。だが、これは単なる後退にすぎない。計算器をもっているとき、通常の加算・引算の手順に従ってやって行くのは時間の無駄というものである。計算器をもたぬなら、それも無駄ではない。知性をもつところで、自然界の通常の方式をとり入れるのは無駄である。もし知性をもたず、自然そのもののなかにあるのなら、それも無駄ではない。「自然に従え」とわれわれに命じるものは、計算器を捨てよと命じるようなものである。*

社会が成立するにつれて、機会の増大よりも別の方法が導入される。そもそも社会というものが知性による最初の創造物だからである。社会が出現するやいなや、現存者数を超える過度の生殖は減少し、社会の発達の程度に応じて、それはますます減少し続ける。動物界においても、高等動物は、とりわけそれが最も知的かつ最も社会的な動物ならば、**鰊や鱈のごとき驚くべき多産とは無縁である。人間のコミュニティにおいても同様の一般的原理が保持されている。われわれが未開の状態から、きわめて文明化した状態に進むにつれて、出生率とその生存率とはますます接近する。こうして初歩的な経済が、つまり個体生命の発達に向けるエネルギーを節約するため、無駄な生命の節約をはかる経済が、社会のなかに出現する。

われわれが、社会の発達度をはかるにたる目安として、もしこの初歩的経済に注目することがあり得たならば、広範なコミュニティ進歩のあとが、最近の歴史のなかに、もっと記録されて然るべきであった。一七三〇年のロン

* ついでに、自然界の「浪費」に注目しておこう。この「浪費」はさまざまな方法で人間の目的に便宜を与えてくれる。たとえば、人間に対する食糧の供給を容易にしてくれるとか、自然をあからさまに統制したり、実地に試してみたりする支配力を与えてくれる。こうして自然界の「浪費」は人間の経済に対する手段となりうる。だが、人間生活内部の浪費はいかなる目的に対しても役には立たない。

** 社会的であるということは、必ずしも群居的であることではない。

ドンでは、一万七一一八人が出生する一方で、同じ年に二歳未満の子供一万三六八人が死亡した。つまり幼児死亡率は総出生率のほとんど三分の二にも達したと記録されている。* 一九世紀末に近くなると、この割合は三分の二から五分の一に落ちた。二〇世紀に入ると、生命の経済はもっと速い速度で進歩したのだった。だが、それは自動的な進歩というのではなくて、有識者たちの意図的な協力によるのである。『イングランドおよびウェールズの出生・死亡・婚姻に関する戸籍本署年報（一九一二年版）』** からの次の抜粋は、この事実をみごとに示してくれる。「本年度イングランドおよびウェールズで登録された四八万六九三九人の死亡者数のうち、八万二七七九人——一七・〇パーセント——は、一歳未満の乳幼児であった。これは出生者一〇〇〇人につき九五人の死亡率を示す。この比率は、過去一〇年間の平均に比べて、出生者一〇〇〇人につき三〇人の死亡率減——二四パーセント減——であり、一九〇六年——一〇年の間の平均と比較しても、出生者一〇〇〇人中二三人の死亡率減——一九パーセント減——である。一九一〇年には、出生者千人当りの死亡者数が、過去の最低死亡率記録よりも一〇人も下廻ったのであるから、これは最低記録であった。一九世紀には、出生者一〇〇〇人のうち、死亡する者の比率が一三〇人を上廻ったことはなかったのである。かかる事実は、他のヨーロッパ諸国と同様にこの国においても、幼児死亡率の近年における急速な減少を物語るものである」。もしわれわれは、こうした数字を人間の健康とか人間の幸福とかの言葉におきかえるだけの想像力をもっているなら、この数字もはなはだ重大な意味をもつことになる。この進歩が限界に達したと考えるべき理由はどこにもない。ある有能な医師*** の語るところによれば、英国全体で、毎年毎年さらに

* De Greef, *Le Transformisme Social*, p. 405. から引用。
** Cd. 7028.
*** Dr. Elizabeth Sloan Chesser.

六万人の幼児の生命が救われ得るはずということであり、両親の単なる無知が原因で、出生前・出生後に失われる生命は依然としておびただしい数にのぼるということである。

ついでに、ハーバート・スペンサーがあれほど強調した種の保全と個体の生成との対立は、社会的経済の初歩的な形態により、漸次的に解決されるものだということに留意しておいてよい。この対立は、個体の生命が、それ自体の真価を発揮しようとする場合にのみ生じるものであり、対立を生じさせる条件が、また一方ではそれを消滅させるのである。下等動物は、すべてのエネルギーを種の再生産のために捧げつくす。ついで種子の成熟のために費す。自己自らの生命の永続をはかってエネルギーを使うのではない。植物は、その力を花や茎のためにまず費し、ついで種子の成熟のために費す。動物の寿命は、種の再生産に伴う特殊な必要性によってほとんど決定づけられる。けれども、このような場合、〔種の〕再生産と個体生成との間には対立があるといえない。なぜなら、これら両者が互いに両立不能の目的とされるところにおいてのみ、対立は意味をもっているからである。生命が自意識を鮮明に呼びおこす場合にのみ、かような対立は起り得るし、またそのような対立を消滅させる社会の経済は、鮮明な自意識に附随するものである。現存者数を超える過度の再生産が最小限度にまで減少するところでは、種の再生産と個体生成とは、一般の社会的存在にとって両立不能なものではなくなる。特別な事情により偶発的な対立が生じることは確かにあるかもしれないが、この特別な事情とは、ほとんどいつでも貧困とか、生活手段の不平等分配とかいった、別種の不完全な社会の経済のことを指しているのであるし、個体保存の要求と種の再生産の要請との間の固有の対立に起因するものではない。というのも、真の生命浪費がなくなるにつれて、生命の再生産によって親の個体生命の充足を全うし、種の再生産のために親に課せられた重荷よりも、親であることによって受け得る埋めあわせのほうがはるかに大きいからである。またあらゆる観点からみて、有性社会は、生命成就の社会となるからでもある。

死亡率が低くなれば、出生率も低くなる。としても、出生した分だけは、正味の増加分である。そのことは、一方において、子供の充分な養育と、生活の質、水準の増進を意味すると共に、他方においては、むなしい結果に終るかもしれない保護と労苦から親を解き放つであろう。ただ単なる生命の保持だけでなく、子孫の改良に献身し得るようになると、親はその献身のなかに、彼ら自身のより大きなしあわせを見出すようになる。幼い生命がよりよく保護されることによって、生殖の必要度は低下する。ただそれだけのことによって、母親は、とりたてて、種族のためにただあくせく働くだけの奴隷とならなくてすむし、また現在を犠牲にして働かなくてもすむようになったその分だけは、未来のために余計働くことが出来るようになる。世代ごとの要求と、種族全体の要求との間に、完全な調和はないにしても、なお無限に調和の可能性が残されている。

われわれはここで単に出生率と生存率の関係を考察してきたのだということに、留意していただきたい。生存率の上昇は疑いもなく、出生率の低下と相関関係をもち、またその点にかかわるからこそ出生率を考察してきたのであった。だが、こうした発達に関連して、その他にも多くの問題が生じるのであり、われわれはここで、そのいくつかについて、考察しておく必要があるであろう。

今まで述べてきた初歩的な経済は、社会の巨大な経済体系のなかの、ほんの一つの段階にすぎない。社会の意味は、社会的存在の意図的な関係のなかに存在する。したがって、人々が、諸価値の維持のために努めて結合することがなければ、また社会の成員として意志と知性とを結集して、低次の自然界の非経済的な方法から自らを引き上げることがなければ、社会は意味をもたないし、より厳密にいえば存在もしない。この広い意味で経済といえば、全社会における必然的な一つの側面のことである。何かの芸術作品にみられるように、万物（すべて）は一つの目的に向って協力しあう労苦である限りにおいてのみ、社会は〈存在する〉。社会が発展するところではどこでも、この経済が発達する。経済は次にわれわれが述べることになる社会活動の右の発展的変容に対する刺戟なのである。

二　第二義的共同関心形成の経済的意義

われわれはコミュニティを分析するなかで、意志が意志に、関心が関心に関係するさまざまな方法について論じた。分立的関心と共同関心という、大きく二つに類別される関心があること、また類似関心に向けられたある種の分立的関心は、とりわけ共同関心から区別されなければならないことをみてきた。すでに行なった分析の結果と、分析のなかでさまざまな用語に与えた意味とを、これから先もしっかりと心に留めておいていただかねばならない。*〈類似〉関心、つまり共通の、あるいは包括的な利益とはみなされないが、それを追求する〈諸単位〉の複数個人にとっては、それぞれの個別的、あるいは分立的な利益とみなされるところの、物質的・非物質的な同一ないし類似の目的を達成しようとする関心を追求する諸様式の発展的変容を、われわれは考察するはずである。さきの分析においては、簡単に、一個の人間を分析単位とした。同じ用語法がアソシエーション間または集団間の諸関係にも適用されることをここでいい添えてよい。多くのアソシエーションや、コミュニティのなかのそれぞれが、個別的ないしは分立的な単位をなして、自分以外のすべてのものの関心と類似のあるいは同一の〈類型〉にある関心を追求しているとき、彼らが個別に追求するこの関心を、〈類似〉関心と呼ぶことにしてよいであろう。それゆえ、単位の内部には共同関心があるが、単位間には類似関心しかないことになるわけである。その形態変化を定式化するとすれば、次のようにいうことが出来ると思われるであろう。すなわち、〈コミュニティの発達は、徐々に形態変

* （本書）一二八―一三三頁参照。

化を遂げつつある対立的および併行的類似関心を第二義的な共同関心の成立を通じて協調的類似関心に仕立て変える〉。そこで、われわれには、この立言がコミュニティ経済の一般法則の特殊な一表現であることが分かる。

人々やコミュニティが、それぞれ個別的な類似関心を追求する方法をわれわれが考察するとすれば、それは次の諸項目のもとに行なわれるであろう。

A　〈直接的敵対方式〉　ある個人や集団の活動が、他の個人や集団の活動を無力化するか潰滅するように仕向ける関係は、すべてこの方式に含まれる。コミュニティの働き盛りの成年男子全体の一部を互いに滅し合うことも含めて、戦争が、この方式の完璧な適例となる。すべての直接的敵対において努力は他の努力の破壊のためにあり、闘争の彼方に何かを建設するためにあるのではない。われわれは純粋に対立的な関心、もしくは多少そのように見える関心のもとにあるわけで、何らの共同関心もそこに認められないのである。

B　〈孤立方式〉　これは、それぞれの類似関心の追求にあたって、個人間あるいは集団間に、およそ関係が存在しないことである。われわれは、併立的な関心の領域にあるわけで、ここでも共同関心は全く欠如している。

C　〈競争方式〉　これには、主として目的の面では対立し合うが、手段ないし活動の面ではそうでない関係がすべて含まれる。ここでは、ある個人や集団の成功は、部分的に、あるいは全面的に、他の個人や集団の成功の妨げとなる。これはそのなかで抗争が衰退するように定められた体系をそなえていることから、直接的敵対方式とは区別されるものである。関心の対立を超えたところにコミュニティがある。対立の彼方には、町や田舎の、階級や党派や包括的な国家の、教会やその他の文化的アソシエーションの、より広範な共同関心が拡がっている。ある特定の関心についての対立はあるが、関心のすべてに対立はない。直接敵対において衝突は絶対的であるが、競争にあってはそれは部分的である。ここに、この両方式の根本的な差異がある。競走を行なう場合、人は互いに小股をすくい合うことはない。商人が競うとき、彼らは相互に商品の供給や販売を直接妨げようと努めないし、相互に商品を破壊し合うことも、まして、殺し合うこともない。この対立は、コミュニティの内部では減退するために、共同関心に従属することになる。ここで、われわれはもっと深い区別を設けることが出来るであろう。もし特定の関心について、彼らが競争という手段で追求するならば、その人達は全くコミュニティを認めないことになるが、しかしそれ以上の関心についてのみ、競争は純粋であるし限定されないものとなる。この分野においてさえ、もし彼らがある程度の共同関心を自覚するなら、競争は加減される。たとえば、競争する商人が自らの職業上の地位の上昇をもとめて協力するとき、販売価格などについてある協定を結ぼうとするとき、製造業者からもっと有利な条件を確保しようとして団結するとき、競争は手加減される。事実上、すべての競争が今日こうして限定されている。特に、同業者間の競争の危機は、現実の競争領域内の重要な共同関心を明確に認識することによって、弱められている。純粋の競争状況においては、当の関心は全面的に抗争していて、限定された競争状況では、それは部分的に抗争し、かつ部分的に協調しているのである。後者の場合には、第二義的共同関心がすでに成立しているが、不完全で、それも多分やむを得ないであろうが、その関心の協働的な追求には至っていないため、ただ競争を限定するにとどまっている。

D　〈協働方式〉　これには、あるものの活動や成功が、直ちに他の活動や成功を促すようなすべての関係が含まれる。協働が存在する限り、人々やその諸集団の類似関心は協調的になってきている。それゆえこれは、類似関心が純粋に対立したものとして扱われる直接的敵対方式とも異なるし、また何らかの類似関心が少なくとも部分的には対立している競争方式とも異なる。協働方式が成立するところはどこでも、第二義的共同関心（それ以上のものではないにしても）が成立しているから、その共同関心が何らかの類似関心を協調的なものにする。こうして人々は、たとえば商社の好業績といったような一般的ないしは共同の関心を直接的に追求すると同時に、そこで彼らの個別の類似関心も成就することを知るのである。

この領域のなかに、われわれは、（a）部分的と、（b）全面的と呼びうる二種の協働を区別することが出来るであろう。人々が商品を物々交換するとき、一方が買い他方が売るとき、一方が何らかのサーヴィスを提供し、その見返りとして他方もサーヴィスを供与するとき、そこには、一方の活動や成功が、他方のそれらに貢献するゆえに、一定度の協働が存在する。だが、ごく一部には、目的上の対立が残存する。全般的にみて、取引には利益があるのであり、そうでなければ、取引は起り得ず、したがって、そこには協働と共同関心があることになる。しかし買い手が安く買えば、売り手の利益は（限度内で）少なくなり、またサーヴィスが貴重であればあるほど、（限度内で）その費用は高くなるのであって、このようにして、利害関心の対立は残ることになる。売り買いや、需要と供給の利害関心、およびサーヴィスのすべての交換に含まれる利害関心は、ただある一定の点までは、補充的である。したがって彼らは第二義的関心をつくり上げるけれども、しかし類似関心を全面的に協調的なものにするまではいたらない。この理由のために、この協働形態は完全な協働と区別されなければならない。

われわれは類似関心が追求される方法を、ここに次のように要約的に述べることが出来よう。

A　〈直接的敵対方式〉（関心は対立的で共同関心はない。）

B　〈孤立方式〉（関心は併行的で共同関心はない。）

C　〈競争方式〉(a)〈純粋競争〉（特殊の関心は対立的で、広範な関心は共通。）

(b)〈限定的競争〉（特殊の関心の一部は対立的で一部は協調的、広範な関心は共通。）

D　〈協働方式〉(a)〈部分的協働〉（特殊の関心は相互補充的、したがって部分的共同関心は共通。）

(b)〈全面的協働〉(特殊の関心は共通。)

類似関心の追求の仕方は、右のように、共同関心の存否によって、ある一定の順序で配列されるのであり、共同関心が存在する場合には、それが存在する程度にしたがっていることが気づかれるであろう。直接的敵対と孤立には、共に共同関心は存立しないが、前者の場合において、活動の関係は共同関心に相応する関係のまさに逆である。それは共同関心の可能性を破壊するが、孤立はそれに反して、共同関心をなかなか実現することが出来ないだけである。したがって、直接的敵対と全面的協働は、互いに全く逆の場所に位置していることになる。

われわれは次のことについて、実際ほとんど説明を要しないが、ここで明らかにしておかなければならない。そのことは、これまで述べてきた順序が、経済増強に関する順序であり、また結局は、コミュニティの発達も、これまで関係が経済的でない形態であったのが、次第により経済的なそれに代替されるということである。共同関心が定着すればするほど、社会もますます定着するし、社会におけるあらゆる増進により経済も増進する。

とにかく全事態に目を向けて、いずれかの側面だけにわれわれの注意を限らないならば、直接的敵対方式、すなわち潜在的な共同関心を破壊する方式は、目的を達成しようとする全方式のなかで、最も浪費的なものであることは明らかである。一方の成功は、他方の失敗によって勝ち取られなければならないというだけではなく、関心の全領域においてみれば、必然的に正味の損失になるわけであり、それは諸活動を無駄にすることになる。それは他方の諸価値を破壊することによって、一方の価値を実現する方式である。これは経済上、戦争非難の根拠となり、*また特に、同じ程度の文化水準にある人々の間の闘争に当てはまる。というのは、こうした環境のもとで、選択方式をとることは常に可能であり、最も戦争らしい戦争、すなわちどうみても優者が劣者を圧倒するという状態ではなくて、同等の諸力の衝突が起るのは、まさにこうした環境においてであるからである。直接的敵対方式は、関心を追求する他のどの方式とも異なり、もっぱら破壊的である。競争は対立を含んでいるけれども、それは争闘を超越した目的の追求であるために、創造的活動の刺戟になる。競争での成功は他者の比較し得る失敗を意味するけれども、また他者と比べて、かなり建設的な仕方でよりよく行ない、一般の人達が望むものをよりよく作り、よく売り、よく理解するということである。たとえそのことがもっともよく広告するということだけのことであっても、広告ということは依然、関心を充足させる手段であり、ある創造的、もしくは建設的な何かである。各競争者の活動は自由であり、直接の目的を追求しているのであって、他者によってその追求を無にされはしない。したがって、戦争は正味の損失を招くのに対して、全体としては正味の利益になる。さらに、われわれは直接的敵対による結果全体を評価する場合、それに対する準備に含まれる浪費を考慮しなければならない。浪費はコミュニティによって実現される文明に比例して、一層大となるものである。直接的敵対による結果全体は、破壊力と同様に、建設力をも生み出すエネルギー、技術、はては犠牲的行為と同種のものであり、また人間と手段が共に破壊力に向けば、建設力を生じない。それは戦争という破壊的術策と平和という建設的方策をとる社会的存在者と同じようなものであり、彼らが前者に専心するかぎりにおいては、後者は失われる。したがって、敵対的活動のための一切の準備には、二重の損失が生じ、この浪費の形態は、戦争という浪費と比較されることはないが、それ自体、現在、** われわれの文

*　戦争の勝利者は、戦争で出費した物質的損失を、さらに敗北者を貧しくする損害賠償によって取り戻すことができる、という考え方は、また、重商主義の大きな誤りを含んでいる。『偉大な幻想』(*The Great Illusion*) のなかの厖大な論述は誇張して述べているように思われるが、ある重要な真理、つまり国際貿易の特質から生ぜしめた真理を含んでいる。開発できる地域の領土取得はまた別の問題である。重商主義の状態、つまり各国が植民地を独占的領分とみなしている場合、新しく領土を獲得することは、その国にとって相対的に大きな強みになる。だが、ここで非難する事柄は、まさに重商主義・軍国主義的立場の全体なのである。

**　戦前に書いたものである。

明の諸資源の前例のないぐらい厖大かつ全体的な失費となっている。それは社会の失敗ないしは欠如、つまり各州の間に確立された相互コミュニティが存在しないことによる。

孤立方式、つまり集団もしくはコミュニティの孤立は、歴史的に直接的敵対の方式で、多くの場合、その方式の原因と結果に密接に関連している。それは経済の順序では敵対の次にくるものである。単なる孤立は共同関心の可能性を破壊もせず、実現もしない。それは失敗して共同関心を確立できないために、価値の浪費を招く。現有の価値は損われていないが、潜在的価値の尨大な損失である。協働によるすべての有利さが失われて、こうした浪費の度合は協働による利得をわれわれが計算するときにのみ測られる。たとえば、つい最近まで、インドの大部分において、人口の多数が住んでいる小村落は、しばしば互いにたった一マイルか二マイル程しか離れていないのに、ほとんど完全に孤立していた。各地域の経済的孤立は、それゆえに極端であった。ある地域が豊作であっても移出することはないし、凶作であっても移入することは不可能であった。一方では、贅沢なと思われるぐらい豊富であるのに、他方では、無用の欠乏があった。連絡機関が確立すると同時に、浪費の形態が喰い止められ、新しく社会生活が安定し、新しい産業形態と新しい専門化、またその結果として、新しい諸資源が生み出された。もしこれ以上の例証が必要とあれば、それらは戦争によって生み出される孤立、つまりヨーロッパが飢えていたのにオーストラリアにおいては小麦があり余っていたとか、ロシアでは過剰と飢饉が互いに隣接していたといったことなど枚挙にいとまがない。孤立は常に浪費を意味している。というのは、コミュニティは常に経済を意味するからである。

競争が直接的敵対や孤立よりも経済的利益をもたらすことについては、すでに指摘してきたことであり、何の説明も必要としない位明白なことである。だが、一つだけ特別に注意しておく必要がある。敵対方式は各々異なった個人や集団によって追求される関心がことごとく対立しているときにのみ妥当する。また、協働しても増進したり、あるいは発達することが不可能な独占的対象に関心が志向するとき、その関心はことごとく対立する。こうした条件を充たす唯一の物質的対象は、すなわち土地である。というのは、他のすべての対象はある程度、人間の協働によって増大する（もしくは結局のところ代用物によっておきかえられる）かもしれないからである。さらに、人間の創意をもってしても、決して増大せしめることの出来ない唯一の対象は、それ自体、人間の協働によって次第に増大する多数の対象の源泉をなしている。また、個性とか官職の非物質的で独占的な対象は、ある社会秩序のなかに含まれるが、そこでは直接的敵対方式によるそうした対象の追求は、無意味なものにしている。したがって、一般に、関心のもつ客観的な性質からして、正当化される対立形態は、競争形態をおいて他にないのであり、この競争形態のもとでは、包括的なコミュニティにとって、対立は部分的なものでしかなく、また相対的である。物質的対象は独占的であるがゆえに、競争の要素は常に残るにちがいない。しかし、その対象は発展性があるために、協働することによって利益を得るぎりぎりの所まで、協働方式は進展していくにちがいない。ところで、次節で明らかになるであろうが、知性がますます発達してくると、協働することによって得られる利益の限界もそれに応じて伸び、競争の直接的形態にとって、協働方式がいよいよ選択可能なものになってくる。

この二つの方式が実際、選択可能であるようなところでは、協働方式の方が必然的により経済的な方式となる。産業主義が最初に確立されてからの社会過程をみると、以上の陳述の通りになっている。協働のもとでは、各々の目的は直接的には対立することはないから、努力したにもかかわらず、それがほとんど報われないというようなことはなくなる。一つ一つの努力に対して、間接的に反発しようとしてすり減らすところの、ちょうど戦争における直接的な衝突にあたるような力はもはや存在しない。機械の摩擦と同じように、全体の進行を妨げ、その諸部分をすり減らすあの社会的軋轢は減少している。疑いなく、競争は、特にペテンとか恨みといったようなある反社会的特性を助長せしめる傾向をもっているが、* それに対して、協働は社会的特性を発達させる傾向がある。最後に、これは思い切った考え方であるが、自由競争は〈競争者として〉劣っているすべての人達に対し、その福利はコミュニティ全体にとって、決定的な重要性をもっているかもしれないけれども、彼らの搾取の上に成立しているのである。こうした階級に属するのは、単に婦女子だけでなく――産業競争の下での婦女子の搾取は、どの国にも必ず存在するが、ほとんどの国で、今日軽減されてはいるものの、共同の福利にゆゆしい害を与えてきた――あらゆる状況下の全労働者のはずであり、彼らは競争という抑圧のために、労働時間を過度に長引かせられたり、不当な雇用を強いられ、あるいは不規則な雇用のために、精神的な疲労に陥りやすくなるか、それとも彼らの労働は健康でいることを必要とするにしては不適切であるために、その報いを受けている。このような状況は実際、全有機体にとって害となるものであり、またそれが昂じると、産業能率のみならず、あらゆる生活の価値を広範に減ずるもとになる、あの慢性のうつ病と疲労を引き起すものである。

要約すれば、直接的敵対は関心が全く対立しているところでのみ妥当するのであり、社会が存在するところではどこでも、関心は全面的に対立しなくなる。競争は関心が部分的には一致していても、一部分にはまだ対立しているようなところで妥当し、社会の発達はすべて知性と建設力の発達を意味していて、関心をますます一致させ、対立を一層減少させるのである。協働は類似関心が一致し、あるいは一致し得る限りにおいてのみ妥当する。覚えておかなければならないことは、われわれはここで〈類似〉関心だけを考察しているということである。第一義的共同関心は排他的なものではなく、協働によってのみ効果的に追求され得るのである。厳密にいえば、ある科学者は

＊ 合衆国法人局から出版された『トラスト法と不正な競争』（*Trust Laws and Unfair Competition*）（第六・七章）という報告書はすぐれた例証となる。

科学的研究を進めるさいに、他の科学者と競争することはあり得ないが、それに附随して生じる栄誉ということに関しては別である。またある愛国者も自分の国に奉仕しようとして、他の愛国者と競争することはあり得ないが、それに附随して生じる栄誉ということになると異なる。だから、その人達が科学者、愛国者、あるいは宗教やその他の包括的な目的を探求する人であるかぎりにおいては、決して競争することはあり得ない。

これまで論述してきたことのすべては、容認されるであろうが、なおこの結論に対しては反論されるかもしれない。というのは、対立と競争によって直接に探求される価値以外にも考えられる価値が存在するといわれるかもしれないし、またよくそういわれるからであり、こうした価値はこの二つの方式それ自体によって生み出されるそれ以上の価値なのである。いかにも、戦争と競争はこれまで考察した直接的な関心からいえば、浪費的なものであるが、その戦争と競争は、探求していないのに手に入る利得への手段とか、戦闘員や競争者が夢想だにしなかった価値への手段、つまりそれらに対する「自然の」手段にはなりはしないだろうか。戦争は国民的統一の源泉になったり、効果的に連帯を生み出す大きな刺戟にはならないであろうか。同様に、競争は個人や集団の活動への誘因や、発明とか勤勉への刺戟にはならないのであろうか。したがって、構成員の競争的活動によって、その全体は得をしないだろうか。もし戦争と競争がこうした価値にそれ以上に貢献しているとしたならば、これまで限定して使用してきた経済の順序は結局、真の順序とはならないかもしれない。というのは、協働方式をとると、得もするが損もするからである。

こうした反論は、文化が成長して行くにつれて、〈どうして〉直接的敵対・競争・協働の各方式が現実に、選択的になるのか、またその各々の方式が選択的になると、どうしてそのいずれかを採択する順序が経済の順序に相応するのかを理解したならば、間違っているように思われる。こうした各々の方式を採択する順序が変化して行くことは、あの意識的な力が無意識的な力にとって代わるひとつの側面でもあり、心の発達を特徴づけるものである。

生きとし生けるものは生命秩序のなかで、自分の居場所を維持し、あるいは改善しようとするし、それは自己に不断の努力を鼓舞するような付帯的ないしは本質的刺戟をもっているにちがいない。本質的刺戟が弱かったり、欠如しているところでは、付帯的刺戟が強いはずであるが、本質的刺戟が強いところでは、それは付帯的刺戟に比べてさらに非常に効果的なものになる。

あらゆる生活は闘争であり、すべての歴史はただ闘争の記録にすぎないといわれているが、もしわれわれがより広汎な動きをとらえる眼をもっていれば、このような動向のなかで、新しい闘争形態が旧いそれにとって代わっていることが分るはずである。闘争を経るうちに、あらゆるものが強くなって行くが、しかし数多くの闘争形態が存在する。知性は浪費形態をずっと減少せしめている。戦争という突発的な闘争は、憎悪・熱狂・叫びで始まり、激変と損失の勘定で終る。人間が環境を支配し、悪の根本を克服する果してなく、実りのある戦いに入ると、戦争も刺戟としては不必要なものになる。他の考え方を別にして、後者、つまり環境の支配や悪の根本の克服は、前者、つまり戦争よりは良い刺戟になる。というのは、戦争はそれのもつ破壊的な性質からいって、人々をただ一時的に努力させるにすぎないからである。戦争が連帯を生み出す主要な刺戟となる場合には、戦争中に必然的に生じるその休止期間は、危険に充ちあふれている。戦争がないと贅沢で堕落するのは、まさに軍人であり、戦いが止むと、退廃的になるのは、まさにこうした戦争を支持する人達である。というのは、建設的な努力を促すきわめて根強い刺戟は、このような人達にはそれほど効果的に訴え得るはずはないからである。

目的は生命であって、生存競争ではない。われわれが望むものは、まさに生命であり、その維持・増進・成就なのである。だからどんな生存手段も目的にするようなことはないし、目的にすることによって、他の、恐らくもっとよい手段を拒否することになるようなこともない。戦争という分割者それ自体が紛争を和解させたとしても、分裂させたり、統合したりする戦争を善いことだといえるだろうか。たとえ戦争には統合する面があるから善いことだといっても、戦争はまた分裂させる面をもっているから、悪ではないだろうか。かの知性、すなわちそれが発達するにつれて、ずっと統合の新しい手段と形態を見出す知性に対してこのような分裂的な手段である戦争は、どのような完璧な主張をなし得ようか。個人の関係についていえることは、そのコミュニティの関係についても妥当する。次章で充分に明らかにするように、これら両者の場合にも同様に、闘争が生存競争、すなわち生物〈同士〉の直接的闘争であればあるほど、生存それ自体が全うされることは少なくなる。各個人が真向から対立し合っていればいるほど、これら各個人を包括している全体の得るものが少なくなる。付帯的な闘争で消費するエネルギーが大きければ大きいほど、社会はそれに応じて利得の交換よりも損失の交換になってくる。

競争はさらに予期しない結果を生むといわれている。「他者の内奥の願望が他者自身にもまだ意識されないうちに、うまくこれを探知するといったことは、競争の場合に無数にある。それは競争以外では、ただ愛情のみのなし得るところである」(Simmel, *Soziologie*, p. 286.)。あらゆる競争において、コミュニティのなかで競争に無関係な人達は、競争者の尽力に恵まれて、〈漁夫の利を得る第三者〉となる。というのは、競争者はコミュニティに役立とうとして競争するのではなくて、尽力することによって受ける報酬を求めて競争しているからである。しかし、こうしたより先の価値も、現実的なものである限り、すでに述べた経済の順序を逆転させるほどのものではあり得ない。というのは、まず第一に、一般の人々が得をした分は競争の代価、すなわち競争に巻き込まれる活動・機関・機構等の増大による代価をいくぶん支払わなければならないために減少するからである。また、競争による成功の度合は、尽力する特性と一致する必要はないが、競争方式それ自体の能率的な運用に一層大きく依存するかもしれないので、その得をした分は減少する。また、どんなに正しく組織化された協働も、競争のもつ努力への誘因を除去することはない。そうした協働は尽力による報酬を高めることが可能だからである。協働とは諸活動の活気をなくし、報酬を平等化することにちがいないということは、時代錯誤である。結局、競争が競争者を犠牲にして、第三者を利するかぎりでは、彼ら競争者は自分自身を傷つけるために競争していることになる。だが、このような〈かく汝らはいそしむ。されど報い受けるものは汝らにあらず〉ということは、どの知的存在者にも訴えることはないし、競争者は彼らの知性の程度に従って、こうしたことをなくそうとして、競争における浪費的要素を除去したり、換言すれば、競争を制限し、あるいはそれを止めようとさえしている。ここに、あらゆる種類の販売価格・リベート、それゆえぐる・企業合併・カルテル・トラストに関する協定が起り、そこで、競争の行きつくところは独占である。こうした独占は正当だといわれるかもしれないが、それは協働のもつ害悪の一つである。しかし、独占は協働の外部の人達に損失を与えるとしたならば、協働の内部の人々には利得を生み出すことになるからである、と答えるにちがいない。そしてさらに、こうした協働のもつ害悪に対抗し得るとすれば、それはまさに、他方でそれと同じような協働をつくること、つまり生産者の協働に対抗して消費者の協働をつくること、あるいは州の共同一致の行動のように、さらに幅広い協働をとることによるしか他にない。たとえば、カリフォルニアの果物栽培業者やアルバーターの穀物栽培業者は、自分達が販売組合に隷属していると考えるや、他方ではうまく強力に組織化を行なう。未組織の消費者は、ある強力な生産者組織の圧力を感じるや、今では本能的に州に対して抗議を申し込むように立ち上る。これには多くの問題が含まれている。それはこの範囲内で論じ尽すことが出来ないのは明らかであるが、しかしすでに確立された社会の経済順序は、われわれがこれまで述べてきた高次の価値を考慮しても、ひっくり返るようなことはないということだけは、充分明らかにし得たつもりである。

経済とは価値の種類に従って、その価値を維持、増進するために手段を役立たせることであり、社会化の必然的な結果（原因と同じく）である。それゆえに、もしわれわれが社会化とパーソナリティの関係を想起するならば、人間が最も自律的で、豊かで、知的である場合には、類似関心の追求の仕方も、非経済的なものからより経済的なものに変化して行くにちがいない。要するに、人間が最大に進歩しておれば小集団のなかで少しも孤立することはないし、戦うよりも進んで競争するし、競争よりも協働するようになることは間違いない。歴史のどの頁をひもといても、こうした法則を例証することが出来るであろう。「サイクロプス的な」家族——コミュニティの漠然とした起源から、原始氏族、部族、ホルドを通り、孤立したあるいは半ば孤立した共同体的村落を抜け、対立的な都市共同体と不格好に統合された帝国を通過し、封建期の混乱を抜けて、近代西欧国家の緊密に結合している社会生活に至るまでのコミュニティの成長を跡づけることは、間接的な、曖昧な、形の整わぬ、しかし勝利へ通じる過程を辿ることになるのであるが、この過程により、人間生活は協働の原則の次第に、その内部で活発になるのにつれて、自己の浪費状態を矯正したのであった。文化が発達しているところではどこでも孤立はなくなる。地理的差異や空間的障害はあるものの、知性が発達するにつれて、望ましい生活を送るさいの妨げとなるものは、ますます減少し、同時にそうした差異からの貢献はますます大きなものになる。知性は発達するとともに、あらゆる種類の相互交通手段とそれの効用を発見する。物の流れから、貨幣の流れに代わり、この新しい基盤の上に、巨大な国際金融体系が出現した。人間は物質財だけでなく、文化の利得をも交換するようになるが、その交換は、受け取られたものへのお返しに、与えられるものであり、それには少しの損失もない。最も進んだ人々には、こうした原則がもう見られなくなってきている。イギリス、フランス、ドイツには、ある程度の社会的協働が存在しているが、スペインやトルコにはまだそれはない。最も進んだ時代とは、社会的協働が最大の時代である。最後に、コミュニティのなかで、最も進んだ階級は、常に協働している。——法律家、医師、牧師は広告をせず、相互に「値切る」こともしない。近代世界はすぐれて競争の時代であるといわれるが、ある著名な経済学者が指摘しているように、このいい方には、いくつかの間違った意味が含まれている。すなわち現存する近代産業界の真の特徴は、競争ではなくて、その構成員の特質である独立独行、判断の自主性、思慮ある慎重な見通しである。* 産業主義の最初の頃は、競争という新しい形態を招来せしめたのは確かであるが、他面では、競争の単位を拡大し、多くの場合、家庭に代わって工場となり、したがって産業主義は協働の範囲も拡大したことを思い起さなければならない。さらに、産業主義による競争の増大は、今や一般的には、望ましいというよりはむしろ害悪であることが認められている。特に競争によって痛めつけられてきた階級、すなわち労働者階級は社会的にますます教育されてくるにつれて、今度は彼ら自身が協働することによって、こうした競争のもつ害悪を打破しつつある。ここでは、厖大な広がりをもっている競争について、簡単に指摘したにすぎないが、それはこのように経験的な試練を経ていることからして、もはや議論の余地はない。成功の法則は協働の法則である。成功するために人は自然、つまり自己の目的の外側にある法則の全世界を、彼にはなすすべもないこれらの全法則に逆ったり、打ち砕いたりすることによってではなく、それを自己に役立たせるように仕向けることによって、征服しなければならない。このように変化して行くなかで、人間が用いる最も偉大な手段とは、協働的貢献なのである。

本節では、人々の分立的関心と、人々が自己の生計を維持し、自己の要求を充たすさいに彼らを規定する関心と、一般に、生計の資を稼ぎ、雨露をしのぎ、安楽に暮し、個人の利益を探し求める〈分配的〉関心などが、コミュニティの進展につれて、それら関心の追求の様式にどのように影響されるかということを考察してきた。文明のいまなお原始的な世界において、共同生活の統一体の内部に、たえまなく欠陥を生ぜしめるのは、まさにこうした類似

* Marshall, *Principles of Economics* (6th), p. 5ff.

関心が調和していないからであり、コミュニティの無限の力を最も明白に示すのは、こうした類似関心の進歩的な調和なのである。われわれは今までその調和の様式をみてきた。それは第二義的共同関心の創出に他ならず、この関心のなかで、人々は自己の類似関心を追求するために結びついて、それを協調せしめているのである。社会の発達が社会の経済発達であるということは、調和の様式のみならず、経済の様式でもあり、したがって一般的原則の特別事例なのである。

次に、われわれは第二義的か第一義的かにかかわらず、共同関心としてすでに定着した関心の追求が、同じ一般法則に従って変容する仕方を考察してみることにしよう。

三　第二義的共同関心発達の経済的意義

経済、すなわち関心の追求における能率は、ただ単に社会化の範囲、ないしは領域のみでなく、その性格と程度にも比例している。したがって、コミュニティの発達は、ただ共同関心の形成過程だけでなく、その変容の過程でもある。知性の発達にともない、人間はますます共同関心を追求するが、その追求の仕方は変化する。ここで再び、経済と社会の関係が明らかとなる。けだし、共同関心は人間の知性の発達にともなって変化するが、同時に、社会化と経済の高度の発達を意味するからである。

われわれがまず探求しなければならない要因、つまりアソシエーションの成功の度合を規定する要因とは何であろうか。アソシエーションは、人々がこれまで敵対的ないしは競争的であったのが、協働的になったことを意味する〈限りにおいて〉、アソシエーションの範囲の拡大、つまり共同関心を分ち合う人々の増加は経済の発展にほかならないということであった。だがアソシエーションが増加すれば、〈絶対的に〉有利であり、アソシエーションが拡大すればするほど、実際の経済と能率が高まる、と推論することは出来ない。このことがいえるためには、いくつかの限定を必要とするが、それについてはいまここで論議しない。しかし、われわれは少なくとも次のこと、すなわち〔アソシエーションの〕成功を規定する他の諸要因がみな増加すれば、それら諸要因のすべてが多数の人達に対して、絶対的に有利ならしめるといえよう。このことは次の諸要因の性格をよく考えてみれば、明らかになることである。その要因とは、物理的要因、制度的要因、物質的要因の三種類に分けられる。物理的要因とは、(1)関心にかかわる共同意志の強さ、持続性、統一性、(2)いろいろと鼓吹される共同活動を支配する知性の度合、および(3)いかなる理由であれ、アソシエーションに付与される権威と威信に比例していることをいうのである。知性と権威は主観的手段をつくり、この主観的手段は、〔アソシエーション〕成功の制度的諸条件をこしらえると共に、物質的諸条件も引き出し、それを利用する。とりわけ知性は、知的存在者の欲求を制度的秩序と外部的世界の両者に対して、内的環境と外的環境に適合させる第一義的手段であり、この環境のなかに知性は住みつき、かつこれを通して作用するのである。

われわれはここで、〔アソシエーション〕成功のための制度的要因について、もっと詳細に検討しなければならない。ある社会的な整合と組織の諸形態は、他のものよりも明らかにすぐれており、したがってわれわれの探求しているのも、まさにこうしたより有利な諸形態の本質的差異なのである。

〔アソシエーションが〕成功するための物質的要因は、あらゆる物的諸資源から成り、それは生産機関、すなわち生産手段としてみられ、また使用されている。こうした要因は経済学者によると、「土地」と「資本」の言葉で要約される。われわれの目的では、機械は資本の特別な意味をもつ形態である。知性は「自然の恵み」を利用し、また〔アソシエーションの〕成功に都合のよい環境条件を引き出すだけでなく、自己の目的にかなう二つの秩序形態を〈作り出している〉。この二つの秩序形態は、ひとつに内部機構であり、いまひとつに外部機構である。これらは制度と物質的機構に他ならない。

あらゆるこうした要因は、ある意味で、相互に依存していることに注意することが大切である。第一義的かつ創造的な要因である知性は、その発達と発露において、それ自体、適切な環境条件に左右されている。内的ないし制度的な環境をつくり出し、同時に、外的ないし自然的な環境を変容させるのもまた知性なのである。知性は制度的手段を通すことによってはじめて、こうした外部世界を完全にまで変容することが出来るのである。そして遂には、機械的手段を発見し、これを利用したために、社会秩序の変化を招いた。

われわれの目的は、経済の成長や諸価値をますます熱心に維持し、それらをより完全に実現しようとする方向に向う制度の変化がすべて、社会化の深化と発達を意味する変化であることを、特に明らかにすることである。もし以上の事実を事例として示すことが出来るならば、全経済的要因の相互依存性からみて、次のことが、すなわち、社会のあらゆる経済発展、換言すれば、それによって人々が自己の共同関心を追求しているあらゆる〔アソシエーション〕成功の増大は、コミュニティそれ自体の一層の発達を意味するということが次第に明らかになるであろう。〔アソシエーションの〕成功を規定する主要な制度的要因は、はっきりしている。共同関心によって結ばれた人人の間のコミュニケーションが、気軽になればなるほど、彼らの共同関心の追求も効果的になることは明らかである。コミュニケーション機構は、それ自体、物質的手段であるが、しかしそれを効果的に集中させるようにするのは、制度的要因である。たとえば、もし一万人の音楽愛好家によりつくられたアソシエーションがあり、その人達が全国各地に散らばっているとすれば、このアソシエーションは、一つの大都市に住むものだけでつくられたアソシエーションほどはうまく行かない。その組織はばらばらであり、それゆえに、非「経済的」で非能率的であろう。また、アソシエーションをその内部に含むコミュニティの一般的整合が、アソシエーションを成功に導く要因であることも明らかである。たとえば、仮にある有力な教会が科学に対して敵意を示すような国で、科学者達のアソシエーションが自己の関心を追求しようとすれば、このアソシエーションは、一般に文化が発達し、等質的なコミュニティのなかにあるアソシエーションほどには、うまく行かない。なお、分業と細分業は、いずれもある点まで、一つの経済的要因であることは、今日、誰の眼にも明らかである。共同関心の追求は、個々の労働者、ないしは一団の労働者が異質かつ専門の手続きを果たすように組織されている場合、このように構成された組織が経済における要因となる。

われわれの目的からして、分業は一つのテスト・ケースになる。これまで述べてきたように、他の制度的要因は社会化の発達に左右されていることは明らかであるけれども、分業はまた社会の分割を意味することも、これまでよく述べられている。このことはもし正しかったとすれば、われわれの言う一般原則に対する最も完全なまでの反論であろう。というのは、分業はあらゆる経済発達のなかで、最も顕著な特質であるからである。まさに文明の開花以来、分業はたえず進展し、機械、産業時代の到来は、それに広汎な刺戟を与えた。分業の進行はまた、人間活動の領域内に全くとどまることはなく、そのなかの全てに深く浸透し、厳密に経済の領域内と同じように、文化的関心の追求を達成するのに必要である。

こうした外見上、たえまない広汎な分業の進行によって、共同生活の早期にみられた統一が破壊され、関心も細分化するにつれて、コミュニティの諸成員がそこで互いに近付き合いになることが出来た共通の基盤を狭めるとして、反論が唱えられている。また、分業は機械の発達に伴って完遂できるために、人間の労働をますます機械的に、範囲を狭くし、単調にする、といった反論もみられる。もしもこのような反論が支持されるならば、社会の経済発達はいかなる場合にも、社会化の進行、すなわち社会そのものの発達ということには必ずしもならない。

前者の反論については、分業の社会的結果に関するデュルケームの研究のなかで、* きわめて完全なまでに窺い知ることが出来るから、彼のあの有名な著作に触れるだけで恐らく充分である。一言でいえば、デュルケームは分業が新しい種類の社会連帯を生み出すことを明らかにした。彼はこれを「有機的」連帯と称して、きわめて未開な生活の特徴である「機械的」連帯と対置して区別した。後者は、ただ類似性だけにもとづくのに対して、前者は相違性を含む互酬性のうえに築かれている。一方は、個性の欠如に関係しているが、他方はもっぱら個性の発達によって存在する。分業が進行すればするほど、人間はそれに応じて相互に依存し合うに至り、したがって、各人は互いに、彼がその成員である全体や、またその全体のなかに存在する多数の集団やアソシエーションの様々な活動に、次第に複雑さを増し、新しい仕方で依存するに至ることは、実際に明らかなことである。ただ差異のみが分業を支配しているのではないことを、われわれは強調しておく必要がある。もし統一が差異の基礎になっていないとしたら、分業は存在しない。分業と協働は同一の事実に対する二つの呼称（ないしは、単一事実の二つの側面）であるからである。もし人々の間に、協働があれば、とりもなおさず、共同関心があることであり、彼らの間の差異は、この共同関心に対して、副次的かつ補助的なものであらねばならない。人間の協働は、少なくとも意識の上からいって、決して機械の諸部品と同じではなく、協働を達成したものの、ある目的に対する手段としても、またそれ自体には何も役に立たない結果に終るということでもない。人間はもし自己に無関係な目的を達成しようとするならば、自己満足が得られるように、その目的を果たすものである。様々な活動を追求するさいの人間の関係が、機械の諸部品間

* *Division du Travail Social.*

の関係と比較できないのは、こうした理由によってである。ボーザンケト博士は、恐らく皮肉であろうが、次のように述べている。「肉体と同じように、心も目に見えるようになったとしたら、誰がみても同じような単位にはなりそうもない。それよりはむしろ、各々の心は、ある機構のなかの一員のように、自分には何が何だかさっぱり分らず、また他人がみても全く理解できそうにないもの、すなわちある心は車輪、別の心はピストン、さらには恐らくスチームと似たようなものになるであろう」*。それどころか、もし心が可視的であれば、ちょうど心がそれを通して表わされる肉体と似て非なるものになるであろう。コミュニティは単なる機構である、という指摘をいまこの段階ではねつける必要はない。労働の領域における人間独自の機能を考えても、よくいわれるように、人間はある機構を固有に形成するのではなくて、カントのいう「目的と手段の互酬性」のようなものになる。それは〈他〉人の目的に対する手段のこと、すなわち他人が同一の過程のなかで、目的に対する手段になるがために手段であり、他人が〈自分自身〉にとっては目的であり、また自分自身の目的を他人の目的にも役立てることによって達成することに他ならない。分業が可能となるのは知的存在者の間であり、分業そのものが理解できるのは、まさに人間の類似性がその差異性よりも根底にあるということの理由にもっぱらよるのである。社会的統一の基礎となるのは、常に類似性である。

固有に悪い面の分業は実際、あるものは車輪、あるものはピストンなどといったように、機械の部品の位置に人間を追いやるようなものであった。それ故、各人のまさに不完全さが、彼の労役の条件となり、労働および労働者も同じく断片的なものであった。こうした状態に追いやることによって確保される労働者の能率は、経済ではなくて、あの最も惨めな浪費形態、すなわち生活目的を犠牲にしてまでも、生活手段を貯えるという、あの守銭奴にみ

* *The Value and Destiny of the Individual*, p. 50.

られるような形態であったであろう。このことは、テーラー（Taylor）、エマーソン（Emerson）、ガント（Gantt）などによって提唱された新しい「科学的管理論」に対して向けられる反論であるが、幾分正しさがないわけではない。それが正当である限り、その管理論体系は最も広い意味で、非経済的であることになる。というのは、いかなる機械による経済よりも重要な、労働者の協働という助けを得ることに失敗するからである。* だが、分業は現実にこうした結果をもたらさなかった。この点を明らかにするためには、第二の反論、すなわち分業は、われわれがそれによって生きる労働をば偏狭で、単調なものにする、という反論を考察しなければならない。

文化的関心の領域では、専門化は労働者の抱く関心の強さに、大きく依存することがあり、またそれにより常に促進されていることに、まず留意しなければならない。あらゆる高度の労働形態においては、専門家こそが火の燃えるぐらいの熱心家であり、彼こそが自己の労働に、充分満足をおぼえるのである。こうした満足は、時として小さなものに思われることに間違いないが、しかしこのような見方をするのは、よく外部の人達である。関心というものは、一見、狭い範囲のなかに囲まれてはいるものの、彼ら外部のものには全く理解できないぐらいに複雑で、深遠なものなのである。実際もし、その人のおぼえる満足が小さなものであったとすれば、無限の空間を小さな容器のなかに包み込んだ世界であるその人の訴える心そのものが、狭いというしかない。

これに対して、外部の変化に富む価値については、いとも安易に過大視されるようである。いかなる職業といえども、召使いのそれよりは専門化しており、いわんや必要性の少ない職業はない。ちょうど単調さが関心を打ち砕くように、仕事の変化も関心を打ち砕く。だから仕事が変わるということは、習慣を打破する強力な解毒剤とはな

＊ Hoxie, *Scientific Management.* 参照。より一般的な意味で「科学的管理論」の必然性・危険性・利点については、ジョセフィン・ゴールドマーク（Josephine Goldmark）のすぐれた研究である『疲労と能率』（*Fatigue and Efficiency*）のなかでうまく触れられている。

らない。たとえば、開拓者の生活を考えてみればよい。その生活に関する次の記述は、きわめて注意深い観察によるものであり、好個の事例である。「様々な商いをしている人が、そのうちのある仕事から次の仕事にとりかかる場合、無気力になる。このような場合、それは多種の商いをする人々の労働負担になるし、また混惑させるもとにもなる。この無気力は開拓者の情緒的不安定のもととなる。開拓者が自己の様々な仕事を次々に行なうさい、その間隙を埋めようとして、取る方法は簡単であった。狩猟を行なってから次に農業にとりかかることは面倒になるし、また農業を行なっていれば、その日のうちに、皮をなめしたり、屋根を修繕したりすることは面倒になる。開拓者は隣人との交易に時間を費して、それから馬に蹄鉄を打ったり、畑を耕したりする仕事にとりかかるのはむずかしくなる。このように、次の仕事にとりかかるさいには、酒を飲むという手段をとることによって間に合わせた。新しい仕事に精を出す手段として、酒を飲んだのである。このために、酒はこうしたすべての開拓者がとり行なう経済において、大きな比重を占めている」*。

機械が産業労働を規定しているという点に関して、先述の批判は、きわめて大きな妥当性をもつものであるが、いまに至ってさえ、分業の原理に対して、一般的な告発をする人達がいるが、それは全体的な状況を調べようとはしない人達だけである。もし人間の労働が専門化して行き、その意味で、狭いものになったとすれば、人間の世界がますます変化に富み、また一層複雑なものになる、ということをまず思い出す必要がある。一方で失われるものがあれば、他方で取り戻すものがある。失われるものはそれ以上に大きいかもしれない。もし人は自分の労働に変化をなくしたならば、自己の世界のなかで、それを得ようとする。したがって、専門化は経済の過程であり、それゆえに、少ない時間とエネルギーで明確な結果を生み出す必要があるから、労働者により多くの余暇を与え、そし

* Wilson, *The Evolution of Country Community*

て彼の労働から生み出される世界を楽しくしようとする肉体的・精神的エネルギーを多く与える。もしそうでなければ、経済は至る所で失敗に帰すことになる。

産業上の専門化は、実際、以前にもまして労働を一般にますます狭く、単調なものにしている、という仮定をこれまでしてきたが、この仮定はそれ自体、きっと論駁されるにちがいない。というのは、機械が引き継ぐことの出来るのは、まさに機械的な生活必需品であるからである。機械とはそもそも日常的で、単調な反復仕事そのものでしかあり得ない。機械がこうした仕事を引き継ぐ限りにおいて、人間はそれから解放される。単なる手段にしかすぎない機械は、人間を単なる手段にしてしまうことも出来るし、また目的にすることも出来る。機械に使われるということは、きわめて単調なことであり、こうした機械のもつ本質によって、技術労働者は繋ぎ留められているのである、という答が返ってくるかもしれない。この点については、多くの場合において正しい。しかし、機構が発達するにつれて、仕事が単調で、機械的になればなるほど、その仕事そのものを機械に委ねて行く可能性もますます大きくなる。なお、最も機械的な仕事をしているものは、コミュニティの規模にもよるが、その非常に多くが、そうでないと、機械に置き換えることのできる仕事に追いたてられることになろうというものである。機械労働者の千編一律化はなくなりつつあるが、そうはいっても、「農民」ほどのことはないし、またそれほど長時間にわたるものでもない。コミュニティのどんな場所にいても、高度の文化的な追求を行なうことは自由であるはずであるが、そうする前に、そこは、ほとんど機械的な仕事をするだけの場所になってしまうにちがいない。文明が進歩すると、コミュニティのなかで、常に多数を占めるこうした機械的な仕事が次第になくなって行く。すべての古代文明にとって、圧倒的多数の奴隷階級が存在することは必要条件であった。というのは、奴隷は彼の主人を苦役に等しい労役から解放する「生きた道具」であったからである。奴隷制度がすっかり消滅したところでさえ、機械時代に入るまでは、あらゆるコミュニティの大多数の人々は、名称は何であれ、現実には農奴のような状態のままであった。機械がもしなかったとしたならば、人間はお互いにもはや奴隷でなくても、自分達の必需品を得るために、奴隷のようなままでいることになる。機械のおかげで、〈単なる〉骨折仕事のうち比較的多数のものが、機械に委ねられ、その結果、そうした仕事は大いになくなった。労働者に何の喜びも与えない不快なこの労働の重荷から全く逃がれることは出来ないけれども、社会的分別と機械による創意とを共に増大すれば、進歩的意見が常に多数を占めることを十分楽しみに待つことが出来よう。われわれは機械による必然の負担を非難するさいには、機械がわれわれをそれから解放した必然性を思い出すことにしよう。たとえば、技術者は自分の造った船を運航せしめるエンジンにしばしば愛着をもつが、古代のガレー船の漕ぎ手は、自分の漕ぐオールを愛でたことは少しもなかったことを思い出す必要がある。

専門化がパーソナリティに及ぼす影響を考える場合に、専門労働と専門能力とをさらに区別しなければならない。専門労働は、労働者に一定の特殊な才能だけでなく、一般的能力も要求するかもしれない。マーシャル教授によれば、「ある職業から他の職業へ転換することがおよそ不可能なほど、専門化した肉体の技能は、生産上の要因としての重要性を着実に低下してきている。……ある職業を他の職業よりも高級にしているもの、ないしはある町とか田舎の労働者を、よそのものより有能にするものは、どの職業にも特定化されない一般的な機敏さとエネルギーにすぐれていることに主としてよるといってよいであろう」*。「さらに、産業上の技能と能力がそうであるように、経営能力もまた日一日と、判断・機敏・才略・綿密・不抜な決意といった広範な性能——なにか特定の専門職種に対してではなく、すべての職種に多かれ少なかれ役立つ性能にますます依存するようになってきている。実際、低

* *Principles of Economics* (6th ed.), p. 207.

い段階の産業技能と能力に比べて、経営能力は非専門の性能から多くなっており、高い段階になればなるほど、その適用範囲は、多様化して行く[*]」。

最後に、機械に規定された専門化が発達すると、一般に、人間の単なる肉体的なエネルギーの重要性は次第に減じ、逆に人間の知性の重要性が次第に高められて行くようになることにわれわれは注意しておくべきである。機械が発達するにつれて、人間は自分の体力に比べて、はるかに大きな力の物理力を自由に使用できるようになる。たとえば、今日、アメリカ合衆国において、どの労働者も、動物や機械の力を借りないで、平均二〇人分の物理力に匹敵する肉体的エネルギーをもっていると算定されている。物理力は、人間の知性に比べて、廉価なものになっており、したがって、次のような理想に近づきつつある。無生物的なものや非人格的な力に比べて、人間は出来るだけ高価なものであるべきである。また自分自身を単なる機械、つまりエネルギーの単なる生産者だとは考えなくなり、逆にパーソナリティとして、つまり価値をもった仕事に非人間的な力がしばられていると考えるべきだ、という理想である。

分業が本来、社会の経済形態と社会化の要因の両者を合わせもち、また同時に、パーソナリティの発達とコミュニティの連帯に役立っていることを、以上の考察は充分に明らかにしている。経済の原則による共同関心の追求が、変化するということは、すべて社会性の増大を意味すると今や断言することが出来る。われわれはこれまで、経済と社会の相互関係をみてきた。今や、経済が偉大であるようなところでは、社会もまた偉大であることが特に分る。

われわれはこうした論述を現在、完全なものとみてよいが、もしそうだとすれば、最も発達したコミュニティにより達成された社会的経済の完成に関して、間違った印象を受けることになるかもしれない。われわれは比較評価

＊ *Ibid.*, p. 313.

にもとづいている。したがって、最も発達したと呼べるコミュニティは、それよりもなお低い段階の他のコミュニティとただ比較してのことにすぎず、発達についての目安は決して達成されるどころか、目にみることも出来ないものである、ということを心の隅々まで刻んでおく必要がある。コミュニティの進歩はすべて無限であり、それとちょうど同じように、社会の経済増強もすべて社会的経済の達成されることのない可能性を示すものである。現在の達成という観点からすると、社会の経済がはなはだしく不完全であることが、遺憾ながら明らかである。

生活やパーソナリティに役立つ手段は、この上なく増加している。世代を重ねて培われたもの、すなわち今までに制定され、造り出され、発見されたものは、大部分、残し伝えられてきているので、コミュニティの資産全体は、たえずふくれている。科学的発見によって、人間は自然を制御するようになったが、もし理性的に適用しさえすれば、生活を享受し、実現するのに必要なあらゆる装置をすべての人に提供することも、すでに充分である。過去のすべての遺産と現在の能力がなかったならば、大多数の人達はただただものの欠乏に悩み、彼らを拘束している必需品を浅ましいまでに欲しがるようになるために、惨めな気持にさせられる。また、狐や鳥の方がよっぽど楽に動物的な必要を充足できるために、勝ち目のない戦いをして、絶望に陥いるようになる。一方では浪費と過剰が、他方では欠乏が存在する。このことは、社会の能力を適用して、生産と分配を適正に釣り合うように仕向け、あるいは生活とパーソナリティに対する手段を生活とパーソナリティの必要に応じて公正に役立たせるようにする経済的能力が、ないからであり、社会の責任である。

人的資源や環境制御が増大するようになってから、いくつかの適用可能な選択方法、すなわち満足を得る選択可能性が開発されていることが想起されなければならない。それ故、産業力が発達するにつれて、(a)贅沢ないしは洗練さが増し、(b)貧困が減少するとか、また(c)文化的関心の発達が可能となった（産業上の能率が上ると、コミュニティの成員が産業上の苦役の必要から解放され、また何種類かの文化的関心を追求するさいの、より完全な物質的装置が整ってきたために、第三のものは可能となった)。これらの選択肢は各々完全には分離していない。これら三つの満足形態は、概して同時に進行するからである。だが、これに対して異論が生じてくる。その異論とは、最初の二つの選択肢の間のもので、きわめて先鋭的かつ直接的なものであり、疑いもなく社会の経済について根本的な問題を提起するものである。もし物質的富が少数者の手に集中するようになれば、贅沢な満足形態を求める要求は生産活動をもっぱらこうした少数者の方向に向けがちになり、過剰と欠乏は互いに、悪い危険な間柄となる。かかる問題は、多くの人達の考えるように、解決できないかもしれないので、やはり一つの問題である。それでもなお、こうした問題が存在するのは、社会の経済がきわめてゆゆしい欠陥をもっているからである。

しかし、この問題もまた、今後、次第に解決されるようになると考えるのは、あながち無理ではなかろう。まだ、どこにも実現されない発達の可能性を考えることは、本書の範囲外のことではあるが、これまでの研究から、多少なりとも推定することが出来よう。もし知性と経済、さらに社会と経済が、これまで信じるに足る理由をみてきたように、相互関係的であるならば、人間の間の知性や人々の間の社会性がさらに発達すると、彼らを必然的にそれの解決に向かう段階に至らせるようになるであろう。

この希望をつよめるコミュニティの最近の発達に関連した諸事実がある。これらの事実のなかで、恐らく最も意義ある事実は、富が常に金持で、常に少数者であるものの所有となり、権力となるであろう、というマルクスの予言の虚偽性を正すものである。富の〈支配〉はなお一層、集中する方向にあるものの、*これに反して、富の所有は

* アメリカのプジョー・コミッティ(*Pujo Committee*)報告書を見よ。ジャスティス・ブランディス(*Justice Brandeis*)氏は彼の刺戟的な著作である『他人の金』(*Other Peoples' Money*)のなかで、このプジョー・コミッティを通俗化している。

ますます分散してきている。所得税の統計によると、金持だけでなく、かなり裕福な人々の全人口のなかで占める割合は、絶対的にも相対的にも増加してきているように思われる。最も意義あることは、土地そのものが、少数の大地主だけの絶対的な財産とはならなくなってきており、多勢の小所有者の手に渡りつつあるという一般的な傾向が現われているが、この傾向は、全く法律の制定だけに依存して助長されたものではない。フランス、オランダ、ヴァーヴァリアといった所では、このような過程がほとんど完全にみられるし、ロシア、ガルシア〔もとオーストリア領〕、アイルランドといった別の所でも、近年、急速にそれが進行してきている。この他に、同じ傾向がイギリスなどにみられるが、動きはなおゆっくりとしている。こうした動向のもつ意味を過大視することは出来ないけれども、それが普遍的にみられるのは、まぎれもなく、偶然もしくは一時的な原因による現象ではなくて、コミュニティ発達のある段階を画する現象であることに他ならない。*

われわれが考察をしている経済がうまく行かないと社会性の欠如がまた伴うということは、はなはだ注目に値する。彼らに責任があるのではないが、大多数のものが貧困で、土地を手離しているかぎり、十分な社会性を何ら得ることは出来ない。彼らはコミュニティのなかに定着することは出来ないのである。コミュニティは、彼らにとって、単なる外部的な力を駆り立てる一つの体系の意味しかなく、この体系に彼らは従属し、少しもそれを統御することは出来ないからである。これに対して、土地の収奪を招来する産業諸条件は、また資本という形態の富を形成してきた。このような形態での富は、これまでしられてきたどんな所有形態と比べても、所有者の個人的な意味から全く完全に遠のけられるものである。土地の譲渡権、特に遺贈による譲渡は、疑いなく最重要の地位をなす。あ

＊　こうした動きに関連した事実と数字については、次のものを参照されたい。Makarewicz, "*Sociale Entwicklung der Neuzeit*", in the *Archiev für Rechts- und Wirtschaftsphilosophie*, April and July, 1914.

る人間が富を譲渡するということは、ただ単にそれによって、新しく譲渡されたものが、利益を得るかもしれない外的な物を譲渡したということだけでなく、権力も他人に譲渡したということであり、それは生死の力になるかもしれないからである。このように譲渡ということは、社会にとって、最も重要な関心事であり、それは社会福祉の考案により制限されるのも、もっとものことである。財産の支配は、人間を支配することである。もし少数のものが、財産はパーソナリティにとって必要という理由で、社会的に無制限に行なう支配を弁護したとしたら、その他の多数の人達は、「自分達もまた人間ではないのか」と答えないだろうか。もし先の理由で、こうした財産をつくってきたのは自分達であるとしたら、「それではまた、あなた方はわれわれをつくってきたのか」と多数のものは答えないだろうか。もし先の理由で、財産を制限することが権力を制限することであるとしたら、「財産はまたわれわれの無力さも制限するはずだ」と彼らはいわないでであろうか。

経済の発展を予定しないようなコミュニティの発達は、確かに現実的にはあり得ない。

四　第一義的共同関心発達の経済的意義

外的な必要は、行為の第一の源泉である。苦痛・飢え・渇き・欲望の苦しみ、といったものは、下等動物や高等動物の活動においては、まさに自動的な決定因である。だが、下等動物において、そこで決定される活動は、すべての生活を集約するものであるが、高等動物の活動の場合には、意識的に、さらに深くより本質的な目的を追求しているために、それは生活の一部にすぎない。子供が成長するにつれて、まず外的な必要に遭遇し、続いて、本質的な関心が徐々に生じてくるが、コミュニティの成長においてもそうである。これは敵対と競争を退けて協働が発達するという社会発達の原則と一致するものである。というのは、関心が本質的なものであれば、根本的に共同関心であり、したがって敵対は必然的に減少し、協働が必然的にそれを促進するからである。さらに、活動の様式が異なれば、同時に活動の刺戟も異なる。さて、いかなる追求においても、それが外的な生活必需品ではなくて、生活実現であることが分るようになった人には、すべて競争という刺戟は、無関係な単なる助力者にすぎず、したがって、ますます価値のないものになってくるが、本質的関心を追求するさいには、直接の敵対という刺戟が入り込むはずはない。それゆえ、求める目的が、それの探求者にとって無価値でありながら、*彼に対する目的の価値を認める外部当局にとって、ただ単に目的が課せられている限りにおいて、たとえば青年期の教育においては、競争はまず何よりも活動へのきわめて有効な刺戟となる。だが義務教育を終えた学生、つまり自立的な学生のように高度な段階になると、競争はあまり価値をもたない。彼らの場合は、自分自身が知識を得たいと望むがゆえに、知識を追求するのであって、ただそれに附随する報酬を得ようとするのではないからである。さらに、知識の追求がその探求者にとって、根本的な達成に至るような、きわめて高度な段階になると、競争は恐らく価値のないものになる。いやしくも社会関係のなかで、刺戟がみられる限り、こうした段階で人目をひくことの出来る形態は、協働という刺戟でしかあり得ない。この刺戟は、共同目的を追求する仕事仲間の助力とか、同情的理解のうちにみられる。とりわけ、すべての人間にとっての価値を各人が追求しているような分別のなかに見出される。このような社会的刺戟は、実際、人間の満足のなかでも、最高で、最も持続的な満足を与えるものである。協働的な活動のうちに、われわれの主眼である一般福利の統合、統一、価値は最大に実現される。

* ついでに、次のことに注意せよ。すべてのゲームの場合、競争は必要な刺戟である。これはゲームのさいに、直接求められる目的が探求者にとり無価値である、という単なる理由による。

それ自体のために追求され、それ以上の関心を得るための手段にすぎないものでもなく、また単なる生活の必要としてでもないすべての関心は、本質的関心と呼ぶことが出来よう。こうした関心を通して、パーソナリティは直接に充足するが、それは追求そのもののうちであり、単にそれの結果の助けによるのではない。それゆえに、派生的関心に本質的関心をすべて代替させても、コミュニティ経済の発達が続くことは明らかである。たとえば、人間が自己の労働に喜びを感じ、労働のなかに、また労働を通して、人間の本質を表現し、発見できるように労働条件を変えられる場合には、いつもコミュニティと経済は、共に発展する。労働の喜びを求める要求は、それを声に出していう人々のなかに、それを遠い昔に十分存在していたと想定して熱心に見つけようとするものがあるとしても、それはごく最近になって、やっと生じてきたものであることは、意義深いことである。ところで、責任感ほどこうした労働の喜びを実現する上で、力になるものはないし、また協働ほど責任感を生み出すものはない。人は共同関心に専心すればするほど、これのなかに、自己を実現するものである。このことは、また経済についてもいえる。共同関心の追求は、目的の達成に劣らず価値があるからである。偉大な社会の経済が実現されるのは、まさに第一義的共同関心の追求のなかにおいてであることは明らかである。

無意識の力は、一見、外的な自然を克服するものと同じ機械的な動きにみえるが、それは第一次的世界のあらゆる活動を導いてきた。だが、子供が外的な指導から内的な指導へと通過して行くのと同じように、人類もそれと同じ過程をたどる。人間はいわば善・悪の知識の木の実を食としている。意識的な力は、すべて無意識的な力にとって代わる。知性はそれに対して示される諸価値を保護しようとすることにより、経済の道があらゆる点で、コミュニティの道であることを明らかにする。

第七章　コミュニティ発達の第三法則——社会化と環境制御との相互関係

一　コミュニティと環境

コミュニティの成長は、すでに述べたような仕方で、その成員たちの諸関係を変え、また、外界に対する彼らの共同関係の変容をも伴っている。この変容は無限の段階を許す連続的過程であるが、それぞれの段階は、コミュニティ内部の発達段階に直接に随伴するし、また、因果的にも関係している。人々の関係内の諸変化は、彼らの社会性の発達を意味すると考えられてきたが、これらの変化は彼らの環境に対する共同関係の変化と相関するものである。人々がその相互関係を改変すれば、同時に必ず宇宙全体に対する彼らの関係も改変することになる。また、他方、彼らが自らの目的に適うように、外部にある世界を制御しようとする際には、必然的に社会関係を拡大し深化させるのである。知識の成長によって、内界と外界、心の世界と「自然」の世界は結局一つの世界であるという、あらゆる真理のうちで、もっとも重要なことが次第に明らかになってくる。「心は宇宙と有機的である」。そこで、心は宇宙の自余の部分から離れても、あるいは対立しても、どちらでも機能することは出来ない。このような統一性の一局面は、コミュニティの発達、すなわち、人々の間の社会性の成長と周囲の世界に対する彼らの関係様式の一定の変容過程とを結びつける随伴の法則についての研究者としてのわれわれの関心を、特にひくものである。

コミュニティの発達が、どのように自然環境の変容を伴ってきたかは、すでに大体みてきた。たとえば、アリストテレスの時代には共同生活が単一都市内の数千人の人口の生活を意味したにすぎないが、ところが今日の共同生活は大陸を越えて拡大し得るとするならば、この相違は、人間の精神的発達にとって非常に重大なことであり、自然の力に対する人間の制御の伸張によって可能にされたものである。同様に、偉大な社会発達にはすべて生命の自然的諸条件の改変を伴うことがわかるであろう。ここでは、われわれは自然的世界に対する心の直接的活動について考えているが、しかし、このようにしては、問題の核心に到達したり、あるいは、相互関係の完全な原理を理解したりすることは決して出来ないであろう。というのは、心のもっとも近い環境は有機体であって、その有機体は、ある意味では、精神的世界と外的な自然界との間に介在している。その有機体は、ある意味で、両方の領域の調和を内蔵しなければならないし、両方の諸力を合成するものでなければならない。社会の成長は外的な自然の力に対する制御がしだいにすすむことを意味するだけでなく、それは、とりわけ、有機体と〈その〉環境の関係の改変を意味している。精神の力と自然の力は、どのように出会うかわれわれには理解できないけれども、有機体のなかで出会うのである。また、コミュニティの発達においても、合目的関係の成長のうちに発現する精神の力の発達は、有機体の自然の力への依存の仕方を変容させる。このことがどのように生じるかということもまたわれわれの理解を超えているが、しかし、その事実は明白であり、その過程は容易に辿られ得るし、その重要性は明らかになるであろう。

しかし、そうするまえに、われわれは、ある種の流布した混乱を考慮して、環境に対する生命の普遍的関係を説明しなければならない。言いかえれば、環境の意味そのものを説明しなければならない。われわれはすでに、物質の法則がどのように生命の法則の基礎ないし条件であるかを指摘した。この事実をわれわれは今明確にしなければならない。

二　全発達の究極的二要因

生命と環境は、主体と客体の関係と同様に、不可分の関係にある。というのは、環境は生命にとって単に外的なものではなくて、生命の外的相関物を意味するのであり、それを離れては、生命は想像されないし、想像もできない潜在的可能性にとどまるであろう。それはちょうど、客体が主体にとって単に外的なものではなくて、主体の外的相関物を意味するのであり、それを離れては、主体の存在や主体としての活動性は無意味で、永久に実現されないものとなるのと同じであろう。何か物体を離れて運動があり得ないのと同様に、〈ある特定〉の環境を離れて生命はあり得ないのである。環境は生命の核心そのものまでも貫いている。生命の揺籃期を探ってみても、そこでも、生命はそのもっとも完成した顕現におけると全く同様に、環境に密接に依存している。われわれは環境に取り巻かれることのない純粋の生命を全然知らないし、また、決して想像することも出来ない。

その関係は非常に密接なので、生命の間の相違はすべてその環境の間の相違を伴っている。生命は無限に多様な有機体に具現されるが、その有機体自体は、そのうちに生命活動の変化をすべて反映しており、しかも、それだけではなく、すべての種類の有機体はそれぞれ別個の種類の外的環境、すなわち、世界においてそれぞれ別個の場をもっている。〈そして、どんな有機体でも、その有機体の状態の変化はすべて、有機体が生活している環境の何らかの変化を伴うのである〉。以上の所説は、環境がいかに複雑で独特なものであるかをわれわれが理解できない場合にのみ、おおげさなものにきこえるであろう。われわれはみんなただ一つの世界に住んでいるが、その世界はすべての種にとって、いな、そのなかのすべての生物にとって、ともかくも異なるのである。生物の何千という種が相並んで生きているが、実はそのおのおのは他のいずれのものとも全く別の環境をもつのである。地球は無限に多様化されており、生物を収容するために非常に多くのマンションをもつ建物であって、おのおのの生物は何とかして別個のマンションを見つけだす。各種の生物は彼ら全体の共同の世界からそれぞれ異なった要素や状況を選択し、さまざまな程度に利用するのであり、このようにして、環境を自分で〈作りだす〉。というのは、環境は単に外的な世界ではなく、生命に関わるかぎりでの外的な世界なのである。このことは次の節でもっと明白にされるであろう。

特定の類型の自然環境と特定の形態の社会生活との相互関係の研究は、今日の社会学のもっとも興味深い研究の一つであり、また、もっとも成功した研究の一つである。特に、『社会科学』(La Science Sociale) におけるドモラン (Demolins) と彼の協力者たちの研究をその例にあげることが出来よう。このような研究は、やがて指摘されるようなある誤解を引きおこしやすいけれども、非常に印象的な仕方で、生命と環境との不断の相互関連性を明らかにする。

環境は生命の手段であり、契機であり、また、住居である。有機体において、生命と環境はわれわれが理解できるよりももっと密接な仕方で出会うのであるが、有機体はまた生命と外的な自然環境とを仲介するのである。生命とは感覚があり、認識があり、意志を働かせるもの、すなわち、そのために価値が存在し、また、それ自体で価値として存在するものなのである。おのおのの生命は有機体、有機体の外的な自然状況、同様な仕方で具現された他の諸生命、および彼らが共に創造する社会秩序によって同時に取り巻かれている。このように、環境は非常に複雑で多面的な要因であることが明白である。

そこで、生命の変化がすべて環境の変化と関連しているとするならば、二つの究極的要因が存在し、それがすべての発達を決定していることが明らかである。すなわち、(1)たとえ未知のものを名ざして言っているにすぎないとしても、われわれが内的潜在力と呼ばねばならないもの、言いかえると、生命が発見し、あるいは選択する環境、すなわち、生命がその法則を制するとともに、それに支配される物理的自然と決して同一視されてはならない生命のエネルギーないし精神、および、(2)生命実現のすべての衝動に対応し、また、それを可能にする一連の環境を提供するような、非常に多様で、複雑で、可塑的な世界、以上の二つである。われわれは社会的環境が生命の発達とともにどのように変化するかがわかったが、次に、その変化に相応して、生物の有機的環境と自然の外的世界との関係が、その生物自身の活動によりどのように変容されるかをみなければならない。このためには、あらゆる発達の二重の決定、すなわち、一方では生得的能力ないし資質と、他方ではあらゆる種類の好適な環境諸条件との双方の不可欠性をひとしく強調することがきわめて必要である。このことは自明の理であるように思われるが、多くの発達理論がその真理を認めていないようである。

これらの要因は両者ともに絶対的に必要であるから、そのどちらかが他方よりも〈重要〉であるとはいえない。しかし、内的な能力が理論的には先行するのであって、ちょうど水路が流れの必要条件であるように、環境はその能力の必要条件にすぎない。環境は契機を与えたり、それを差し控えたりするし、また、方向を決定するが、契機をつかみ、あれこれの方向に従うのは生命力である。生命が環境に反応し、環境のすべての変化に対して変化していく仕方は、生命の無性格性の証拠とみなされるべきではなく、むしろ、環境が提供する契機をすべてつかむ生命の無限の能力の証拠とみなすべきである。したがって、発達があたかも二つの同様な力の単純な合成運動であるかのように、外的な環境の変化が単にそれに〈比例した〉変化を有機体にもたらすのではない。その変化は、前もって全く予想することができない、生命のなお一層の発現のための契機である。われわれは単に「変異」ではなく、ド・フリース（de Vries）が実に申し分なく明らかにしたような、「突然変異」を見いだすのである。例をあげると、普通のさくら草（セイヨウサクラソウ）には、湿気が多くて冷たい土壌が好きな変種（セイタカセイヨウサクラソウ）があるが、土壌の湿気の程度にしたがって、その後者の変種に種々様々の程度の近似性をもつ変種があるのではない。それよりむしろ、われわれは一方の環境にある独特の形質の植物を見いだすが、他方の環境ではある独特の形質の変種を見いだす。外的な環境の相違は測定可能であり、連続的であるが、有機体の諸変種は測定が不可能であり、不連続的である。それはあたかも生命の計り知れないプロテウス的原理が、物的な諸現象の背後に絶えず待伏せしていて、あらゆる自然的変化から、その生命自身の発現のための有機的手段を作りだすかのようである。

そこで、人間の社会の領域でも、自然環境のどのような条件が新しいエネルギーの出現のためにもっとも好適であるかをわれわれは大体知ることが出来る。たとえば、ある気候条件はよく、別の気候条件はわるいということがわかる。しかし、優秀性、すなわち、環境の好条件によってそのように喚起され、現実化される理想的なものを誰も予示することは出来ない。生命は現存するものにそれと同種のものが単に付加されることによって増大する量的なものではない。

発達二要因の不断の相互関連性が、所与のいずれかの状況においては、それぞれの役割の決定に重大な障害になることを認めなければならない。同一の種、あるいは系統、あるいは科の構成員たちの間の相違を、絶対的に二つの要因のどちらか一方だけのせいにすることは出来ない。環境は無限に複雑であり、どの生物にとっても同一のものは全く存在しない。また、環境はつねに存在するが、完全に知られることも、評価されることもない。また、絶え間のない、決して完全に予測できない相互関係のなかで、環境は生物によって改変されるが、また、生物をも改変する。しかし、少なくともその同じ相互関係は、そのどちらかの要因の意義を否定し、発達を環境条件かまたは生命の内的潜在能力かどちらかのせいに全くしてしまうような理論に決定的に対立するものである。これらの理論はわれわれが最終的に説明しなければならない相互関係の法則に立ちふさがるものであるからには、これらの理論のうちの幾つかを簡単に検討するのがよかろう。

一つの誤りの形態は、発達の相違がすべて単純に環境の相違によるものであるとする説明である。これは正反対のもっと通俗的な誤りに対する反動としてふつう現われる。したがって、ロバートソン（J. M. Robertson）氏は、*社会の発達や政治の発達の相違がすべて人種的能力の相違によるものであるとする単純な理論に抗議しているのは立派であるが、諸民族間の生得的な資質や能力のどんな相違もすべて否定しているように思われる。彼は、たとえば、モーリ（Morley）卿が**「ギリシア人やユダヤ人のように卓越した政治的統一能力をすこぶる欠いている諸民族」のことを語っている場合に、それに抗議している。しかし、諸条件は、もっとも好都合な仮説に関してさえも、すべてを説明するのではない。スイスはギリシアよりもっと山が多く、また、スイス人は見方によればギリシア人には知られていない言語や人種や宗教で分割されている。しかし、ギリシア人とはすこぶる対照的に、スイス人は非常に長く存続している連邦を作り上げてきた。連邦化を促したのは周囲の敵国の脅威であったといわれるけれども、ギリシアも同じくらいの危険にさらされていたことを否定できようか。したがって、ギリシア人がうまく連邦化することが出来ないとしても、彼らにスイス人が有するような政治的統一能力を欠いていたはずはないのではなかろうか。

環境の相違はすべて何か生命の相違に相応することは確かである。物質世界のどのような異なった状況において

* *The Evolution of States*, Pt. I. chap. iv. その他諸処に。

** *Compromise* (ed. of 1888), p. 108.

も——空や陸や海でも、すべての地方やすべての土壌でも、植物や樹木や動物の上の、または、死の腐敗そのものからの異質の生長物においても——あたかもそのあらゆる多様性の背後に、普遍的な力がさまざまの仕方で、また、いたるところに動いており、どのような具現を見出すかを探し求めているかのように、周囲のすべての相違に対応して、別個の生命形態がそこに育っている。ちょうどそれと同様に、とりわけ、人間の生命は人類の無数の相違に分裂するが、人類はその普遍的生命の最高の創造的形態として、それが作りあげる環境のもっと可塑的に生成し続ける諸状況を通して、発現するものである。そこで、〈永遠の相において〉みれば、あらゆる生命は、程度の差はあるが多かれ少なかれ、生命の何か一つの精神の顕現として現われるといえよう。しかし、それにしても、どんな一定の歴史的状況においても、環境の相違が形質の相違を完全に説明すると結論することは出来ない。生物の類型、すなわち系統は、生命と環境との過去の不断の相互関係の過程によって今までに形成されている。生命がおのおのの新しい世代のうちに出現する時、それを何か単なる無指向的な力であり、そこで考えられる諸条件によって完全に形づくられるものであるとみなすことは出来ない。疑いもなく、すべての出生や世代におけるその類型の改造は、その類型の創造された諸形態へ閉じこめられる運命から生命を解放する。すべての新しい世代にみられる可塑的な発達能力は、もっと以前のすべての世代がかつてもっていた可塑的な形態の硬化とは対照をなしている。しかし、それは常にある一定の形態の可塑性であり、常にある一定の性格をもった改変である。ホッテントット人、エジプト人、チュートン人は、生れた時に、物質的にも社会的にも同じような一般的環境におかれても、既定の諸能力によって確かに別々の仕方で反応するであろう。彼らが環境の諸要求に一層複雑な仕方で反応できるというのが、すぐれた民族の特徴である。未開民族の成員たちは非常に若くて成熟し、彼らの性格ももっと高度に発達した民族よりもずっと早くおのおのにおいて固定し定型化することがしばしば観察されてきた。このことは環境の諸要求に対する反応力の相違を意味するものである。したがって、〈どんな歴史的状況から出発しても〉、民族と民族との相違をすべて環境的諸条件によって簡単に説明出来ないことが明らかである。

われわれがある問題をそれ自身の「諸条件」に還元する場合に、「その問題をもっともらしく説明している」ようであっても、実は説明していることにはならない。風はもはや思いのままに吹かないであろう。というのは、風の方向や強さを決定する諸条件をわれわれが幾分知っているからであるが、それにもかかわらず、風は以前におけると同様にその条件ではない。風が以前にあったと同様に、まだ人間の業績にみられる精神の去来を説明することはきわめて不可能であるように思われるが、しかし、われわれの無知がたとえ完全に除かれたとしても、その精神はその明らかにされた諸条件に少しも還元されないであろう。というのは、精神はそれ自体で独自なものであり、また、完全な力なのである。

これまでわれわれが少しも原因を探っていないとしても、われわれの探索がもはや終結しなければならない場所である。われわれは可塑性という比喩を使ってきたが、最後には、この比喩が、あらゆる比喩と同様に、不完全なものであることがわかる。というのは、感応しやすい生命力は単なる可塑性ではないし、また、陶工の手によってどんな形状にでも作られる粘土がもつような単なる潜在的可能性でもないし、いわんや、われわれの掘るどんな水路にも流れていく水の無性格的な流動性でもない。生命の環境に対する反作用は真の反応であって、単なる追従とか流動ではない。つまり、ある〈本性〉からの反応であって、金型の刻印に対する、（いわゆる心的な）何か無定型な材料の単なる適合ではない。生命は、自己展開の場合に、それ自体先在的な力である。生命はそれ自体造型者であるが、環境はそうではない。形質は、環境ではなくて、生命の表現であるとともに存在形式である。環境は形質の契機であり、刺激であって、形質の源ではない。物質的な力がそれ自身の固有の性質をもつとするならば、心的な力は単なる弾力性にすぎないのか。あたかも、すべての外的で物質的な力はそれ自身の固有の明確な性質をもっているが、精神だけは、これらの外的な力によって特徴を付与されるまでは、特色のない空虚なものであり、未知な感受性という名ばかりのものであるかのように書くのは確かに愚かなことである。

われわれが考察してきた誤りの形態は、実際的観点からすれば、その反対の行き過ぎた誤りほど危険ではない。その反対の誤りは、環境の重要性を過小評価するもので、発達の決定因であると考えられる環境制御のための闘争をはばむものである。人間の精神の本来的な力は、その顕現、方向、および実現において、環境の諸条件によってどうしても左右されるけれども、それらの諸条件に対して可能な支配をことごとくわれわれが勝ちとることがすこぶる重要である。環境と考えられるわれわれの諸精神のもっと大きな集合体のもつ巨大な決定力について知ることは、社会的協同の計り知れない重要性を明らかにすることになる。これらの環境の力を知ることによって、われわれがそれらの力以上のものであることを知ることができる。というのは、それによって、われわれの力がそれらの力を支配していること、つまり、精神のために、集合体を改変する精神の先在的な力が、集合体を支配していることを知ることができるのである。生命そのものの鍵はわれわれの手に握られている。おのおのはその出生さえも社会のもっとも本質的な根本的なものの意志によるのであり、おのおのが入り込む環境は無数の世代の志すところにより根本的に決定されてきたのである。自然の力に対してわれわれの無能力ははなはだしいけれども、われわれの力も非常に大きい。われわれの手で小さい石を投ずることによって巨大な環境を圧倒することが出来るのである。環境が都市の浮浪児のかわいそうな早熟を促し、街の女の原始的本能をみじめな悪徳に変え、また、規律なく贅沢な子供の生得的な資質をおろかな虚栄に奉仕させるように、環境は土地に縛りつけられた労働者の意識を鈍らせる。また、同様に、環境は指導者、思想家、労働者に、熟練と勇気、忍耐と強さを喚起する。これらの性格の相違に対応する環境の相違を作りだしたのは、大部分はコミュニティ内の人々の活動であり、また、コミュニティが作りだした環境の諸条件へ人々が依存していることをもっと完全に了解するならば、彼らは都合の悪い諸条件の改変をもっと真剣にしかも協力して志すであろう。

環境の重要性を否定するか、あるいは最小限にしか評価しないような逆の誤りのいくつかの形態が次に考察されなければならない。ある特定のコミュニティか、あるいはその成員のだれかが達成することができた文化や文明の偉業は、すべて特殊な人種的資質によるものであるとする、もっとひどい誤りについては、すでにことのついでに触れたところである。* ある一民族のすべての文化偉業だけではなく、人類そのものが達成したすべてのもの、あるいはほとんどすべてのものは、その民族の純粋の人種的資質によるのであって、したがって、もっと大きな虚栄光のために、文化も人類もともに過小評価するようなより一層馬鹿げた形態が実際に存在している。しかし、この誤りは、ステュワート・チェンバレン氏および『政治‐人類学評論』（*Politisch-Anthropologische Revue*）には大切なものであっても、その擁護者たちを非常に馬鹿げた誤りに落し入れるので、それは何もそのうえ論駁するまでもないのである。

遺伝の生物学は、ダーウィン説の信奉者や特にワイスマン（Weismann）説の信奉者によって説かれるように、諸世代連続のなかに現われる生命‐原理に関しては、環境が無視できるか、または無力なものであるという考えに、科学的確証をもたらすように思われてきた。このことは「獲得形質の非遺伝」と漠然とよばれる学説からの帰結であると考えられた。それは多くの人たちによってそのように理解されると思われたし、また、相変らずそのように理解されてもいるが、その人たちはそれの社会的含意、すなわち、生命と環境の相互関係は生命の根源そのもので

＊（本書）二九九—三〇一頁参照。

は否定されるという主張を引出そうと努めている。もしもその通りであるならば、われわれが説いてきた原理の破壊であろう。しかし、論争の暗雲が消え去るにつれて、その問題は、一八世紀の「本有観念」に関する論争と全く同様に、主として用語解釈の問題であることがわかる。いずれにしても、われわれが論じている社会学的原理を満足させるように、十分な根拠がもたらされる。したがって、ワイスマンでさえも栄養の重要性を認め、栄養の相違が変異を決定しうることをほのめかしている。* 蜜蜂の場合には、雌の幼虫が十分に栄養を与えられないと、不妊の働き蜂になり、十分に栄養を与えられると、生殖能力のある女王蜂になること、また、栄養と生殖能力との同様な関係が蟻や白蟻の場合にも適用されることがよく知られている。この環境の影響力は当然一つの刺激であって、それに対して有機体はあらかじめ定められた仕方で反応するとワイスマンは指摘する。** 今やこの原理はわれわれをもっと前進させるであろう。もし栄養の変化が生殖細胞や生殖質に対してそのように重大な影響を及ぼすならば、その変化は何かその他の影響力をもたないであろうか。また、その他の変化、すなわち、ワイスマンが認めるように、栄養に影響する神経の変化、また有機体に対する全体的なその影響が誰にも明らかな〈心的〉「変化」についてはどうであろうか。そこでわれわれはどの点に止まることができようか。たとえば、アルコールのような毒物は身体に対して強く作用するので、生殖細胞に影響を及ぼして、その個体だけではなく、その子孫までも害することが、その問題についての公平な研究者たちすべてによって認められるところである。*** しかし、もしも身体の毒素が生殖細胞に影響するならば、どうして「抗毒素」は影響しないのか。もしも種族とか民族が病気に対する特定の免疫を獲得し得ると考える時には、これらの免疫は、もし少しでもあるとすれば、「獲得形質」であるに違いない。また、それらの免疫は特定の「抗毒素」によるものであろう。ちょうど疲労状態が一定の毒素と関わり合っていることがわかっているように、身体の状態はすべて特定の毒素かあるいは「抗毒素」と関わり合っているであろう。

そしてここでもまた、われわれはどの点に止まることが出来ようか。「微生物ないし毒物」、それはブラウン－セカール（Brown-Séquard）のような実験から引き出される結論に対するワイスマン説の信奉者たちの応答である。あなた方がそれを何と呼ぶとしても、われわれが承認を求めているのは、環境と生命との相互関係を確立することだけである。

生殖細胞に対して身体が環境的影響を及ぼすという証拠は、このことが「獲得形質の遺伝」を意味することを肯定しようと、否定しようといずれにせよ、無限に拡大されるだろうが、しかし、先の考察で足りるであろう。***それらの考察は、生命と環境とが〈常に〉相関的であるとわれわれが主張するのを正当化するものであると私は信ずる。生命の発達はすべて、その環境全体の改変を内包し、また当然それを必要としている。このような発達がどのようにして社会環境、すなわちコミュニティの諸形態や諸制度の変容を意味するかがわれわれにはわかってきた。しかも、それは自然環境内での変容を意味しており、したがって、自然環境が変化するにつれて、生命はそれ以前とは違った仕方で、自然環境に依存するようになる。コミュニティの成長の各段階は、社会的存在の有機的生活にみられる諸条件のある種の改変と相関的である。この過程の法則を明らかにするように、われわれはいま努力しな

* *The Germ-Plasm*, p. 417.
** *Romanes Lecture*, 1894.
*** それはロンドン大学の優生学の教授によって認められていないが、彼に不利な証拠は全く反論の余地のないところである。ヘルシンキのレェティネン（Laitinen）博士の幼児の死亡に関する研究だけで論駁に十分である。レェティネンの動物に関する実験では、（ホッジ（Hodge）とブルーム（Bluhm）の実験も同様に）アルコール中毒が単に一種の症状にすぎず、少しも退化の原因ではないという、「自然淘汰説の支持者たち」の得意の議論の誤謬が証明される。アルコール中毒の影響についての簡潔な概要としては、Schallmayer, *Vererbung und Auslese* (2nd ed.), c. viii., §1. を参照。
**** さらに若干の証拠は五においてでてくる。付論Dも参照。

ければならない。

三　自然的環境に対する適応原理のコミュニティ内の変容

生命の法則は生命の種類と相関的であり、その種類が変ればそれにつれて変化すると、われわれは結論しなければならない。したがって、われわれは自然の法則と生命の法則とを区別することが出来るのである。というのは、物質の法則には生命の法則に否定される一種の絶対性が存在する。生命のないところには、反応もない。すなわち、成長の各段階に〈特異の〉現われ方をする一種の力の成長もみられない。石は動かされるが、しかし、じっと動かないでいる。枯れた木は一本の丸太である。生きた細胞だけが抵抗をする。その細胞の内部には反応力があって、実際に顕在化するまでは予想できない仕方で、作用を受ければそれに反応する。生命の成長は量的な増大としてだけでなく、質的な差異として現われる。

もしも生命の原理が下等な有機体の世界では活動的であるが、人間の社会では、発達するにつれて、ますます停滞的になることが発見されるならば、何かその他の説明が用意されていない場合には、人間の領域でその生命の原理が相対的に欠如していることは、その人間性、一口でいえば、人間の領域にみられる進歩によるものであることが、一層明白な推論であるように思われる。けれども、その原理が人間の間にもまた働くのが〈当然である〉というのは、ある種の動物学者たちの物見高い妄想である。問題の生物学者たちはこれらの原理が下等な有機体の諸領域では絶対的なものとみなし、したがって、物質の法則と生命の法則とを混同しているので、彼らの妄想は増大している。実際は、われわれが明らかにするように、それらの原理は諸領域に部分的に実現されているにすぎない――それが非常に重要な事実である。それらは物質世界の法則、すなわち、一定不変の連続とか、あるいは、随伴についての記述のようなものでは決してない。それらは物理学者が「法則」という言葉で考えるような法則では少しもない。〈真の生命の法則は随伴的変異の法則である〉。すなわち、生命の成長とその内的、外的諸条件の変容との間の随伴の法則である。

生物学者が下等な有機体の生活の研究から推論する「法則」は、「環境への適応」とか、「生存競争」とか、また、「自然淘汰」という表現で要約される。これらの表現は単一の法則に対する同義的名称としてしばしば使用されるけれども、われわれがそれらのおのおのを別々にとらえ、それらが相関的で、部分的な、一部代替可能な原理を表現するにすぎず、その作用の程度や形態は、コミュニティの発達の程度と相関的であることを示すならば、そのことは明確になってくる。

「環境への適応」の原理についてしばしばみられる誤った説明ほど、物質の法則と生命の法則との混同をよく説明しているものはない。どの有機体も、全くその自然の側面から考察されれば、絶えずその環境に適応している。というのは、自然の因果関係の秩序にはなんら断絶がないからである。しかし、この法則は生命の法則と明確に区別されなければならないのであって、自然の法則は生命の法則の基礎にすぎない。環境への単なる適応は、生物にとって、進化か退化のいずれか、すなわち、生命の量および質の増大か減退のいずれかを意味するといえよう。地上のあらゆる有機体は、下等なものも高等なものも、強いものも弱いものも、健康なものも病気のものも、自然的存在として同様に、その自然環境に完全に適応している。春の若葉のでた樹木も、秋の枯葉する樹木も全く同様に、その環境に適応している。堅い、水気がなくて成長のとまったマルガ（mulga）〔アカシアの一種〕の灌木も、アマゾン川流域の熱帯降雨林（selvas）の豊かな植生も全く同様に、その環境に適応している。極貧階級のやせ衰えた子供たちも、金持階級の健康な子供たちと全く同様に、その環境に適応している。前者がやせ衰えているのは、彼らがそのように適応しているからでないのか。どの生物もすべて、いやしくも生きるかぎりは、その環境に絶えず適応しており、死がやってきた時、その死は適応の終局的勝利なのである。退化の現象は進化の現象と同様に、絶え間ない適応のよい例証を提供する。朽ち落ちてゆく葉は腐朽することによって、その環境に適応しているのであり、また、打ち捨てられたばらは野生に立ち帰ることによって、その環境に適応する。ビーバーは、人間に侵略されると、そのすばらしいダムを捨てて、あまり建設的でない、また、あまり社会的でない生活様式に落込むが、*その退化もまた適応である。このような真理は五〇年以上も前にハックスレーによって指摘されたが、**しかし、物質の法則と生命の法則との混同が広くいきわたっているために、それはまだ一般的に少しも承認されていない。ここには生物にとってなんの命令もない。この意味で環境に適応するようわれわれに命じるのは余計なことである。というのは、われわれはたえずそのように適応しており、その環境を改変する時でさえ、その変化に適応するようになる。

混同が生じるのは、このような普遍的な因果の法則を命令的な生命の法則の形で述べる時である。どの有機体も繁栄し、あるいは生存していくためには、〈その〉環境の諸条件に同調〈しなければならない〉といわれる。もしこの〈ねばならない〉ということが一種の命令であるならば、われわれは適応を全く別の意味で解釈しているのである。有機体というものは、適応の過程で、その自然環境のある条件のもとでは、衰弱するか、あるいは死亡するので、それがよく成長し、あるいは生きながらえるためには、別の諸条件を発見するか、または作りださねばならないということである。しかも、これは同調の命令ではなくて、一見したところ非同調の命令である。しかし、も

* Fouillée, *Les Eléments Sociologiques de la Morale*, p. 216.

** *Criticisms on the Origin of Species*, 1864.

し自然的適応が普遍的であるならば、このような種類の命令はどうして可能であろうか。これに答えるためには、われわれは物質の法則の領域から生命の法則の領域へと進まなければならない。すべての生物の特徴をなしている形成的生命活動に注意しなければならない。その時、われわれは生命の種類と関係のある、一種の相関の原理に関心をもっていることが明らかになる。

〈どの生物もみな自分自身の環境を幾分か決定するが、また、その生命が発達すれば発達するほど、環境の制御は一層大きくなる。このような制御の増大は主として社会的協同の増進によって獲得される。〉

自然界は新しい、あるいはさまざまの環境の無限の可能性を提供することがわかってきた。環境はさまざまの種類の生命にあらかじめ割り当てられた別々の空間ではない。種それぞれの環境は――種の各個体についてはそれほどではないが――種の能動性にある程度左右される。それぞれの種へ環境を割り当てるのは偶然的ではない。すなわち、有機体はその環境を受動的に受容するのではないのであって、その環境へただ能動的に同調するだけなのである。あらゆる生命には移動性が賦与されている――もっとも静的な植物の生活を送っているものさえもそうである。というのは、その種子は地上のあちこちへ自ら飛び、あるいは運ばれるし、その根は乾いた土壌から湿った土壌へ、砂や岩から粘土へと伸びていく。そして、その葉は日蔭から太陽の方へ向きを変える。これらのもっとも移動性の少ない有機体も、このように実際に環境を選択しているのであって、一つのあらかじめ決定された状況に単に同調しているのではない。このことは植物的な生活を送る生命に当てはまるけれども、動物や人間にはもっと著しく妥当する。ふつう植物はさまざまの〈与えられた〉環境を選択する最小限度の力しかもたないが、他方、もっと移動性があり創造力にもとむ動物は現存する環境のなかで、一層多様な選択力をもつとともに、もっと重要なのは、動物にはその知能に関連して、これらの環境を〈改変する〉能力の増大がみられる。この後者の能力は、あらゆる人間の進歩を究極において左右するものであるが、適応の原理に完全な相関性を取り入れるのである。というのは、人間は（あるいは他のどんな有機体でも）それを所有する程度において、環境の召使であるよりは主人になるのである。したがって、彼の目標は外的な自然の意識的でない力に対して意識的力を備えることになる。

このような力は自然的適応の普遍的な原理、すなわち、もっと誤解の少ない言葉を使用すれば、因果性と決して矛盾するものではない。人々がその現実の自然環境を、このような反対し得ない要求をする別の現実的環境に変容しようと努めるのは、彼らがその自然環境に「適応する」よりほかないからである。一層有利な環境への適応は進化をもたらし、さほど有利でない環境への適応は退化を招くが、適応に必要な調和はそれ自体で価値あるのではなくて、価値の条件であり、しかも、善のみならず悪の条件でもある。物質の法則と対比して、生命の法則が生じるのはここである。人間はその環境に対して適応を必要とするが、その場合には人間の目的とか価値の追求を促進して、妨害しないように、その環境を改変する。

種は知能において低ければ低いほど、ますますその環境の現存する諸条件を受容しなければならない。ところが、種が高い知能をもてばもつほど、これらの条件を改変する能力があるのを承知して、これらの条件をますます受容するのを拒むことができる。そのように文明を有する人間は、とりわけ、古い世界の内部に新しい世界、すなわち、コミュニティの世界を築きあげる。このような最高の達成段階では、おのおのが一人で作り上げるものは最小であるが、協同的な努力の全体の中で何かある役割を遂行しながら、最大のものを築くのである。このようにしてのみ、社会の増大によって、人間は環境に対する制御をおしすすめていく。コミュニティは共同目的への協同活動を内包していることがわかってきた。この協同活動は大部分自然条件の制御に向けられており、したがって、人間の生活はその自然条件への単なる服従、すなわち、困窮、不安全、血なまぐさい闘争、およびあらゆる種類の不潔さに満ちている「自然の状態」から、その自然条件の征服、すなわち、不十分にしかない富を求める闘争が、もっと豊富な富を協同で、しかも生産的に追求していくように次第に変容される、そうした社会状態へと高められる。

結局、生命が高等になればなるほど、その〈有機体の〉可塑性はますます低下するようである。このことはともかく比較動物学の多くの事実が導く結論である。実例をあげれば、有機体が高度に発達すればするほど、ますますそれが失った部分を容易に再生できなくなる。* そこで、この原理は有機体が高等になればなるほど、環境の変化のなかで有機体の生命を維持するために、環境の変化に対応して直接に変化することがますます少なくなることを意味している。環境は植物有機体を変化させるのには直接的な力をもっているが、一層能動的な動物有機体に対してはこのような力をもたないというのが、ラマルクの見解であった。しかし、それは程度の問題であろう。その場合に当てはまる生命の法則は、〈生命が高等になればなるほど、その生命はますます自然環境内の変化によっては直接に改変されなくなり、また、ますます環境と環境の変化をその生命自身の目的に従って改変するようになる〉ということであろう。生命がますます生活空間の内部に自らを顕現することができるように、知能はその程度に応じて、環境の絶え間ない変化の直接的で小さな波動にそなえて生活空間を防護するのである。

知能の程度が社会の程度を測るものであることがわかってきたから、社会化と環境の制御との相互関係が今や明確に確立される。以下、残された節では、われわれはその相互関係の若干のもっと特殊な側面について考察しよう。

---

* 例外は存在している。再生力は、いもりのような、もっと高等な有機体である両生類よりも、魚類の方が弱いように思われる。

四　生存競争原理のコミュニティ内の変容

「生存競争」と「自然淘汰」という二つの表現は実際上、同義的によく使用される。しかし、そこには明確に区別されなければならない二種類の闘争がある。すなわち、一方は生物の生物に〈対する〉闘争であり、他方は生物がその環境の不利な条件に対してその生命や目的を維持しようとする努力である。ここでは、これらのうちの前者だけを考察しよう。そして、後者は「自然淘汰」というもっと広い題目のもとで考察するために残しておく。

コミュニティの発達過程で、社会的存在者の活動様式が変容することはすでにみてきたところである。生物に〈対する〉生物の直接的な闘争と理解される「生存競争」の原理は、その過程において変更されるか、あるいは無効にさえされることがわかった。文明社会では、闘争は生存のためではなく、ある特殊な生存のためであり、また、闘争の目標は他の人たちとの直接的な闘争によってではなく、彼らの直接的および間接的な援助によって達成できるのである。環境と生命との相互関係、特に、生命が一層発達するにつれて、その環境の諸条件をますます大きく制御し、改変しなければならない必要性をわれわれが理解するようになれば、この事実の十分な意義は明確になってくる。その目的のためには、社会的存在者の活動はますます協同的活動にならなければならないし、また、その協同的活動はますますその方向に向けられねばならない。したがって、生命の増進に応じ、これに依存している環境条件のもとで、個体主義的な闘争の程度だけでなく、その必要性や価値もたえず縮小されることを指摘して、今われわれは前章の議論を終えることができる。

それと反対の議論は次のようにまとめられるであろう。すなわち、(1)　個体的な闘争の法則は下等な有機体の生命を支配している。(2) その法則はこのような有機体の生命に対しては恩恵を与える法則であって、弱者や病者の排除と強健者の生存を保証する。(3) したがって、この法則が人間の社会内でも効力をもちつづける〈べきである〉というのが妥当である。さらに、下等な生命の仮定された普遍的法則、また、記述的法則から命令的法則へ、すなわち、下等な有機体の世界において現に存在するか、あるいは存在すると仮定されるものから、高等な有機体の世界において存在すべきであるとされるものへの推移についての所説である。ところが、われわれはその推移が間違っていると考える。それどころかさらに、この場合に、記述的法則がそれ自体根拠の薄弱なことがわかるであろう。

個体主義的な「生存競争」の原理は、どんな段階の生命においても絶対的なものではない。奇妙に思われるかもしれないが、もっとも下等な形態の生命にとって、生存を決定づけるような環境の諸条件のもとでは、その原理は存在しない。明確な目的が存在しないところには、このような種類の闘争は存在できない。目的がまず明確に現われる時に、直接的な生存競争が現われてくるが、心の成長とともに目的が発達すると、すでにみてきたように、生存競争は社会的協同を通じて変更されるようになる。その時に記述的法則はどうなるのか。

生命のもっとも下等な領域では、生物と生物との本来の〈闘争〉は存在しない。ほとんどの樹木もその多数の種子や果実のうちで、生き残ってやがてその種を担いつづけるのは一つか二つにすぎないとするならば、それは競争に勝つのは速い者であるとか、あるいは戦闘に勝つのは強い者であるからではない。「時と運が彼らすべてにふりかかるのである」。道ばたに落ちて食われてしまうものもあり、石の多い所に落ちてしなびてしまうものもあるし、また、茨の中に落ちて枯れてしまうものもあるが、人間によって播かれたものよりも、むしろ造物主によって播かれたものについて一層そのことは当てはまるのである。海洋や地上にある下等な動物の生命にみられる無数の卵についても同様に、生存するための闘争も生存のための適合性もここには何ら存在しない。潮の流れ、運よく風に吹かれたこと、たまたま食われずにすんだこと、これらの事情が生存の条件であって、その大群が生き残ることの功罪は何もない。よくいわれることであるが、近代の戦闘において、多くの大砲や小銃の一斉射撃が広範囲にわたる布陣を一掃する場合に、破裂弾や銃弾から命拾いするのは、ほかならぬ個々の勇敢なものとか、目の鋭いものとか、あるいは、頭脳の明晰なものとかである。次にわれわれが生命の段階を登って、明確な目的の出現を見る時には、個体的闘争の原理は、生存の非常に限られた部分的な条件となってくる。その原理を可能にする知能が、常にまたそれを打ち崩している。一層高等な動物はすべてある程度は社会的動物であり、なかには驚くほどに社会的なものもあって、彼らの間では生存競争は協同によって弱められてきた。さらに、排除の過程が非常に無情であるのは同一の種の成員の間ではなくて異なった種の成員の間においてであって、そしてこれは「闘争よりもむしろ順応」である。それは個体の相違には恐らく少しも左右されない。ライオンがどちらの鹿をその餌食にするかを決定するのは、鹿と鹿の間にみられる速さの相違ではない。どちらが鷹の餌食になるかを決定するのは雀と雀の間にみられる相違ではない。ちょっと考えてみればわかることであるが、ここには個体的な闘争の法則は存在しないのであって、種の生存条件を形成する過程が存在しているだけである。ある種がその敵を前にして生存のために適合してゆく一つの方法には急速な増殖があるが、これはその種の個体が強さとか巧妙さを増大させることを何ら意味するのではなく、むしろその逆の事態をもたらすのである。種族の生存の法則は、ここでは個体の発達を示すものを何ら含んでいない。実際、闘争の法則――それは一層すぐれた能力を与えられた単位が生存することを意味しているけれども――について普通の所説は、〈同類のもの〉の間の闘争に対してのみ当てはまり得るのであって、そこでは力には力でもって、早さには早さでもって、狡猾さには狡猾さでもって対抗するのである。このような闘争では、

〈そのために闘技場が整備される時に〉より強いもの、より早いもの、そしてより狡猾なものが大体勝利を得る。しかし、このような闘争は、しばしば著名な科学者たちでさえも当然のことと考えているけれども、実際、現実にはやや稀であるように思われる。それは同一の種の成員の間の闘争、すなわち人間の社会でもっとももよく知られているようなある特殊な闘争にもっとも明確に例証される。実際に、有機体の闘争の法則は、それに対して通常なされる個体主義的説明では、ある種類の、また、ある段階の人間社会以外の自然にはともかくもほとんど当てはまらないと時々考えたくなる。しかし、ダーウィンはマルサスを読んで、彼の闘争による淘汰説に導かれたと自ら認めたことは重要である。しかし、マルサスは、種を異にする同類でないものではなく、同一の種の同類のものの競争的で純粋に人間的な闘争に関心をもった。ここにおいてもまた、しばしばその他の場合にみられるのと同様に、自然についてのわれわれの説明が、最後には擬人観的（anthropomorphic）になるとするならば不思議なことである。

しかし、人間社会の発達のなかで、闘争がどのように変容をこうむっているかについては、すでにみてきたところである。環境の制御は「生存競争」の原理とは相反する社会的統一を通じてのみ可能である。文明の歴史は、ある形態の闘争が別の形態の闘争に取って代わることを教えてくれる。すなわち、そこでは同類のもの同士の野蛮な闘争は、自然の支配、自然法則の発見および自然の資源の利用に向かう同類のものたちの建設的な闘争に取って代わるのである。

この事実は、有機体の進化原理の最初の意気揚々とした発見が科学思想をまだ支配していた間は、おおい隠されるか、あるいは表面上否定されていたが、今やっと了解されはじめようとしているにすぎない。社会化の方法が下等な生命の「個体主義」とは異なる点で、その社会化の方法を最初に明確に擁護したのは、ハックスレーであり、彼はそのまさに有名な〈進化と倫理〉についてのロマーニズ（Romanes）講座の講義においてであった。しかし、ハックスレーは「宇宙」の法則と社会の法則とを、あまりにも極端な形で、対照している。彼はそれでもなお、人々があたかもその社会的活動において、もっと初期の過程を、すなわち、猿や虎の生き方を単純に逆転させるかのように述べた。* 「社会の倫理的過程は宇宙の過程の模倣によるのではないし、ましてそれから逃げ出すことにあるのでもなく、それと戦うことにあるということを、きっぱりと理解しよう」と。その道はひとりでに折り返してくる。しかし、実際に倫理的過程はむしろ上向きの螺旋状の上昇であり、方向の急激な変化をどこにも含んでいない。もしわれわれが闘争の法則を、それがいやしくも法則と呼ばれうる唯一の意味で――〈種〉の生存の条件として――解釈するならば、ハックスレーが宇宙の過程と社会の過程との間に見出した全くの対立は破られてしまう。社会の過程は人類、ないしは人類の諸構成部分の社会化の増進を意味しており、しかも、その社会化の増進は、発明的精神が、その節約、秩序、および目的への手段の直接的適応の原理によって、個人と社会の福利の推進のために応用されるのが増大することによるものである。その過程の基礎はすでに下等な有機体の性質のうちに存在しているが、それが存在するかぎりは、その過程は社会化された種に対して、人間に対してと同様な有利な効果を及ぼす。しかし、それは自由な発明的精神が下等な世界にはほとんど完全に欠如しているから、非常に部分的に示されるにすぎない。動物の社会は、このような指導を欠如しているので、それがもたらす成功もないが、しかし、このことは動物の発達が反対の原理、すなわち、その成員たちの間の反社会的敵対やその環境が包含している善いものも悪いものも何でも受動的に受容することによるということになるのではない。その動物の発達の欠如は、この社会

* 「猿や虎」の生き方が最高の位置にあることをあえて信じようとする人たちは、それらの動物自身に何がおこってきているか、すなわち、虎がどうしてジャングルの絶えず狭くなっている地帯の内部に閉じこもっているか、また、猿がどうして子供たちの遊び相手になるかということを、これまでに考えてみているであろうかと疑問に思える。

化の原理の相対的な不在によるものであることが、もっと大きな真実性をもっていえよう。どこでもこの原理が〈外部から〉下等な有機体の世界へ持ち込まれるところでは、飼育家や園芸家が誰でも証言するように、その原理がその種の急速な発達を保証する。飼育家や園芸家は、確かに彼ら自身の目的のために、いつも自然条件を改変することにたずさわっている。しかし、動物や植物が自ら発明的精神を所有しさえすれば、人々が自らの目的のためにこれらの自然条件を改変すると同様に、彼らも自らの目的のためにこれらの自然条件を改変するであろう。

したがって、下等な有機体の生命と人間の生命における成功の法則には原理の対立は何ら存在しない。社会の法則に逆らう強力な有機体の法則が事実上存在しているというよりは、むしろ強力な社会的法則が欠けているといえるのである。人間の社会生活では、一種の変換的要素が出現して、働くようになってきた。心は成功への新しい道、すなわち、これまでは、たとえ達成されるとしても、もっと遅くまたもっと不完全な仕方でしか達成されなかった目的を達成する新しい手段を提示する。心が利己主義的行為を利他主義的行為と置き替える傾向であるかどうかは私は知らない。さまざまの異なったどの知能水準にも、利他主義と利己主義が存在している。しかし、確かに心は、おのおのの関心が全体の関心に依存していることを、以前には思いもよらない仕方で、次第に発見するのである。それはおのおのの基本的要求が全体のコミュニティにおいてもっともよく実現され、そして、プラトンもずっと昔に明確に認めたように、「快楽や評判や実益に関しては一様に、社会的正義の賛同者が真実を語っており、その非難者は全く不健全であって、非難をしながら何を非難しているか知らない」[*]ことを明らかにする。それは人間の社会化の程度が人間の発達の程度を示すことを明らかにしている。

闘争が変化するように、勝利の意味も変化し、また、それとともにそれを確実にする資質も変化する。コミュニ

---

* *Republic*, 589 *c*. 私は τὸ δίκαιον を「社会的正義」(social justice) と訳す。

ティをつくりあげる根拠となる働きはすべて、最善のものとして現われるものは同時に最強のものであることを保証しようとする努力である。それは生活の諸条件が社会的に一層悪いものにますます有利に働くのではなく、社会的に一層善いものにますます有利に働くように、その諸条件を制御しようと努める。およそあらゆる進歩はどこでも次のこと、すなわち、価値を確保するために価値の諸条件を制御することに帰着する。その達成がたとえ不完全であっても、あらゆるコミュニティが、また、あらゆる真正のアソシエーションが追求しなければならない目標が存在する。さらに、この力がたとえ十分に道理にかなったものになるとしても、常に至上なものになると誰もいうことはできないけれども、また、外部では「継母のような冷酷な性質」が、あるいは、内部では社会的精神の衰退と抑制が、このような制御に対してどのような限界を設けうるかを誰も知らないけれども、われわれはそれが歴史において今日ほど大きくは決してなかったことを認めなければならない。「われわれの時代をきわだたせる特質は、文明が初めて優勢になっていること、生活の自然的諸条件が人間の制御のもとに入ってきたし、ますます迅速に入ってきつつあること、および、永続的で途切れることのない発達を可能にする社会秩序の基礎が少なくとも築かれたということである[*]」。

五　自然淘汰原理のコミュニティ内の変容

個体的な「生存競争」の種族に及ぼす効果は種族の活力の維持と増進であると想像された。というのは、最も強い、「最も適した」ものだけが生き残ってその種を繁殖させるからである。その同じ目的へは存在のすべてがまた

---

* Hobhouse, *Social Evolution and Political Theory*, p. 163.

協力した。有機体は試練に満ちた、すなわち、苦痛や困窮や病気の条件に満ちた世界の中で成長する。古い世界観では、これら条件は単なる害悪にすぎず、最終的には征服される運命にあるけれども、人間に対しては悪霊がその意志を貫こうとするせいであるとみなされた。もっと新しい世界観によると、その説は劇的に逆転される。すなわち害悪に屈服した諸個人にとっては、これら条件は害悪であることを認めなければならないので、なるほどそのことは認めるが、しかし、これらが種族進歩の不可欠の条件であると付け加えられた。見たところ悪なるもののうちに、善の魂があっただけではなく、悪が善のまさしく条件と起源そのものであった。

不幸にも、このような「宇宙」の擁護は、人間の活動については非難であった。というのは、もしもその宇宙の擁護が妥当するならば、その人間の活動は、姿を変えた幸せでもあるようなそうした害悪をまさしく和らげるように指向しているのである。人間はその貧困を克服し、その病気を治療しようとし、この説によれば、人間の救済手段そのものであるそれら害悪の力への屈服から自分自身を立ち上らせようと努めている——そしてそのように努めざるをえないのである。今日、たとえば、人間はその文明全体をおびやかしている病気の「不吉な三つぞろい」、すなわち、結核、梅毒、癌を征服しようと努めており、これらのうちの第一のものに関しては、「もしも、明日、結核菌が存在しなくなれば、それは全く民族の不幸にほかならないであろう」[*]といわれる。そのように、自然の擁護にもかかわらず、自然と人間の道はなお抗争しているように思われる。あるいはむしろ、もっと和解しがたい抗争がかつての抗争に取って代っている。というのは、人間は、まさしくその性質からして、困窮や病気を除去しようと努めなければならない。また、人間はそれらの困窮や病気に対してもっと大きな力を備えて立ち直ってくるよ

＊　一九一一年の九月、シドニーで、オーストラリア医学大会の会長がおこなった演説（*Economic Journal for September*, 1912. に引用）では、そのようにその説は説明される。しかし、なぜ〈民族的〉か。

うな生活条件の探究を押し進めなければならない。人間はその福祉の条件を破壊しようとしなければならない性分なのであろうか。神々は非常に恐怖を感じさせるように自ら変装してきたので、人間は神々をその代りに悪魔として常に攻撃しつづけなければならないものか。

生命と環境との相関原理の適用は、そのような反語的な状況からわれわれを救い出すと私は信じる。それはどのような真理が新旧両説の基礎となっているのかを、一つの法則のもとにわれわれに理解させる。旧い方の説は前途に目をやったが、新しい方の説は過去をふりかえっている。しかし、生命と環境は常にいっしょに変化しており、生命のそれぞれ異なった種類や段階に応じて環境が相違するように、その環境の淘汰力も相違している。われわれが「自然淘汰」と呼ぶことができる自然のある一定の作用は何ら存在しない。それぞれの環境はすべてその種類に応じて淘汰的であるが、淘汰の種類や淘汰力の作用は生命の種類や活動性とともに違ってくる。

このような相関性の原理を適用するのに好都合な出発点として、それを少しも認めないように思われる人たちの極端な説を、今一度述べておこう。彼らは、(1)「自然淘汰」の原理が生命の進化全体の主要な決定因であり、(2)「自然淘汰」を排除するとか、変更しようとする人間の試みは、挫折するか、あるいは、たとえ成功しても、好結果を生むどころかかえって害悪を招くと考える。したがって、(3)その原理の作用を妨害〈すべき〉ではないと、彼らはわれわれに述べる。もう一度われわれは記述的法則から命令的法則への推移に出会うが、その推移には根拠のないことがわかるであろう。

〈ちなみに、われわれが注目したいのは、人々が社会環境を精力的に制御しはじめる時はいつでも、類似した命令が見いだされるということであり、そのことは重要である。無統制な産業主義の作用から男子や婦人や子供を保護するために、その最初の真剣な企てがなされた時に、同様な〈自由放任主義〉が宣言されたが、また、個人の間とか、アソシエーションの間とか、あるいはコミュニティの間においても、競争から協同への推移のたびごとに宣言されている。同じような亡霊は道の曲り角のたびごとに「帰れ」と呼ぶが、それはどこにおいても同様な方法で静められる。)

「自然淘汰」の原理は、絶対的なものでなく、それだけで進化を決定するものでは少しもないので、(1) 生命のどのような段階においても、それによって十分に説明することができないし、また、(2) コミュニティの成長につれて、その内部における生命の継続的発達をそれぞれ説明するのにも、その原理ではますます不充分になる。「自然淘汰」の原理は、単純に生命を自然的諸力によって作用されるものと考えるが、生命が成長すればするほど、ますます生命はその自然的諸力に対して反作用するのである。生命の発達は、われわれが「自然的」と呼んでいるものよりも違った秩序をもつ淘汰力の発達である。〈淘汰の種類は生命の種類と相関的である〉。

(1) 非常に多数の近代科学者たちが、「自然淘汰」がそれだけでは生物の進化を説明するのには不充分であると考えるようになってきた証拠を、われわれの範囲内では、あげることは不可能である。実際、われわれがコミュニティの世界の内部で、自然淘汰の役割が次第に縮小していることを示すことができるならば、そのような証拠もあげる必要はない。したがって、あらゆる生命は能動的であり、淘汰のおこなわれうるような条件を部分的にしろ自らつくりだすものであることを繰り返すことで足りるであろう。もしも生命が無数の形態をとって顕われ、また、生命がその最高の顕現において無数の個性となって顕われるならば、まさしくこれらの存在そのものは、環境がその内部で生存していくための適合性についての唯一の動かしえない試金石を、何ら提供するものではないという充分な証拠である。

(2) 社会化はすべて、社会的に決定された淘汰力の作用の増大と、その結果としての外的自然の力の淘汰的活動の減少とを伴っている。われわれはこの原理が顕われる方法のいくつかを指摘することができる。

(a)　社会化の発達は、現実に物質的資源の節約増大とその資源に対する制御を伴い、「生存競争」を鈍らせる。それは闘争を減じるのではなく、変容させるのであって、したがって、闘争は単なる生存とは異なったもののための闘争、すなわち、それがどのように理解されようとも、生活の財貨のための闘争になる。ところで、闘争が生存のためのものではない場合には、闘争での失敗は必ずしも生命の喪失を意味しない。闘争の敗北者は死ぬことがないし、また、その種類を繁殖させるのをやめることもない――それどころか、しばしばその逆境にそなえて一層多くのものを繁殖させるのであって、そのように完全に、淘汰の原理は社会の存在そのものによって変容されるのである。

(b)　ある種が多産でなくなればなるほど、「自然淘汰」によるその種の救済は可能でなくなる。「自然淘汰」の方法は、生存率に対して出生率がかなり優勢であることを前提としており、その超過分はあまり「適合的」でなく、「適応的」でもないものとして排除される。ところで、社会の成長とともに、生存率に対する出生率の超過分が絶えず減少し、したがって、淘汰的な死亡率ともいうべき方法はますます効果をもたなくなることがわかってきた。

ハックスリーがわずか四分の一世紀前に、環境に対する人間の制御の可能性を論じていた時に、制御の遂行につきまとう一つの重大な困難を認めた。「エデンの園にはへびがひそんでおり、しかも、すこぶる名状しがたい獣である。人間は自余の生物の世界とともに、強い生殖本能とその結果である、非常に迅速な繁殖傾向とを共有している。為政者の方策がその目的を一層よく達成すればするほど、野生の状態の破壊作用が一層完全に打破されればされるほど、それだけ増殖は抑制されなくなるであろう」[*]。結局、増殖が進んだ時には、「猛烈な生存競争が再開して、野生の状態に対して人為の状態を維持する根本的な条件である平和を破壊するに違いない」。しかし、文明が進むにつれて、増殖も同様には進まないことが今では明らかである。下等な世界では、増殖は増加ということには

* *Prolegomena to Evolution and Ethics* (1894).

ならない。というのは、高い死亡率が高い出生率を相殺するからである。文明の世界は、別の均衡状態にいたる過程にあるように思われる。しかも、その均衡は課せられるのではなく、意志で決定されるのである。一方から他方への推移は、あらゆる推移と同様に、冒険的なものであるが、しかし、その過程は否定できない。また、われわれはそれを必然的に有害であるとみなすべきではない。頭数をかぞえることは出来ても、時代の徴候を読みとることのできない算術家たち、すなわち、死亡数に対する出生数の超過分の増減によってある民族の盛衰を測るような、見る目がなくて騒ぎ立てる算術家たちには抗議する必要がある。彼らは、どこかにある限界が待ち受けていて、その限界をこえて増大すれば破滅を招くということ、そして、諸民族にとって、また人類全体にとっても、生命の発達につれて、無情な外的諸力か、あるいは、社会内部に働く自動調整の傾向のいずれかによって決定される数的均衡の時期や段階がいろいろ存在していることを少しも考えない。さらに、発達が一層大きければ大きいほど、「自然淘汰」の方法はますます無力なものになることがわかる。

その方法が社会の内部でどのように無力であるかは、人口の増加を刺激するいくつかの条件を考えれば明らかである。「困窮が人口を助長する」とは、ヴィクトリヤ朝中期の常套語句である*が、多数生み出された悲惨な人口は、彼ら自身に対しても、また、その後の子孫に対しても新しい困窮を――すなわち、困窮の悪循環を作り出すのである。多くの国の人口統計は、高い出生率、高い死亡率、低い能率、および低い生活水準がふつう直接に関連しあっていることを、目下のところ示している。マルサス主義的な因果関係の理法によると、高い出生率は高い死亡率のもっぱら結果であって原因ではないとするが、これは事実を説明するのには不十分であると信ずるに足る根拠がある。全体的な社会状況――非能率、貧困、無知、将来に対する見通しの欠如、低い生活水準――が高い出生率と高

* Thornton, *On Overpopulation* (1846). 参照。

い死亡率の浪費的な均衡を生み出す。発達についてのわれわれの基準によって測定すると、もっと高度の段階にある別の社会状況は、新しい、しかも最善の意味でもっと経済的な均衡を作り出す。*

トレッドゴールド（Tredgold）博士によれば、「子供が特殊学校へ引き渡されるような堕落した家庭には、公立の小学校へ子供を通わせている家庭の子供四人に比べて、死産の子供を除き、平均七・三人の子供がいる」。** この事実は進歩の少ないものが最も多産であるという一般法則を第一に説明するものであるが、さらにもう一つの注目すべき点がある。これらの堕落した家庭は、彼らではなくて、彼らの上位者たちが築いてきた社会に生活しており、実際に、その社会の利益を共有することによって、その社会の福祉を危険に陥れる。というのは、社会法則の世界以外では、これらの家庭も確実に生存して、同類を繁殖させることは決してなかったであろう。そこで、ここに社会的に作り出される危険があり、さらに、作り出された危険は社会自体が克服してゆかねばならない。

われわれは未開状態から野蛮状態へ、そして下等な生命の暗黒の世界へと陥っていく「自然」の方法を破棄してきたが、自らその堕落の道を再び歩まないかぎり、われわれはこれらの方法を取り返すことはできない。その上、これらの方法は、あらゆる無知な方法と同様に、浪費的で、十分に能率的でなく、悪だけではなくて善をも抑圧する。しかし、その不完全で無情な奉仕によってなされる貢献もまだ必要である。「自然的」な淘汰作用が減少するからには、人間の目的によるもっと完全で直接的な淘汰作用が増大しなければならない。〈「自然的」な方法は淘汰的な死亡率であるが、今はあまり役立たない。というのは、その淘汰があまりに遅すぎるからである。もっとすぐ

* その諸事実に関しては、Newsholme and Stevenson, *Journal of the Royal Statistical Society*, 1906; Bertillon, *Bulletin de l'Institut International de Statistique*; and Mobert, *Studien zur Bevölkerungsbewegung in Deutschland.* 参照。これらの諸事実についての短いがすぐれた論評は Taussig, *Principles of Economics*, Vol. II. においてなされている。

** Mr. and Mrs. Whetham, *The Family and the Nation*, p. 71. から引用。

れた方法は淘汰的な出生率であって、それは生存をうわまわる過度の増殖が絶えず減少するような世界では唯一適切な方法である〉。

(c)〈病気〉の淘汰的な有効性は社会の成長とともに一層少なくなる。未開な自然状態では、病気はもっと迅速にその犠牲を要求し、そして、その犠牲者たちに同類が繁殖する機会を与えない。しかし人間的条件のもとでは全く異なったものとなる。最悪の病気の犠牲になった人たち、病気の直らない人たちが、さらにだらだらと余命を保って、虚弱な子孫を繁殖させる。実際、すでにわれわれが認めてきたような、「自然淘汰」の奇妙な転倒がここでもまた当てはまるように思われる。というのは、これらの人たちは健康なものよりもしばしばもっと多産であるからである。もしも彼らが彼ら同士だけで結婚するならば、世代連続のはじめの方で病気が発生することによって、病気は淘汰的に作用するであろう。換言すれば、その犠牲者を排除するのである。しかし、通婚はこれらの血統をたどらないので、実際にはそのような結果にいたらない。残された道はただ一つである。すなわち、すでに病気が現われている場合、単に病気と戦うことではなくて、もっと病気を予防することが必要になる。その目的のために、今や社会的人間は社会の資源を有効に使用しはじめようとしているが、それは決して早すぎることはない。病気による有機体の試練は、最後の審判の日をわれわれの祖先が考えたように、個人主義的なものではない。社会においては、強いものも弱いものも非常にかたく結ばれており、その結果、ある点では弱いものの弱さが強いものの強さを弱めているのである。この事実を認めることがわれわれの視野全体を変えることになる。あらゆる事例のなかでもっとも単純なもの、すなわち、ある家族の賃金労働者が何かの病気で倒れたような場合を考えてみよう。もしも治癒しないとすれば、彼の扶養家族、すなわち、彼の家族の健康な成員も生活に困るようになり、難儀をし、虚弱になり、多分、こんどはその病気にかかって、もっと広いコミュニティを危険にさらすのである。これにたいして、もしも、医術が、常に社会的な相互依存関係を伴うような社会統制のもとで、何かの治療法を見出すならば、その場合には、病気に冒された成員の回復だけではなく、自余のものの健康と活力とを維持する可能性も生み出す。また、社会的諸条件が病気の危険な感染を非常に増大させるが、そのことによって、病気は自然のままでは少しも与えられないような機会をもつことになる。ところで、感染の危険にもっともさらされているのは、ほかならぬ子供たちである。* したがって、社会がその子供たちに対して作り出す感染の危険から、守ってやることが、種族にとってきわめて重要である。もしも個々人の生活が孤立化していたとすれば、病気も多分に一種の恩恵を純粋にもたらす作用とみなされるであろう。しかし、われわれが人々の相互依存関係を了解するならば、どうしてその説を固守することが出来ようか。実際に、社会が進歩するにつれて、病気の淘汰作用は一層低下するようになるのであって、われわれはそれに代わる一層すぐれた作用を見つけねばならない。

ところがそれどころか、人間の予防作用が無益であるとか、よくないとか、または「自然がわれわれにとっての問題を解決しつつある」** といわれる。これ以上に間違ったことはないであろう。「自然」は社会が作り出した問題を何ら解決しないのである。病気は社会の中では病気の犠牲を除くだけでは除かれないことを、われわれは明らかにしてきた——「自然の」助けを待つことは、川の水が流れ過ぎるまで岸の上で待っているようなものである。ああ、あまりにもこれは明白である。人間の合目的活動が、どこか他の場合と同様にこの場合にも、環境制御をしだいに可能にしていることは、幸いにも、明白になりつつある。「既知の研究方法や、研究の結果生れる制御活動の

* 「幼少の動物は成体よりも少量の細菌で病気に感染しうる。」(Archdall Reid, *The Principles of Heredity*, p. 129.)「年若いイギリスの兵士たちは、成人したものよりもコレラや赤痢で死亡しやすい。」(Ibid., p. 173.)

** Karl Pearson, *Tuberculosis, Heredity, and Environment*, p. 45. 参照。

方法を物惜しみなく応用することによって、流行病はすべて五〇年ほどの短期間のうちになくなるであろう」＊というE・レィ・ランケスター（E. Ray Lankester）卿の大胆な予言が本当であろうとなかろうと、人々が制御の必要を自覚しはじめてきたから、ずっと短期間のうちに、非常に有望な結果が達成されたことは確かである。＊＊たとえば、天然痘の追放とか、十二指腸虫その他の病気との戦いにみられるロックフェラー財団の業績のような、これらの結果の積極的な性格は、われわれにとっての問題の解決を「自然」に委ねる場合に到達する覚束ない結果とは、いち

＊ *Romanes Lecture*, 1905.

＊＊ カール・ピアスン（Karl Pearson）教授は、『結核、遺伝および環境』の小論文のなかで、結核克服のための努力が一層積極的になって以来、この国の結核による死亡率の低下の割合は下がってきていることを示すグラフを提供している。そこから、その努力が無益であるか、あるいは有害であると、彼は論じている。もしも、われわれが彼自身の数字を取り上げ、全然別な事を語るようなその他の数字を抜かすならば、その結論はひどく不合理なものにとどまってしまう。もしも、ある人が、たとえば、穴を掘り、深く掘ってゆけばゆくほど、ますますその前進してゆく割合は低下することがわかるならば、同様な論拠にもとづいて、彼の活動がその仕事を妨げていたことになるであろうか。ピアスン教授は収穫逓減の法則のことを聞いていなかったのか。実際に、夫と妻の間のような、共感、真実、忠順などの相互的関係を、正確な百分率で、諸君に示すことができる非常に著名な統計学者が、その問題の小論文の価値をそこなうような明白な誤りに陥っているのは不思議である。

　何かはっきりした証拠を示すのがよかろう。フランスでは、カルメット（Calmette）教授とクールモント（Courmont）教授の二人の公共心に富む人たちが、リール（Lille）とリヨン（Lyons）でそれぞれ首尾一貫した「結核克服のための努力」を開始した。「その諸成果がすぐれたものであったことは、カルメットの数字によって示された。一九〇一年以前では、リールの公衆衛生局は毎年結核によって一、〇〇〇人から一、一六〇〇人までの死亡を記録した。その施療所の六年間の努力の後、一九〇七年には、二〇五、六二五人の住民中八六〇人の死亡が記録され、さらに一九一一年には、二一七、八〇七人の住民中七〇四人の死亡が記録された。同様の成果はリヨンでも観察されていた。一九〇〇年から一九〇四年までの結核による平均死亡率は住民一〇、〇〇〇人当り三五・四人となっていたが、一九一一年には、一〇、〇〇〇人当り二六・一人に低下してきた。」（一九一三年にロンドンで開かれた結核に関する会議でのリスト（E. Rist）博士の報告から）。

　結核克服のための努力が非常に組織的に行なわれてきたドイツでは、結核による死亡率の〈低下の割合〉が、最近数年間に〈増大して〉きていることが付言できる。プロシャでは、一八九二年以来、結核による死亡率が、約五〇パーセント低下してきた。

じるしい対照をなしている。

〈自由放任主義的な〉議論は全く根拠のない仮説にもとづいている。(1) 罹病を免れているものは、その本質的な生存－適合性のためであるのか、あるいは、(2) 病気しても回復するものは、病気との戦いに一層強健であって、虚弱ではないためであるのか、あるいはまた、(3) 病気しても病気に負けるものは、病弱者を除いて種族に強健者を残すことになるのかどうか、ということはいずれも確証されていない。これらの仮説のうちの最後のものは、われわれがすでに明らかにしてきた考察によって論破されている。他の二つについても簡単に検討することが出来る。(1)免疫の理論は、ある非常に特殊な場合を除くと、まだ証明されていない。たとえば、結核とかマラリヤに対する、ある民族が「生得的に」獲得する免疫は、常にはなはだ部分的な性格のものであり、人間がある病気に対して自分で獲得した免疫とはいちじるしく対照的であることが、ともかく確かである。さらに、最近の諸研究によると、免疫が存在しているところでは、それはある限定的な性格をもつこと、換言すれば、身体全体が一層強健になり、したがって一層抵抗力が増大するというのではなく、特殊な保護物質が生成して中毒作用を中和することがわかってきた。今までのところでは、免疫は良好な健康状態一般ではなくて、免疫という点での良好な健康状態を意味するものであろう。人々に免疫――はしかの――をつくることによって、はしかは人々に恩恵をはっきりと与えることを、「自然」の擁護者たちがわれわれに語っているのに、本当にわれわれは出会うのである。* この点については、多分、ヨーロッパ人の結核に対する〈相対的〉な免疫を説明しているもっとも最近の理論――メチニコフ（Metchnikoff）教授の理論――は結核の免疫を、子供たちが知らず知らずのうちに植えつけられる結核の軽い菌株によるとみなしていることが注目される。「一方では、このように子供が、単なるるいれきとか、股関節疾患とか、あるいはとて

* Archdall Reid, *Heredity*, pp. 112-3. 参照。

も目につかない病気をするが、しかし結局、保護的な免疫を生じるような細菌の比較的軽い、または良性の「菌株」に感染するか、あるいは、他方では、不幸にも肺結核となり死亡するような致命的な「菌株」に感染してしまうかどうかは、偶然の問題である」と、E・レィ・ランケスター卿はその理論を説明している。この説明が妥当であろうとなかろうと、とりわけ次代の生命を危険に陥らせ、また、今日の文明世界に驚くほど流行しているその他の病気に関しても、免疫は獲得できていないし、感染も身体の無力の結果でない（そうではなくて原因にすぎない）ことは全く明らかとなっている。

(2)　勝利は強いものにくるが、そうでないこともある。戦闘で勝利者として登場するものはより強いものであって、弱いものでないことは、まだ証明されていない。有毒な細菌は一種の毒物であり、ないしは毒物生産者である。それでは、毒物によって試されるのは、有機体にとって好都合なことであるのか。そうだと答えることがどんなにむずかしいか、われわれはやがてわかるであろう。

さらに、その要点を次のように述べることも出来る。人々が以前の健康の形質について、どんなによく淘汰されていても、不健康な条件によって促進される病気の犠牲になる、ということには論議の余地のないほどの証拠がある。たとえば、健康全般の点から選抜された部隊の兵隊たちは、一般住民よりもはるかに結核にかかりやすいが、それは兵舎の条件によるのである。刑務所、女子修道院等々の生活も結核に対する罹病率を高めていることは諸統計から明白である。*したがって、この種の「闘争」が種族にとって望ましいものであると考える人々に、それがどれだけ望ましいものなのか、また刑務所の条件が誘発する総数、都市の条件が誘発する総数、いいかえれば、それらがどれだけ望ましいものなのかをたずねなければならない。

* Hirsch, *Geographical and Historical Pathology*, III., p. 222ff. 参照。

(d)　似たような議論は、現世代に悪い影響を及ぼしている生活条件のすべてについてもあてはまる――これらの生活条件は、ともかく、社会がしっかりと確立している場合にはどこでも、種族にとっても、将来の世代にとっても有害である。すでに言及したアルコール中毒の場合が、ここではぴったりと当てはまる。われわれは自然淘汰説の主張者たちが支持する安易な免疫説を認めることができない。彼らの一人は、「酒の供給が十分であれば、どの種族もみな、その毒物についての過去の経験に全く比例して、禁酒するということは、一種の絶対的な原則であって、それには例外がない」*と述べている。この所説は、もっぱらフランスの場合を十分に証明するのであるが、全く誤解に導くのである。また、阿片についても、その経験のほとんどない英国と、その大きな経験をもつ中国とをくらべて、どちらがよく節制を守っているか。もし英国には阿片が十分に入っていないといわれるならば、それは〈社会的〉条件によるというのが真実である。

あるいは、鉛のような有毒物質を使って仕事をしている人たちの場合をとってみよう。毒物による試練の影響で、彼らの死亡率が高まり、出生率も減少していることのほかに、健康の一般標準も確かに低下している。** 産業毒物の婦人労働者への影響は、特に容易ならぬものがある。ヒルト（Hirt）博士によれば、*** ある種のガラス製造に従事している婦人から生れる幼児の死亡率は五五パーセントであり、鉛を使って仕事をしている婦人の子供では、四〇パーセントである。淘汰的な出生率は淘汰によって改善されないで、悪化する。すなわち、淘汰的な動因の働きに比例して悪化する。クロポトキン公が述べたように、「未開な国々にみられるような、飢饉を生き延び、コレラや、

* Reid, *The Principles of Heredity*, p. 199.

** Legge and Goadby, *Lead Poisoning and Lead Absorption* (1912). 参照。出生率の減少はその毒物の特有な結果である。

*** *Die gewerbliche Thätigkeit der Frauen.*

天然痘や、ジフテリヤの猛烈な流行にもかかわらず生き延びている人々は、もっとも強壮な人でもなく、もっとも健康な人でもないし、また、もっとも聡明な人でもない。それらの生き残った人々によって、どのような進歩も基礎づけられることはなかった——生き残った人々はすべて……数ケ月の間、半分の糧食で生きることを強いられ、その体験を切り抜けても、健康を損い、したがって、すこぶる異常な死亡率の高さを示している要塞守備隊のように、通常、厳しい試練を切り抜けても、健康を損うことになるので、ますます進歩を基礎づけるようにはならないのである」。* 死亡率のもっとも高い社会階級において、不健康の一般標準は最も高く、したがって、高死亡率がその種族を繁栄させるとの考えに満足できない証拠を、われわれの知識が普及するにつれて手にするのである。** というのは、世代を連続してたえず害を与える有害な諸条件のせいだからである。

これらすべての場合に、淘汰作用は退化をいくぶん除くとしても、ある程度は退化の原因ないしはその本質をなしてさえいる。この事実は、これら淘汰作用を拠りどころとする人たちによっていままで無視されるか、または否定されるかしている。しかし、証拠は明白である。幼児死亡率にあらわれている淘汰作用のような、決定的事例を考察してみよう。ジョージ・ニューマン（George Newman）卿が述べているように、「結局、種族の退化を決定す

* *Mutual Aid* (2nd ed.), p. 73.

** 国家保険法の提出は、この事実のもっと正確な証拠を提供する手段であった。ここに一つの実例がある。「広いロンドン東部地区に開業しているある保険医は、その年のうちに、診療所を通じて、彼の名簿にのせられている人々全体のうちの八一パーセントのものをみてきた。ロンドン南部地区の別の保険医は八八パーセントのものをみてきた。これらの人々が悩んでいるのは、本質的には、栄養の不足、暖かい衣類の欠乏、人並みの住宅の欠乏および休息の不足—要するに極度の貧困であることを、その保険医ははっきりと言明しており、また、その他の都市やロンドンの他の地区の医者たちも同様な証拠を提供している」。（一九一四年にザ・ニュー・スティツマン（*The New Statesman*）によって刊行された保険法の作用に関する報告から）。

る原因や条件の一般化を、高い幼児死亡率は、必然的といえるほどに示していることを、いくらはっきりと認めても認めすぎることはない」*。地方政府の医務官吏であった、ニューショルム（Newsholme）博士も、彼の作成した二つの立派な報告書**のなかで、この所説を確証し、特に、全国的には、幼児死亡率と、以後の年齢ごとの死亡率とが相関していることを示している。

一般的原則として、「個人」、すなわち、現世代の人々の社会的悪条件は、種族にとってもまた悪条件である。健康――生命の健康以外の資質も無論である――が最も危険にさらされ、弱められているのは、困窮と戦い、貧困と戦う渦にすっかり巻き込まれている人たちである。自らの生命を最も多く傷つけているのも、生存のために最も奮闘努力している人たちである。また、積極的な側面でいうと、社会の発達は、「自然淘汰」の原理とは異なった、合理的ないしは合目的的淘汰の原理の発達と切っても切れない関係にあるし、そして常にそうでなければならないことにもなるのである。

ただこの事実を述べるだけで、多くの偏見を呼び起すことになる。人間の間に「自然淘汰」作用が衰えないと信じる人たちは、よく合理的淘汰の作用をとても認めようとしない。ほかにも、馬の飼育場の飼主のように、ことによると専制国家になる、飼育者の飼育方法を、「淘汰的出生率」や「合理的淘汰」という表現のもとに、表わす人たちがいる。しかし、このような観念は、われわれがすでに述べてきた原理の荒唐無稽な歪曲である。国家統制の作用はもちろん非常に限定されている。それは生命の根源を毒し、人々の相互依存関係のなかで自分らの子孫の生

* *Infant Mortality, Preface.* この著作およびニューショルム博士の報告は、この基本的問題に関心をもっている人がだれでも研究すべきものである。

** *Local Government Board*, 1910, Cd. 5263, and 1913, Cd. 6909.

活だけでなく、周囲の人たちの生活の全体も重大な危険に陥らせるような、非常に根深く致命的な欠陥をもつ人たちの増殖を阻むことができるにすぎない。このような非難を蒙る状態には、主として梅毒とある種の精神異常があげられる。そしてこれらの梅毒、精神異常の社会的影響を知っているものにはすべて、これら病気に関して積極的方策の絶対的必要性もよくわかっている。* この知識の普及は、全世界の目を統制の必要性に向けて開くであろう。近時、そうした知識が実際に発達してきたことは重要である。** このように暴露された害悪を克服するために、単に政治的のみでなく、社会的にも、より直接的な活動が、疑いもなくいつの日にか、そこに生じてくるであろう。

何故なら、社会的淘汰の作用は、どのような国家の直接活動よりも、はるかに広く、もっと持続的な過程である

---

* 天才といわれる人たちは精神異常の諸症状を現わし、精神異常の家系の出であったものが多いから、これらの方策が天才の出現を減少させるであろうと時々いわれる。このような異論に対しては、ハブロック・エリス（Havelock Ellis）氏が応酬したが、彼は平均的なものからの逸脱はすべて精神異常であるとみなすような精神病医の無謀なやり方に対して巧みに異議を申し立てている。彼は天才を確認する手段として、英国人名辞典（Dictionary of National Biography）にもとづく客観的で一般的な選択体系を採用して、次のようなことを認めている。すなわち、「天才といわれる英国の男女の両親たちの間に、明確な精神異常が突き止められるのは一パーセントにもならない。確かにこの結果は実際以下である。というのは、その両親たちの精神異常は、人名辞典の著者によって見落されることが時にはあったにちがいないからである。しかし、この誤差の原因を避けるために、たとえその百分比を倍加しても、それでもなおその割合は相変らず取るに足りないものである」。彼は次のように結論を下している。すなわち、「天才といわれる人たちのある小部分のものが高度に病的な形質を示してきたという事実を低く評価する必要はないし、また、大部分の事例において、わずかに病的な素質が、注意をすれば、天才の家系に発見されうることを否定することもない。しかし、優生学的考察の影響は、ひどく退廃的な家系の場合にのみ発揮されうるのは当然である。この点で、われわれの知識が拡大するかぎりでは、天才の出自は大抵いつでも見失われる。天才の絶滅、およびその創生は、同様に優生学者にはわからない。」(*Contemporary Review*, Oct., 1913.)

** この問題に対するもっと早い時代の態度とすこぶる重要な対照をなすものとして、ブリュー（M. Brieux）の戯曲、*Les Avariés* を例に挙げることができよう。

からである。社会的活動はすべて、合目的的であって、淘汰的である。したがって、社会が成長するにつれて、社会的淘汰も強さを増してくる。社会的淘汰は性的淘汰の形で最も直接に作用する。ところで、この淘汰はパーソナリティの成長により直接的となり、より密接なものになる。また、コミュニティ内で発達する基準と理想に大きく関わっている。したがって、各世代の理想は、後続するすべてのものの――理想だけでない――生命や性格そのものまでも決定する。

社会内部で作用する淘汰力はきわめて複雑で多様化しており、それら諸力を数えあげようとする試みにさえわれわれはかりたてられるであろう。しかし、次のことだけは明白である。すなわち、これら諸力は人々に対して単に外的に作用する力ではなく、人々の実際の諸性質から顕われ出てくる力である。それらは目標決定力であり、人間の目標が合理的であるかぎりは、それ自体も合理的である。したがって、コミュニティの発達は合理的な淘汰の増大を意味している。

われわれはここで、人々の間になお作用していて、合理的なものとはとてもいえない、それ故にコミュニティのどんな完全な発達とも全く相容れない社会的淘汰のある種の形態を指摘できよう。(1) 他の点では、さほどふさわしくない者が、〈経済的〉利益のために結婚相手に選ばれ、また、他の点では、むしろふさわしくても、経済的無能のために、結婚が阻まれる者がある。そこには社会的淘汰の有害な過程が働いている。(2) 同様に、どんな種類の社会的条件も、精神とか身体の強壮なものの独身主義を促す場合には、社会的淘汰の有害な過程が働いている。これはローマ教会の罪としてガルトン（Galton）によって非常に雄弁に告発されたことである。* 軍隊の召集兵が、二、三年の間、一時的な独身主義を隔離された兵舎で強要されるだけでなく、結婚しても無理はない経済的境遇の

* *Hereditary Genius* のなかの「諸国民の生得的能力に作用する諸影響」と表題がつけられている章。

到来を遅らせると共に、結婚生活にそぐわない習慣もつくりだす点で、同じ方向に作用することがまたありそうである。*

(3)　戦争の体制は有害な淘汰作用である。というのは、交戦国の青年や兵士の一部を常に死なせるからである。戦争が「文明化」すればするほど、有害な淘汰的動因となり、病弱者は見逃されても、健康で強健なものはその犠牲に選ばれることを、ダーウィン自身も指摘している。戦争が淘汰作用によって利するところがあるとの相変らずの主張をただ無分別にするものがいるが、そうであるならば、中央ヨーロッパは、三〇年戦争のすさまじい試練の後に、意志と性格をより強くしたことになろうが、事実はそうでなかった。実際、中央ヨーロッパは粉砕され、破壊され、惨状を呈して、いたるところで、以前の活力を回復するのには、数世紀を要するほどの打撃を蒙った。アメリカの動物学者、ジョルダン（Jordan）教授は、最近、得心のゆくように、戦争の有害な淘汰的影響について指摘した。** また歴史家のオットー・ゼーク（Otto Seeck）も、戦争がギリシア、ローマの文明に対してどのように悲惨な影響を与えたかについて、注目すべき研究をしている。***

これらははっきり有害とわかる社会的淘汰の形態にすぎない。しかし、社会的淘汰は、社会が変るにつれて、その形態もたえず変えるけれども、社会の内部に遍在している。人間目標が正しいと同時に啓発的であるかぎり、社会的淘汰も望ましいものであるが、人間の目標が邪悪であるか、もっと一般的には、望ましいものに達する手段についで何ら知らないままに決められているかぎりは、社会的淘汰も有害である。

* Forel, *The Sexual Question*, pp. 335ff. を参照せよ。

** 幾つかの著作があるが、そのうちで、*The Human Harvest* がもっとも著名である。

*** *Geschichte des Untergangs der antiken Welt*, Vol. I., Bk. II. c. 3. (3rd ed., 1910.)

六　結　論

結局、淘汰の主要な〈結果〉の一つは、知能の進化であったと思われる。脳を進化させたといわれる「自然淘汰」も、もしその脳の使用を許さないなら、不幸なことであろう。今まで人間の心は、小さい範囲の光を、すなわち、人間の心を取り巻く暗黒とは対照的に、きわめて小さい範囲の光を投げかけるにすぎなかった。それでも人間心が福祉の道を辿る力を持っている時はいつでも、その道を見出してきたのである。事実、もしも人類が、類は類を生むようになるという法則、この一つの最も明白で議論の余地のない法則の助力をすすんで受け入れさえすれば、永久に――すなわち、自然条件を生命に役立てるように、もはや制御することも出来ない、想像も及ばない時まで――心身の健康を人類の諸世代に保証することが出来るであろう。人々は今まで社会悪の多くを矯正できないと称して矯正しようとはしなかった。人々が矯正を〈決意〉できない場合にのみ、社会悪は矯正できないのである。

敵は文明でもなく、文化でもない。われわれは「神々のようになって、善悪がわかって」きたから、自然の楽園から追い出されなかった。われわれの害悪の責めを負わねばならないのは、文明ではなくて、われわれの文明のなかで依然として文明化されていないものであり、また、文化でもなくて、われわれの文化のなかで依然として教化されていないものである。それは有害な社会的条件であり、とりわけ有害な経済的条件であろうが、それはわれわれが――積極的に決意したり、作為したのではなくて、打破することが出来なかったものである。しかも、その有害な社会的条件は、われわれの意図に付随して現われてくる意図せざるものであり、われわれの目的の企図せざる結果であって、それを廃棄するのには、決意をあまり要しないのではなくて、より強い決意が要求されるし、また、不毛な目的ではなくて充実した目的が、さらに、自然への屈服ではなくて自然に対するもっと完全な支配力が要求されるのである。

そして「人は誰でも、自らの危険を覚悟して向上する。飼育動物や栽培植物を考えてみよ。それらの動植物はもはや自然条件に立ち向うことは出来ない。彼らの世界で一種ののけものである」と。しかし、そこには一つの相違がある。動物とか植物は自分自身の目的以外の創造的目的によって、ある特殊な方向に育成されてきた。その方向が取り除かれる時には、どのような内的な力によっても、もはや支えきれないのである。しかし、社会的人間は自分で生長してきた。人間の発達は人間性内部の創造的目的の発現であり、人間自身の本性の顕現である。そのために創造的目的が取り除かれれば、必ず人間性を失うことになってしまう。さらに、反対の論議では、「自然」があったのは過去数世紀、または数千年をさかのぼるにすぎないと推定されるが、実はそれが未知なる永劫の昔のことである。いな、むしろこのような自然状態は、人間にとっていまだかつて存在しなかったのである。というのは、生命と環境は相関的であるから、「自然状態」はかつて人間の環境ではなかった。自然状態には、人間はまだ存在しなかったからである。

人間は相互的な奉仕と防護のために、さらにこれを発展させようとして、ひるむことなく前進していくのは正しい。また、病気、疫病、有機体のすべての害悪に対して、たゆまず戦っていくのも正しい。これは正当な結論であろう。前進するのには危険が伴うことは疑うまでもない。じっと立ちどまっていても危険がある。また、じっと立ちどまっている場合には、何の報酬もないし、いままで以上に征服もない。最後には全くの静止——敗北におちいることは確実なのである。われわれの本能はわれわれを偉大な冒険に引き入れてきたし、理性はわれわれを導き続けねばならない。もうもとへ戻ることはない。

ところで、その冒険には試みるだけの価値がともかくある。われわれは無分別で本能的、自動調整的な、ただ動物的な生活をしている、繋がれた動物ではない。われわれは繋がれていないから、道を見失うかもしれない――動物には見失うべき何ものもないから、見失うことはあり得ない――しかし、たえずもっと先の地平へ、すなわち、たえずより高い実現の見込みのある世界へ到達するという展望に比べれば、その危険は取るに足りないものである。

今日、われわれは明日の問題を解くことは決してできない。明日の問題はどんな風に現われてくるかを知ることさえも出来ないのである。したがって、たえずふりかかってくる困難を解決しようとして努力するという意味で、明日のことに何も思いわずらわされないのが、社会哲学者にとって賢明である。というのは、明日には、明日の問題に解答する、明日のもっとすぐれたもっとふさわしい思想家が出てくるからである。

第八章　綜　　合

われわれは今まで、コミュニティ発達の諸形態を基礎づけている統一性についてみてきた。もしわれわれが十分に深く探究すれば、その統一性も生命が常に現わす統一性である。それぞれの生命のうちに、世代間を貫く生命の連続性のうちにも、発達の諸特質はすべて単一の原理を現わしている。コミュニティ成員のパーソナリティの成長はすべて、その成長に対応して、彼ら相互の関係、社会構造、コミュニティの慣習や制度やアソシエーションを変える。したがって、そのいずれかの側面に関心を集中することになるが、人間の発達と人間相互関係の発達は、単一の研究領域を形成する。この研究においてわれわれの関心は、人間相互、すなわち社会的側面に集中してきたが、それを理解するにも、両側面の統一から出発しなければならない。このことは、すでに発達全体に対して手掛りをあたえた、われわれの第一法則のうちに顕現されていた。社会化と個性化は〈相並んで〉発達する。これら二要因の統一は、どの生命にも、また、それらが構成する全体のうちにも現われている。その統一はパーソナリティであるからである。さらにコミュニティの発達をどう記述するにしても、右のことは、その記述の基礎でなければならない。〈コミュニティ成員によって、コミュニティのなかで、また、コミュニティを通じて達成されるパーソナリティの実際の発達は、その成員が自分自身と仲間のパーソナリティに付与する重要性の尺度である〉。この手掛りをたよりにして、コミュニティ発達の他の諸側面のすべてを、すなわち、コミュニティの経済の成長、環境の制御の成長を、われわれは単一の法則の支配のもとに入れることが出来る。

コミュニティ発達の統一性を示せば、また、コミュニティ発達の〈方向〉、すなわち、誰が知っているだろうか、いままで夢想だにしなかった遠方へ伸びている進路の方向をも示すことになる。絶え間ない進歩ではなくて、休止があり、放浪があり、後退もあるにもかかわらず、コミュニティは、その進路に沿って前進してきた。コミュニティが前進するにつれて、コミュニティ発達の意味は、なおぼんやりしているけれども、次第に明確になってきた。無分別な衝動が意識的な力に取って代わり、その結果、コミュニティの活動において無分別――コミュニティが駆り立てたわれわれに対しても無分別――であった多くのものは、もう無意味なものではなくて、今やわれわれ自身の意識的な目的として現われるものとつながっていたように思われる。もしもコミュニティの目的がさらに一層明確になるならば、現在の記録が「遠い昔の不幸な事柄」の記憶になるような時代に向って、コミュニティの運動も、もっとまっすぐに進むようになるであろう。

付論

付論A　個人、アソシエーション、コミュニティ

どのような属性がコミュニティ、アソシエーション、個人にそれぞれ正確に当てはまるかを問うならば、われわれの「個人」と「社会」の概念を明確にするだけでなく、アソシエーションとコミュニティの真の区別を説明することにも役立つであろう。それは、抽象的に論じていては多くの混乱を招くだけの問題に対して解決をあたえる簡単な方法である。

I　〈コミュニティ、アソシエーション、個人に等しく当てはまる属性〉

三者すべてに当てはまると思われるいくつかの単純な一般的性質の属性がある。これらの属性は最初、個人に付着しているが、個人生活のみならず、社会構造の性質にも直接、現われてくるような属性である。たとえば、貧困、富裕、勤勉、手厚い、等々。しかしこの性質の非常に多くの属性は単に字位転換（metathesis）によって作られることに気がつくべきである。たとえば、コミュニティの成員が知性を示すことを単に意味する場合、われわれは知的コミュニティのことを述べているのである。アソシエーションの成員（ないし職員）が進取の気性に富んでいることを意味する場合、進取的アソシエーションのことを述べているのである。〔だが〕二足動物からなるコミュニティは二足コミュニティではないであろう。同様に、赤毛の人々からなるアソシエーションは赤毛アソシエーションではないであろう。

より特殊な性質の一定の属性は次の点で共通している。これらは、(a)愛国的、利己的、友好的、敵対的、等々のような、他者に対するあるいは個人ないし集団自身の利害に対する、個人や集団単位の態度を示す属性、ならびに

(b)成長、存続、変化、連続、相続、所有を表わす属性である。

Ⅱ　〈コミュニティとアソシエーションに当てはまっても、個人には当てはまらない属性〉

社会構造を表わす一定の属性がこの部類に属する。それらは統一体の形式、統制の性質、専門化の型、等々に関連している。民主的、位階的、依存的、同質的といったような言葉を挙げることが出来る。（ある個人を民主的であるとわれわれが言う場合、もちろんそれは別の意味で言っているのである）。この部類のなかで、現実にコミュニティに当てはまるのはごく少数の属性だけである。というのはアソシエーションと違って、それは明確に組織化されていないからである。こうした言葉の大部分は〈アソシエーションだけに当てはまるのである〉。一般項目のもとでの第二群は、慣習や他の集合行動の様式を表わす属性から成っている。コミュニティとアソシエーションの両者は、慣習、伝統、容認された行動様式に関しては統一体とみなされ、そうしたことを記述している言葉を個人に適用することは出来ない。個人では行列を作るわけにはいかないのと同じように、個人で祭を催すことは出来ないのである。

Ⅲ　〈コミュニティに当てはまっても、アソシエーションと個人には当てはまらない属性〉

この部類には二つの属性がある。(a)社会等級や地位を表わす、あるいは遊牧、未開、文明化、人口稠密、好戦的、等々のような状態を表わす属性。（文明化された個人と言う時、われわれは文明化されたコミュニティの成員のことを意味する。でなければその言葉を特殊な意味で用いている）。(b)共通の慣習や生活様式を表わす属性。つまりトーテム信仰、カースト的抑圧、封建制化、産業化、等々のような、特定のアソシエーションでは生みだすことも、維持することも出来ないような広く行きわたった性質を表わす属性。

Ⅳ　〈コミュニティと個人に当てはまっても、アソシエーションには当てはまらない属性〉

この範疇には、物質的実在と空間的位置を表わす言葉が入る。最も基本的な事例を取り上げてみよう。コミュニティは、もちろん個人がそうであるように、地球の表面のある地域を占めている。他方、アソシエーションはわれわれがそれにいかなる実体を帰属させようとも、完全な生き身の存在ではないし、またそれ自身の存立のための場所を必要としない。さらに個人は〈当人において〉(*in propria persona*) 行動するし、またコミュニティも、少なくともそれが行動する場合には、当人において行動すると言ってよいであろう。しかし、アソシエーションは仲介者や代理人のみを通じて行動する。このことは法人団体の法的概念において明白である。さらに個人やコミュニティは、それぞれに然るべく属する、たとえば繁栄や福祉を意味する倫理的な言葉で語られるであろう。他方、アソシエーションは現実にそれ自身の内部に属する目的や遂行を持っていない。その目的は常に仲介的である。換言すれば、アソシエーションの目的はもっぱらその成員の目的に役立つためにのみ存在しており、アソシエーションに関連したものではない。アソシエーションは常にそれ自身を越えた何かのための手段である。

V　〈アソシエーションと個人に当てはまっても、コミュニティには当てはまらない属性〉

アソシエーションは、個人と同様に、常態では一定の持続的な意志の統一性と働きを示す。同様に両者は特定の目的を追求する――もっともアソシエーションは、先述したように、その代理人を通じてのみ目的を追求できるのではあるが。しかしコミュニティの場合は特定の目的を追求しない。したがって財産所有の責任、義務、能力のような特定の(そして特に法的)権利と義務は、個人とアソシエーションにのみ伴う。「人格」という誤解を招きやすい言葉がアソシエーションに適用されるのは、この事実のためである。さらに、アソシエーションには、コミュニティの場合に可能である以上に、はるかに広範囲な関心、職業等の専門化を許す余地がある。われわれは農業コミュニティ、狩猟民族、等々のことを言うかもしれないが、コミュニティにはごく少数の専門化を示す属性しか当てはまらない。その上、専門化の属性がコミュニティに当てはまる場合には、それは共同的《コミュナル》生活の狭さを示すものである。他方では、コミュニティが専門化されていなければいないほど、その内部のアソシエーションはいっそう専門化される。専門化の属性は三者の中でまず個人に一番よく当てはまり、その次がアソシエーションであって、コミュニティに当てはまることはきわめて稀である。

Ⅵ 〈アソシエーションに当てはまっても、コミュニティと個人には当てはまらない属性〉

特定の目的のための共通の組織を意味するあらゆる言葉は、当然アソシエーションのみに属する。Ⅱの項目参照。

Ⅶ 〈個人にのみ属する属性〉

個人の資質や反応に言及するほとんどすべての属性がこの部類に入る。われわれがコミュニティのことを、勇敢な、あるいは教養のある、あるいは信心深い、あるいは快楽追求的な（等々）と言う場合、その成員ないしその成員のある程度の人数が当該の性質を示すことを単に意味するにすぎないということを、われわれは主張しなければならない。ベニス人はガラス器具の制作に熟達していると言うならば、有意味な人数（おそらくきわめて少数）がそうした技能を持っていることを意味する。さらに、人間の有機的性質を表わす属性は、すべて個人にのみ当てはまることも明白である。ブルンチュリ（J. K. Bluntschli）は国家を男性に、教会を女性になぞらえたが、しかしそうした属性はせいぜい不確かな類比にもとづいているにすぎない。肉体と心は、厳密にそして正確には、個人にのみ属しており、究極的な権力、究極的な責任、究極的な目標を表わすあらゆる属性は、最終的には個人にのみ伴うはずである。

これらの区別に照せば、アソシエーションに属する意志の行使が、いかに仲介的なことで、いかに制約されたものであるのかということを、われわれは合点する。そして、アソシエーションが有する行為の統一性と能力を表現するために、もしも「パーソナリティ」より何か別の言葉を用いることが出来るならば、そのことがいかに望ましいことであるのかということも、われわれは合点する。パーソナリティは、真のそして独自な意味においては、アソシエーションの特質――アソシエーションが統一体として行動することを可能にし、そして法律上の見地からは、それらを「人格」にする特質――とは完全に異なる領域と本来の姿を備えている。

付論B　新ヘーゲル学派の「社会」と「国家」の同一視批判

（〈「哲学評論」一九一一年一月号への寄稿論文からの抜粋〉）

過去一世紀半の間、包括的な政治原理を得ようとする真剣な試みの大半が、彼らの着想を古代ギリシアの観念に負うていたことは、注目すべき事実である。このことはルソーの「ジュネーブ市民」にもみられることであり、彼の「自然」に対する抽象的な愛は、その姿を変えて、都市国家への非常に具体的な愛着の中に表われている。このことはやはり現代の一定の著者達にも言えることであるが、とりわけボーザンケト（Bernard Bosanquet）教授によく当てはまる。「キリスト教的ヘレニズム」*という彼の理想自体はヘーゲルの古代ギリシア《ヘレニズム》思想によって啓発されたものである。この古代ギリシア思想が事実上われわれに非常に多くのことを教えてくれたからには、それがわれわれを惑わすからといって、それを非難することは、恩知らずと思われるかもしれない。けれどもわれわれの現代の生活状態は、いくつかの点で、ギリシア社会のそれと非常に異なっている。より広い現代のコミュニティの領域であれば判然としているはずの一定の区別も、特にギリシア世界の狭い領域内では、隠蔽されたままである。この点で、純粋な古代ギリシア思想の理論を現代生活に適用することは危険である。このことがルソー以後その理論を用いた——古代ギリシア思想に現代国家の鍵を発見した——これら理論家達の多くを事実上誤らせたように思われる。

ギリシア都市の狭い領域内部では、国家とコミュニティの区別は隠されていた。後世の政治意識**においてこの区別がどのように生まれてきたのか、その過程を辿ることは興味深いことではあるが、ここでは次のことを述べておくだけで十分であろう。すなわち、この区別は本質的な区別であって、しかもこのように区別することがいかに妥当かということは、この区別を曖昧にし、否定している論理の矛盾を突くことによって明らかにされる。特に一般意志の理論は、その大抵の説明者の手にかかると、この必然的な区別を、事実上、否定してしまっている。あらかじめ、ルソー、ヘーゲル、ボーザンケト教授によってそれぞれいだかれた学説の構成を簡単に検討し、そうしていずれの場合にも、彼らが非常に狭い古代ギリシア思想によって損われていることを示そうと思う。

1 ルソーが述べた一般意志は、国家における真の主権者と究極的な権威のことであって、これは明白な意味においては、あらゆる民主主義国家の承認された教義である。そして民主主義国家の機構が整備されると、究極的な決定はいずれにしても「人民」の多数決にかかっている。したがって政治的には「一般意志」は主権者であり、主権者であり続けねばならない。ここまではルソーは正しい。しかしルソーは人民の必然的な政治的主権に満足できず、そうした主権は道徳的なことがらでは〈なくて〉、それは道徳的主権と〈同一〉であるということを示そうとした。一般意志は誤ちを犯すことはできないと、ルソーは述べた。正義にもとづく主権は正しく行動しなければ〈ならない〉のである。ところで主権者が「誤りを犯すことはできない」ということは、論理的かつ明白な法律上の立場である。適法性の範囲は法律の枠を越えることが出来ないが、道徳ならば可能である。ルソーが擁護しようとしたことは、主権者の法律上の正義ではなくて、まさに必然的な主権者の道徳的正義である。彼は政治的組織を、複雑かつ不確定な社会構造から区別することがまったく出来なかった。したがって、国家の絆は社会を結合させる絆、すなわち社会の道徳的裁可にほかならなかった。ここを基点に理論の精緻化がなされ、ルソーはそれによって

* *Essays and Addresses*, p. 48.

** リッチー（Richie）（『国家干渉の原理』一五七頁）は初期の例、すなわちアリストテレスの「政治的動物」を「社会的動物と政治」と翻訳した聖トマス・アクィナス（『神の王国』）を引き合いに出す。

〔主権と道徳的正義の〕同一性を無益にも主張しようとする。まず第一に、一般意志が「万人の意志」と区別されている――〔これは〕実のところ二種類の〈政治的〉意識の区別ではない。第二に、一般意志は、たとえそれが啓蒙されなくても、常に善を意図するものであると主張されている。法律上の原則は、主権者の行動の法的正当性は擁護しても、主権者の道徳的正義は未決定のままにしておくのが通例である。しかしルソーの意見では、主権者の道徳的正義が主張されている。したがって政治的主権者は、たとえ知的な誤りを犯しやすいにしても、他のあらゆる面では全く誤りのない異例の「人物」とみなされる――いくぶん近視眼的である点を除けば絶対的に善なる「人物」なのである。現実と理想とを混同することに、われわれは現代のヘレニズムの危険性を見出す。間違うことのない意志と誤りやすい判断とが結合したこの奇妙な概念こそ、そうした混乱の格好の見本である。ここですでにルソーが政治的原理の理解力を失っていることに気づく。国家がそれまで求めて求め得なかったために、その存在を否定している政治的主権者を、ルソーは求めているのである。

ルソーは共同意志を単なる意志と同一視した。しかしながら、厄介な心理学的問題に立ち入らずとも、次のことは言えるであろう。一般意志が実現されれば、一般的な利害や善が生ずるようになるかもしれないが、だからといって一般意志が普遍的な善を求める意志であるとは言えない。またこうした見地は、実際上から言っても、心理学的なそれに劣らず難点をもっている。何らかの明確な基準によって決定されることのない意志は、決して立法上の権威や現実の法の根拠とはなり得ないのである。意志には説得の余地がある。したがって、説得的な意志は説得された意志に対する主権者である。このため人民の意志はたった一人の個人の意志、時には二、三人の意志であるかもしれない。意志の所定の動きを、つまり立法上の特定の行動を道徳的・社会的に決定している複合した影響力を分析することは、非常に困難である。これら決定因子の中から当初の意志ないし主権者の意志を選り分けることは不可能である。あらゆる実際上の目的のためには、われわれは一定の主権者を、政治的主権者を見出さねばならないのである。主権者は、民衆を説得するペリクレス（Pericles）なのか、あるいはペリクレスを説得するアスパシア（Aspasia）なのかを問うのではなくて、法令を布告しようとするのは、つまり実際に命令したり同意したりするのはいかなる意志なのかを、われわれは問わねばならない。

民主主義の原理を——何か他の政治的原理のように——道徳の原理と同一視するすべての企ては初めから失敗と運命づけられており、政治の玉座に、王冠をいただいた抽象概念を据えることに終る。なぜなら、実現されない意志は、人間の意志でない意志は無意味であるからである。この「一般意志」が誤りを犯さないということは——もしもそれが何もしないのならば——いかなる益があるのか。たとえルソーによって理解されたような「一般意志」が、なんらかの機会に存在するようになったとしても、それは単なる興味深い社会的事実や符合にすぎない。政治的目的のために、一般意志は〈大多数〉の意志と一致するであろう。したがっていかなる場合にも、大多数の意志——それがもっと拡大されて「万人の意志」になる——が政治の原理になるはずである。何か別のものによって、政治的義務を決定することは、無益というよりもかえって有害である。

ルソーをして、彼の政治的論理の気まぐれに陥らせたのは、政治秩序と社会秩序とを同一視する彼の一貫した試みのためである。なぜ人民は代表を選出し、代議士を通じて行動できないのか。論理的には一般意志がその代表者を通じて立法してはならないという理由は見あたらない。だがルソーは理想と利害との完全な複合を考え、社会に生命を吹き込むことを目ざしている——したがってそうした社会では代表者ではだめなのである。さらになぜ〈社会契約〉（*contrat social*）* はあらゆる光景のなかでも最も奇妙な存在である自由の使徒（apostle of freedom）を、わ

* *Du contrat social*, Bk. IV., c. 8.

れわれにもたらすのか。この使徒は「市民宗教の教理」を命令する者であり、そしてその教理は、もしも何人かがこの教理を公的に認めた後に、それを信じていない者のように行動するならば、彼は死刑に処せられるべきであると宣言しているのである。この疑問への答えは、ルソーがあらゆる社会秩序の制裁を、政治組織のしかるべき絆から区別することに完全に失敗している点にやはり求められる。

2　ヘーゲルはルソーを非難する。なぜならば、ルソーは意志の原理を正しく堅持したにもかかわらず、ルソーは「意志を個別的意志という特定の形式において捉えただけであり、そして普遍的意志を、絶対的に理性的な意志としてではなくて、ただ意識された意志としてのこの個別的意志から出てくる共同的なものとして捉えたにすぎない」点に、ヘーゲルは不満を感じるからである。この非難は、政治論文の著者が、事実上、二つのものを単に混合した時に、彼が形而上学に関する著述をものにしなかったゆえに、加えられるものである。結局のところ共同意志は存在しないのか。この共同意志は何らかの国家や組織の基盤ではないのか。一定の制度の背後には、意識的な意志の作用があって、そうした意識がいまだ自分では有していない理性と普遍性を、哲学者は捜し求めるかもしれない。少なくとも探求することは差し支えない。だが事実というものは、他の事実のよりすぐれた理性からは説明しつくされない。国家や何らかの〈組織〉にとって、意志の事実は「意識された意志としての個別的意志から出てくる共同意志」の事実である。国家の諸制度がその基礎を置いている意志は、意識的な意志、市民の意志でなければならない。さもなければ国家の諸制度の存在はおぼつかなくなるであろう。国家の諸制度は蜜蜂の六角形の巣のように、無意識的な協同本能によっては作られないのである。何かの制度を作る際に、われわれは思ったよりも賢明に建設することはあるにしても、建設計画と建築者達の協同作業は意識的に決められなければならない。*

---

* *Grundlinien der Philosophie des Rechts*, § 258.

ヘーゲルが国家と社会との区別を発見したと信じられているにもかかわらず、彼には、ルソーと同様に、国家を古代ギリシア思想の見地から解釈する傾向が終始みられた。実際のところそうした区別についての彼の説明は明確でも、満足のいくものでもない。彼が国家と区別した社会——彼が〈市民社会〉(*bürgerliche Gesellschaft*)とよぶもの——は現実と理想との中間に奇妙にぶら下がっているように思われる。市民社会は欲望の「特殊性」に、すなわち経済的欲求に基礎をおくコミュニティである。それにもかかわらず、ヘーゲルは国家とは「異なる」この経済コミュニティを論じる際に、彼は法律、警察など本質的に国家制度に当たるものを扱っている。他方において、経済体系は国家組織から区別される主要な社会的部類ではあっても、唯一のものではない。たとえば、芸術や科学の発達を支える制度、教育制度、教会に関連する制度、慈善制度、等たえず改革されている種々の変幻きわまりない諸要素*を表わしている言葉を、われわれは等しく〔国家から〕区別するであろう。国家はそれ自身の内部に、これらすべての社会的勢力の自由で活発な相互作用を吸収するものとはみなされない。ひとつにはそれらの多くのものは、何らかの国家の制約によって、拘束されないからである。したがって国家は「発展した精神」であるとか、「精神が自己を顕現している世界」であるとか、等々と〈簡単に〉(*tout court*)言うことはばかげている。

3　先の論議は「一般意志」の誤解に直接関連している。そこで次に、ボーザンケト教授の著『国家の哲学理論』において展開された、多かれ少なかれヘーゲル学派のこの教義を考察してみたい。古代ギリシア思想を応用した著作の不調和と矛盾は、現代の著作のなかでもボーザンケトのものが最も明白である。

* 社会体系のこれらの諸要素を、ヘーゲルは付随的にしか扱わないのには当惑させられる。「知識(Wissen)が国家にその座をもつ限り、科学(Wissenschaft)もやはり教会ではなくて、国家にその座をもつ」(§ 270.)というような所説から、何が生みだされるのだろうか。

ボーザンケト教授の立場の概要は次の通りである。すなわち自由とはわれわれが「おのれ自身であること」の、おのれ自身を意志しようとすることの条件である。そしてこの自由は国家生命と結びついている。「ルソー以後の思想家達が国家と同一と考えたものは『真実』意志、つまり理性的な意志である。この理論において彼らは、ルソーが立法者の職務に関連している彼の一般意志の理論によって示した指針のみならず、プラトンとアリストテレスの原理にも従っている。かく考えられた時、われわれが家族を、いく分たりとも個人の衝動に関係しているものとみなすのと同じように、国家は個人の普遍的な生命に関係するものである。この考え方によれば、われわれは国家において、国家の助けを借りて、修養と発展を、一部衝動の変容を、そして人間の自我要求の性質のような、なすべきそして大切にすべきなにものかを発見するのである」。「この考えがイギリス人の心にあまり逆説的に感じられないようにするため」、彼は二つの考察を付け加えている。「(a)かく考えられた国家は単なる政治機構ではない。国家という概念は全体の政治的側面を強調しており、無政府社会という概念に対立するものであるということは確かである。しかしながら国家は生命を決定する諸制度のすべての階統を、つまり家族から商取引、教会、大学までを含んでいる。国家は田舎が発達したものを単に寄せ集めたものではなくて、構造としてそれらすべてを含んでいる。この構造は——相互的な調整を受けるにしても——政治的統一体に生命と意味を与え、したがって発展とより自由な雰囲気を与えるものである。かくて国家は、あらゆる制度に対して有効な批判を——制度が人間の意志の対象において理性的な役割を果たせるようになるための修正と調整——をなすものと考えられていると言えるであろう。……(b)あらゆる制度に対して有効な批判を果たすものとしての国家は、必然的に強制力である。結局のところ国家は唯一の承認された、そして正当化された強制力である」[*]。

* *The Philosophical Theory of the State* (1st ed.), pp. 149–152.

ボーザンケト教授が陥った最初のそして最大の混乱は、彼が国家という概念を二つの全く異なった意味で用いている点である。一方において、彼は国家を「生活の作業概念」(p. 155.) として、あるいはプラトンにならって「特筆された個人」(p. 158.) としてさえも定義している――ここで彼が意味する国家とは、人間のコミュニティにおいて作用しているあらゆる社会的勢力の統一体であることは明白である。他方において、彼が国家の活動について語るようになると、彼は今や「国家」を、一定の政治的形態と一定の限られた政治的行動様式を備えた「〈政治的〉社会」という、しかるべき意味において用いていることが直ちに明白となる。このゆえに国家の手段は目的と〈等しい事項〉(*pari materia*) ではないと彼は言う (p. 191.)。そして「真実意志」、「理性的意志」、「自らを意識する意志」は決してなんらかの実際的な行動を意図できないし、ましてや「意志自身」が「障害物を差し止める」ことさえ出来ないという異常な結論をわれわれに残す (p. 195.)。一体彼は何に対する障害を言いたいのであろうか。

同様の混乱が、ボーザンケト教授の「真実意志」と「現実意志」の区別の背後に横たわっている。この区別によって、彼は政治的義務の問題の解決をはかったのである。誤って説明されているけれども、この意図された区別はそれ自体、真理を含んだ示唆的な区別である。それは「善」と「見せかけの善」との基本的な区別にもとづいている。もしも人々が事実を完全に、正しく知ったならば、もはや意図しないであろうことを、人々は意図する。彼らはそれが善と思われるゆえに、見せかけの善を意図するのである。これは明白な事実ではあるが、しかし私は一例として、小説『従兄ポンス』でバルザック (Honoré de Balzac) によって述べられた例を説明してみたい。「フランスの病院では、〔入院中の〕夫にひそかに食べ物を運んでくる女性達によって引き起される死亡率が非常に高かった。そこで医師達は、患者の親族が彼らを見舞に来る日には、患者の厳格な個人調査を実施することによって、ようやく解決をはかった」とバルザックは述べている。さて、ボーザンケト教授の「真実意志」と「現実意志」の区別は、むしろこの例に含まれているような心理的な関係を不明確にし、そして「真実意志」と「現実意志」との誤った対照を示している。対立は「真実」と「現実」の二つの意志の間にあるのではなくて、単一の意図する行為の内部にある。すなわち、意図された目的つまり食べ物の投与の現実の結果と、その〔投与〕が役立つと思っていた目的、つまり夫の健康の回復との間の対立である。ここにはただひとつの意図された目的、食べ物を与えることのみが存在している。われわれにすれば、夫の健康の回復が意図されたとか、ましてや夫の死が図られたとかは言えないのである。動機なり目的は、「真実」であれ、逆に「現実」であれ、意志の活動ではない。ボーザンケト教授は、これら女性が彼女らの夫の回復を「真」に意図したが、しかし「現実」には食べ物を与えることを意図した、と、言うのであろうか。*

ボーザンケト教授は、この「真実意志」と「現実意志」の区別を、政治的義務の問題に答えるために、取り入れたものであるということが想起されねばならない。「われわれはこれまで自分自身の性質を理性的存在として、意図する個人の真実意志と、国家とを同一視することの意義を明確にしようとしてきた。この同一視において、われわれは政治的義務の唯一の説明を見出すのである」(p. 158.)。しかしこれは実際には真の問題にふれていない。「現実」の国家が、ボーザンケト教授の言う「真実」の国家でないことはやはり明白至極なことである。政治的義務の問題は、「市民がいかなる根拠において、そしてどの程度、国家の現実の法律に従わねばならないのか」ということである。理想国家――そこではこうした問いは決して起らない――における政治的義務の原理に相当するものは、現実の政治状況の下での原理であらねばならないものと非常に異なっている。何か特定の法律を制定する際には、

＊ ボーザンケト教授の区別はあたかも次のような対立にもとづいているようにみえる。すなわち彼女らは「真に」夫の回復を意図し、「現実には」夫の死を〈引き起している〉――意志に関してはまったく対立はない。

現代の意志は多数者の意志にもとづいているし、またもとづかねばならない。市民が法律に従うのは、彼が現実には意見を異にする法律の内に、具現された彼の「真実」意志を、彼が見出すからではない。意志の完全な一致は、問題の性質上、不可能である。われわれは利害のなんらかの永続的な一致を求める代わりに、次のことを求めねばならない。すなわち、国家が他のアソシエーションのように、その基礎を置かねばならない基本的な意志に統一性を与えることと、意志の二次的行為——それによって国家はその目的を実現する——に対する同意を、同意だけを確保することである。われわれが意志の一致を期待するならば、それはあまりにも多くのことを求めすぎている。現実の国家では、どの個人もこの理想を、つまり個人意志と国家意志との調和をこれまでずっと実現できなかった。一次的統一性——政治生命の第一義的善にもとづき、政治生命を求める第一義的意志——を承認するならば、そのあとはわれわれは政治的義務を、共同の〈善〉に、さらにそうした観念を通じて、せいぜい間接的でしかないが、共同意志にもとづかせることに甘んじなければならない。

ボーザンケト教授は状況の必然性を認めることを、事実上、拒絶する。一部の人々が他の一部の人々の意志を受け入れなければならないところには、自由は存在しないというルソーの隘路を避けるために、ボーザンケト教授は一般意志は理性的意志であると、したがって真の自由であると宣言しようとした——この主張には二重の混乱がみられる。なぜならば、第一に、〈政治的〉原理は大多数の意志でなければならないにもかかわらず、そして第二に、大多数の意志が純粋に理性的であると考えることは〈まったく不可能〉(*per impossible*)であるにもかかわらず、自由を理性や善への服従を強いられたものと同一視することは、さらにそうした服従を自治と呼ぶことは「自己撞着」になるからである。まぎれもなく人間が自由であるためには、強制を伴うかもしれない——ルソー自身の危険な逆説は一定の真理を含んでいる。しかしながら、そうした強制を「自治」と同一視することは、言語と意味を不当に拡大し無意味化することである。それは善と意志との不可能な同一視を伴っている。

二つの面で、ボーザンケト教授の説明は、政治的義務に関する具体的な問に答えていない。抽象的な善を意図する抽象的な自我の概念は、なぜそしていかなる時に、現実の市民が非常に具体的な政府の実際的な命令——政府は政府自身の「真」の性質への究極的な同調を、市民が当然のこととして、理不尽には拒絶しない諸処置を講ずる——に忠実に献身するのかの説明には決してなり得ない。

あらゆるこうした見解の根本的な誤謬は、私が指摘したように、国家とコミュニティとを同一視する点に、両者間に明確な境界を引くことを拒絶する点にある。ボーザンケト教授は言う。「われわれはこれまで国家と社会を、ほとんど言い換え可能な言葉として、用いてきた。社会的影響力は国家権力とほんの程度の差にすぎず、しかも両者の説明は究極的には、同じものであるというのが、われわれの論議の実質的な要旨である」(p. 188.)。この立場こそボーザンケト教授の国家の説明全体を損わせるものである。

付記、ボーザンケト教授はわれわれ二人の間で交わされたある私信のなかで、社会と国家との区別は重要であるという見解を述べられており、そして『国家の哲学理論』の第二版の序文で、国家に関する彼の一般理論の本質的な事項は変更しないままでも、この区別を明瞭にさせたいと述べておられることを付記しておきたい。

付論C　文化の必滅性

シュペングラーの有名な著作『西洋の没落』のなかでは、人間の文化生活に関する継起と必滅性の法則を説明するために、新たなそして入念な試みがなされている。シュペングラーは、「文化」と名づける全社会複合体の予め定められかつ循環的な性質を確信しているため、いかなる現存の文化統一体の将来の発展過程についても予想することが可能であると信じている――恐らく、シュペングラーの言う「西洋文化」のように、すでに文化がその滅亡の終局期にいたっているということでなければ。個々の「文化」に関して、シュペングラーは、その各々が個性的な過程を辿るものであって、歴史とは個々の文化が共時的または通時的に結実し、衰退することであると考える。文化の借入れないし同化の現象は偶発的なことであって、それは完全に内的進化に従属している。ある文化が、移住や侵略を通じて、別の文化に添加された場合でも、その成果は固有の意味をもたない「仮態」(pseudo-morphosis)になりやすい。したがって、あらゆる歴史は一連の文化的周期であって、いかなる意味においても継続的な過程ではない。発展の各々の体系はそれ自体で完結し完全なものである。

再びわれわれは、ここに研究中の統一体をもっぱらより偉大な道徳的精神や有機体として扱う神秘的な社会の解釈と出合う。統一体の幼年期つまり春期は、神話と伝説の時代である。その時代は神々と英雄についての雲をつかむような着想を伴う「深い夢想」の時代であって、早期の思想家達はそれを根本素材として、宗教的・形而上学的構成に仕上げている。その次には文化の「夏期」がやって来る。その時期は抽象的思惟と論理的探究の浸透を、特徴としている。それは宗教形態の再生の声明ないし改革を、純粋に哲学的見地の創始を、新たな数学的原理の構築を、さらに宗教的情熱を道徳や知的な熱狂に水路づけることを引き起す。「秋」が夏の後に来る。この時われわれは文化の円熟期、「啓蒙」時代を迎える。そして、プラトン、アリストテレス、アビセナ、カント、ヘーゲルらの包括的な哲学理論を生み出させた精神の普遍的な力に確信を抱く。最後に避け難い滅亡、つまりシュペングラーが「文明」と名づける時代がやって来る。そこでは宗教は色褪せ、形而上学が肥大する。他方では、あらゆるたぐいの崩壊主義――物質主義、懐疑主義、社会主義、個人主義、世界主義――が以前の生活の紐帯の廃虚の中に栄える。これは周期の終り、「冬期」である。再び、どこかでまどろんでいる別の文化の「魂」が新たな春に目覚めるまでは、なにごともそこからは進展しない。

こうした継起で、過去の諸文化はそれらの運命づけられた過程を辿って来た。シュペングラーはこの継起がギリシアや、彼が西暦紀元の始まりから起算するアラビア文化や、彼が滅亡を予想する現代の西洋文化や、さらにインドにも同様にあてはまることを、多くの適切な例を用いて、示そうとしている。

こうした文化必滅説に対する批評を、ここに付け加えておくことは価値あることと思われる。というのは、われわれが本書でこれまで述べてきた結論を確認し、敷衍することが可能となるからである。シュペングラーの研究において、最も価値ある点は、われわれが「コミュニティ」の用語のもとに包摂したあらゆる社会現象――経済的、政治的、芸術的、宗教的、倫理的、哲学的といかに名づけられようとも、これら社会現象――の統一体を、彼が完全に認識していることである。社会現象の統一体は生きた、動的な統一体であるが、彼は非凡な洞察力と豊かな例示でもって、過去および現在の統一体の内的関連を明らかにしている。しかし彼の言う完結した生命の周期説は社会進化の意味を曖昧にし、歪めている。たとえば、次のような最も興味深い相互関係を定立している。田園生活と彼のいう春期、成長期の町と彼のいう夏期、大都市や大都市圏と彼のいう秋期、「世界都市」と彼のいう冬期である。

だが、都市化の過程はある文化や、ある時代だけのものではない――都市化は今や普遍的な歴史の過程として、理解されねばならない。いいかえれば、都市化はすべての文明に(単にシュペングラーの言う文明ではなくて、〈あらゆる〉文明に)固有の傾向として、すなわちまさにシビライゼーションの名辞が意味しているように、程度の差――資源を活用する人間の力と自然に対する支配力がどれだけ増え、そして、こうした力を過去に衰えさせた大災害と逆転によって、どれだけこの力が抑制されているかによる違い――こそあれ、常に作用している傾向として理解されねばならない。都市化は人間の技術の発達に必然的に伴う産物であり、こうした技術の進歩はすべて、都市化をより一層確実なものにする。その結果、今日では西欧文明のいたるところで、全地方が精神的に都市化されるようになった――しかも都市化の逆戻りはあり得ない。この過程は世界的な傾向である。都市化が進むにつれて、この思想家のいう新たな文化のすべてが生まれる母体、つまり「無垢な」田園生活における新たな発端を刈り取ってしまう。同様のことが、「原始」人の特徴である神話的・伝説的見地を消散させる過程にも言えるようになりつつある。新しい文化が誕生するために、科学がその揺籃期に立ち帰ることはあり得ないであろう。

さらに、それぞれの文化の発端と終末とが周期的な予定表に一致するように前もって決められているというのは、もっぱら〔文化〕の恣意的な除外と選択によってのみ言えることである。ギリシアの「古典」文化はホメロスの時代から始まったわけではない――それは人間の記録が始まるむしろ不確かな時代のことにすぎない。またわれわれには、インド文化の「冬期」は釈迦の時代であったと語るいかなる権利もない。キリスト―アラブ文化は西暦九〇〇年頃に終焉し、そこから新たな「西洋」文化が始まると考えることも、やはり恣意的である。さらに、非宗教的な倫理的精神が「冬期」の特徴であるという仮定は、全く恣意的であると言わざるをえない。紀元前五百年頃に、中国の孟子や孔子のような思想家は、まさにそうした精神を説いており、しかもその文化は今も生き続けているのである。

本書でなしたように文化と文明とを区別し、それぞれに属する永続性の特徴を考察するならば、より正確な認識が得られる。狭義の意味での文明、つまり生命の制度的・技術的装置は、廃退と交替を通じて絶えず変化を被っている。技術上の業績は、ひとたび樹立されると、失われることはない――但しそれが、「蛮族」の侵略というような、世界全体としても、きわめて稀な偶然によって、ある文明体系に乗じられなければの話ではあるが。自然に対する人間の制御が天然資源の枯渇によって相殺される場合は例外としても、科学技術の変化は常に同じ方向に、つまりよりすぐれた経済性と効率を求めて進んでいる。タイプ・ライターや電話のような、ひとたび発見された装置は、より効率的な装置が出現する場合にのみ取って代わられる。人間の知性が著しく衰退する場合は別にしても、世界の都市が依拠している科学技術を逆流させることは不可能である。

われわれが文化として区別するものは、〔以上のものと〕違って、生活の質と表現に関連している。文明と違って、文化はある民族から別の民族に借りてこられるといったものではないし、文化は民族の固有の精神によってしか維持されないものである。文明は不肖の子孫達にも伝達される贈り物であるのに対して、文化はそこに実際に属している人々以外には、何人たりとも共有できない達成物である。そのため文化は、文明が示しているような絶え間のない勝利の記録を示すことはない。文化は興隆し、衰退するのである。文化は世代から世代へと伝えられるにつれて、生命それ自体の特徴である変異性を示す。しかしながら広義の意味においては、文化は連続的である。ギリシアとローマの文化は、つまりそれらの芸術や文学や哲学は、現代でもわれわれにとって意義深いものである。ギリシアとローマの文明、つまりその工学、戦術、商取引、そしてその法律でさえも、ただに好古家の関心を引くのにすぎないのに対して、ギリシアとローマの文化はある程度われわれの内部に今も生きているからである。厳密な意味では、ギリシア文化は死滅することはなかった。ギリシア文化は、文化の存在するところであれば、生ある人々の精神のなかに生きている。生命を維持するためには常に変化しなければならないというのが生命の鉄則である以上、文化は常に変化する。しかし人間の姿がひとつであるのと全く同様に、文化も諸時代を通じてひとつである。本書の議論で主張したように、もしも文化が長い期間を通じてそれ自体のより完全な実現に向かって、展開していくものであるとするなら、いまだ文化は消失したものでも、運命的な滅亡に瀕しているのでもない。遺伝の生物学的原理によって、ひとつの死すべき運命にある有機体から別の有機体に、新たな生命が伝達されるが、たとえこのことが社会的存続原理の一条件となるにしても、遺伝の生物学的原則は〔文化の原則〕と完全に異なったものである。なぜならば、文化においてはそれ自体が死に絶える必要はなく、たえず新鮮な燃料を供給されている不滅の炎のように、全体が更新されているからである。

付論D　遺伝の領域における生命と環境の相互関係

本書（第三部第七章二）で言及した生物学的問題を論議することは、この論文の及ぶところでなく、またその資格もないとはいえ、ワイスマンと彼の追従者たちによって与えられた生物学的問題に対する解答の基礎となっている哲学的前提を取り上げて、若干の考察を加えることは差し支えなかろう。遺伝の領域における生命と環境との相互関係を否定することは、仮にもわれわれが進化を信じるならば、有機的な生命のあらゆる種類と、あらゆる段階を通じて、生殖質は常に安定性と同一性を保っていると主張することである。この立場はいかなる意味において主張され得るのであろうか。

絶対的に安定した生殖質という完全無欠な概念は、ロマーニズが彼の『ワイスマン説の検討』で指摘したように、多くの難点を含んでいる。もしも生殖質が安定したものであり、継続するものであるならば、生命の大抵の変異形の生殖質は、生命の現われ方は違っていても、ともかく同一のもの、つまり遙か遠い祖先の生殖質に由来するというだけでなくて、それと同じものでなければならない。想像も及ばぬほど遠い過去の原始的生命の生殖細胞は、自然の無数の「実験」によってすでに失われてしまった変異と、失われつつある数限りない変異の「決定因」を伝えただけでなく、現存するあらゆる属と種の変異の「決定因」も伝えていると考えられている。ところで、もしも生殖質が安定的で、継続的なものであるとするなら、いかにして生殖質は同時にこれら無数の変異も許容し得るほど可塑的であり得るのであろうか。ワイスマンはそうした疑問は誤解を含んでいると答える。「たとえば、私は、顕花植物の花や果実や種子の適応能力は、いかにして無形の原始の祖先によって獲得された諸性質の結合から派生し得たのかを説明することを要求された。〔だが〕、〈その性質は原始的な存在から受け継いだものではなくて、変異性すなわち諸個体の不同一性であった〉*。しかしながら、それではこの変異性は何なのか、この変化を起す力は何なのかを、われわれはなお問わねばならない。潜在力と実体との厳密な相違は、潜在力が、発展の条件として、特定の環境を要求する点にあるだけにすぎないから、〈潜在力といえども現実の性質である〉。「単なる潜在力」、「単なる素因」といった表現は、ワイスマン学派に属する人々によって用いられるお気に入りの表現である。しかしながら、あらゆる生命は、それがある環境の下で現実化されるまでは「単なる素因」にしかすぎない。変化の傾向があるというだけでは決定的な説明にはなり得ない。傾向——いいかえれば変化——は原因を有するのか、それとも有しないのかを、われわれは問わねばならない。科学はここ生命の核心では、遂に科学的信念を捨て去り、「偶然性」を語ろうとするのであろうか。ワイスマンは『生殖質』で次のように述べている。「〈遺伝性の変異の原因は両性混合（生殖作用に伴う生殖質の混合）よりも、もっと影響が深くなければならない。それ〔原因〕は生命担荷体と決定子の上に外的影響力が直接及ぼすものに帰すべきである〉**。しかしながら、これらの外的影響力——本質的に最も重要である影響力の浸透——は、ワイスマンのロマーニズ講義で、われわれに思い出させたように、すでに生殖細胞に隠されている性質を発達させる上では、ただ環境面の刺激を与えること以上のことは出来ないのである。

生命が分化するように、何らかの刺激に対する生命の反応も分化する。変異性は〈単に〉可塑性とはみなされない。換言すれば変異は単なる偶然ではない。想像的な洞察力に富んだ優れた現代の科学者、ヘンリー・ファーブルが努めて示したように、われわれの自然に関する今の知識からすれば、〈偶発的な〉変異（いかに厳密に淘汰によっ

* *The Germ-plasm*, p. 419.〈 〉はワイスマンのもの。
** *Ibid.*, p. 415.〈 〉はワイスマンのもの。

て管理されようとも）が種を決定する世界であるという考え方は、いたずらに想像力をしぼませるだけである。仮に変異がごくわずかであるとしても、それが何世代かにわたって、生長を維持する限り、その変異は新たな変化の本質的な差異〔種差〕になり得るし、もしも変異が一定の方向づけられた生命活動を現わさないというのならば、変異はいかにしてそのように持続できるのだろうか。* もしも変異が著しいならば——そしてわれわれが、その変異が最初に現われた時に、変異の大半がどの程度のもので、どの程度決定的なものかを知るようになるならば——そうした変異が、ダーウィンの言うところの「偶然」、つまり目標の金的のまわりに打ち込まれた一群の弾丸のように、ただ中心から偶然それたものであるとみなす考え方は、蓋然性のあらゆる原理に反している〔ことがわかる〕。

まさに生命担荷体の辞句に暗黙に含まれているより深淵な真理は、生命の運搬人や容器ということではないのか、すなわち自らを新しい姿の創造において表わす生命ではないのか。ワイスマンは環境と生命との多くの相互関係を認めているのに、なぜ彼は相互関係の普遍性を認める一歩手前で立ち止っているように思われるのであろうか。この疑問への回答は、これまで考察してきた学説の根本的な難点と著者に思われる点に、見出される——つまり彼の学説は全く物質的でも機械的でもない現象を、唯物論的、機械論的に説明しているのである。

「遺伝は両親から子供への〈身体上の〉性質の伝達である」。** それでは心理的な性質は伝達されないのであろうか。心理的性質は〔伝達〕過程では何の価値もないものなのか。それともその伝達は「遺伝」ではないのだろうか。ワイスマンの答えは「あらゆる相違は——質的な相違さえも——究極的には〈量的〉性質によるものである」*** とい

---

* Bergson, *L'Evolution Creatrice*, Alcan, 4th ed., c. 1. p. 95ff.

** *Germ-Plasm*, p. 410. 〈 〉はマッキーヴァーのもの。

*** *Ibid.*, p. 414. 〈 〉はワイスマンのもの。

う一層明瞭な陳述の内に見出されるであろう。ここにこの学説全体の仮定がある。ワイスマンがどんな犠牲を払っても、無数の生命の変異すべてを通じて、生殖質は同一であるという説に固執しなければならないのは、ほかならぬこの仮定のためである。仮にわれわれの説明を物質的・機械的な問題に限定するにしても、われわれは原初の細胞の不特定数の潜在力を、厖大な有機的世界すべての潜在力を仮定しなければならない。発達中の有機体と成熟した有機体のあらゆる性質を、受精卵は含むことができるという驚異は、存在宇宙と時間の永遠性とが、微妙に複合した一片の卵白の内部に保たれているという驚異を意味しないのならば、全く無意味である。物質的な性質は非常に大きな威厳を保っているので、生命と心それ自体が、物質的性質の単なる外観や表現であるといっても、侮辱することにはならないのである――この物質的驚異もやはり物質的性質の単なる外観にすぎないということは、生命の常である。

ワイスマンは言う。「『遺伝質の構造』は、われわれが想像しうる以上に、もっとはるかに複雑なものであるに違いない」*。まぎれもなく、それは彼の言う通りであるが、しかし結局のところ最大の神秘は、原細胞の複雑さではなくてその発展に、構造にではなくて能力にある。ところでこの能力は生命として現われ、次第次第に心として現われる。では、もしも心を故意に排除するならば、われわれは遺伝を、心がどこにあるのかを、いかに説明しようとするのであろうか。

すべてのそうした方法は自らが種を蒔いた因果応報をもたらす**。もしもわれわれが目的的かつ創造的な能力を――それが現実に明らかにされていても――決定子として認めることを拒絶するならば、その能力が明らかにされないところに、能力を仮定するはめに追い込まれる。しばしば見出されるように、生命原理の内在的な創造性を否定する機械論的解釈は、半ば無意識的に、全く同じような能力の超越的な働きを仮定する。多くの例にはこと欠かないが、次のものはその典型である。ワイスマンいわく、「原始的な生物の時代以来ずっと存続してきた変異性を保存するために、生殖作用が効力を発揮してきたということを、何年か前に私は思い切って示した」***と。また彼は、とかげの尾はもとのものがなくなっても再生されるということにふれて、「そうしたできごとの可能性は自然の理法によって予知される」****と述べている。まぎれもなく、遺伝質は「われわれが想像し得る以上に、もっとはるかに複雑なもの」であって、確かにそれを説明しようとする際には、ワイスマンの仕事は無視できないものである。しかしながら、彼の方法は単に〈われわれ〉の想像力を超えるものを想像しようとしているのではなくて、想像不可能なものを想像しようとしている点で、彼が考えている以上にもっと難点を含んでいるのではないだろうか。

* *Ibid.*, p. 108.

** 他方において、「生気説」の仮説は、現実分析を理念的仮説で代用する点で、科学的研究の実り多い方法に相反するものであるということが、反対理由として持ち出される。ある種の生気論の学説が、科学以前の時代のあの不幸な結果に陥ってしまったことは認めねばならない。しかしもしも生命と環境との無限の相互関係が承認されるならば、つまり、生命がその最深部においてさえも、そして最も近づき難い起源においてさえも、やはり常に環境に取り巻かれ、そして機械的因果の世界のなかで、その世界を通じて活動するものであるということが承認されるならば、生気説の研究の限界は少しもせばめられないように思われる。もっとも科学的見地は仮定によって修正されることもあるが、生気説の研究は物的世界の法則の一点一画にいたるまで廃棄するものではなくて、もっぱら生命の一層の連続性と複雑さを明らかにするものであるからである。

*** *The Germ-Plasm*, p. 439

**** *Ibid.*, p. 111.

訳者付論

I マッキーヴァーの『コミュニティ』論

一

本書の著者マッキーヴァーは、政治学においてイギリスのバーカー、コール、ラスキなどと並ぶ多元的国家論の唱導者としてわが国でもつとに馴染まれた名であるが、今日では社会学分野での〈コミュニティ〉という、すでにポピュラーとなった社会概念に結びついて、その名はより広く知られている。またここに訳出された『コミュニティ』については、それが彼の最初の著書であり、コミュニティの概念が同書においてアソシエーションのそれに対置して学説史上はじめて主題として論じられたことも、大方周知されるところであろう。しかし、その当の『コミュニティ』の中味となると、これまで全部が未邦訳のこともあってか、わが国ではほかの彼の著書ほどは広範に知られず、十分な評価も得られていないのではないかと思われる。この訳書からもうかがえるように、本書は〈コミュニティ〉を主題としながら、この概念によってわれわれの多くが恐らく予想するであろう〈地域社会〉論を中心としていない。内容的には極めて広く社会の、しかもかなり哲学的な性格をもつ「一般（general）社会学」の著作であることは、「第二版への序文」にも述べられているとおりである。すなわち、「本書の趣旨は、法学とか政治学のような特殊諸科学がその内容として取り扱わない社会についての現実の科学、つまり統一体としての社会、すなわちコミュニティの科学の存在を知らせることにある」。

このように、本書が地域社会、地域圏、基礎社会（ないし集団）と普通訳されるコミュニティの論述を越えた一般社会学部門に位置づけられるものとすれば、その限り、この性格の点で――著者がその全国学会の会長をつとめたこともある――アメリカ社会学界に本書が占めるいく分特異な意義を先ず問うことから本付論をはじめるのが適当であろう。というのは、社会の現実的な諸問題の経験的研究を中心に発足した同国社会学界のなかで、一般社会学あるいは社会の全体としての包括的な理論研究は発足当初から独立に行なわれてきたものの、その業績の少なからぬ部分は現在のわれわれからみてどれほどの価値と影響力を残しているか疑いがないわけではなく、『コミュニティ』についても同じ懸念があるいはもたれるのではないかと思えるからである。われわれは、たとえばギディングスの『社会学原理』(一八九六年)が〈同類意識〉の概念によって特徴づけられる心理学的傾向を強くもつものであったことや、スモールの『一般社会学』(一九〇五年)の構成が、ラッツェンホファーの関心説や社会過程の概念に影響されるところが大であったことを知っている。だが、それらは学説史的興味の対象ではあっても、現在の社会認識にどれだけ有効な指針を与えるものか疑問である。『コミュニティ』は、年代記的には社会学史上の創始期のものではなく、その第二もしくは第三の世代の業績であるが、それの現在的意義も同じく学説史的関心に応えるだけのものなのであろうか。われわれはそうとは考えない。

先ず何よりコミュニティとアソシエーションの概念は、クーリーの〈第一次集団〉やオグバーンの〈文化遅滞〉のそれのように、われわれの研究に継続的な重要性と有効性を誇るに足るものといえるであろう。しかし、われわれはそれ以上の価値を本書に見ることが出来る。コミュニティとアソシエーションの概念だけであれば、マッキーヴァーのその後の社会学的著作――『社会学要論』(一九三一年)と『社会』(C・H・ページとの共著・一九四九年)――において理論的に敷衍され、現にわれわれの多くはこの両著によって両概念の理解を一応可能としてきたからである。この両著の方が『コミュニティ』より固有に社会学的な規定を与えていると考えるものもあるであろう。しかし『コミュニティ』における規定が、後の諸著と異なる特徴は、社会ないしコミュニティの本質というかなり哲学的な含意についての一般社会学的論及があることである。われわれはこの点に、本書が社会学史の特徴的な業績の一つとして記録される以上に、現在の社会分析に対してもつ独立の意義を考えたい。というのは、地域性を基軸として実証的にコミュニティをとらえる最近の一般的なアプローチのなかで、本書が〈真の〉コミュニティとしての在り方を原義にかえり深く考えさせる固有の課題を提起しているすぐれたひとつと思えるからである。

『コミュニティ』の哲学的基調は、経験主義的アプローチを中心とするアメリカ社会学の主流に当然馴染みにくいものがあった。都市社会学の業績で有名なシカゴ学派の創始者パークによる正面切った批判的書評は、そうした状況を端的に象徴する意味ある一事といえるであろう。社会学から哲学的傾向を払拭させ、実証的で帰納的なアプローチを提唱したパークにとって、『コミュニティ』は、確かに実体のない（insubstantial）未熟な（jejune）ものとしてしか読みとれなかったようである。シカゴ学派の人間生態学が同じくコミュニティを問題としながら、『コミュニティ』とはほとんど別の実体概念として扱う研究を進めてきたことは、一般に知られるところである。

しかし、パークの批判を除けば、公刊時における本書への反響はいずれも好評で、社会学や政治学に一時期を画する大著という激賞を得ている。『アメリカ社会学雑誌』も、知識の包括性、洞察の深さ、視野の明截性、説得力の確かさ、表現の簡潔性と優秀性等の讃辞をもって本書を讃えた(1)。これは『コミュニティ』の哲学的・思想的基調のなかに、英米の自然法思想としての個人主義とリベラリズムの系譜に正統に連らなるものがあるためでもあったといえよう。

コミュニティ概念に関していえば、『コミュニティ』において、それは全体としての国民社会やさらに人類社会を意味する用法が中心的である。コミュニティに対するこの含意からマッキーヴァーのユニークな社会学的国家論が、つまり、目的としてのコミュニティの維持発展をはかるとともに社会全体の人々の「普遍的要求」に応える器官としての国家の用具的意義が、該博な知識をもって論証されているのであるが、『社会』にあっては、このような〈大コミュニティ〉は、〈社会〉の概念をもって代置され、コミュニティは〈社会〉に下属する集団と考えて階級や他のアソシエーションと並列される集団の一類型として特定される、という相違がある（訳者付論Ⅱ参照）。そのうえ、『コミュニティ』のきわだった特徴は、右のようなコミュニティ論を踏まえた社会学サイドから国家絶対主権論に挑戦し、民主主義の社会的成立基盤としての多元的国家論に論及していることにある。この面では同書は、すぐれて政治社会哲学のジャンルに属する著作であるということが出来る。

思想史的にみれば、本書の内容はD・スチュアート、A・ファーガソンなどを代表とする英国スコットランドの道徳哲学の伝統に系譜的な連がりがあるといえよう。マッキーヴァーは、その伝統には明確に表明されなかった社会学的思想や関心を本書において明示化したと考えられる。彼を育てたスコットランドの諸先哲からすれば、本書は、国家や制度の社会的意義とか個人の社会に対する関係についてのモンテスキューの関心に一致した主題の再現と思わせる業績である。(2)

マッキーヴァーがラスキに同意して問題とした多元的国家論は、よく知られるように個人主義的・リベラルな国家観の表明として特にイギリスに成立をみたものであった。その系譜や内容はさまざまであるが、いずれも国家と社会を峻別し国家の一元的・絶対的主権論を批判して、多元的かつ自由なアソシエーションに主権を分割することを説く点で共通した特徴がある。しかしそれらは、政府や国家と社会の関係を多分に理想的効果によって論究するものであるために、戦争や不況、ファシズムの現実のなかで提唱者自身においてもその主張に複雑な動揺がみられた。ラスキが後にマルクスへの傾倒を示しつつ、階級国家論に移行したのも、ある意味では現実の事態により適合的な変化であったと考えられる。そうしたなかでマッキーヴァーは、楽観的とまでいえるほどに『コミュニティ』の国家論をその後も貫きながら、さらにかなり福祉国家的な国家機能の拡張を論策した。その国家の未来像は、コールのようにアソシエーションの連合態によるコミューンによって国家に代えようというのでなく、コミュニティの共同意志の表現「器官」としての国家による整合の機能を一層強調しようとするものである（本章第二部第三章）。

しかしこの構想にしても、純正のデモクラシーのもとではじめて実現されるであろう理想でしかない。マッキーヴァーは、自由と秩序、個人と社会との要求の統合化に向かう〈コミュニティ発達〉の未来に大きな希望を託したけれども、現実の事態についての認識にはやはり暗いものがあった。われわれはこのことを第一次大戦の勃発という緊迫した状況のなかで書かれた本書『コミュニティ』のなかの随所に深く読みとることが出来る。

『コミュニティ』は、このように実質的には政治的な「社会の哲学」であるが、基本的にはそれをささえる「コミュニティの科学」としての社会学の成立をめざした著作である。それは基礎的諸概念の規定の確かさと論証の仕方のうちに容易に看取され得るであろう。それの考察がこの付論の次の問題となる。われわれは、この著者の後の論著で一層はっきり表明される社会学の理論展開が、本書において彼の価値関心と有機的に統合され、西洋古典の該博な知識と鋭い現実感覚に錬達された比類のない世界をつくっていることに特別の印象を強くすることであろう。

(1) 『コミュニティ』への書評や、それに対するマッキーヴァーの見解については、彼の自叙伝 *As a Tale That Is Told*, The University of Chicago Press, 1968, p. 87. を参照。

(2) G. D. Mitchell による L. Bramson, ed., *Robert MacIver: On Community, Society and Power*, 1970. および R. M. MacIver, *Community*, 4th ed., 1970. に対する書評による。 *Sociology*, Vol. 6-2, (May 1972), pp. 300-1.

二

コミュニティは、アソシエーションもそうであるように〈社会〉の特定側面である。そのため先ず社会の概念について述べなければならない。

マッキーヴァーによれば、社会は特性から理解すれば〈社会関係〉から成立ち、その関係は人々の間の〈意志された関係〉としてとらえられる。そうして関係は、相互に結合しようとする諸個人の意志を通じてのみ社会的事実として存在する。社会的な関係に結びつく行為は、しかし、すべて意志の表現であるとしても、意志は合理的行為のみでなく「本能的」行為にも含まれる。したがって意志は必ずしも明確な目的を前提としない。そこで〈関心〉(interest)が重視され、意志は関心の表現とみられる。つまり意志主体は特定の関心を通じて他の意志主体に関係し合うのであって、関心は、すべての社会活動の源泉である。マッキーヴァーの社会概念は、このように関心論を前提とするのであるが、『コミュニティ』では関心は意志主体に内在的であることが主張されている。後期の著書では、関心は内在的であるとしても、その外在性、つまり関心の対象のもつ客観性が強調され、そのため社会関係をとらえる基本概念としては〈態度〉が関心とともに重視されている点に注意される。『コミュニティ』において、関心は要するに能動的な「意志の対象」である(特に、本書一二四―六頁参照)。

関心はあっても、事情によりそれを獲得しようとする意志を換起しない場合があり、このような対象は〈関心〉ではない。関心は意識されたというだけではなく。現実に活動を規定するような対象であり、コミュニティはこのような関心を実現するための存在と考えられる。[1] なお、〈関心〉は interest の訳語としての含意を必ずしも適切に表現し得ないうらみがある。そのため、これまで、利害関心のほか関益、利嗜などの造語を当てる試みがあったが、本訳書では、やはり普通の用法にしたがって〈関心〉の訳語を用い、文脈により適宜〈利害〉の語を当てた。

マッキーヴァーは、社会活動の源泉である関心の種類として共同関心と分立(discrete)関心を大別する。前者は、人々が共同に求める分割不可能な、したがって包括的な関心をいい、後者には個別的に追求される類似または同一の関心と相互依存的な補充的関心のほか全く別個に求められる非類似的ないし差異的関心が考えられる(本書一二八―一三三頁)。コミュニティとアソシエーションという基本概念の区別は、関心のこの共同的と分立的という二大類型に対応したものであると素朴にはいえるであろう。コミュニティは、共同に結合しようとする諸個人の意志を通じて成立する全体系であるとすれば、アソシエーションは、特に補充的に協働して求める分立的関心にもとづいてつくられる組織体であるともみられるからである。しかしマッキーヴァーによれば、個別的充足のために求められる分立的関心は、アソシエーションを成立させる条件ではあるが、それだけではアソシエーションが集団として成立するには十分ではない。分立的関心は連結的結合の契機ではあるが、人々の結束的結合のためには同関心が共同的なものに転化される必要がある。マッキーヴァーは、このために共同関心の観点からアソシエーションを考え、それが特定化されたある共同の関心または諸関心を意識的に追求するための組織体であると定義し、コミュニティと同一基盤でとらえた。アソシエーションの成立には、それを成立させ維持しようとする一般的な共同関心や意志が先行するのであり、そこにアソシエーションがコミュニティの器官とされる一つの根拠がある。

コミュニティそのもの、またはそれの本質は、アソシエーションとはちがい共同関心の全体系、つまり人々の生活を全体として可能ならしめる共同生活活動であるが、それ自体は無限定に拡張が可能である。そこで「世界の果てにまで拡がる社会的接触の連鎖」のなかに、われわれは集約的な共同生活の諸核を識別しなければならず、したがって、さまざまの程度でとらえられるコミュニティの集団としての特性を確認するための範囲が問題となる。つまりコミュニティは共同生活の一定領域として識別される必要がある。この範囲に関しマッキーヴァーは、共同関心を成立させる客観的機縁ないし基礎条件をなす〈類似関心〉の複合を強調し、同関心が特定の精神的・肉体的諸要求を前提とすることを認める。しかしそれ以上に機縁として重視されるのは、共同の土地（場所）である。コミュニティは、この観点から「村とか町、あるいは地方や国とかもっと広い範囲の共同生活のいずれかの領域を指す」（本書四六頁）という周知の定義が得られることになる。しかし土地そのものはコミュニティを成立させる直接の根拠ではない。それはただ共同の居住条件という結合基盤として、また基本的諸関心の充足が土地に密接に関係するという意味での共同生活の基盤として、あるいは社会関係の堆積する地域的空間として共同生活を成立させるために重要である。マッキーヴァーが後には、コミュニティ成立の客観的条件として社会的共同関心を、また主観的条件としてコミュニティ感情を不可欠のものと考えたことを、ここでわれわれは強調すべきであろう。特にコミュニティの成立というよりも存続過程に関心が向けられるとき、コミュニティ感情が一層重視され、さらにそれが非合理的・情緒的性質において規定される段になると、コミュニティはゲマインシャフトの概念と親縁関係をもつことになる。

『コミュニティ』の哲学の根底にある洞察は、人間が本来社会的な存在であるということである。これは人間が単に生活の基本的諸欲求を相互に依存し合っているということをいうのではなく、同時にその本質と真の存在性においてコミュニティ――〈生〉の共同・連帯――に関わっているという意味である。この洞察は、淵源するところとおくギリシアの〈ポリス的人間〉による合意の表現としての社会認識にさかのぼれるであろうが、社会学的には、近代社会におけるコミュニティの衰退をギリシアの〈アノミー〉概念をかりて論じたデュルケームの社会観とも思想的に顕著に共通している。よく知られるようにデュルケームにとって社会は、個人を能動的な構成要素としながらも、基本的には個人間に交わされる行為や関係に還元できない独自の実在(*realité sui generis*)である。彼はその実在が集合的感情や愛着、共感の強烈さによって確かめられる無媒介の〈心的融合〉、つまり合意によって特徴づけられると考えた。社会の本質についてのこの認識は、現実の歴史的社会の構造的制約から自由な人間存在の共感にもとづく人間性の純粋の顕現として定義されるとき、根底において『コミュニティ』の思想に近接している。しかしデュルケームが、結局は有機体に類比される社会体=構造の秩序を、コミュニティ(=コミュニタス)としての社会の、精神的《モラール》結合に人々が帰依する態度の「拘束的」共有を根拠に確保されるとみたのに対し、マッキーヴァーは、このような集合主義的観点をマクドゥーガルの〈集合心〉概念の批判と同一脈絡で誤謬として退け、個人主義的観点によるコミュニティ論を展開した。(2) マッキーヴァーの社会に対する考えには、自己の利害関心の充足のためにその意志を相互に結集するところの自立した諸個人の関係を社会であるとみるリベラルなアングロ・アメリカンの知的風土に極めて適合的なものがあるといえるであろう。

『コミュニティ』のなかに力をこめて装塡された社会についてのマッキーヴァーのイメージは、個人と社会が全く無媒介に結びつくという人間共同態についての理想であり、それの照準は、この理想に向かう社会発達に対する希望とそれを可能にする科学としての社会学の期待によって確定されている。このような照準は、何よりもコミュニティとアソシエーションの区別やアソシエーション相互の関係についての彼の主張および独自の国家論のうちにそれぞれはっきりとうかがうことが出来る。

(1) 中村正文『マクィーバー社会学の展開』関書院、一九五六年、一三―二一頁参照。
(2) 合わせてマッキーヴァーは、〈一般意志〉についてのルソーの主張が、誤解を許すことによって、真にリベラルな民主主義に対すると同じくらい、国家絶対主権論に対しても責任があるのではないかという懸念を表明している(たとえば本書四五五―六頁)。

三

コミュニティという語には、普通考えられるよりも広い外延があるが、集団としての領域というよりもそれの本質に関していえば、この語の概念にとってユニークであるのは、それがアソシエーションのように特定の関心を追求するための結合関係ということではなく、むしろそうした関係にある生活存在としての人間の全体的な生自体の強さ、あるいは自発性によって特徴づけられる共同生活(命)(common life)ということである。このようにコミュニティとアソシエーションは、生活存在の共同性の二局面として識別され、したがってまた両者は集団類型として示すことが可能であるが、生活存在の観点からすればアソシエーションはコミュニティの存在を前提とし、コミュニティのなかでコミュニティの一般意志によって成立するものであらねばならない。マッキーヴァーが、社会をアソシエーションを構成単位とする統一体ではなく、それを構成する各員がすべて同時にコミュニティの成員であることを強調したのはこのためであったといえよう。各個人はアソシエーションの成員としてコミュニティに属するのではなく、コミュニティの成員としてアソシエーションをつくるのである。

コミュニティは、具体的な生きている社会そのものを全体的に把握する包括概念である。それはちょうど、器官を除いては生命体が存在しえないのと同じように、構成要素を除いた残余範疇ではない。もしこの残余範疇によって構成された概念が〈基礎社会〉とすれば、それはコミュニティと同じではない。またコミュニティは、アソシエーションをも含む統合的な全体として〈全体社会〉の特徴をもつが、全体社会がもし社会関係の綜合として規定されるならば、それはコミュニティの構造的側面を把握しているだけであって、コミュニティそのものとは区別される。コミュニティは関係性によって把えられるのでなく、関係を結ぶ人間（の共同関心）を単位として構成される概念であるからである。(1)

このような認識から、コミュニティはアソシエーションを生む母体であり、アソシエーションはコミュニティの意志によって創られ維持されるという主張が可能である。要するにアソシエーションは、コミュニティのなかに生じる組織体であり、専門領域についてのコミュニティ内の器官（organ）である。器官は機関（agency）のように代表機能はなく、全体に対するある機能分担を意味している。しかもちょうど虫状突起や扁桃腺が人体の器官といえるのと同じように器官の機能の有用性如何はそこで必ずしも問題ではない。ただ国家だけはコミュニティの器官であるとともに、コミュニティの意志の委託を受けて国民コミュニティの統制機能を担う点で機関でもあるとマッキーヴァーは考える。

『コミュニティ』は、コミュニティとアソシエーションの関係についてのこのような基本認識から統一体としての社会の構造を論じ、それの発達法則を探究するという構成をとっているが、その内容はマッキーヴァーの独自の社会観が特に強くうかがえる部分である。まず社会構造に関して極めて特徴的な観点は、全体としての社会を種々のアソシエーションの組み合わさった複合体としてのみ考える多元論的な構造論を斥けていることであろう。周知のように社会的多元論は、国家権力の中央集権化を抑制する社会の制度的形態として論究されてきたものである。同理論の趣旨は自由主義者とともに伝統的な保守派によってもつとに力説され、自発的（voluntary）アソシエーションが個人と国家の間の権力の中間的単位として果たす活動に期待しようとする。それは民主主義の技術のレパートリー拡張のうえに貢献するものとして、政治学分野では特に規範理論として民主主義があるべき社会の理想像を提供してきた。

社会構造についてのマッキーヴァーのイメージは、いくつかの点でそうした多元論とは区別される。彼の考えを鋭く対照させている一つは、それが彼独自のコミュニティ論に依拠していることである。すでに述べたように、彼によれば社会の構造はアソシエーションの複合体ともいえようが、それらのすべてはコミュニティの器官である以上、それらの成立や発展、さらに全体としての「連合の組織」はコミュニティの共同意志を前提とするのでなければならない。この見解は、多元論――近代産業民主主義の思想的表現としての意義をもつ――がその価値を失った現在、積極的な代案の一つとしての理論的示唆をわれわれに与えるように思われる。それは、多元論の政治の技術ではどうしても克服困難な事態に対し、〈新しい〉社会の哲学を内容としているからである。現実のアソシエーションの関係は、多元社会論の説くような妥協《ギブ・アンド・テイク》というよりか特定のアソシエーションの部分的利益を排他的に優先させる不均衡・不整合の状態を構造化させている。しかもその構造は、特にアソシエーションにより利益を代表されない多くの人々にとって「受けいれ可能性《アクセプタビリティ》」の社会的枠組として現に機能していない。この現実にたいしコミュニティの哲学は、対立する利害関心や多様なアソシエーションの競合を単に多元的に構造化する以上のもっと高められた共同生活の理想を定式化する意義をもつ。

しかしマッキーヴァーは、私的所有制度がコミュニティそのものの破壊という問題をひきおこすことを憂慮し、ギルド社会主義に共感するところはあるとしても、〈労働者管理〉のような観点からのコミュニティ論までは――したがって多元論の代案として今日広く承認されつつある〈多元的共栄態（体）〉(Pluralist commonwealth) 論の構想[2]までは直ちに考えを拡張するわけではない。これは彼の思想の根本に触れる問題であろうが、「社会学」的国家論の特性に関係するところも大きいように考えられる。マッキーヴァーは、国家をアソシエーションの一つとして捉えながらもまったく多元的に、つまり他のアソシエーションと併列的な関係にあるとは考えない。その国家観にはふつう「闘技《アリーナ》」理論といわれるものではなく「審判員《レフェリー》」理論の主張に近いものがある。[3] しかし、アソシエーション間の基本的整序という、国家の審判員としての機能が、中央集権化やヒエラルヒーに向かう傾向に対して彼は、単に利益集団としてのアソシエーションの連合体系による制御を考えるのではなく、その制御には、コミュニティの全体としての利益関係にそむく個別的利益を政治活動のなかに排他的に発達させないという含意がなければならないことを強調して極めて示唆的である。このことは、国家がコミュニティの器官であるとする論旨のなかに要約的に表現されているといえよう。国家は、究極的な主権者である共同意志によってつくられ権威づけられる政府を通じ、ほかの諸器官を整合し統制する機関であらねばならないのであって、この機能のゆえに民主的多元論と人間共同態としてのコミュニティの理想の双方を容認することが可能であると、彼は考える。

コミュニティの〈構造〉は、要するに国家というアソシエーションのもとに整合される種々のアソシエーションによる「枠組」から構成されている。マッキーヴァーは、さらにこれらの構成に個性を与え、「永続的形態」をとらせるのは制度であると考える。制度は共同の利害関心に役立つ用具としてつくられるものである。彼はこの規定によって、社会機構としての制度が生活に役立つという意味においてのみ善であるという価値観を表明する。また用具としての制度が自己目的化する傾向に対しても彼は、コミュニティの自発性についての社会観にもとづいてはっきりと批判的態度を堅持した（本書第二部第四章）。

(1) 中村　前掲書、五六、四〇三頁参照。
(2) たとえば、G. Alperovitz, '*Pluralist Commonwealth*,'「多元的共栄体のためのノート」（青木昌彦編著『ラジカル・エコノミックス』中央公論社、一九七三年、三一九—三四五頁）。
(3) 両理論の区別は、たとえば W. E. Connolly, ed., *The Bias of Pluralism*, An Atherton Press, 1969, pp. 8-13. による。

四

コミュニティの発達法則を述べた本書の第三部は、コミュニティを社会理想として掲げることで社会についての規範理論としての評価が要求される部分である。コミュニティはそこでは本質的特性において設定された理念的構成物であり、現実の社会においてそれはさまざまな程度においてしか実現されていないものである。そこで理想としてのコミュニティが、より完全に実現されるさいに従う法則が問題となる。コミュニティの実現—発達が法則に従うという理解の基礎には社会変動を進化論的に捉えるイギリス社会学の伝統が影響して、社会分化の原則が中心となる。しかしマッキーヴァーのアプローチの特徴は、変化の多様な要因の複合性を重視するとともに、変化に関与する人間の意図的活動を要因として何よりも強調したことであろう。彼が課題とした社会の〈法則〉解明は、したがって実証的な因果の〈外的〉追跡という自然科学的方法によるのではなく、人間の〈内的〉意識や動機に還元して行なわれる。社会生活には実在の一切の法則がはたらいているとしても、人間意識の内的現象に固有の法則を明らかにすることこそが社会学の課題である。この方法論的観点は、ウェーバーが科学方法論において提起した帰属的因果についての考えに似ている。マッキーヴァーの方法論はその後の論文「社会学は自然科学か」(一九三〇年)や著書『社会的因果論』(一九四二年)に展開されているが、社会科学の世界が量化をこばむ「内的世界」であるとする主張は、本書のなかにもすでに強く表明されている(たとえば、本書第一部第一章)。

マッキーヴァーによれば、コミュニティの発達は、コミュニティの実現という理想に向かう人間の意図された活動によるものであり、その理想は「あらゆる人々が追求し、したがって善ないし望ましいと認めている一定の普遍的目的」である(本書一九七頁)。T・H・グリーンの理想主義の倫理学を想起させるこのような考えに立脚して、彼は先ず、コミュニティの理想としての共同生活の発達と、この生の機構、つまり器官としてのアソシエーションおよび組織形態である制度の全体との発達の間の矛盾にわれわれの注意を促がそうとする。そうしてさらに、共同生活とそれの機構との関係が目的と手段のそれであり、各々が文化と文明に対応するという価値関心をもち込む。コミュニティの機構の全体系としての文明は、共同生活の発達にパラレルであることにより文化の進んだ状態をあらわすことがあるとしても、文明は文化に代置されるものではない。それゆえに文明——国家の統治機構や版図とか都市の高層建築などは社会発達の価値評価の尺度とはならない。なかには有機体における癌細胞のように、生命機能にとって致命的な病態的分化を生じるものがある。〈発達〉とは、それとは反対に生活活動を促進する分化のことであらねばならない。

コミュニティの発達とは、このようにして共同生活がより完全に実現されるようコミュニティの諸機構が整合（co-ordinate）される過程のことであるが、そのさい彼は、コミュニティに対する有機体的類比を退け、整合は、成員である個人の生の発達によって測定されるものと考える。コミュニティをつくる個人の発達こそが社会機構の発達を評価するための規準である。しかしこの規準からすれば、現実の事態は必ずしも一様に完全に向かっているわけではなく、まさに逆行的な停滞、反動、退化、頽廃の経過をともなっている。これは、本来共同生活を促進するはずの機構が生の自発性を圧殺する危険な状態を指している。

現実に関するマッキーヴァーの認識は、はなはだ、悲観的である。「たとえ現行の基準によって判断した場合も、われわれの共同生活は多くの点で未発達な段階にある」（本書二二四頁）。たとえば偏見、排他主義、教条主義、価値の大半が富によって評価される現状、飢餓、それに最大のものとして破滅的な戦争など。とりわけ戦争に対するマッキーヴァーの憎悪ともいえる感情は、『コミュニティ』の初版序文にも表明されている。それは後に第二次大戦のときに書かれた『永久の平和をめざして』（一九四三）の基調でもあった。

しかしながら、マッキーヴァーは、長期にわたる過去と未来の展望のなかでコミュニティが完全にいたる発達の可能性を示していると考えた。彼が託そうとした希望は、社会機構に対する人間の制御能力の増大とそれによるコミュニティの不断の更新、および完全な意味での全人類のコミュニティの実現ということである。「コミュニティの発達の基本法則」として描かれた内容は、まぎれもなくコミュニティの理念によって導かれるであろう発達の過程であり、その法則とは社会化と個性化が同一過程の二つの側面として発達を遂げるということである。そこでは法則自体がコミュニティ発達の本質を表わしている。

ここで〈社会化〉とは、（われわれの間ですでに定着しているような）所与の社会の価値や観念をパーソナリティのうちに〈取りいれる〉過程をいうのではなくて、人間の本性を、コミュニティの理念目的に、つまり人間のあらゆる潜在能力を発揮するに足るだけの深みと広がりをもつ共同生活に完全に一致させるという意味である。社会化が進むほど人間の間の社会諸関係は広くかつ一層緊密となり、自己の生（活）の実現が容易に可能となる。そうしてそこに個性化も同一歩調で発達する。というのは〈個性化〉とは、各個人が自己に固有の価値によって尊重され自律性を高める過程のことであり、社会化はそれの実現に機会を与えることになるからである。コミュニティの生命力は、成員である各人の個性と社会性に依存している。「個性と社会性は統一体としてのパーソナリティの同一側面である」（本書二四七頁）。コミュニティの分化という進化過程も、それゆえにこのようなパーソナリティの成長に相関的であらねばならない。この論拠からマッキーヴァーの論述は、コミュニティ内の整合の問題へと内容を移行させる。それはいくつかの点で、多元的共栄態のヴィジョンにも社会学観点から参与できるであろう示唆を比較的容易に汲みとれる箇所である。

たとえば労資の対立に対して、彼は国家社会主義的方向で平等の理想を達成しようというのではなく、自由な結びつきによる労働の組織化――もちろん彼は「労働者自治管理」には言及していない――によって階級的基盤を革新する方針を提示してはなはだ積極的である（本書二九七頁）。この方針は階級視点をどれ程強くもつかにより、実際上むずかしい種々の問題を含んでいるが、真のコミュニティを実現するなかで疎外の克服と普遍的な人間の利害関心の充足を経済領域にもたらそうという、マッキーヴァーの考えに、リベラルな共栄態構想に近いものがあることは認められるであろう。マッキーヴァーのヴィジョンには、そのほかさらに全体としてのコミュニティの拡大と発達という一層広い概念のもとに、国家機能との関連で複合的なアソシエーション間の自律性の問題を考え、地域的コミュニティ相互のそれぞれ固有の機能にもとづく〈真の〉関係とその限界――特に代議制民主政治の実現のうえでの――にも論及する幅広い内容がある。

またそれには、より広範な人間の共同関心にもとづく民族のコミュニティとしての実現から、さらに民族間の関係を論じ「人類のコミュニティ」の理想をギリシア・ローマの歴史と思想のなかに問いなおすという、まことに奥行き深い洞察への誘《いざな》いもある。そこには現代の社会や経済の現状認識をふまえた分析が必ずしも十分でないために、思想的に楽観主義の含意のあることに不満は否み難いとしても、現実の問題を克服する準拠理念としての社会学的に重要な多くの問題提起があることは、関心論にもとづくコミュニティ発達についてのつづくさらに該博な論及によってわれわれにも十分承認出来るところがあるといえるであろう。

五

この付論の最後に、社会学についてのマッキーヴァーの立場を簡単でも述べておくことが必要であろう。『コミュニティ』の執筆当時、彼は社会科学者――社会学者とか政治学者あるいは経済学者のいずれでもなく――と考えていたと述べているが、これは社会科学が「社会という縫目のない織物」の総合化認識をめざすものであることによる。(1) 現に『コミュニティ』は、「社会諸科学によって包摂し切れない〈社会〉についての、つまりコミュニティについての包括的な科学」――〈社会〉学という綜合科学を構築しようとするものであった(本書初版序文)。全体としての社会の科学に対するこの意図は、マッキーヴァーのコロンビア大学での先任者ギディングスが社会学の部門として特殊社会学に対置して設けた「一般社会学」に当たっている。これは「社会の全体としての科学的研究、すなわちその原因、構造、成長の諸法則、その目的、機能、意味および運動に対する合理的過程の探究を意味している。(2)」

マッキーヴァーは、このようにコミュニティの科学としての一般社会学の構築をめざしながらも、社会学が狭義には特殊科学としてあらゆる社会関係の研究として成立つことを認めていた。その狭義の立場は、後のページとの共著『社会』において採用されている。社会学はそこでは経済や政治や宗教などの社会諸現象と密接に関連している固有の〈社会〉を研究対象とする点で他の社会諸科学とは区別される。ここで社会とは社会関係の網のことであり、したがって社会学とは社会関係に焦点をおきながら社会現象のすべてに関わりをもつ科学のことである。この規定は社会学を他の社会諸科学と並列的に考える特殊専門科学としての性格づけを行なうものといえるであろう。しかし、マッキーヴァーにとってこのような限定的な社会研究は、彼の政治学の著作と同じ程度の満足を与えるものではなかった。おそらくこれは彼の生涯を貫ぬく関心が、民主主義の理念にもとづく現実の全体としての社会やさらに国際政治の問題にも及ぶ広い認識の方にあったためと思われる。その意味では彼も書いているように処女作『コミュニティ』の問題関心は、終始彼の研究の中心をなすものであった。(3) 『コミュニティ』は、たとえコントやスペンサーのように社会現象の内容のすべてを対象とする綜合社会学によるのではなく、個々の社会諸科学に対して原理的な、固有に全体的な〈社会〉を問題とした一般社会学の立場が基調であったとしても、その包括的認識の対象が統一体としての大コミュニティの性質と発達法則にあったことは、社会科学に託した彼の問題関心にやはり最も合致するものであったと判断される。

『コミュニティ』で意図された一般社会学の真の意図は、その後の社会学固有の著作よりもむしろ、『近代国家論』、『リヴァイアサンと民衆』、『政府論』などの政治学分野の諸著作のなかに展開されているということが出来る。国家を一つのアソシエーションと規定しながらコミュニティのための機関とみる彼の社会理論は政治学の諸著作においていて一層つよく表明されているが、それは、民主主義にたいする彼の信条表明であるとともに、われわれが社会学の理論的観点から民主主義の在り方を考えるうえにも洞察力にとむ貴重な遺産といえるであろう。この核心への誘導の軌道こそは、「文化」的作品としての『コミュニティ』が初版以後四版を重ねてきたことの、そしてまたこの大著をここに訳出して紹介する意義をわれわれが見出そうとしたことの大きな理由の中心である。

(1) MacIver, *op. cit.*, p. 73.
(2) H. W. Odum, *American Sociology*, Longmans, Green and Company, 1951, p. 61.
(3) MacIver, *op. cit.*, pp. 109, 130.

(中　久　郎)

Ⅱ　マッキーヴァーのコミュニティ概念の展開

一

マッキーヴァーは本書『コミュニティ』のなかで、プラトンの『国家篇』以後、「コミュニティの失われた統合を回復」しようとする社会学の試みをA・コントの著作のなかに見出して、そのうえでコントの時代以来の社会学の成長を評価している。(1) しかしこれとは著しく異なった視角に立って「コミュニティの再発見」を同じく提起したのはロバート・A・ニスベット Robert A. Nisbet であった。それではじめに、このニスベットのコミュニティの再発見の意味を捉えて、つぎにそれと対照的に位置づけられるマッキーヴァーのコミュニティ論を展開することが、ここでの主題をなすマッキーヴァーのコミュニティ概念そのものをより明瞭にするうえで必要なことであると思われるのである。そのためにはじめにごく簡単な取り上げにおいてニスベットのコミュニティ探求の特徴を二、三整理しておきたい。

ニスベットはその主著『社会学的発想の系譜』（原題 *The Sociological Tradition*, 1966. 中久郎監訳、アカデミア出版会、一九七五年）のなかで、コミュニティを社会学の中心的観念のひとつとして扱い、そのコミュニティに関する最初の書き出しを「コミュニティの再発見」として位置づけ、かつそのコミュニティの再発見をつぎのように意味づけているのである。すなわち「社会学の単位観念のうち、もっとも基本的で影響範囲の広いものは、共同態 Community である。共同態の再発見によって、一九世紀社会思想史は疑いもなくもっともきわだった展開をとげ、それは社会学理論の範囲をはるかにこえ、哲学、史学、神学といった諸領域にまで拡大するにいたり、同世紀における構想力に富む著述のまさしく主要論題のひとつとなった。一九世紀の社会思想を、それに先行する時代、つまり理性の時代の思想から、これほど明確に識別させる観念を他にあげることはむずかしい」と。(2)そしてこの場合のコミュニティは、単なる地域共同態以上のものと考え、「この語は一九世紀と二〇世紀の多くの思想のなかにみえるように、高度の人格的《パーソナル》な親密さ、情緒の深さ、道徳的な献身、社会的凝集、時間的継続性によって特徴づけられるあらゆる形式の諸関係を包含するものである。共同態は社会秩序のなかでになわれているあれこれの個々の役割によってとらえられる人間というよりも、その全体性によってとらえられる人間にその基礎がある」。したがってこの共同態の原型は歴史的にも象徴的にも家族となる。(3)こうしたコミュニティの観念は、もとよりコミュニティ概念の原義をなすと思われるマッキーヴァーのものとは、いちじるしく異なっていることはいうまでもない。ただ後述するように、ニスベット、マッキーヴァーのいずれの概念も、人間の生の全体に根ざしていることでは同じであり、それは一九世紀と二〇世紀の思想状況のひとつの核心にふれる全体的人間の結合志向であると思われるのである。そこでさらに、これらの文脈のなかの含意をつぎのように敷衍して、ニスベットの考えの特徴を述べることができる。

ニスベットの著作によると、一七、一八世紀は、コミュニティの無数に存在する中世社会の解体から創出された個人主義と合理主義の時代であり、また契約観念を中枢とする理性興隆の時代でもあった。そこでは個人、進歩、契約、自然、理性などの観念が価値を有し、また独立、自足、安定した個々人の事実のなかに社会の本質を認めていた。これをコミュニティの観点からいえば、明らかに「コミュニティの喪失」過程、「コミュニティの衰退」過程ということになる。つまり中世から近代へはコミュニティの失われる過程にほかならない。しかしながらこの時代のこの楽観的な個人信仰の思想的風潮も、産業革命（労働問題、所有形態、産業都市、技術、工場制の出現）と民主主義革命の二大革命を経た一九世紀にいたっては、もはや前世紀の特徴であった個人信仰は薄れいく残光のごとくであり、逆に個人主義への反動によってとってかわられた。すなわち理性にたいする伝統主義の、個人主義にたいする共同主義の、そして純粋な合理性にたいする非合理性の反動であり、いわば中世思想の再発見をなすものであった。一九世紀のこのような保守主義者たちによる近代思想の嫌悪に発し、現実に充満する疎外とも表裏して、コミュニティの探求が時代の緊急の要請となったのである。しかしその場合の疎外の様相についてはつぎのように触れている。ニスベットの前著『コミュニティの探求』*The Quest for Community*, 1953. の銀河版 *Community and Power*, 1962.（改題）には、疎外はとくに重要な視座であることを明らかにしており、それによると「疎外は自分にとって疎遠な、理解のできない、欺瞞的な、すなわち真の希望とか欲求をこえ、アパシーとか倦怠、または敵意をさえ招いている社会秩序を見出し得る心の状態を意味している。個人は自分をその社会秩序の一部分と感じないばかりか、その一部分であることへの関心を失っている」(4)。かくて孤立、分離、離反、不安、恐怖、挫折、絶望、断絶、魅力の喪失、無気力等々の鍵言葉が人びとの心を捉えて、これが思想や宗教、小説の著作のなかに、または社会科学や人類学、精神医学等の著作のなかにも充満する精神的雰囲気であることを指摘している。しかしこれら近・現代の疎外の状況は、さきにあげたコミュニティの探求とは同一の精神的土壌から生じるものであることはいうまでもない。「人間をコミュニティの脈絡から解放するとしよう。そうすれば自由と権利を獲得するのではなくて、耐えられない孤独と悪魔の恐怖や激情に屈服するであろう」。「社会と伝統の根を断ち切るとしよう。そうすればかならず、過去の遺産から人びとが孤立し、仲間から孤立し、匿名の大衆の無原則な創造ということになるであろう」(5)。まさにこのことは、コミュニティ探求の背後に横たわる同根の疎外をあらわしている。コミュニティの探求は近・現代において統合、集団、同一視、対人関係、秩序、有機体、機能主義、伝統、規範等々の新たな言葉の装いのもとに、中世の伝統的コミュニティとその価値の再発見を志向し、共同態的な保護を再建する、いわば道徳的安定の渇望であり、救いとしてのコミュニティを志向している。ところでこのコミュニティの探求は、ニスベット、マッキーヴァーともに人間の生の全体に根ざす結合志向であったことはすでに述べたが、しかしこの場合、ニスベットの志向がいちじるしく中世思想への回帰のなかに社会学の伝統的思想の核心を捉えるのにたいして、マッキーヴァーは近・現代のなかに生の成熟、つまりコミュニティを支えるパーソナリティの成熟を評価してそのコミュニティを追究するということで、両者の間には志向の根本的な差異が横たわっていたとみなければならない。それゆえに次には、このマッキーヴァーのコミュニティ概念の展開をあとづけることにしよう。

(1) マッキーヴァー本書七六頁。
(2) ニスベット著、中久郎監訳『社会学的発想の系譜』I アカデミア出版会、一九七五年、五五頁。
(3) 上掲書五五—六頁。
(4) R. A. Nisbet, *Community and Power*, p. viii, 1962.
(5) *Ibid.*, p. 25.

二

マッキーヴァーの『コミュニティ』(一九一七年初版)は、その序文の日附と内容から推して、すでに一九一四年には完成していたものと思われる。この一九一四年とはまさしく第一次世界大戦の勃発した年であった。彼はこの迫りくる「戦争体制の反社会性格」(第二版への序文)、それを主導した国家権力の肥大化にたいしながら、本書を見事に著わしていったものであろう。初版の序文にはこの戦争の破壊性についてつぎのように記している。「軍国主義は、近代の社会発達の敵であったが、他方において、社会発達のすべてが軍国主義をひときわ悪業のものにした。それは、戦争によって破壊される社会の構造を一段と大きく広げたために、戦争が混乱させるコミュニティ感情をより一層深くまた普遍的にしたことによる。われわれがもし軍国主義を克服出来なければ、偉大な文明を築くためにわれわれが行なうすべてをもって、われわれは破壊力をより大にする供物を用意していることになろう」(本書八頁)と。そして同時に、本書の各所においても戦争の非合理的で無益なこと、破壊そのものであること、現に相互依存している諸民族を破滅させてしまうことなどを厳しく説き[1]、「二〇世紀は……悲惨な戦争の記憶を深く心にとどめつつ国際秩序の建設に力を注いでいる」(本書三二二頁)ことを希っている。しかしながらこの希いもその後の第一次と第二次の世界大戦をふくむ数次の戦争体験によって掻消されたことはまったくの痛恨事であったにちがいない。このようにしてマッキーヴァーの思想のなかには、従来比較的みすごされてきた現実とのかかわりが大きな比重を占めていたのであり、わが国ではすでにこの点について大道教授がふれておられる[2]。

ところでこうした戦争は、「国家によって組織された国民間の敵対関係である」(本書三一〇頁)。ここに国家の問題が大きく登場してくる。すなわち「第四版のための新しい序文」には、「本書の事実上の中心は……その一つは、国家が何で〈あり〉、またそれが社会全体の構造もしくは枠組のなかに含まれる他の諸組織に対しどのような関係にあるかについての考えに関わっている。われわれは国家が、アソシエーションの特殊な種類であり、法と秩序の守護者であるために、それは独自の広範囲に亘る機能と強制的権力の唯一の正当な保有者であると考えなければならない。しかしながら、それは依然、アソシエーションなのであって、コミュニティとも、あるいはそれの秩序が維持され、その法を擁護し変化させかつ増大させるところの全体としての社会とも、同一視されてはならない」としている。つまり国家は特殊の位置にありながら、人間の生の一部分にかかわり、ひとつのないしは一群の共同関心を追求するアソシエーションの一特殊たるにとどまるのであって、決して人間の生の全体にかかわりこれを左右するものでないことを理論的に述べるのである。L・ブラムソンもこの点にふれて「国家とコミュニティとの間にひく区別はマッキーヴァーの思想にとって根本的なものである」と言い、かつマッキーヴァーが「コミュニティはつねに私の仕事の中心テーマであった。私は特に、どんな民主主義理論にも必要な基礎として、国家とコミュニティとの間の区別に関心をもってそれを強調してきた」[3]ことの述懐を取りあげている。それではマッキーヴァーが国家を超えて存在するとみた生の全体にかかわるものとは何であったかと問えば、それは「コミュニティ」であり、それは生の全体を追究する「コミュニティ」であると答えられよう。

(1) 本書の初版ではとくに付論「戦争体制に関する国際コミュニティ」を取り上げて論じていることなどである。
(2) 大道安次郎『マッキーヴァー』有斐閣、一九五九年、一三頁、五三頁。
(3) L. Bramson, *Robert M. MacIver*, p. 1, 1970.

三

コミュニティはしたがって国家と同等のものでなく、国家とそれの政府を超えたもっと深いもの、つまり共同の生活と意志にかかわるものであり、あるいはまた、国家を生みだすが、法や政府や強制をそれぞれ超えており、その超えたところにコミュニティの共同関心を求め、コミュニティの共同意志をおいている。そしてコミュニティのこの共同関心ないし共同意志は、コミュニティを生みだす泉とも源泉ともみられるのであって、それはたとえば村とか、町とか、国とかの福祉であり、名声であり、または成功としてもあらわされる。このようにしてコミュニティは限定的機能を果たすにすぎない国家とは明瞭に区別されるのである。マッキーヴァーはここからコミュニティを単に構成された組織ではなく、人間の生そのものにかかわり（本書一〇〇頁）、しかも生きることは、本質的に、そして常に共同生活のことである（本書二三二頁）として、次のように定義している。「私は、コミュニティという語を、村とか町、あるいは地方や国とかもっと広い範囲の共同生活のいずれかの領域を指すのに用いようと思う」[1]。また「コミュニティは、村とか、町とか、国とか、何等かの社会性を有する生活の全領域をプロパーに意味する。コミュニティとは、共同生活が行われ、その成員が多かれ少かれ自由に、日常生活の多様な部面に於いて、他の成員と関係を有する何らかのサークルのことであり、従ってそれは、協同の社会的特質を示すものである」[2]。したがって彼のコミュニティ概念の核心は、共同生活の領域ということになる。しかしここでの共同生活はかならずしも明瞭でないが、ほぼつぎのように理解されているようである。すなわち「コミュニティは活潑かつ自発的で自由に相互に関係し合い、社会的統一体の複雑な網を自己のために織りなすところの人間存在の共同生活のことである」[3]。あるいは「共同生活の基本的な諸条件を分有して共同生活をし」、「人間の生活の一切を包括するところにコミュニティの特色があり」、「人々の社会関係のすべてがそのうちにみいだされる」[4]ことであるとしている。したがって個人の側からは、彼の生が全体的にかつ包括的に充足されるところであり、しかもそれが外的統制によるのでなく、内的必要にもとづいているということである。しかし他面、コミュニティはこの個々人の関心を充足させる諸々のアソシエーションのなかに泡立っても、それらのアソシエーションに解体されてしまうものでなく（本書一五四頁）、その全実在を理解するためには、人びとが参与する無数の形をなさない諸関係にも注意しなければならないわけである。いいかえれば、コミュニティは個々のアソシエーションの集合体でなく、個々のアソシエーションを差し引いた残余物でもなく、これらアソシエーションの整合したものと無数の諸関係との複合した全体ということになろう。そしてさらには、かかる人間の生の全体的営為が一定の地域のうえにおいて果たされるのであって、この地域の性格は共同生活にたいして土壌をなすものである。そしてその地域は村であったり、町であったり、国であったりすることによって、それらが個人からみて同心円の重層構造、つまり大きさの異なる複数のコミュニティに同時に所属することになることによって、そこに生のないしはコミュニティの近・現代の意味を顕示するのである。かくしてコミュニティは、上記の諸特質を内包した社会的統一体とも、精神的統一体とも規定されて、人間の生が共同なもののなかに包摂されるとみたのであり、そこに人間生活の究極のものが発見できるとしたのである。

(1) 本書四六頁。
(2) R・M・マッキーバー、菊池綾子・村川隆訳『社会学』一九五三年、一四頁。
(3) 本書五六―七頁。
(4) MacIver and Page, *Society*, p. 9, 1952.

四

コミュニティはさらにその発達の法則によって理解されるが、従来わが国においてこのコミュニティの発達法則を正面から取り上げて問題にすることは非常に少なかったようである。(1) しかしマッキーヴァーの『コミュニティ』では、第三部がすべてこれにあてられ、しかもその頁数が全体の五分の三にも及んで全体のなかで占める比重は非常に大きいのである。それと共に、初版の序文でも、カーネギー財団から授与された研究援助でもってこの第三部のための研究に専念したことが記されている。依ってその意義は再認識されるべきであろう。そこでコミュニティの発達法則はまず生命法則に類比させて理解しているのではないことに注意しなければならない。コミュニティは生きているからといって必滅するのではなく、少しも生命法則にしたがうのではない。マッキーヴァーはつぎのようにいうのである。「コミュニティは、誕生することはなく、したがって必然的に死にもしない。コミュニティには、成熟期もなく、既定の頂点もないのである。われわれは、世代から世代へとつながる連鎖の一員としての人間存在にのみ成熟を認めるのであり、かかる連続と無関係に成熟を認めるわけにはいかない(2)」。しかしすでに、上掲の引用文からも示唆されているように、コミュニティ内の人間存在に成熟を認める考えは当然、次のコミュニティの発達法則につながっていくのである。マッキーヴァーにあっては、発達は人びとがより多くの関心と、より高度の関心を満足させることによって理解される。すなわち関心はその追求のために各種の無数のアソシエーションを生みだし、それが共同生活を以前にもまして豊かにし、したがってある点では、社会の歴史はアソシエーションの拡大の歴史ということになる。またこのことは、「パーソナリティが……豊かとなるにつれて、コミュニティもまた豊かになる」（本書三六〇頁）ことをいっており、さらに「コミュニティの発達は、その成員のなかに現われる生の発達」（本書二〇五頁）であるということにもなってくる。このようにしてコミュニティの発達は、ひとつに、その構成員のパーソナリティの個性化と社会化の同時発達として表わされる。ここでのパーソナリティの個性化は「より自律的存在になる」ことをいうのであり、社会化は「人間の社会的諸関係がより複雑かつ広範囲になる過程、人間が仲間との関係を増大させ、発達させることにおいて、またそのことを通じて彼の生活の実現を見出す過程」[(3)]として把握される。つまり構成員の生の成熟をコミュニティの発達とみたのであり、しかも原始の同質的コミュニティよりも現代の文明社会の方がコミュニティの発達において成熟しているとするのである。第二にコミュニティの発達はコミュニティの分化と拡大としても表わされる。前者の分化は外面的にはコミュニティにアソシエーションが無数に現われてくる過程であり、それは同時にアソシエーションによって関心が充足されるパーソナリティの成長と一致する。この分化とならんで、拡大は発達の必然的な側面である。コミュニティの拡大は大なるコミュニティの形成であり、小なるコミュニティを包摂する大なるコミュニティは全世界にまで拡がる可能性をもつ。しかしそれは同心円的包摂をなすが、質を同じくするのではない。すなわち大コミュニティの形成はより普遍的な欲求に根ざすのであり、同時に疎遠な人格や抽象的な原則が働く。これにたいして小コミュニティは大コミュニティでは充足することのできない親密な欲求、つまりより深く感性に根ざした欲求にもとづくのである。[4] そしてこの大小のコミュニティは相互に補充しあう関係であり、同時に重層関係ないしは包摂の関係を必然とする。かくしてあらゆるコミュニティはその発達の必然の結果として自己完結的であることができなくなって、またはその必要がなくなって、程度の問題であることになる。それは生が単一のコミュニティに完結することができなくなった近・現代の生の有様を見事にあらわしているであろう。近・現代における生の在り方とはこのようにしてわれわれの生活をひとつのコミュニティにかぎるのではなくて、多くのコミュニティに重層的にかかわらしめるなかで、全体的に成就するという様式をとるのである。

かくして生の全体性をコミュニティの名のもとに追究してきたマッキーヴァーは、近・現代においてコミュニティの重層構造のなかにその生の全体性を確認することになり、近・現代のこの在り方のなかに生の成熟、つまりコミュニティの発達を捉えるのであり、かつそこにコミュニティの本質を認めることになったのである。このことはすでに、ブラムソンも指摘するごとく、コミュニティ観念と対抗し、コミュニティ観念を国家観念のなかに呑み込んでしまう独裁制にたいして、多様な諸集団と共存するコミュニティを民主主義が内蔵していることによるのであり、そのコミュニティの理想を現代産業社会のなかでも保持することに民主主義の源泉があるとするからである。[5]

以上、マッキーヴァーのコミュニティ概念をやや筆者の関心に引き寄せて主として『コミュニティ』から素描した。しかしその後の著作内容は初期のコミュニティにたいして抱いていた、いわばあの時代の情熱（全体の再発見）を潜在化させて、むしろコミュニティ概念の精緻化を志向するようになったことを物語っている。それゆえにつぎにはこのコミュニティ概念の精緻化について述べなければならない。

（1） この点に関する数少ない文献のひとつとしてつぎのものをあげることができる。大道安次郎「『調和』の社会学」（『社会学の諸問題』

所収）一九五四年。
（2）本書二三〇頁。
（3）本書二四三頁。
（4）本書二八五―六頁。
（5）Bramson, *R. M. MacIver*, p. 2.

五

マッキーヴァーの戦後の著作『社会』のなかに含まれているコミュニティ概念は、彼の社会学の体系のなかで占める比重を処女作『コミュニティ』と比較していちじるしく小さくしている。処女作ではコミュニティのなかに彼の全思想が含まれていたが、『社会』では社会の全理論体系のなかにコミュニティが一部分として位置づけられているからである。また同時に、初期の著作にあらわれていたコミュニティに顕著な思想性が大きく後退して、かわりに科学的概念としてのコミュニティが地域性を前面にだして精緻化されている。彼によるとコミュニティの地域性はコミュニティのひとつの基礎である。コミュニティは場所としてその空間の形態を有し、いわば生態学的構造に基礎づけられている。これは『コミュニティ』のなかでは共同の生の土壌をなすものであったが、必ずしも明確に規定されていなかった。むしろその後に生態学の影響を強くうけてこれを具体化させ、理論化したものと思われる。すなわちコミュニティは一定の領域を占有し、いちじるしく地域の性格をもっている。それはコミュニティの立地する自然環境の性格を社会生活のうえに刻印として残し、その基礎的条件のもとに独特の社会形式をうける。たとえば生態学上の「集中」のもとに、コミュニティの人口密度や人口集中、およびコミュニティの「特殊化」が取り上げられて、企業、金融、商店、娯楽などのセンターがコミュニティと深くかかわるものとされる。しかし地域の諸要因は都市化のなかでその意義を相対化して変っていくのである。農村近隣集団を規定してきた諸要因が現代において変り、TVAがコミュニティ生活の内容を変えてきたことなどがそれである。このようにしてコミュニティは地域の諸要因に規定されるが、その規定のされ方が、都市化などによって変化してくることを説くのであり、しかもあるひとつの地域的要因による影響というように、単純化できるものでないこともはっきりしている。そのうえ、コミュニティはそれが占める場所以上であり、どの空間の形態よりもそれ以上であることは、コミュニティのいまひとつの基礎が感情であることからも明瞭である。いなマッキーヴァーが本来コミュニティによって意味してきた核心は、この感情にかかわるものであったのである。コミュニティの内で生活する誰もがパーソナリティの深層にコミュニティ感情を刻み込まれるのであり、そのコミュニティ感情とは彼によると三要素からなっている。そのうちのひとつはわれわれ感情であり、分割不可能な統一体に自他の意識なくともに参加している意識である。また第二は役割感情であり、コミュニティ内で自己の果たすべき役割があるとの感情である。さらに依存感情はコミュニティへの物的および心理的な依存の感情である。これらは程度や結合を異にして同心円をなすコミュニティのなかに同時にあらわれているのである。われわれは今日、ひとつの包括的なコミュニティに属するということではなく、より近いコミュニティとより広いコミュニティとに同時に属していることを常態とするからである。かくしてコミュニティは、ある程度の社会的凝集性をもつ共同生活の一定領域であることになる。そしてこのコミュニティの規定がその後にコミュニティ研究の基本的方向となっていることは明瞭である。たとえばG・A・ヒラリーのコミュニティの諸定義における一致の領域は、ほぼ地域と社会的相互行為と共同のきずなであった[1]ことは、右のことと深く関連しているであろう。

(松本通晴)

(1) G. A. Hillery, Jr., *Definitions of Community*, Rural Sociology, vol. 20, No. 2, 1955.

III　マッキーヴァー（1882—1970）の人と業績

ロバート・モリソン・マッキーヴァー（Robert Morrison MacIver）は、一八八二年四月に英国スコットランドの北西にあるヘブリディーズ諸島の北端ルーイス島の町ストノーウェイ（Stornoway）に生れた。同地は鰊の漁港として有名なところで島の交易の中心でもある。父ドナルドは青年期にストノーウェイに移り商人として成功した人であるが、その祖は代々ショーボスト村で農業の傍ら漁業の季節労働に従事し、他方母のクリスティナ・モリソンは町の裕福な家庭の出であったため、ロバートは両親の結婚が田舎と町の結合であると述べたことがある。マッキーヴァー家は独立教会に属する非常に敬虔な信仰に生き、その物静かで道徳的な雰囲気は、今日のアメリカの家庭一般と全く対照的であったと彼は自叙伝に記している（*As a Tale That is Told*, 1968, P. 12.）。マッキーヴァーの世界観には、この生家の環境と少年期を過ごしたストノーウェイのコミュニティの経験が多大の影響を及ぼしているといわれる。

彼は同地のニコルソン高等学校を卒業後、エジンバラ大学に進み古典学科を首席で卒業ののち、奨学資金を得てオックスフォード大学のオリエル・カレッジに進学した（一九〇三年）。同大学ではギリシア古典学と人文学を修めた。この課程は同大学でB・Aの称号を得るコースである。ここでも彼は首席をつづけ数々の賞を受けた。比較文学の論文で授けられたバスモア・エドワード賞もその一つである。この時期に研究した古典の素養が後の社会科学の研究に大きな意義をもっていることは、本書でも十分うかがえるところである。

一九〇七年にオックスフォード大学を卒業ののちスコットランド東岸のアバディーン（Aberdeen）大学のキングス・カレッジに政治学の講師として迎えられ、一九一一年から社会学を担当した。同年彼はエセル・マリオン・ペターキンと結婚。三人の子供のうち長男が一年後に誕生している。この頃彼は欧州諸国をよく旅行し、ロンドン大学に関係するほか、大英博物館に通い、主として独仏の社会学の読書にふけった。ジンメル、テンニェス、デュルケームの著作に接したのもこの頃である。彼の関心はやがて古典学から社会学へと移った。当時の状況を回想して彼は次のように書いている。

「読書する間に、私は社会学という、社会についての中心的研究に関心を抱くようになった。社会学は、その頃外部の学者からは限界領域のもので嫡出でない準学科とみられていた。……社会学という名称がギリシア語とラテン語の折衷により出来たことにより侮蔑の念をもつものもあった。……〔彼らは〕社会学の発達における最初の舞台が、都市コミュニティについてのプラトンやアリストテレスの優れた論著に遡れることを知らなかった」。しかしマッキーヴァーには、「人間と集団についての複雑な関係や、その関係を統制し安定させるためにはたらく制度の研究は、最も価値ある営為であると思えたのである」(*op. cit.*, p. 65.)。

マッキーヴァーは、社会学の学的成立に努力したけれども彼自身は〈社会科学者〉と考え、社会諸科学を個別に分割することは不自然であると信じていた。社会の綜合的認識をめざそうとする彼のこの考えは、ブラムソンもいうように、彼の社会学の研究が西洋古典や政治思想のそれを経た後はじめられたこととも関係して、社会学と他の社会諸科学との連結ということがいつも念頭におかれていたことによるのであろう(L. Bramson, ed., *Robert MacIver: On Community, Society and Power*, 1970, p. 8.)。アバディーンの時期に彼は『コミュニティ』を執筆し、一九一四年に脱稿しているが、それは彼の三二歳の時である。同書は三年後にマックミラン社から出版された。これは彼が一九一五年にカナダのトロント大学の政治学準教授として迎えられてからのことであった。同書にはカーネギー賞が授与され、彼は非常な賞讃のなかで一躍学界の注目をあびることになる。トロント大学には一九二七年まで在職。

その間政治学部長を勤めたほか、第一次大戦中にはカナダの戦時労働局の副会長に就いた。『世界の変遷と労働』（一九一九年）はその時の経験を基礎としたものである。トロント大学には当時社会学の講座はなく、したがって彼の担当したのは政治学であった。この頃の著書『近代国家論』（一九二六年）は、『コミュニティ』で表明された彼独自の多元的国家論にもとづく政治社会理論の展開をめざすものであった。

一九二七年に彼は、ニューヨークのコロンビア大学付属のバーナード・カレッジに経済・社会学部長として迎えられ、同カレッジで社会学の講義を、また同大学の政治学部では大学院課程を担当した。コロンビア大学はシカゴ大学とともに米国の大学のうち最も早く（一八九四年）社会学の講座が設置された大学であるが、マッキーヴァーは同講座の設立者ギディングス（一八五五―一九三一年）教授の後を継ぎ、一九二九年には同大学の経済学、政治学の教授であったリーバー博士（一八〇〇―一八七二年）にちなむリーバー講座の担任教授となった。その後彼はバーナードの担当を離れ、コロンビアの大学院の専任となり社会学の充実に努めた。一九三一年には、自己の社会学体系を示す教科書『社会――構造と変動』を刊行している。その頃は世界的な大不況の時に当たり彼も現実の諸問題に関心を拡げた。『社会事業への社会学の寄与』（一九三一年）の刊行のほか、コロンビア大学総長の要請になる委員会の報告『経済改革』（一九三四年）にも尽力している。

米国に帰化した一九三四年には、米国東部社会学会会長に選ばれ、さらにまた一九四〇年には第三〇代の全米社会学会会長に就任した。そのほか全米学会委員会（ACLS）ほか数多くの委員会に関係したが、これらの仕事は彼も述べるように研究の時間の多くを奪った。しかし多忙のなかで彼は『社会的因果論』（一九四二年）を書いている。同書はM・ウェーバーの影響を受けた彼の社会学方法論を集約したものでもあり、当時学界に広範な力をもっていたランドバーグらによる自然科学的方法に対決して〈社会〉科学としての方法論を強く主張している。

彼は『コミュニティ』においてすでに自然の外的現象と人間意識の内的現象を区別し、社会学の対象を後者に求めているが、『社会因果論』ではさらに社会的行為における意味と動機を「促進因」として捉える因果論を主題として追究したものといえよう。第二次大戦中に彼は「戦時計画」の長に就いたが、民主主義と自由を擁護する立場から独裁的全体主義に反対した彼は、戦争自体に深い憎悪を抱いていた。それは『永久の平和をめざして』（一九四三年）に表明されているが、同じ趣旨はすでに『コミュニティ』の序文のほか本論の行間にわれわれもうかがえるところである。大戦中、彼は『政府論』（一九四七年）の執筆に専念した。同書は『近代国家論』と同じ多元的国家論による政府の研究を主題とし、政府に与えられた権力はコミュニティに対して行なう奉仕の限度を超えないよう制御されなければならず、したがって政府は「権威のもとにおける人間組織」であることを強調している（秋永肇氏による同書の邦訳参照。）

第二次大戦後もマッキーヴァーは著作活動を続けたが、それはアカデミックなものというよりか現実の諸問題に対し実践的発言を行なうものが中心といえよう。たとえば『より完全な統合』（一九四九年）において彼は米国社会の統合の観点から人種や民族の偏見を論じ、ミュルダールによる「人種のるつぼ」観を批判した。マッキーヴァーはミュルダールの論拠は差別と窮乏の悪循環を強めると主張している。一九五〇年にはさらに『自由の抵抗線』を公刊し、民主主義下での市民の自由と個人主義の性質について論じた。この時期にマッキーヴァーは福祉事業の再編成計画の立案のための全国人的資源委員会に参画したほか、「科学・哲学・宗教会議」の一員となり、また「社会・宗教研究所」の創設の発起人となった。後の両組織は個々の宗教諸派の連絡を行なうとともに、社会的文化的諸問題の解決のため積極的な諸派の提言に資する場を提供しようとするものである。

一九五〇年にコロンビア大学で停年を迎え、一九五二年に七〇歳で教壇を去ってからも彼は意欲的な研究を継続し、数々の著作を公にしている。そのうち『現代における学問の自由』（一九五五年）は、パーソナリティの自由と民主主義の確立を終始強調してきた彼が、コロンビア大学の二百年祭の記念事業の一つとして企画された「アメリカの学問研究の自由の計画」の主宰者として行なった事業成果を彼の名において出版したものである。学問研究の自由を擁護する彼の強い信念は、マッカーシー上院議員の赤狩活動のさい活潑な論陣をはったことにもうかがわれる。一九五六―六一年の間、彼は、ニューヨーク市の「青少年非行研究計画」の主任として社会問題の解明に専念し、その成果は『非行の防止と対策』（一九六六年）にまとめられた。マッキーヴァーが社会問題や社会福祉に深い関心を抱いていたことは、一九三一年に公にした『社会事業への社会学の寄与』にも看取される。同書において彼は、社会福祉施策が陥りがちな「一括的処理」の弊を避けるためには、対象者の多様な要求に応じた「個別化」が必要であると説き、制度を個人の多様な人間的状況に即応させる役割こそがソーシャル・ワーカーの独自の機能であるとした。マッキーヴァーは、すでに『コミュニティ』において社会発達の過程が「社会化」と「個別化」という二つの側面をもち、この両者が補足し合うことを主張しているが、制度の欠陥はその内部において個別化された取り扱いを発達させることにより補われるという考えは社会事業論で一層敷衍されたものといえるであろう。

一九六三年に彼はニューヨーク市の政治、経済、人種、社会福祉、都市計画などの研究機関である「社会調査新学院」（New School for Social Research）に関係し、院長、顧問を歴任ののち一九六六年に退いた。同年八二歳という高齢で出版した『権力の変容』は、権力者の誤算のために生じた大戦の悲劇の史的考察を行ない、権力の恣意的形態から機能的形態への変容過程を豊富な引証によって論じて迫力がある。人類の平和のための権力変容を訴えたこの書は、彼の最後の学問的労作となった。

この付論IIIは、主としてマッキーヴァーの死の二年前に書かれた彼の自叙伝 *As a Tale That is Told: The Autobiography of R. M. MacIver*, The University of Chicago Press, 1968. のほか、ブラムソン（L. Bramson）がその編集した著書 *Robert MacIver: On Community, Society and Power, Selected Writings*, The University of Chicago Press, 1970. に寄せた序文に拠っている。マッキーヴァーの経歴については、彼の著書のいくつかの邦訳の訳者もそれぞれ簡潔ながら言及しているが、そうしたなかで菊池綾子氏が *The Elements of Social Science*, **revised ed., 1949.** の邦訳『社会学講義』に載せられた「解説」は比較的くわしく、また独立のものとしては、大道安次郎氏による『マッキーヴァー』がある。お二人ともマッキーヴァーのもとで直接教えを受けられた方であるだけに両著には本稿には尽くし難い内容がある。特に大道氏の著書は、小冊子ながら「社会思想家としてのマッキーヴァー」と「人間マッキーヴァー」にかなりの頁を当てているが、それはマッキーヴァーの人柄を知るうえに非常に役立つであろう。

この両著はもとよりどの論述も触れているように、マッキーヴァーは深い教養と広い視野とによってその専門領域で優れた学的成果をあげた人であるが、それとともに指導者・教育者としても卓越した能力をもち、その門下からは学界の第一線に立つ有能な研究者を多数輩出させている。ビアステッド（R. Bierstedt. マッキーヴアーの娘婿）、ページ（C. H. Page）、ノッティンガム（E. Nottingham）、タマーズ（A. Tamars）等々。そのほかマッキーヴァーのコロンビア大学の就任時に彼のもとに準教授となったアベル（T. Abel）や、マッキーヴァーが同大学に招聘したマートン（R. K. Merton）とかラザースフェルド（R. F. Lazarsfeld）以外に、オルパート（H. Alpert）やデーヴィス（K. Davis）スピッツ（D. Spitz）、ミルズ（C. W. Mills）、ベル（D. Bell）、リプセット（S. M. Lipset）などもマッキーヴァーとともに同大学の社会学部を構成した著名な論客である。しかし、このように多数の研究者を周囲に集めながら彼らの間には「マッキーヴァー学派」といえるものは生れなかった。オルパートも書いているように、これは彼らが誰に対しても個人的恭順や、自己の学的体系を強制せず、またそれを期待しなかったからである。これは自由と平和を願うリベラルで多面的な思索をつづけたこの碩学の学風を如実に表わす一事ともいえるであろう（H. Alpert ed., *Robert M. MacIver: Teacher and Sociologist*, Northampton: Meticalf publishing Co., 1953, p. 1.)。

（中　久　郎）

訳者あとがき

われわれが本書を翻訳することの意味については、すでに訳者付論Ⅰにくわしいが、われわれはさらに、その意味に関し次のことをつけ加えたい。そのひとつは、今日の高度経済成長下での社会における人間性回復のために、また地域生活の行政計画化のために、コミュニティ概念が拠りどころにされて、しきりに用いられているが、当の「コミュニティ」の原義について、いまいちどマッキーヴァーの古典に帰って理解しなおすことが必要ではないかということである。とくに第二次大戦後、英米において、マッキーヴァーのコミュニティ概念の再検討を含め、コミュニティに関する諸論議が盛んであるが、わが国でもコミュニティについての文献目録をつくるとなると、夥しい量にのぼることであろう。それのみならず、コミュニティ論議の内容も非常に多様化している。しかも今では、そのすべてが、コミュニティ概念の誤解にもとづいているというのではないにしても、コミュニティの原義とは著しくかけ離れた意味で用いられる場合もあるようである。このような状況のなかで、われわれはマッキーヴァーの『コミュニティ』をあらためて読みなおし、吟味しなおすことが必要であると考え、そのことへのひそかな問題提起のつもりが翻訳に導いたといえよう。第二に、われわれは社会学説史上のこの古典的名著を翻訳することに大きな価値をもたせることが出来ると考えた。マッキーヴァーのコミュニティ論に関しては、代表作の『コミュニティ』ではなしに、社会学分野での『社会学要論』(*The Elements of Social Science* 1921) が翻訳紹介され、もっぱら同書を通してわが国では広く知られてきた。だが同書にはそれなりの意義があるとしても、およそ、『コミュニティ』に比すべきものではないし、『コミュニティ』に代替させて然るべきものであるとは思われない。『コミュニティ』の内容をきわだたせる西洋古典についての該博な学殖と広い視野からの現代感覚がほかにかえがたい重厚さをもつことは比較して読めば歴然としている。要するに、わが国ではすでに社会学の古典的名著、たとえばテンニェス、デュルケーム、クーリー、ウェーバー、ジンメル等々のものが数多く翻訳紹介されているにもかかわらず、社会学説のうえでそれらと同等に取り上げられてしかるべきマッキーヴァーのこの大著が充分に知られていないことが、翻訳を特に志した基本的な理由であるといえよう。

翻訳にあたっては、その概略をすでに訳出しておられる井上吉次郎氏の『社会学』(大正一一年)からわれわれはいくつかの教示を受けた(もっとも、それは全体の章別構成に則しての大意の訳出ではあっても、完全な意味での『コミュニティ』の初訳とはいえない)。またわれわれは後出するマッキーヴァーの他のいくつかの邦訳を参考にしたほか、マッキーヴァーの学説を扱った諸文献からも多くの教えを受けた。社会学関係の書物としては、高田保馬、中島重、大道安次郎各氏のものとともに、特に啓発されたのは中村正文氏の『マクィーバー社会学の展開』である。氏はマッキーヴァーの著作と思想に造詣深く、基本概念に関して高田保馬、小松堅太郎氏などによる精緻な規定に関連させ的確に核心を捉えられ、氏の同書にはわれわれをオーソドックスなマッキーヴァー理解に導くものがある。われわれの作業には活字によるもののほか数多くの人々の直接の教示と励ましを受けている。そのなかにはわれわれとは専門を異にする政治学、経済学のほか歴史学、哲学、文学、言語学やさらに自然科学の分野の専門の方々も含まれている。ここに記して深く謝意を表したい。本書には難解な文章表現が多く、また聖書や西洋古典の物語を縦横に引証した多彩な叙述や生物学、医学の知識に及ぶ内容があるだけに、これらの専門の方々に負うところも少なくなかった。

最後に、本訳書がマッキーヴァーの著作と思想に深い関心をもつ共訳者たちの協力によってはじめて成ったものであることを記しておきたい。ただ全体の文章統一のために共訳者の個性ある訳出を或は充分に実現できなかった憾みがあり、その責任はひとえに監訳者の非力にあると思っている。これらの事情を知悉しつつも二ヵ年半の長い間、ひたすら本訳業の完成を待たれ、かつ好意ある激励と協力をたえずいただいたミネルヴァ書房の杉田信夫社長と、特に同編集部の寺内一郎氏にたいし深く感謝の意を表したい。

（中　久郎・松本通晴）

《監訳者紹介》

中　久郎（なか・ひさお）

1927年　生まれ。
　　　　京都大学名誉教授，愛知新城大谷大学学長。
2005年　歿。
著　作　『デュルケームの社会理論』創文社，1979年。
　　　　『共同性の社会理論』世界思想社，1991年。
　　　　『社会学原論——現代の診断原理』世界思想社，1999年，ほか多数。

松本通晴（まつもと・みちはる）

1930年　生まれ。
　　　　同志社大学文学部教授。
1994年　歿。
著　作　『地域生活の社会学』（編著）世界思想社，1983年。
　　　　『農村変動の研究』ミネルヴァ書房，1990年。
　　　　『都市移住の社会学』世界思想社，1994年，ほか多数。

《訳者紹介》

口羽益生（くちば・ますお）
龍谷大学名誉教授，岐阜聖徳学園大学元学長（名誉教授）。

宝月　誠（ほうげつ・まこと）
京都大学名誉教授。

冨士田邦彦（ふじた・くにひこ）
京都府立大学名誉教授。

中野正大（なかの・まさたか）
京都工芸繊維大学名誉教授。

山口素光（やまぐち・そこう）
岡山大学名誉教授。

ミネルヴァ・アーカイブズ

コミュニティ
——社会学的研究：社会生活の性質と基本法則に関する一試論——

2009年7月20日　初版第1刷発行
2021年4月30日　初版第4刷発行

〈検印廃止〉

定価はカバーに
表示しています

監訳者　中　久　郎
　　　　松本通晴
発行者　杉田啓三
印刷者　坂本喜杏

発行所　株式会社　ミネルヴァ書房
607-8494　京都市山科区日ノ岡堤谷町1
電話（075）581-5191（代表）
振替口座　01020-0-8076番

冨山房インターナショナル・新生製本

ISBN 978-4-623-05514-2
Printed in Japan

訳者紹介

中　久郎（序文，第1部第1，2章）
京都大学文学部助教授

松本通晴（第2部第1，2章）
同志社大学文学部教授

口羽益生（第2部第3，4章）
竜谷大学文学部教授

宝月　誠（第3部第1，3章，付論）
大阪府立大学教養部講師

冨士田邦彦（第3部第2，4章）
香川大学教育学部助教授

中野正大（第1部第3章，第3部第6章）
滋賀医科大学医学部助教授

山口素光（第3部第5，7，8章）
富山大学経済学部助教授

コミュニティ

1975年12月25日　初版第1刷発行　〈検印省略〉
1977年 8 月10日　初版第2刷発行

定価はケースに
表示しています

訳者代表　中　久郎
　　　　　松本通晴
発行者　杉田信夫
印刷者　坂本起一

発行所　株式会社 ミネルヴァ書房
607 京都市山科区日ノ岡堤谷町1
電話 (075) 581―5191番（代）
振替口座 京都8076番

内外印刷・新生製本

3036-41616-8028
Printed in Japan

索　　引

人名で，その著書が関連して出てくるものは，
その書名を人名のあとに『　　』内にあげた。

サ

シ

——力 ……………………………124ff
自由 Liberty
——の性質……………………269, 242–43
アテネとローマにおける——……256–57
宗　教
——と倫理学 ………………………332ff
——の発達 …………………………260ff
「集合心」"Collective mind"…102ff, 170ff
集成対アソシエーション
Aggregation v. Association……………48
主権 Sovereign
立法上最高の——…………………… 165
出生率と死亡率………………363ff, 427ff, 436
ショウ Shaw, B. …………………………121
商　業
——とコミュニティ交流…………… 311
ショーペンハウアー
Schopenhauer, A.…………………211, 221
「女性問題」"Woman's question"
…………………………………269–70
シラー Schiller, S. von. …………………105
進化 Evolution →発達の項参照
パーソナリティ（人格） Personality
個性と社会性を含む——
………………………244ff, 247ff, 445
コミュニティとの関係………207ff, 255ff
法——対本質—— ……………………116
人種 Race……………………………………251ff
——と国民 ……………………………298ff
ジンメル Simmel, G.
『社会学』…85, 104–5, 153, 326, 345, 378
心理学
——と社会学…………………………83ff

ス

スピノザ Spinoza, B. de. ……………58, 107
スペンサー Spencer, H. ……62, 97, 154, 242
スモール Small, A. W.
『一般社会学』 ……………………………327

セ

性 ……………………………138, 149, 240, 250
政治的 Political
——関心 …………………………………136
——権利と義務……………………………53
——法律……………………………… 53ff
「生存競争」"Struggll for life"
……………………………377ff, 418ff
制度 Institution
——と社会生活 ……………………185ff
——の意味 ……………………………176ff
——のサーヴィス ……………………180ff
聖パウロ St. Paul ………………96, 317, 319
生物測定の資料 Biometric data …………32
戦　争 ……………………310, 368, 371ff, 376

ソ

相異 Differences
社会関係の源泉としての—— ……31–32
相互依存 Interdependence
——の関係………………………………32
村落コミュニティ Village-Community
……………………………………… 284ff

タ

ダーウィン Darwin, C. ……………421, 441
退化 Retrogression
コミュニティの—— …………………213
大　学
——の領域 ……………………………376
頽廃 Decadence
コミュニティの—— ………………210ff
代表制 Representation
比例—— ………………………………293
タウッシング Taussing, F. W.
『経済学原理』 …………………………430
多数決 Majority-rule…………164, 167ff, 452
タルド Tarde, G. ………………………27, 59
ダンテ Dante
『王政論』 ………………………………321

チ

地域性 Localities
——の整合 ……………………………282ff
チェンバレン Chamberlain, H. S.…202, 409
「超個人心理」
"Superindividual mind"……………101ff

テ

停滞 Stagnation
コミュニティの—— ………………210ff
テイラー Taylor, F. W.

『科学的管理論』 ……………………388
デニカー Deniker, J. ……………………299
テンニェス Tönnies, F. …………………48
デュルケーム Durkheim, E.………101, 114
『社会分業論』 …183, 249, 253, 302, 385
天才 Genius
社会に関するものとしての——…329–30
伝統 Tradition……………………111, 343–44

ト

統制 Control
制度的——………………181ff, 208, 212ff
倫理的—— ……………………………182ff
淘汰 Selection
——の悪しき形態 …………………439ff
自然——……………………418ff, 424ff
社会的—— ……………………………427ff
道徳 Morality
社会的意志と—— …………………173ff
ド・クーランジュ De Coulanges, F.
『古代都市』 ……………………………255
ド・グリーフ De Greef, G. ………206, 364
都市コミュニティ City-Community
……………………………………… 283ff
突然変異 Mutation
種の内部における—— ………………404
富 Wealth
階級決定因子としての—— ……148, 409
トムソンとゲデス Thomson and Geddes
『進化』 …………………………226, 249
ドモラン Demolins, E.
『社会科学』 ………………………… 402

ニ

ニーチェ Nietzsche ………………80, 120
ニコラウス・クサヌス Nicolas of Cues…96
ニューショルム卿 Newsholme, Sir A.
…………………………………… 430, 438
ニューマン卿 Newman, Sir G.
『幼児死亡率』 ………………………438

ハ

バーク Barke, E. ……………………………345
バース Barth, P. ……………………………332
バァルフォア Balfour, A. J.
『頽廃』 ……………………………218–19
バジョット Bagehot. W. ………………184
ハックスレー Huxley, A.…414, 421–22, 428
発達 Development
——の規準……………………205ff, 207ff
——の基本法則 ……………………242ff
——の実態 ……………………………219
——の法則 ……………………………191ff
過程以上のものとしての—— ………193
究極的に倫理的なものとしての——
…………………………………… 196ff
コミュニティ経済に関しての——
…………………………………… 361ff
心理的—— ……………………………205
パーソナリティに関しての——
……………………………207ff, 254ff
有機体の—— …………………………203ff
コミュニティ——の意味 …………191ff
⟶Community の項参照
反動 Reaction
コミュニティの—— …………………213

ヒ

ピアソン Pearson, K. …………88, 432, 433
必要性 Neccessity
「外的」・「内的」—— ………………39ff
ヒル Hill, D. J.……………………………309
ヒルト博士 Hirt, Dr. ……………………436
ヒューム Hume D. ………………………214
病気 Disease
陶汰的機関としての—— …………431ff
貧困 Poverty
——と健康……………………………436–37
——と財産 ……………………………395

フ

フイエ Fouillée, A. ……………52, 100, 120
フィルポッツ Phillpotts,
『血族と氏族』 ………………………265
フールニエール Fournière ………………64
プラトン Plato
『国家』 …75–76, 108, 120, 174, 318, 423
『パーメニデス』 ……………………251
『法律』 …………………………………264
フレーザー Frazer, J. G. ………………265
分業 Division of Labour ………………385ff
文明 Civilisation

——と文化 ……………202-03, 223-24
「分類体系」"Classificatory System"…265

ヘ

平和条約1919年 Peace Treaty, 1919……166
ヘーゲル Hegel, G. W. F. ……………325
——と国家に関する新ヘーゲル学派
……………51ff, 59, 454ff
ベネット Benett, A.……………121
ヘレネ Helen
——の物語……………332-33
ベンサム Bentham, J. ……………165

ホ

「法人」"Juristic Person" ……………116
——としての国家 ……………310
法則 Law
——の意味 ……………34ff
——の種類 ……………35ff
——の表作成……………35
共同体的発展の—— ……………191ff
ホキシー Hoxie
『科学的管理論』 ……………388
ボーザンケト Bosanquet, B.
『国家の哲学理論』…133,387,454ff, 459ff
ホッブス Hobbes, T.
『リヴァイアサン』 ……………58, 97, 257
ホッブハウス Hobhouse, L. T.……242, 424
ポリス Polis
都市で国家でもある—— ……………59, 75

マ

マーシャル Marshall, T. H.
『経済学原理』……………73, 381, 391
マードック Murdoch, J.
『日本史』 ……………214
マカレヴィッツ Makarewicz, J. ………395
マキャヴェリ Machiavelli, N.……221, 346ff
マクドゥーガル McDougall W.
……………88, 101ff, 357
マッケンジー Mackenzie, L. ………185, 266
マルサス Malthus, T. R. ……………421
マレー Murray, G. ……………262, 332

ミ

ミル Mill, J. S. ……………62, 242

民主主義 Democracy……………295ft
民族 Nation
——間の諸関係 ……………307ff
——の整合 ……………298ff
コミュニティとしての—— ………301ff

メ

メーン Maine, H.……………184
メチニコフ Metchnikoff, E. ……………434
免疫 Immunity
有機体的—— ……………434

モ

目的論的法則 Teleological law …………42
モニエール Maunier, R.……………283
モムゼン Mommsen, W. ……………257

ヤ

ヤーベェ Yahweh……………263

ユ

有機体 Organism
——と環境……………401ff, 412ff
——としてのコミュニティに関する
間違った見解 ……………96ff, 229ff
——→有機体的発達の項参照
ユダヤ人 Jews
——の排他性……………316-17

ラ

ラスキ Laski, H. J. ……………67
ラッツェンホファー Ratzenhofer G.
……………121, 302, 338
ラプージュ Lapouge, G. V. de. ………301
ラマルク Lamarck, J. B. P. ……………417
ランケスター Lankester, E. R.……433, 435

リ

リッジウェイ Ridgeway ……………301
リプレイ Ripley, W. Z.
『ヨーロッパの人種』 ……………301
リボ Ribot, T. A. ……………206
倫理学
——と社会学 ……………77ff
——と政治学 ……………346ff
科学というよりもむしろ

哲学としての—— ……………………77ff
倫理的自律 Ethical autonomy
——の成長 …………………………329ff
個人生活の統一の源泉としての——
……………………………………324ff
倫理的目的 Ethical purpose
社会的発達の鍵としての—— ……196ff
倫理的要求 Ethical claims
——の葛藤 …………………………324ff
倫理的理想 Ethical ideal
——の優先権 ………………………188

ル

類似性 Likeness
社会関係の源としての—— …31, 94, 110
ルソー Rousseau, J. J.
『社会契約説』 ……133, 165, 173, 455ff
ルナン Renan, E.…………………………257
ル・プレー Le Play, F. …………………282

レ

レイティネン Laitinen……………………411
レイド Reid, A. ………………432, 434, 436
連邦制度 Federalism
地域の—— …………………………287ff
民族の—— …………………………307ff

ロ

労働組合 Trade-unions
………………………64, 105, 278–79
ローマ人 Romanes ………………………460
ローマ帝国
——における整合の問題…………318–19
——の興隆と没落 ……………………236
ロス Ross, E. A. ……………27–28, 88, 105
ロバートソン Robertson, J. M.……214, 405
ロマー Lomer………………………………301

ワ

ワイズマン Weismann, A. ……409ff, 470ff

マッキーヴァー著作目録

単行本

Community: A Sociological Study. London: Macmillan & Co., 1917; Frank Cass, 4th edition, 1970.
その概要は，井上吉次郎訳『社会学』早稲田大学出版部，1922. に述べられている。
Labor in the Changing World. New York: E. P. Dutton & Co., 1919.
田制佐重訳『世界の変遷と労働』大日本文明協会，1921.
The Elements of Social Science. London: Methuen & Co., 1921. 9th edition, 1949.
原　実訳『共同社会・結社・国家』社会評論社，1928.
原　実訳『社会学要論』啓明社，1929.
菊池綾子・村川隆訳『社会学』創元社，1953.
菊地綾子訳『社会学入門』創元社，1953；同氏訳『社会学講義』社会思想研究会出版部，1957.
The Modern State. London: Oxford University Press, 1926. Paperback edition, 1964.
The Contribution of Sociology to Social Work. New York: Columbia University Press, 1931.
Society: Its Structure and Changes. New York: R. Long & R. R. Smith, Inc., 1931. Revised edition, *Society: A Textbook of Sociology.* New York: Farrar & Rinehart, 1937. Rewritten and enlarged edition, with Charles Page, *Society: An Introductory Analysis.* New York: Farrar & Rinehart, 1949.
マッキーヴァー，ページ共著の部分訳としては，若林敬子・武内清訳「コミュニティと地域社会感情」（松原治郎編集　『コミュニティ』所収)，至文堂，1973. がある。
Leviathan and the People. Baton Rouge, a.: Louisiana State University Press, 1939.
Social Causation. Boston: Ginn & Co., 1942. Revised paperback edition, New York: Harper Torchbooks, 1964.
Towards an Abiding Peace. New York: The Macmillan Co., 1943.
The Web of Government. New York: The Macmillan Co., 1947. Revised edition, 1965. Paperback edition, New York: The Free Press, 1965.
秋永肇訳『政府論』勁草書房，1954；4版，1969.
The More Perfect Union. New York: The Macmillan Co., 1948.
The Ramparts We Guard. New York: The Macmillan Co., 1950.
菊地綾子訳『自由の抵抗線』角川書店，1956.
Democracy and the Economic Challenge. New York: Alfred A. Knopf, Inc., 1952.
菊地綾子訳『岐路に立つアメリカ』創元社，1953.
Academic Freedom in Our Time. New York: Columbia University Press, 1955.
The Pursuit of Happiness. New York: Simon & Schuster, 1955.
吉野三郎訳『幸福の追求』社会思想研究会出版部，1957.

著 作 目 録

The Nations and the United Nations. New York: Manhattan Publishing Co., 1959.

Life; Its Dimensions and Its Bounds. New York: Harper & Brothers, 1960.

The Challenge of the Passing Years. New York: Harper & Brothers, 1962. Paperback edition, New York: Pocket Books, Inc., 1963.

Power Transformed. New York: The Macmillan Co., 1964.
岡村忠夫訳『権力の変容』(『世界の名著』60所収) 中央公論社, 1970.

The Prevention and Control of Delinquency. New York: Atherton Press, 1966.

As a Tale That Is Told: The Autobiography of R. M. MacIver. Chicago: University of Chicago Press, 1968.

Politics and Society. Edited by David Spitz. New York: Atherton Press, 1968.

報 告

Economic Reconstruction: Report of the Columbia University Commission. New York: Columbia University Press, 1934.

Report on the Jewish Community Relations Agencies. New York: National Community Relations Advisory Council, November, 1951.

The Institutionalization of Young Delinquents. Interim Report No. XI, Juvenile Delinquency Evaluation Project of the City of New York, December, 1958. (Nineteen separate reports evaluating various New York City agencies and programs were issued by the Juvenile Delinquency Evaluation Project, directed by MacIver. Except for the report cited here, these were composite works and are not, therefore, included in this bibliography.)

編 著

FOR THE INSTITUTE FOR RELIGIOUS AND SOCIAL STUDIES (WITH PREFATORY NOTES)

Group Relations and Group Antagonisms. New York: Harper & Brothers, 1944.

Civilization and Group Relationships. New York: Harper & Brothers, 1945.

Unity and Difference in American Life. New York: Harper & Brothers, 1947.

Discrimination and National Welfare. New York: Harper & Brothers, 1949.

Great Expressions of Human Rights. New York: Harper & Brothers, 1950.

Conflict of Loyalties. New York: Harper & Brothers, 1952.

Moments of Personal Discovery. New York: Harpter & Brothers, 1952.

The Hour of Insight: A Sequel to Moments of Personal Discovery. New York: Harper & Brothers, 1954.

New Horizons in Creative Thinking: A Survey and Forecast. New York: Harper & Brothers, 1954.

Great Moral Dilemmas: In Literature, Past and Present. New York: Harper & Brothers, 1956.

Integrity and Compromise: Problems of Public and Private Conscience. New York: Harper & Brothers, 1957.

Dilemmas of Youth: In America Today. New York: Harper & Brothers, 1961.
The Assault on Poverty: And Individual Responsibility. New York: Harper & Row, 1965.

FOR THE CONFERENCE ON SCIENCE, PHILOSOPHY AND RELIGION IN THEIR RELATION TO THE DEMOCRATIC WAY OF LIFE

Approaches to World Peace. New York: Harper & Brothers, 1944.
Approaches to National Unity. New York: Harper & Brothers, 1945.
Approaches to Group Understanding. New York: Harper & Brothers, 1947.
Conflicts of Power in Modern Culture. New York: Harper & Brothers, 1947.
Learning and World Peace. New York: Harper & Brothers, 1948.
Goals for American Education. New York: Harper & Brothers, 1950.
Perspectives on a Troubled Decade: Science, Philosophy and Religion, 1939–1949. New York: Harper & Brothers, 1950.
Foundations of World Organization: A Political and Cultural Appraisal New York: Harper & Brothers, 1952.
Freedom and Authority in Our Time. New York: Harper & Brothers, 1953.
Symbols and Values: An Initital Study. New York: Harper & Brothers, 1954.
Symbols and Society. New York: Harper & Brothers, 1955.
Aspects of Human Equality. New York: Harper & Brothers, 1956.

論 文

"The Ethical Significance of the Idea Theory," *Mind*, XVIII (October 1909), 552–569; XXI (April 1912), 182–200.
"Ethics and Politics," *International Journal of Ethics*, XX (October 1909), 72–86.
"Society and State," *Philosophical Review*, XX (January 1911), 30–45.
"War and Civilization," *International Journal of Ethics*, XXII (January 1912), 127–145.
"Do Nations Grow Old?" *International Journal of Ethics*, XXIII (January 1913), 127–143.
"What is Social Psychology?" *Sociological Review*, VI (April 1913), 147–160.
"Society and 'the Individual,'" *Sociological Review*. VII (January 1914), 58–64.
"Institutions as Instruments of Social Control," *Political Quarterly*, No. 2 (May 1914), 105–116.
"The Foundations of Nationality," *Sociological Review*, VIII (July 1915), 157–166.
"Personality and the Superpersonal," *Philosophical Review*, XXIV (September 1915), 301–525.
"Supremacy of the State," *New Republic*, XII (October 13, 1917), 304.
"The Social Significance of Professional Ethics," *Annals of the American Academy of Political and Social Science*, CI (May 1922), 5–11. Reprinted

with some changes in *ibid.*, CCXCVII (January 1955), 118–124.

"Arbitration and Conciliation in Canada," *Annals of the American Academy of Political and Social Science*, CVII (May 1923), 294–298.

"Civilization and Population," *New Republic*, XLV (December 2, 1925), 37–39.

"Trend of Population with Respect to a Future Equilibrium," in Louis I. Dublin (ed.). *Population Problems in the United States and Canada* (Boston: Houghton Miffiin Co., 1926), pp. 287–310.

"The Trend to Internationalism," *Encyclopaedia of the Social Sciences* (New York: The Macmillan Co., 1930), I, 172–188.

"Jean Bodin," *Encyclopaedia of the Social Sciences*, II, 614–616.

"Is Sociology a Natural Science?" *Publications of the American Sociological Society*, XXV (1930), 25–35.

"Is Statistical Methodology Applicable to the Study of the 'Situation'?" *Social Forces*, IX, No. 4 (June 1931), 479.

"The Papal Encyclical on Labor: An Interpretation," *Current History*, XXXIV (July 1931), 481–485.

"Sociology,', in D. R. Fox (ed.), *A Quarter Century of Learning 1904–1929* (New York: Columbia University Press, 1931), pp. 62–91.

"Interests," *Encyclopaedia of the Social Sciences* (1932), VIII, 144–148.

"Maladjustment," *Encyclopaedia of the Social Sciences* (1933), X, 60–63.

"Social Pressures," *Encyclopaedia of the Social Sciences* (1934), XII, 344–348.

"Sociology," *Encyclopaedia of the Social Sciences* (1934), XIV, 232–247.

"Social Philosophy," in William F. Ogburn (ed.), *Social Change and the New Deal* (Chicago: University of Chicago Press, 1934), pp. 107–113.

"Graham Wallas," *Encyclopaedia of the Social Sciences* (1935), XV,326–327.

"The Historical Pattern of Social Change," *Journal of Social Philosophy*, II (October 1936), 35–54, Also in the Harvard Tercentenary Publication, *Authority and the Individual* (Cambridge: Harvard University Press, 1937), pp. 126–153.

"Sociology',' *Educator's Encyclopaedia*, 1937.

"The Philosophical Background of the Constitution," *Journal of Social Philosophy*, III (April 1938), 201–209. Also published as "European Doctrines and the Constitution," in Conyers Read (ed.), *The Constitution Reconsidered* (New York: Columbia University Press, 1938), pp. 51–61.

"Survey of the Project," Introduction to H. F. Angus (ed.), *Canada and Her Great Neighbor*. (New Haven: Yale Uhiversity Press. 1938), pp. xi-xxvii.

"The Social Sciences," in *On Going to College* (New York: Oxford University Press, 1938), pp. 121–140.

Introduction to Frank Tannenbaum, *Crime and the Community* (Boston: Ginn & Co., 1938), pp. xi–xiv.

"The Genius of Democracy," *Southern Review*, V (October 1939), 22–41. Reprinted in MacIver, *Leviathan and the People*, Chap. III.

"Calling All Social Sciences," *Survey Graphic*, XXVIII (August 1939), 496–497.

"The Modes of the Question Why," *Journal of Social Philosophy*, V (April 1940), 197–205. Reprinted in MacIver, *Social Causatiou*, Chap. I.

"The Political Roots of Totalitarianism." in R. M. MacIver, M. J. Bonn, and

R. B. Perry, *The Roots of Totalitarianism* (James-Patten-Rowe Pamphlet Series, No. 9. Philadelphia: American Academy of Political and Social Science, 1940), pp. 5–8.

"The Imputation of Motives," *American Journal of Sociology*, XLVI (July 1940), 1–12. Reprinted in MacIver, *Social Causation*, Chap. VII.

"The Meaning of Liberty and Its Perversions," in Ruth N. Anshen (ed.), *Freedom: Its Meaning* (New York: Harcourt, Brace & Co., 1940), pp. 278–287.

"The Nature of the Challenge," in *Science, Philosophy and Religion* (New York: Conference on Science, Philosophy and Religion in Their Relation to the Democratic Way of Life, Inc., 1941), pp. 84–89.

"Some Reflections on Sociology During a Crisis," *American Sociological Review*, VI (February 1941), 1–8.

"After the Price of War, the Price of Peace," *Vital Speeches*, VIII (October 1, 1942), 765–768.

"Some Implications of a Democratic International Order," *Journal of Legal and Political Sociology*, I (October, 1942), 5–13.

"Group Images and the Larger Community," mimeographed for the Council of Jewish Federations and Welfare Funds, February 1943.

"National Power and World Unity," *New Leader*, XXVI (April 10, 1943), 4.

"Social Causation; A Rejoinder," *American Journal of Sociology*, XLIX (July 1943), 56–58.

"The Interplay of Cultures," in Ruth N. Anshen (ed.), *Beyoud Victory* (New York: Harcourt, Brace & Co., 1943), pp. 34–42.

"The Fundamental Principles of International Order," *International Postwar Problems*, I (1943–1944), 17–30.

"History and Social Causation," a supplemental issue of *Journal of Economic History*, III (December 1943), 135–145.

Foreword to Karl Polanyi, *The Great Transformation* (New York: Farrar & Rinehart, 1944), pp. ix–xii.

"Group Images and Group Realities," in MacIver (ed.), *Group Relations and Group Antagonisms*, pp. 3–9.

"Summation," in *ibid.*, pp. 215–229.

"The Political Basis of Reconstruction," in F. Ernest Johnson (ed.). *Religion and the World Order* (New York: Harper & Brothers, 1944), pp. 93–100.

Introduction to Ferdinand A. Hermens, *The Tyrants' War and the Peoples' Peace* (Chicago: Univerfity of Chicago Press, 1944), pp. v–viii.

"The Devil and the Peace," *New Leader*, XXVII (September 2, 1944), 7–8.

"The Power of Group Images," *American Scholar*, XIV (Spring 1945), 220–224.

"The Cooling-off Period," in Gardner Murphy (ed.) *Human Nature and Enduring Peace* (Boston: Houghtan Miffiin Co., 1945), pp. 225–227.

"Wrong Step Toward World Security," *New Leader*, XXVIII (August 25, 1945), 8.

"Mein Kampf and the Truth," prepared for Office of War Information for

German translation, Fall 1945.

"The Need for a Change of Attitude," in MacIver (ed.), *Civilization and Group Relationships*, pp. 3–10.

"The Ordering of a Multigroup Society," in *ibid.*, pp. 161–169.

"Government and Property," *Journal of Legal and Political Sociology*, IV (Winter 1945–46), 5–18. Reprinted in MacIver, *The Web of Government*, Chap. VI.

"Intellectual Cooperation in the Social Sciences," *Proceedings of the American Philosophical Society*, XC (September 1946), 309–313.

"The Obstacles to World Government," *New Leader*, XXX (January 4, 1947), 6.

"My Religion," American Weekly (March 9, 1947), p. 21. Reprinted in *The Faith of Great Scientists* (New York: Hearst Publishing Co., 1948), pp. 26–28.

'What We All Can Do," in MacIver (ed.,) *Unity and Difference in American Life*, pp. 151–157.

"The New Social Stratification," in Ruth N. Anshen (ed.), *Our Emergent Civilization* (New York: Harper & Brothers, 1947), pp. 103–122.

Introduction to Feliks Gross (ed.), *European Ideologies* (New York: Philosophical Library, Inc., 1948), pp. xiii–xv.

"Sex and Social Attitudes," in Donald Porter Geddes and Enid Curie (eds.), *About the Kinsey Report* (New York: New American Library, Signet Books, 1948), pp. 85–95.

"Our Strength and Our Weakness," in MacIver (ed.), *Discrimination and National Welfare*, pp. 1–6.

"What Should Be the Goals for Education?" in Bryson, Finkelstein, & MacIver (eds.), *Goals for American Education*, pp. 492–499.

"An Ancient Tale Retold," introduction to MacIver (ed.), *Conflict of Loyalties*, pp. 1–7.

"The Deep Beauty of the Golden Rule," in Ruth N. Anshen (ed.), *Moral Principles of Action* (New York: Harper & Brothers, 1952), pp. 39–47.

Foreword to Morroe Berger, *Equality by Statute* (New York: Columbia University Press, 1952), pp. vii–ix.

"The Scholar Cannot Stand Aloof from the World," *Princeton Alumni Weekly*, LIII (January 30, 1953), 10.

"Government and the Goals of Economic Activity," in Dudley Ward (ed.), *Goals of Economic Life* (New York: Harper & Brothers, 1953), pp. 181–203.

"Two Centuries of Political Change," in Lyman Bryson (ed.), *Facing the Future's Risks* (New York: Harper & Brothers, 1953), pp. 226–247.

"The Freedom to Search for Knowledge," *New York Times Magazine* (April 12, 1953), pp. 12, 42, 44.

"Signs and Symbols," *Journal of Religious Thought*, X (Spring-Summer 1953), 101–104.

"Authority and Freedom in the Modern World," in *Man's Right to Knowl-*

edge (New York: Columbia University Press, 1954), pp. 56–62.

"Government and Social Welfare," in James E. Russell (ed.), *National Policies for Education, Health and Social Services* (New York: Doubleday & Co., 1955), pp. 523–532.

Foreword to Boris Gourevitch, *The Road to Peace and to Moral Democracy* (New York: International Universities Press, 1955), I, xiii–xiv.

(With Charles Frankel and Lyman Bryson) "Plato: *Crito*," *Invitation to Learning Reader*, VI (1957), 279–304.

"The Rights and Obligations of the Scholar," *Proceedings of the American Philosophical Society*, CI (October 1957), 455–458.

"Main Worry: 'Mixed Relations,'" *U. S. News & World Report*, XLV (September 19, 1958), 77–78.

"The Graduate Faculty: Retrospect and Prospect," *Social Research*, XXVI (Summer 1959), 195–206.

Foreword to William C. Lehmann, *John Millar of Glasgow* (Cambridge: Cambridge University Press, 1960), pp. xi–xii.

"Juvenile Delinquency," in *The Nation's Children* (New York: Columbia University Press, 1960), Vol. III: *Problems and Prospects*, pp. 103–123.

"The Backwardness of Social Theory," *Mémoire du XIX Congrès International de Sociologie*, III (Mexico: Comité Organisateur du XIX Congrès International de Sociologie, 1961), 241–248.

"Discussion of Timasheff's Paper ['Don Luigi Sturzo's Contribution to Sociological Theory']," *American Catholic Sociological Review*, XXII (Spring 1961), 32–34.

"Comment on Civil Disobedience and the Algerian War," *Yale Review*, L (March 1961), 465.

"Science as a Social Phenomenon," *Proceedings of the American Philosophical Society*, CV (October 1961), 500–505.

"Disturbed Youth and the Agencies," *Journal of Social Issues*, XVIII, No. 2 (1962), 88–96.

"The Unbalance of our Times," *Sociologia Internationalis*, IV, No. 2 (1964), 185–192.

"The Art of Contemplation," *Indian Sociological Bulletin*, II (April 1965), 105–113.

"The Responsibility is Ours," in MacIver (ed.), *The Assault on Poverty: And Individual Responsibility*, pp. 1–7.

Introduction to Raymond Polin, *Marxian Foundations of Communism* (Chicago: Henry Regnery Co., 1966), pp. xvii–xx.